文化大革命

人民的歷史，1962至1976

馮客 著
向淑容、堯嘉寧 譯

THE CULTURAL REVOLUTION

FRANK DIKÖTTER

1962—1976

誰是我們的敵人？誰是我們的朋友？這個問題是革命的首要問題。

——毛澤東

目次

序

一九六三年八月，毛澤東主席接見了一批非洲游擊戰士，地點在中南海核心區裡的國際會議廳，是一處鑲有木質壁板的氣派場館。在那群年輕的訪客中，有一名來自南羅德西亞（Southern Rhodesia，當時為英屬殖民地，現在是辛巴威共和國）的魁梧男子問了一個問題。他說，在克里姆林宮上空閃耀的紅星已經殞落了，曾經扶持過革命同志的蘇聯，現在卻賣武器給他們的敵人。「我所擔憂的是，」他說：「中國天安門廣場上空的紅星，是否會殞落？你們是不是也會拋棄我們，賣武器給壓迫我們的人？」毛澤東陷入沉思，抽了幾口菸。「我明白你的憂慮，」他回答道：「問題在於蘇聯已經改走修正主義路線，背叛了革命。至於我能不能向你保證中國不會背叛革命呢？此時此刻我無法給你承諾。我們正在努力尋求方法，讓中國不會變得腐敗官僚，走向修正主義。」[1]

三年後，在一九六六年六月一日那天，《人民日報》刊出一篇煽動性的社論，呼籲讀者「打倒一切牛鬼蛇神」。這篇社論強力要求各地人民告發那些意圖「以欺騙、愚弄、麻醉勞動人民，鞏固他們的反動政權」的資產階級代表，揭開了文化大革命的序幕。更有甚者，四名共產黨最高階領導人被捕的消息不久後也曝了光，他們被控圖謀反叛毛主席。被捕的四人之一是北京市長，他被指控意圖明目張膽地把首都變成修正主義的大本營。到處都有反革命分子滲入黨、政、軍單位，想要把國家帶向資本主義的道路。人民受到鼓動，起而清算所有企圖將無產階級專政轉變成資產階級專政的人，中國就此展開一場新革命。

誰是反革命分子？他們如何滲透共產黨？沒有人確切知道。但是「現代修正主義」（編按：「現代修正主義」對比的是十九世紀德國社會主義者Eduard Bernstein對馬克思主義提出的修正意見）的頭號代表人物就是蘇聯領導人暨共產黨總書記尼基塔．赫魯雪夫。一九五六年，赫魯雪夫在一次非公開演說中詳述前任領導人約瑟夫．史達林統治下的恐怖慘況，並批判對史達林的「個人盲目崇拜」，這次演說摧毀了史達林的聲望，也撼動了整個社會主義陣營。兩年後，赫魯雪夫提倡與西方「和平共存」，這個想法被全世界的革命共產主義教條支持者視為背叛，包括那位來自南羅德西亞的年輕游擊戰士。

毛澤東一直以史達林為榜樣，赫魯雪夫推動的「去史達林化」使他自覺受到威脅。他必定也思考過，為什麼僅僅是赫魯雪夫這樣一個人，就能夠在全世界第一個社會主義國家——強大的蘇維埃聯邦——裡謀劃如此全面的政策逆轉。畢竟，佛拉迪米爾．列寧在一九一七年領導布爾什維克派奪取政權後，曾經成功地克服過外國勢力的猛攻，而史達林也在二十五年後熬過了納粹德國的攻擊。毛澤東的答案是：改造人民思想的工作做得還不夠，資產階級雖然消失了，但資產階級的意識形態仍然極具影響力，使高層的少數人得以逐漸侵蝕體制，最後將其一舉顛覆。

在共產主義理論中，社會主義改變了生產工具的擁有者之後，還需要一場新革命來將殘留的資產階級文化全數消滅，從個人思想到私有市場皆然。就像從資本主義轉變成社會主義的過程需要一場革命一樣，從社會主義轉變成共產主義也需要一場革命——毛澤東稱之為「文化大革命」。

這個計畫相當大膽，其目標是完全抹滅過去的一切痕跡。但是，隱藏在這所有理論論證背後的，是一個年事漸高的獨裁者意欲在世界歷史上鞏固自身地位的決心。毛澤東確信自己很偉大，也時常提起這一點，並且自視為社會主義的領導者。這並不全然是狂妄自大的表現。毛主席把全世界人口的四分之一帶向了解放，後來又成功地在韓戰中與帝國主義陣營打得難分難解。

毛主席第一次企圖僭奪蘇聯的威望，是在一九五八年實施大躍進之時，當時有大量的農民被送進了人民公社。他以為能夠藉由「以勞力代替資本」並利用群眾的巨大潛能，讓自己的國家一躍而甩開競爭對手。他確信自己找到了通往社會主義的康莊大道，成為領導人類走向均富世界的救世主。然而大躍進實際上是一次災難性的實驗，奪走了數千萬人的生命。

毛澤東第二次意圖使自己成為社會主義世界歷史軸心的行動，就是文化大革命。列寧發動了偉大的十月社會主義革命，為全世界的無產階級創下了先例。但是赫魯雪夫等現代修正主義者篡奪了黨內的領導權，將蘇聯帶回了資本主義復辟的道路。毛澤東認為，偉大的無產階級文化大革命將是國際社會主義運動史上的第二階段，它會保護無產階級專政，使其免於修正主義的傷害。當毛主席領導全世界備受壓迫與踐踏的人民走向自由的時候，也在中國打下社會主義未來的基礎。是毛澤東繼承、捍衛了馬列主義並將其發揚光大，把它帶入新的階段，也就是「馬列毛思想」。

毛澤東和許多獨裁者一樣，對自己的歷史定位有很多宏大理想，同時也超乎尋常地惡毒。他非常易怒且滿懷恨意，可以記仇多年。他對人命損失毫無感覺，總在他那許多意圖威嚇人民的政治運動中任意宣布要殺死的人數指標。到了晚年，他愈來愈熱中於對付自己的同志和部屬，讓他們遭受群眾羞辱、酷刑折磨與監禁，其中有些還是他的老戰友。文化大革命也和一個老人企圖在死前清算宿怨有關。文革的兩個層面——讓社會主義世界免於修正主義的破壞，以及對真實與假想政敵的自私報復陰謀——彼此並不矛盾。畢竟，獨裁者和心胸狹窄的暴君們往往同時具備狂妄與怨恨的心態。最重要的是，毛澤東不認為自己與革命有所區別，他就是革命自身，只要對他的權威有絲毫不滿，就是直接威脅無產階級專政。

他的地位經常受到挑戰。所有獨裁者都活在政變的恐懼中，總是不斷四面張望，舉目所及盡是政敵。一九五六年，毛主席一些最親密的夥伴受到赫魯雪夫那場祕密演說的影響，將黨章內提及毛澤東思想的部分全數刪除，並且批判個人崇拜。毛澤東為此勃然大怒，但他別無選擇，只能勉強同意。不過，最大的挫折是，大躍進結束之後，這場規模空前的災難被歸咎於他一意孤行的直接結果。毛澤東相信，有許多同志將大批百姓餓死歸罪於他，想要他下台。這並非他的偏執妄想，當時已有不少流言迅速傳開，說他被蒙蔽、理盲，是危險人物。毛澤東可以流傳下去的一切都搖搖欲墜，他擔心自己會跟史達林有同樣的下場，在死後遭到批判。而即將成為中國赫魯雪夫的那個人會是誰？

有幾個可能的人選，首先是彭德懷元帥，他曾在一九五九年夏天寫信給毛澤東檢討大躍進。但是黨內第二把交椅劉少奇更有可能爭取「中國赫魯雪夫」的頭銜，因為他曾在一九六二年一月召開的中央工作會議上，當著數千名黨內領導幹部面前宣稱大饑荒是「人禍」。會議一結束，毛澤東便著手清理門戶以鏟除異己。正如他於一九六四年十二月二十日的政治局擴大會議上所說的：「就是要發動群眾來整我們這個黨。」2

然而，毛澤東謹慎隱藏自己的計謀。文化大革命刻意使用模糊的用語，僅以「階級敵人」、「走資派」及「修正主義者」等極為籠統的字眼稱呼聲討對象，除非事證確鑿，從不明白地指名道姓。一開始並沒有幾個黨內領導幹部感受到威脅，因為一九六五年時，黨內高層中並沒有真正的走資派，更別提劉少奇和鄧小平了。他們正是毛主席憤恨的對象，但是對即將發生的風暴渾然未覺。一九六二至一九六五年間，劉少奇主持了現代史上最狠毒的共產黨肅清運動之一，共有五百萬名黨員遭到懲處。他極力證明自己足以擔任毛主席的繼承人。另一方面，鄧小平則是最猛烈批判蘇聯修正主義的人之一，一九六四年起擔任蘇聯總書記的布里茲涅夫（Leonid Brezhnev）就稱他為「反蘇小矮人」。劉少奇與鄧小平都是最常發聲支持毛主席的人，並且幫助他整垮文革初期的受害者，包括毫無警覺的北京市長。

毛澤東著手誘捕其政敵，手法如盜獵者般精準，然而，當他布局完成後，文化大革命於一九六六年夏天爆發，卻從此自行其道；那些意想不到的後果，就連最老練的謀略專家也無法預料。毛澤東意欲肅清權力高層，所以不能依靠黨機器完成工作。他轉而利用年輕且激進的學生，賦予他們造反和「砲打司令部」的特權，有些學生當時只有十四歲。

但是黨內幹部早已從數十年的政治鬥爭中磨練出生存技巧，沒有幾個人會被一群既吵鬧又自以為是的紅衛兵拉下台。許多幹部為了轉移自身可能遭受的暴行，於是煽動這些年輕人去對家庭背景不佳、已經淪落為社會邊緣人的無助人民實行抄家。部分幹部甚至打著毛澤東思想與文化大革命的名義，組織起自己的紅衛兵。按照當時的說法，他們是「打著紅旗反紅旗」。紅衛兵開始內鬨，為了爭論誰是黨內真正的「走資派」而分裂。在某些地方，當領導幹部受到攻擊時，黨內的激進分子和工廠工人也團結起來支持他們的領導者。

對這樣的現象，毛主席的回應是「號召百姓參加革命」，呼籲他們「奪權」、推翻「資產階級當權派」，結果造成了一場規模空前的社會巨變。多年來飽受共產黨高壓統治的失望情緒一口氣爆發出來，到處都是痛恨共產黨幹部的人，但是「革命群眾」並未乾脆俐落地掃除掉「資產階級反動路線」的追隨者，反而自己產生分裂了，不同的派系因為爭奪權力而開始互相鬥爭。毛澤東在文革期間利用人民，然而人民也同樣利用這個運動去追求自己的目標。

到了一九六七年一月，情勢混亂到不得不派軍隊介入，他們奉命完成革命，並且透過援助「真正的無產階級左派」來控制住局面。不同的軍方領導人分別支持不同的派系，並且全都確信自己才能代表毛澤東真正的意願，於是整個國家陷入了內戰。

但是，毛主席依然占上風。他心地冷酷、精於算計，卻也思緒飄忽、善變無常，令人捉摸不定，在刻意製造的混亂中愈顯得意。他行事隨興所至，在這段過程中使數以百萬計的人向他屈服，並鬥垮他們。他或許不是執行運動的人，但始終掌控全局，享受著一場遊戲，而遊戲規則總是任由他改寫。偶爾，他會插手解救某個忠誠的屬下，或者反過來拿某個親信開刀。他可以隨意宣稱某一個派系是「反革命」，只要一句話就能決定無數人的命運。他可以在一夕之間翻轉自己的裁決，更加助長了因為群眾爭著向毛主席表示效忠而形成的暴力循環。

文化大革命的第一階段在一九六八年夏天告一段落，當時新成立的所謂各級「革命委員會」接管了黨和國家。革命委員會大多由軍官把持，所以實權都集中在軍方手上。它們相當於一套傳達毛主席命令的簡化系統，他所下達的指示都可以絲毫不受質疑地立刻執行。接下來的三年裡，革命委員會把中國變成了一個軍事極權國家，學校、工廠和政府機構都由軍人監管。一開始，數百萬名不受歡迎分子被下放到農村接受「貧下中農再教育」，其中包括年輕學生及其他曾經對毛主席深信不疑的人。接著，革命委員會發動一連串殘酷的肅清行動，藉此將所有曾在文革高峰期公開發聲的人趕盡殺絕。遭到聲討的對象不再被稱為「走資派」，而是被稱為「叛徒」、「走狗」和「內奸」，同時設置了特別委員會負責調查百姓及昔日領導幹部與敵人之間的可疑牽連。經過一場全國性的獵巫行動後，又來了一場肅貪運動，進一步威嚇民眾，令他們更加屈從，因為他們的一言一行都可能被羅織罪名。在某些省分，每五十人當中就至少有一人曾經在整肅行動中遭受波及。

不過，毛澤東對軍方甚為提防，尤其是林彪；此人於一九五九年夏天取代彭德懷成為國防部長，而且首先在軍中倡導研究毛澤東思想。毛澤東利用林彪發動文革並使其持續下去，但這名元帥卻反過來利用這場混亂來擴大自己的權力基礎，安插他的屬下占據軍中要職。一九七一年九月，他死於一場神祕的墜機事件，平民生活遭受軍方全面控制的時期才告結束。

截至此時，革命的狂熱已經耗盡幾乎所有人的精力。即便是在文革的高峰期，許多不滿一黨專政的百姓頂多也只是在表面上順從，但絕口不提他們內心深處的想法及個人感受。這時，他們當中有許多人意識到黨組織已經深受文化大革命的傷害，於是他們利用這個機會，低調地繼續過著自己的生活，即便毛主席在他執政的最後幾年不斷對派系挑撥離間也一樣。尤其在農村地區，若說大躍進摧毀了黨的聲譽，那麼文化大革命便是破壞了黨的組織。在一場靜默的革命中，千百萬的農民悄悄重拾傳統慣例，開辦黑市、分配集體資產、瓜分土地，並開設地下工廠。在毛澤東於一九七六年九月去世之前，許多農村地區早已拋棄了計畫經濟的道路。

這無非是十年的混亂與恐懼所留下最深遠的遺緒之一。沒有任何一個共產黨會容許有組織的對抗，但是農村幹部每天面對大量的沉默反抗行為及無止盡的推託，根本毫無招架之力；人民嘗試破壞國家對經濟的掌控，並以自己的主動性及聰明才智取代之。鄧小平在毛澤東死去數年後開始掌權，他曾經短暫地試圖重振計畫經濟，但是很快就了解到自己別無選擇，只能跟隨潮流前進。曾經是集體化經濟主軸的人民公社，於一九八二年宣告解散。[3]

計畫經濟逐漸瓦解，是文革造成的意外後果之一。另一個意外的後果是殘存的馬列主義與毛澤東思想被徹底消滅。毛澤東去世時，不只農村人民要求擁有更多經濟機會，很多人也掙脫了毛澤東主義數十年來強加在他們身上的枷鎖。毫無休止的思想改造招致了廣泛的懷疑，甚至連共產黨員也普遍抱持這種態度。

不過，有一項遺緒是相當負面的。就人命損失而言，文化大革命殘忍的程度遠遠不及許多較早期的運動，特別是大饑荒時發生的災禍，然而，文革所到之處，留下的盡是破碎的生活與被毀滅的文化。各界一致認為，十年文革期間共有一百五十萬至二百萬人遭到殺害，但是有更多人的人生被無止盡的告發、不實的認罪、批鬥會和迫害活動所毀滅。中國專家石文安（Anne Thurston）曾經一語道破，文革並非突如其來的災難，亦非大屠殺，卻是一個由許多層面的損失所構成的嚴酷局面：「文化與精神價值的損失、身分與榮譽的損失、事業的損失、尊嚴的損失。」當然，人民互相敵對也傷害了彼此間的信任，人際關係亦變得難以預測。[4]

在不同的人身上，損失程度也差異甚巨。有的人一生就這麼毀掉了，有的人則勉強安然撐過了日常的磨難。此外，少數人甚至發達了，尤其是在文革的最後幾年。在毛澤東時期的最後十年中，呈現了各式各樣的人類經驗，無法用籠統的理論去解釋；隨著我們走出權力的狹廊並聚焦在各行各業的人民身上，這種多樣性就愈加明顯。誠如本書的副標題所言，這段歷史的焦點是人民。

即便只是短短幾年前，我們還很難想像可以寫出一段屬於人民的文革史，因為當時多數證據仍然只是來自官方的黨內文件及紅衛兵的發行物。但是過去數年來，中國的共產黨檔案庫裡可供專業歷史學者參考的一手資料愈來愈多。本書為三部曲的最後一部，並與前兩部一樣，資料來自數百份檔案庫中的文件，其中大多數在這裡是首度被使用。這些資料包含紅衛兵受害者的詳細狀況、政治肅清的數據、針對農村情況所做的調查、工廠和作坊的問卷報告、警方的黑市報告，甚至還有村民寫的投訴信，以及許多其他細節。

當然，市面上已經出版過許多關於文革的回憶錄，本書也會提到它們。除了鄭念的《上海生與死》與張戎的《鴻》等較為人所悉的作品之外，我也仔細閱讀了數十本作者自費出版的自傳；「自印書」是一種新近的出版現象，這個詞譯自俄文的samizdat，但是這種書和蘇聯異議人士之間傳閱的「禁書」完全不同。許多這類自印書是由基層黨員、甚至普通民眾執筆撰寫，提供了官方記載中看不到的視角。訪談紀錄也是同樣重要的資料來源，有些公開供人查閱，有些則是特地為本研究所蒐集的。

也有豐富的二手資料可供對文化大革命有興趣的讀者參考。紅衛兵從崛起的那一刻開始，便攫取了專業漢學學者與廣大民眾的注意力，現在，文革的標準參考書目上，光是以英文撰寫的文章與書籍就列出了數千條，這些豐富的作品大大增進了我們對毛澤東時期的理解，[5]然而這些研究往往沒有提及一般民眾。本書嘗試將「大歷史的敘述」與曾經身處這場人倫悲劇之中那些男男女女的「故事」連結在一起。從處在政權頂端的領導人物，直到偏僻地區的窮困村民，大家都面臨過極度艱難的考驗，而他們當時做出的不同選擇，顛覆了世人的印象——世人通常認為毛澤東時期最後十年裡的幾億中國人都具有相當高的同質性。事實上，他們所做的種種抉擇加總起來，最終將國家推向了一個與毛主席設想中截然不同的方向：他們沒有打擊殘存的資產階級文化，而是推翻了計畫經濟，使黨的意識形態空洞化。簡而言之，他們埋葬了毛澤東主義。

文化大革命二十年大事年表

一九五六年二月二十五日	在蘇聯共產黨第二十次代表大會上，赫魯雪夫公開譴責史達林統治下發生的殘酷肅清行動、大流放與未經審判之處決。
一九五六年秋	在中國共產黨第八次全國代表大會上，黨章內一處提及「毛澤東思想」的地方被刪去，並批判個人崇拜行為。
一九五六年冬至一九五七年春	毛澤東無視同志的反對，展開百花齊放運動以促成更開放的政治氛圍。全國都有人民示威、抗議及罷工。
一九五七年夏	百花齊放運動引來了反效果，批判排山倒海而來，質疑共產黨專政的權利。於是毛澤東改變策略，指控這些批判的聲音是一心想摧毀共產黨的「壞分子」。他指派鄧小平負責掀起反右運動，有五十萬人因此遭到迫害。共產黨在毛主席的領導下團結一致，而毛主席在幾個月之後展開了大躍進。
一九五八至一九六一年	大躍進期間，各地農民被納入人民公社。接下來的幾年裡，有數千萬人因為遭受折磨、過勞、疾病與飢餓而喪命。
一九六二年一月	黨內數千名幹部參加了在北京舉行的一場擴大集會，劉少奇在會中宣稱大饑荒為人禍。毛澤東的支持度跌到了史上最低。
一九六二年夏	毛澤東批評分配集體土地一事，並宣揚「以階級鬥爭為綱」的口號。

一九六二年秋	一場社會主義教育運動展開，意在教育民眾社會主義的好處，以及壓制在計畫經濟的範圍外進行的經濟活動。
一九六三至一九六四年	劉少奇支持社會主義教育運動，並且派遣他的妻子王光美下鄉領導一個工作組。當時某些省分的黨政幹部全都被指控為「走資本主義道路」。受到懲處的黨員超過五百萬人。
一九六四年十月十六日	中國首次試爆自製原子彈。
一九六四年十月至十一月	赫魯雪夫在莫斯科的一場不流血政變中垮台。數週後的一場克里姆林宮招待會上，一名酒醉的蘇聯部長向周恩來率領的代表團建議除掉毛澤東。
一九六五年一月	毛澤東重新制定社會主義教育運動綱領，把矛頭指向「黨內走資本主義道路的當權派。」
一九六五年十一月十日	姚文元發表文章，宣稱著名歷史學家暨北京副市長吳晗所寫的劇本《海瑞罷官》暗諷大躍進。
一九六五年十二月八日至十五日	毛澤東聽從林彪的建議，將總參謀長羅瑞卿革職。
一九六六年五月七日	毛澤東寫信給林彪，闡述他對軍隊組織和政治教化的理想國願景；在這個願景中，軍隊與人民融為一體，不分你我。這封信後來被稱為《五七指示》。
一九六六年五月四日至二十七日	北京市長身為吳晗的上級長官，他和羅瑞卿、陸定一、楊尚昆一起被指控違反黨分子。一份標題為〈五一六通知〉的共產黨內部文件指出「資產階級代表」已經滲入黨和政府基層。
一九六六年五月二十五日	聶元梓在北京大學張貼一張大字報，指控北大領導階層為「赫魯曉（雪）夫式的反革命修正主義分子」。

一九六六年五月二十八日	「中央文化革命小組」成立，由陳伯達率領，成員包括毛夫人（江青）、康生、姚文元與張春橋。
一九六六年六月一日	《人民日報》號召全國「打倒一切牛鬼蛇神！」全國學校皆停課。
一九六六年六月至七月	劉少奇和鄧小平派遣工作組到中學和大學裡頭領導文化大革命。工作組不久便與一些比較敢言的學生起了衝突，並把這些學生打成「右派」。
一九六六年七月十六日	毛澤東暢游長江，宣示他貫徹實踐文化大革命的決心。
一九六六年八月一日	毛澤東寫信支持一批受到《五七指示》感召而自發性組成「紅衛兵」的學生，他們矢言對抗密謀將國家帶上資本主義回頭路的人。全中國的學生都組織起紅衛兵小隊，攻擊階級背景有問題的人。
一九六六年八月五日	《人民日報》刊出毛澤東自己寫的大字報，標題為〈砲打司令部〉。他指控派出工作組的「某些領導同志」站在「反動的資產階級立場上」，並且「實行白色恐怖」。全國各地被打成「右派」的學生於是都獲得平反。
一九六六年八月十二日	在中央委員會全體會議上，林彪取代劉少奇坐上第二把交椅。
一九六六年八月十八日	毛澤東身著軍裝、戴著紅衛兵臂章，在天安門廣場迎接一百萬名學生。接下來的幾個月裡，毛澤東在北京一共檢閱了一千二百萬名紅衛兵。
一九六六年八月二十三日	《人民日報》讚譽紅衛兵的暴力行徑與破四舊運動。
一九六六年九月五日	紅衛兵得到免費交通與住宿。許多人來到北京接受毛主席檢閱，其他人則走遍全國建立革命網絡，打擊被視為「走資派」的地方黨政負責幹部。
一九六六年十月三日	遭到紅衛兵圍攻的黨政機構向中央求助，但由陳伯達擔任總編輯的黨刊《紅旗》非但沒有支持他們，反而刊出一篇社論，批判黨內基層那些走「資產階級反動路線」的「反革命修正主義分子」。

一九六六年十一月一日	《紅旗》再刊登一篇社論，指控某些黨內領導幹部「把群眾當成阿斗，把自己當成諸葛亮」，藉此發動群眾起來打倒他們的黨領導，並且鼓勵他們成立造反組織。
一九六六年十二月二十六日	江青接見一個新成立的「全國紅色勞動者造反總團」的代表，並要求讓文革初期因為批判黨內領導而遭革除的人復職。當晚，毛主席在七十三歲壽宴上舉杯祝酒：「祝展開全國全面內戰！」
一九六七年一月六日	一百萬名造反派工人奪取了共產黨上海市委的權力，這起事件後來稱為「一月風暴」。毛主席鼓勵其他地方的造反派「奪權」。
一九六七年一月二十三日	軍隊收到支持「革命群眾」的命令。
一九六七年二月十一、十二日	在一場由周恩來主持的中央領導會議上，數名資深高級將官指責中央文化革命小組的成員。不久，毛澤東便譴責他們，造成了更大規模的權力轉移，使得權力集中在林彪與文革小組身上。
一九六七年四月六日	在中國的部分地區，原本奉命協助「無產階級左派」的軍隊反而支持黨內領導。於是毛澤東在四月六日下達新指令，禁止軍隊向造反派開火、禁止解散群眾組織，也禁止追究曾經衝擊過軍事機構的群眾。
一九六七年五月	派系鬥爭蔓延全國，而且通常有軍方涉入。
一九六七年七月二十日	武漢駐軍挾持了兩名文革小組的代表，他們認為這兩名代表在調解當地兩個敵對勢力時，偏袒了造反派。林彪指稱這起事件是地方軍隊領導的叛亂，力勸當時正在武漢祕密視察的毛主席立刻前往上海。
一九六七年七月二十五日	在武漢遭到挾持的文革小組成員被迎回北京，這次事件亦被北京譴責為一場「反革命動亂」。林彪藉此機會加強他對軍隊的掌控。

一九六七年八月一日	《紅旗》刊出一篇社論讚揚林彪是毛主席最忠心的追隨者，並要求除掉軍中的「走資派」。整個夏天，全國各地都有不同派系之間的武裝衝突。
一九六七年八月二十二日	外交部一支批判周恩來的造反派系在英國駐北京大使館縱火。
一九六七年八月三十日	毛主席控制住暴力局面，並且逮捕了幾名文革小組成員。幾天後，群眾組織一度被禁止奪取軍隊的武器。
一九六七年九月	毛澤東出巡全國，號召所有革命力量結成一個偉大的聯盟。
一九六八年三月二十二日	林彪下令逮捕數名軍方將領，藉此進一步鞏固他對軍隊的掌控。
一九六八年七月二十七日	一支毛澤東思想宣傳隊被派駐到清華大學，紅衛兵遭到壓制與懲戒，紅衛兵運動宣告終結。
一九六八年九月七日	各省及主要城市皆成立了革命委員會，周恩來宣布全面勝利。
一九六八年夏至一九六九年秋	新成立的革命委員會利用運動「肅清黨內各階層」，把他們的政敵批為「內奸」與「叛徒」。
一九六八年十二月二十二日	《人民日報》刊登毛主席的指示，命令城市學生去農村接受再教育。一九六八至一九八〇年間，總共約一千七百萬名學生被逐出城市。
一九六九年三月	第九次全國人民代表大會舉行之前數週，中國和蘇聯軍隊在烏蘇里江畔發生衝突。林彪利用這次事件將國家進一步軍事化。
一九六九年四月	在第九次全國人民代表大會上，林彪被指定為毛澤東的接班人。
一九七〇年二月至十一月	統稱為「一打三反」的兩項運動先後發動，其目標是打擊「反革命破壞活動」與反經濟犯罪，遭受牽連者多達全國人口的五十分之一，令人民噤聲畏縮。

一九七〇年夏	毛澤東利用國家主席的存廢問題，質疑林彪對他的忠誠。
一九七一年四月	毛主席邀請美國桌球國家隊訪問中國。
一九七一年夏	毛主席巡視華南途中，在不直接點名的情況下暗中削弱林彪的勢力。
一九七一年九月十二日	毛澤東返回北京。就在當晚午夜過後，林彪與妻子、兒子急忙登上一架停在北戴河避暑別墅外的飛機。飛機在蒙古墜毀，機上人員全數身亡。
一九七二年二月二十一至二十八日	美國總統尼克森訪問中國。
一九七二年八月	軍隊返回駐地。隨後數月，許多政府官員及黨內幹部獲得平反。
一九七三年十一月至一九七四年一月	江青、張春橋、王洪文與姚文元聯手對抗周恩來，不久即被稱為「四人幫」。一場針對周恩來總理的全國運動就此展開。
一九七四年四月	毛主席拔擢鄧小平，指派他擔任聯合國中國代表團團長。
一九七五年一月	在毛主席的首肯下，周恩來推動「四個現代化」來提升中國的農業、工業、國防與科學技術。
一九七五年十一月至一九七六年一月	毛澤東擔憂鄧小平會破壞他死後的影響力。鄧小平在幾場黨內會議上受到指責，他所擔任的多數官職也被拔除。
一九七六年一月八日	周恩來總理去世。
一九七六年四月四日至五日	民間大舉支持周恩來，演變成天安門廣場的一場大規模示威，最後遭到軍警殘酷鎮壓。
一九七六年九月九日	毛澤東去世。

第一部

大饑荒之後（一九六二至一九六六年）

第一章　兩個獨裁者

在北京市中心，一棟有大理石梁柱的龐大建築在天安門廣場上投下陰影，一如中國的政治生態籠罩在共產黨專政的陰影之下。這座人民大會堂以空前的速度完工，以便在一九五九年十月熱烈慶祝中國共產革命十週年慶典。這是一棟雄偉懾人的建築，由於深受蘇聯影響而擁有一個能夠容納超過一萬名與會者的大禮堂。數百盞燈光圍繞著一顆巨大的紅星，從天花板往下照耀。從講台上的橫幅與布幕到與會者座席和旁聽席的厚地毯，一切都是紅色的。大會堂內還有數十間以中國各省分命名的大廳室，整座大會堂的樓層總面積比紫禁城還要大。紫禁城面對著天安門廣場，占地廣闊，內有亭台樓閣、庭院及宮殿，是明、清兩代的朝廷所在。

一九六二年一月，大約七千名幹部從全國各地來到人民大會堂，出席中共史上規模最大的中央工作會議。他們之所以被召集到北京，是因為領導階層需要他們的支持。好幾年來，他們都在沉重的壓力下工作，因為毛主席所定下的工作指標愈來愈高，從鋼鐵到糧食的產量皆然。無法達到指標的人被打成右派並逐出共產黨。取代他們的人冷酷且不擇手段，為了私利而迎合北京高層的激進風氣行事。許多人謊報成就，捏造虛假的生產數據呈報給上級長官。也有人實施恐怖治理，導致他們管轄下的農民過勞而死。在這個時候，大家普遍都認為這批人必須為毛澤東實施大躍進而引發的災禍負責。

四年之前（一九五八年），毛澤東使國家陷入了狂亂；各地農民被集中到龐大的人民公社裡，宣告這將是從社會主義進入共產主義的一次大躍進。人民變成一場持續進行的革命裡的卒子，被迫連續不斷地勞動；冬天的農閒期有大型水利工程要做，夏天時又得土法煉鋼。大躍進有一句口號：「苦戰三年，改變中國的面貌！」大家都憧憬著一個豐饒富足的世界。還有另一句口號是「超英趕美」。儘管所有的政治宣傳內容都說要拋棄資本主義經濟，但是毛澤東真正的目的卻是讓中國快速超越蘇聯。自從史達林在一九五三年去世之後，毛澤東便一直想要取得社會主義陣營的領導權。

即便是在史達林生前，毛澤東也已經自視為更勝他一籌的革命分子，一九四九年將全世界四分之一人口帶進社會主義陣營的人是他，不是史達林。一年後在韓國使美國陷入苦戰的也是他，不是史達林。然而毛澤東也是莫斯科老大哥的忠實追隨者，而且有他的理由。中國共產黨從一開始就是依靠蘇聯的金援與政治指導而生存下來，史達林個人則協助毛澤東取得大權，雖然兩人之間的關係並不總是很融洽，但中共在一九四九年取得北京政權後，毛澤東便立刻模仿蘇聯，實施嚴苛的共產制度。一部近年出版的毛澤東傳記指出：「他仰望全世界望之生畏的史達林和蘇聯作為他的導師，以他們為效仿的楷模。」[1]毛澤東信奉史達林主義，因而實施農業集體化、無限制的領袖崇拜、廢除私有財產、無孔不入地監控百姓生活，也付出了龐大的國防開支。

諷刺的是，正是擔憂鄰國強權（中國）崛起可能會威脅到其統治地位的史達林本人，限制了中國全面「史達林化」的腳步。一九二九至一九三〇年，史達林展開了冷酷無情的反富農運動，導致數千人被劃定為「富農」並遭到處決，另有將近二百萬人被流放到西伯利亞和蘇屬中亞的勞改營。但是，在一九五〇年，史達林建議毛澤東完整保留富農經濟體系，讓剛經歷過長年內戰的中國可以早點復原。毛澤東對此置之不理，執意要求所有農民參與批鬥傳統鄉紳，有時候則殺害他們。鄉紳的財產全數交由群眾瓜分，土地則在測量過後分給窮人。共產黨謀殺謹慎挑選出來的少數民眾，並將大多數人牽連在內，因而得以將人民永久與黨聯結在一起。沒有可靠的數據可以證實土地改革期間究竟有多少受害者被殺死，但是一九四七至一九五二年間被殺害的人數應該不會少於一百五十萬到二百萬。另外有好幾百萬人被劃定為壞分子和階級敵人。

一九五二年土改運動結束後，毛澤東立即與史達林接觸，要求借貸一大筆經費來協助中國工業化。一向愛唱反調的史達林斷然拒絕，表示中國企圖達到的成長率是「冒進」。史達林大動作地縮減對中國的投資、否決了幾個軍事防禦相關計畫，並且減少了蘇聯協助建設的工業園區數量。不過，史達林自己曾經主導過一九二九至一九三三年的蘇聯農業集體化，把從農村集體農場榨取來的糧食拿去供養日益壯大的工業勞動人口，以及換取從西方進口的機械。這種作法導致烏克蘭和蘇聯其他地區出現大規模饑荒，死亡人數估計有五百萬到一千萬人。

史達林是唯一能牽制毛澤東的人。一九五三年三月史達林去世後，毛澤東便加快了集體化的腳步。這一年年底實施了糧食壟斷政策（統購統銷），迫使農民以國家規定的價格出售其作物。一九五五至一九五六年，中國引進與蘇聯國營農場相似的合作社制度。這些合作社從農民手中收取土地，把農民變成了唯國家之命是從的奴僕。城市中所有商業與工業亦轉入國家管制之下，政府強徵民營企業，從小商店到大工廠皆無法倖免。毛澤東稱之為「社會主義建設的高潮」。

然而在一九五六年，毛澤東的急速集體化政策卻遭遇了重大挫折。二月二十五日，也就是蘇聯共產黨第二十次代表大會的最後一天，赫魯雪夫譴責了史達林統治時期的殘酷整肅、大規模流放、未經審判的處決。他在克里姆林宮——昔日沙皇的莫斯科住所——滔滔不絕地演說了數小時，批判史達林的個人崇拜，並且指控他在一九三〇年代初期摧毀了國家的農業。他說史達林「沒有去過任何地方，也沒有會見過工人和集體農民」，對於國家的理解全數來自「為農村真實狀況粉飾太平的影片」。毛澤東將此舉解讀為赫魯雪夫在攻擊他的權威。畢竟毛澤東是中國版的史達林，而赫魯雪夫的祕密演說必定會引發對毛澤東個人領導地位的質疑，尤其是以他為中心的個人崇拜。不出數月，周恩來總理和其他人便以赫魯雪夫對國營農場的批評為由，減緩集體化的腳步。毛澤東看來似乎遭到了排擠。

一九五六年四月二十五日，毛澤東對「去史達林化」做出回應。他在一場政治局擴大會議上致詞時，積極捍衛一般百姓。毛主席裝出保衛民主價值的姿態，目的是奪回黨內精神領袖的地位。他超越了赫魯雪夫。兩個月之前，他被迫採取守勢，像是一個與現實脫節、並且緊抓著過去早已失敗的範本不放的年邁獨裁者。此刻毛澤東奪回了主動權，言詞遠比赫魯雪夫還要開放且令人放心得多。一週後（五月二日），他鼓勵知識分子自由發表言論，要黨內「百花齊放，百家爭鳴」。

不過，毛澤東仍然被迫對他的同志做出很大的讓步。第八次全國代表大會於九月舉行，旨在選出自一九四五年以來第一個新的中央委員會。會中，社會主義高潮被悄悄放棄，黨章中提及毛澤東思想的部分全數被刪除，個人崇拜也受到批判。集體領導則得到讚譽。毛澤東被赫魯雪夫的祕密演說逼到了牆角，不得不勉強同意這些做法。儘管毛澤東繼續擔任黨主席，但他表示想要從國家主席的位置退下，他並不喜歡這個通常只是徒具形式的職位。為了考驗同僚的忠誠度，他暗示可能會因為健康因素而退居第二線。但是劉少奇和鄧小平非但沒有請求他留下，反而設立了「榮譽主席」這個新職位，想讓毛澤東辭去黨主席一職後立刻擔任。毛澤東為此勃然大怒，私底下毫不掩飾自己的憤怒。[2]

匈牙利起義給了毛澤東重新占得上風的機會。十一月初，蘇聯部隊鎮壓布達佩斯那些叛亂分子的同時，毛主席則是指責匈牙利共產黨因為沒有傾聽民怨、放任其惡化失控而害了自己。他認為，中國的危機並非民心動盪，而是人民對黨的政策絕對遵從。「共產黨是要得到教訓的。學生上街，工人上街，凡是有那樣的事情，同志們要看作好事。」他在一次重要的演說中表示要共產黨欣然接受外界的批評眼光：「罵群眾，壓群眾，總是不改，群眾就有理由把他革掉。」[3]

由於毛澤東在五月時呼籲大眾進行公開辯論，已有許多來自各行各業的人大聲表達不滿。匈牙利起義更進一步引發民間騷動，學生與工人開始以布達佩斯為借鏡從事反對國家的行動。數百名學生聚集在南京市政府前高喊爭取民主與人權的口號。全國各城市都有工人罷工，抗議實際收入減少、房舍簡陋，以及福利金縮水。上海有一些示威活動吸引了數千名支持者參與。

騷動不僅限於城市。到了一九五六年跨一九五七年的那個冬季，農民開始退出公社，高喊反對共產黨，並且毆打制止他們的地方幹部。在廣東省與香港鄰接的部分地區，多達三分之一的農民強行奪回土地並開始種植自己的作物。中國其他地區也有農民帶著自己的牲口、種子和農具成群離開公社，一心一意要自食其力。[4]

由於主席以人民的支持者自居，並且捍衛他們的言論自由，所以共產黨沒有立場去鎮壓民眾的反對運動。一九五七年二月，毛澤東更進一步鼓勵原本抱持觀望心態的知識分子暢所欲言。他以誠懇的言語列舉共產黨犯下的嚴重過失，並以「教條主義」、「官僚主義」和「主觀主義」這些嚴厲的字眼譴責共產黨。毛澤東呼籲一般民眾表達自己的不滿，藉以協助黨內官員改善其工作，糾正社會不公的現象。他利用全國各地罷課、罷工的學生和工人，當作一種警告同志的手段，這也預示了他後來在文化大革命期間的作為。

很快地，一股批判浪潮爆發開來，但毛澤東嚴重失算了。毛原本希望群眾會爭相擁戴他，激進分子會遵照他的提示去懲罰那個排擠他、並且把他的毛澤東思想從黨章中刪除的政黨。沒想到民眾卻只是寫出支持民主與人權的標語，有些標語甚至要求共產黨下台。自一九五六年夏天起，便有零星的學生罷課及示威事件，但此刻走上街頭的學生已有數萬人。一九五七年五月四日，大約八千名學生在北京會合，紀念五四運動週年；那場一九一九年爆發的學生運動以失敗作收。這些學生打造了一面「民主牆」，上面貼滿譴責共產黨「打壓國家教育機關自由民主」的大字報和標語。在上海，地方幹部遭到憤怒的示威群眾斥責、羞辱與嘲弄。數以百計的企業發生了大罷工，參與的工人多達三萬名以上，規模為中國歷來之最，甚至超越一九三〇年代國民政府全盛時期所發生的罷工。[5]

群眾不滿的程度激怒了毛澤東。他派鄧小平負責一場運動，把五十萬名學生和知識分子打成意圖摧毀黨的「右派分子」。許多人被流放到偏遠地區接受勞改。

毛澤東的賭局產生了反效果，不過至少他和他的戰友再度聯手，決意鎮壓人民。毛澤東回到黨的決策中樞之後，一心想促成極端的農村集體化。一九五七年十一月，他和全世界其他國家的共產黨主席受邀到莫斯科參與十月革命的慶祝活動，這時他稱赫魯雪夫為社會主義陣營的領袖，以此表示對他表面上的忠誠。但是他也會刁難這個對手，不放過貶低他的機會。赫魯雪夫終於宣布蘇聯在肉、奶及奶油的人均產量將會追上美國之後，毛澤東也大膽聲明中國會在十五年內超越當時仍被視為工業大國的英國。此時大躍進才正開始。

回到中國後，數年前並未對社會主義高潮表現出充分熱情的周恩來等領導人物，在私下會談與黨內會議上都受到毛澤東責難、羞辱、刺激與操控。在大肆進行的政治宣傳下，好幾名黨內領導和他們的許多部下被開除，由毛澤東的親信取而代之；他們將農民集中到人民公社裡，這是從社會主義躍進到共產主義的象徵。農村地區的人民失去了住家、土地、財產和生計。在公社食堂裡，按照工作量多寡來分配的少許食物成了用來迫使人民遵從每一道黨命令的武器。加上民眾的私人財產和牟利動機都沒有了，於是這些實驗導致糧食產量銳減，然而地方幹部為了應付上級施加的壓力，不但沒有發出警訊，反而向上呈報愈來愈高的虛假產量。他們為了保住工作，便將大部分的作物收成上繳給國家，使農民只能挨餓度日。

一九五九年夏天，黨內領導幹部聚集在廬山開會，彭德懷元帥和其他人謹慎地發言批評了大躍進。與此同時，赫魯雪夫則在出訪波蘭的波茲南市時公開批判史達林統治下的人民公社制度。一切看起來就像是針對毛澤東精心策劃的攻擊。毛主席懷疑有人密謀推翻他，便將彭德懷與其支持者打成反黨集團，共謀背叛國家和人民。

一場針對「右派分子」的獵巫活動隨後展開，三百萬名以上的幹部被毛澤東積極的爪牙們取代；他們為了達成毛主席所定下的指標，可以無所不用其極。由於持續面臨達成計畫、甚至提前完成計畫的壓力，許多人便訴諸更加高壓的手段，造成毫無節制的暴力操控，而且情況隨著工人的工作動機消失而愈演愈烈。在某些地方，村民和幹部都變得粗暴乖戾，不得不持續擴大高壓控制，暴力也不斷加劇循環。工作不夠努力的人被吊起來毒打；有的人則被丟進水池中。也有人被潑灑尿液，或者被迫吃下糞便。到處都有凌虐致殘的現象。一份傳到最高領導階層——毛澤東也收到了——的報告，記載了一個名叫王自有的男子被割掉一隻耳朵，有人用鐵絲綑綁他的腿，還用一塊重達十公斤的石頭重壓他的背，然後以燒紅的農具烙他——只因為他偷挖了一顆馬鈴薯。[6]此外還有民眾被活埋的案例。一個男孩在湖南的某村莊偷了一把穀糧後，當地領導熊長明強迫男孩的父親將他活埋。這名父親在數天後因悲傷過度而死去。[7]

最常見的武器是食物，同時，挨餓也成了最先採用的懲罰。在全國各地，因為生病而無法工作的人都會被斷糧。病殘老弱者禁入食堂，遭到蓄意餓死，一如幹部引述的列寧名言：「不勞動者不得食。」由於地方幹部背負的壓力是產量數據而非人命，要確保他們達成北京那些決策者定下的指標，因怠忽而間接被害死的人不計其數。這場政治實驗以人類史上最大規模的集體屠殺之一告終，至少有四千五百萬人因過勞、饑餓或遭受毆打而死。[8]

到了一九六〇年底，這場災難的規模之大，使毛澤東不得不允許周恩來及其他人削弱公社對農民的掌控權。地方市集恢復了，人民再度獲准保有私人土地，國家也從海外進口糧食。這是大饑荒尾聲的開始。但是，一旦減輕了農村上繳糧食、煤及其他商品給國家的壓力，有些大城市便開始面臨大規模的物資短缺。一九六一年夏天，財政部長李先念宣布，國家糧倉空虛是黨所面對最急迫的議題。[9]農村徹底切斷了北京、天津和上海的糧食供給，迫使中央不得不傾聽農村的訴求。

＊＊＊

毛澤東的光環在一九六二年一月的七千人大會——會議的名稱源自與會人數——來到最黯淡的時刻。若說有任何時機可以罷免他，無疑就是這場大型會議了，因為來自全國各地的幹部終能齊聚一堂，比對彼此的記錄並批評大躍進所引發的災難。甚至有傳聞指出，在會議舉行之前的幾個月，一臂行動不便的北京市長彭真已經要他的屬下鄧拓——他是黨內的知識分子——將批評大饑荒，以及毛澤東在其中所扮演之角色的文件資料彙整起來。劉少奇和鄧小平都知道這次調查行動，而且曾經避開公眾耳目，在北京動物園中為慈禧太后興建的行宮暢觀樓開過數次會議。有人斷言，彭真有意與毛主席當面對質。[10]

數十年前，史達林也曾面臨過類似的挑戰。一九三四年在克里姆林宮大會堂舉行的勝利者代表大會上，二千名代表齊聚一堂，慶祝農業集體化成功與工業化突飛猛進。表面上他們以熱烈的掌聲歡迎史達林，私底下則對他的統治方法怨聲載道，也對他的野心感到憂懼。幾名黨內領導對毫無節制的史達林個人崇拜相當不滿，私下密會商討如何將他換掉。傳聞指出，有太多代表投票反對史達林，不得不銷毀部分選票。基層的不滿有許多是饑荒所引起的，普遍認為史達林必須為此事負責。然而，無人直接公開批判他們的領袖。[11]

在北京，毛澤東同樣受到熱烈愛戴，許多代表很珍視與毛主席合照的機會，[12]就連高層領導也沒有直接質疑毛主席。但是劉少奇向座無虛席的聽眾發表報告時，以很長的篇幅談論了大饑荒。劉少奇生性嚴厲拘謹，鬆弛的臉上滿是皺紋，經常工作到深夜。多數領導已經不再戴帽子，他卻總是戴著無產階級的布帽。一年前，也就是一九六一年四月，劉少奇和其他領導幹部被毛澤東派到農村調查大饑荒，他對自己家鄉村子裡的悲慘狀況感到無比震驚。劉少奇在會議上說，湖南的農民認為這場災禍是三分天災、七分人禍。他使用「人禍」一詞，震驚全場，聽眾發出驚嘆聲。劉少奇還反駁毛澤東在強調成就多過失敗時最喜歡用的說法：「九個指頭和一個指頭的關係。」緊繃的情勢顯而易見。「總的來說，是不是可以三七開，七分成績，三分缺點和錯誤。是不是可以這樣講呢？……過去我們經常把缺點、錯誤和成績，比之於一個指頭和九個指頭的關係。現在恐怕不能到處這樣套。有一部分地區還可以這樣講。在那些地方雖然也有缺點和錯誤，可能只是一個指頭，而成績是九個指頭。」毛澤東顯然十分惱怒，他打斷劉少奇，說道：「根本不是一部分地區，像在河北就只有百分之二十的地區減產，而在江蘇則有百分之三十的地區產量連年增加！」劉少奇堅不退讓，繼續說：「全國總起來講，缺點和成績的關係，就不能說是一個指頭和九個指頭的關係，恐怕是三個指頭和七個指頭的關係。還有些地區，缺點和錯誤不只是三個指頭。」[13]

不過劉少奇倒是為大躍進做了辯解。正如三十多年前的莫斯科，當時每個與會代表都急著表明「總路線」是正確的，只是執行過程出了差錯。

尤其有一個人更是力挺毛主席，這個人就是林彪；他被視為內戰時最傑出的戰略家之一。他骨瘦如柴、面色蒼白，對於和水、風、寒冷有關的許多事物都相當恐懼，光是聽到流水聲就會腹瀉。他完全不喝流質食品，只靠妻子餵他沾水的饅頭來補充水分。多數時候他都戴著軍帽遮掩他皮包骨的禿頭。林彪經常稱病缺席各種場合，但是一九五九年夏天，他一改隱匿作風，在廬山會議上捍衛毛主席。他得到的獎賞是接下彭德懷的工作，成為軍方首長。此時他再度讚揚毛主席，將大躍進捧成中國歷史上的空前成就：「毛主席的思想總是正確的……他總是在實際的周圍，圍繞著實際，不脫離實際……我深深感覺到，我們的工作搞得好一些的時候，是毛主席的思想能夠順利貫徹的時候，毛主席思想不受干擾的時候。如果毛主席的意見受不到尊重，或者受到很大的干擾的時候，事情就要出毛病。我們黨幾十年來的歷史，就是這麼一個歷史。」[14]

毛澤東對林彪很滿意，但是對其他人都心存猜忌。他盡可能表現出不在意的樣子，以慈祥、親切的長者形象示人，宛如「一位善於講述中國歷史的文雅巨人，能夠引經據典；這位奧林匹斯山上的神明樂於承認，就連他也可能會犯錯。」[15]他嘗試讓會議代表解除戒備、放下心防，鼓勵創造開放民主的風氣，讓所有人都可以毫無顧忌地暢所欲言。他這麼做是為了查明每個人的立場。在黨內主要演說之外進行的小組討論中，一些代表發表了相當危險的批判觀點。幾名省級領導幹部認為大饑荒自始至終都是人禍；有人則在對比各自所代表的省分所提出的記錄時，納悶究竟有多少人喪命；也有幾個人認為毛主席難辭其咎：「這麼大的問題，毛主席要負責任。」[16]一名代表指出，人民公社是毛主席的主意。毛澤東讀過這些討論的文字記錄，深感不齒：「白天出氣，晚上看戲，兩乾一稀，完全放屁。這就是他們所謂的馬列主義。」[17]

不過毛澤東還是表達了極微小的歉意，他坦承自己身為黨主席，也要負起部分間接責任。這是一記高招，逼得其他領導不得不跟進，承認自己的錯誤。他們接二連三地坦承過失。比方說，周恩來為過度徵糧、誇大產量、從各省搜刮糧食及增加食物出口量負起了個人責任。他相貌出眾、濃眉大眼，舉止帶著些許陰柔，是毛澤東忠誠且能幹的左右手，讓自己成了一名不可或缺的最高級官員。在他的革命生涯早期，他就已經決定永不質疑毛澤東，不過毛澤東還是偶爾會當著其他領導面前貶低他。例如一九五八年的頭幾個月，毛澤東批評周恩來對農業集體化不夠熱心，周恩來在大躍進時便毫不懈怠地工作，以示忠誠。此時他又宣稱：「這幾年的缺點和錯誤，恰恰是由於違反了總路線所確定的正確方針，違反了毛主席的許多寶貴的、合乎實際而又有遠見的意見才發生的。」[18]擁護毛澤東，並且總是對他阿諛奉承的湖北省委書記王任重坦承，他所管轄的湖北省誇大生產數據，欺騙了北京。劉子厚也承認自己轄下的河北省有幾個被北京宣布為模範的縣分，其大豐收的數據是捏造出來的。貴州領導周林更進一步說出，在他的領導下，村民曾因疑似私藏穀糧而遭到不當迫害。[19]

這些人坦承有罪的行為，把眾人的關注焦點從毛澤東身上移開。更重要的是，彭真打擊毛主席威信的力道也被削弱了。北京市長據說花了好幾個月準備的那份長篇報告從未公開。事實上，共產黨並沒有採取手段確保其黨主席不會再釀下災禍，反而讓他保全了顏面。

毛澤東熬過了七千人大會，但他也比以往更加擔憂自己會失去對黨的掌控。蘇聯在一九三四年召開的勝利者代表大會，最後淪為一場失敗者大會。會後的四年間，當初參與會議的兩千名代表中，超過半數不是遭到處決，就是被送進古拉格。史達林在大恐怖時期清除異己的成果非常突出。歷史學家羅伯特・約翰・瑟維斯（Robert John Service）曾經指出：「他的殘暴有如誘捕籠般冷酷無情。」後來的毛澤東則隨興得多，他故意把社會搞得天翻地覆、助長數百萬人毫無秩序的暴力行為，藉此摧毀政敵，讓自己留在黨政核心。

第二章 以階級鬥爭為綱

大饑荒的情況嚴重到再也不容毛澤東否認時，他的第一反應就是怪罪到階級敵人頭上。「壞人當權，打人死人，糧食減產，吃不飽飯。」他在一九六〇年十一月寫道：「民主革命尚未完成，封建勢力大大作怪，對社會主義更加仇視，破壞社會主義生產關係和生產力。」[1] 幾個月後，他對反革命的規模表示驚訝：「誰會料到農村藏匿了這麼多反革命分子？我們並沒有想到反革命會在農村層級奪權並進行殘酷的階級報復。」[2]

此舉完全在意料之中。數十年前，史達林也曾經宣稱：「集體化的成功『激怒了失敗階級的爪牙』。」他在《聯共（布）黨史簡明教程》中提到：「他們為自身的失敗和破產向黨和人民進行報復；對工人和集體農莊莊員的事業進行搗亂和破壞、炸礦井、燒工廠，在集體農莊和國營工廠搞破壞，以便破壞工人和集體農莊莊員的成績。」[3]

《簡明教程》僅僅在俄羅斯就發行了四千二百萬本，並且翻譯成六十七種語言。[4] 中文便是其一，一九四九年之後，這本書在中國便如《聖經》一般備受研究，「蘇聯的今天就是我們的明天」成了當時的格言。據毛澤東的一位祕書所言：「史達林的見解為毛澤東提供了方便的捷徑。」《簡明教程》的中心思想是：每一項重大發展都是正確路線與錯誤路線之間的政治鬥爭所造成的，列寧和史達林代表的是正確路線，而那些已經被踢出社會主義道路的反黨團體所採行的則是錯誤路線。赫魯雪夫譴責史達林之後，這本書的地位不再顯赫，但是它從未遭到正式否定。[5]

即使在一九五六年之後，毛澤東依然推崇這本書。史達林的一個觀念對他別具意義：「隨著社會主義革命持續深化，階級鬥爭亦會愈加激烈。」《簡明教程》中提到，若以為「我們愈壯大，敵人便會愈馴化、愈無害」的話，就是「機會主義者的自滿」。實際上正在發生的情況完全相反，需要留意，而且是「真正布爾什維克革命分子該有的警惕」。敵人已經不在明處，但是隱藏在舉目可及的地方，就在黨的基層裡。

在一九六二年一月的七千人大會上，毛澤東只輕輕帶過階級鬥爭的議題：「還有些人掛著共產黨員的招牌，但是並不代表工人階級，而是代表資產階級。黨內並不純粹，這一點必須看到，否則我們是要吃虧的。」[6]當時他處於退讓狀態，無法進一步追究這個議題。一年前，領導階層用盡方法避免饑荒奪走數百萬條人命時，幾名省級領導幹部試著將小塊的公共農地還給農民。安徽是首先陷入饑荒的省分之一，但也是最先脫離饑荒的省分之一，因為曾希聖開始允許農民承租土地。位高權重的政治局成員陶鑄也支持這種做法。他說：「這樣人民就不會餓死。」而後又說道：「如果這也叫資本主義，寧願要資本主義，也不要餓死人……你們要搞個貧窮痛苦的社會主義嗎？」[7]然而周恩來等人只把真正的想法放在心裡，因為他們過去曾經因為放慢集體化的腳步而激怒過毛主席。

七千人大會結束後，劉少奇、鄧小平與一批顧問繼續商討重整經濟的方法。毛澤東人不在首都，而是出巡華南，並且從遠方監視這些同志。一九六二年一月黨大會上沒有說破的話當中，有許多都在這時被公開表達出來，有時候用的還是很刺耳的字眼。「不夠謙虛謹慎與缺乏經驗是我們一敗塗地的主要原因，」傳聞劉少奇曾經這麼說過：「我們應該把市場置於一切之上。」他和其他人提議把耕作的責任直接交給農戶而非公社。除了名稱以外，這其實便是完全的私人農業。[8]幾個月後，到了五月，劉少奇強烈要求給予部分村民完全退出公社的權利：「我認為如果我們不讓百分之二十的農民單幹，集體經濟就搞不下去。」[9]

不過，決定性的一刻大概是在一個炎熱的七月午後出現的，當時毛澤東在游泳池休息，心情很差。稍早時劉少奇請他回北京處理要務，他要劉少奇說明理由。劉少奇先報告說，陳雲和田家英這兩個批評大躍進最直言不諱的人想要提出他們對「分田到戶」一事的看法。毛澤東聽到後相當不悅。劉少奇急忙脫口而出：「餓死這麼多人，歷史要寫上你我的，人相食，要上書的！」此時毛澤東勃然大怒。「三面紅旗（即大躍進的三要素，包含人民公社）也否了，地也分了，」他怒吼道：「你不頂住？我死了以後怎麼辦！」兩人很快就冷靜下來，但這個事件必定使毛澤東開始思索劉少奇是否就是他的剋星，也就是那個會在毛死後批判他、並且展開去毛澤東化的中國版赫魯雪夫。[10]

八月一日又發生了令他惱怒的事，劉少奇一九三九年寫的文章《論共產黨員的修養》經過校訂並於共產黨喉舌《人民日報》連載後出版了。[11]劉少奇自一九五九年起便擔任國家主席，而這名毛澤東接班人也顯然在嘗試為自己樹立一個獨立且富開創性的思想家形象。

五天後，毛主席決定，反擊的時候到了。他趁著領導階層每年一度的北戴河海濱避暑活動時發表了一段談論階級鬥爭的重要演說。過了一個月，一九五六年選出的中央委員會——他們有重大的影響力——在北京召開會議時，「以階級鬥爭為綱」成了最風行的口號。毛澤東第一個開刀的對象就是「分田到戶」，並把目標對準劉少奇的屬下鄧子恢。數年前，毛主席就曾批評鄧子恢在農業集體化的道路上「像一個小腳女人，東搖西擺地在那裡走路」。鄧子恢是最大力提倡「包產到戶」的人。毛澤東批評這種做法是「資本主義」，把鄧子恢打成「右派分子」，同時突然對幾名曾經擁護過這個體系的省級領導幹部翻臉。率先把土地歸還給農民的安徽省委書記曾希聖這時就被當成「走資派」而備受指責。

此外，一九五九年夏天已經在廬山會議上遭到整肅的彭德懷連帶再度受到批判。七千人大會結束後，鄧小平已經開始讓廬山會議之後被整肅的幹部復職，連彭德懷也提出了政治平反申訴，但是毛澤東反而把他的罪名再加一等，指控他與世界各地的反動勢力串通。[12]

大家都看到了毛澤東已重攬大權，少數領導幹部觀望過風向，其中大部分意識到局勢已然改變，就重新支持毛，起初保持沉默的劉少奇也順應此舉。[13]與主席持不同意見，再度變成危險的事情。七千人大會發揮影響力的日子過去了。

幾個星期之後，中央委員會議即將結束之際，毛澤東已經取得同志的完全支持。他宣告：「在無產階級革命和無產階級專政的整個歷史時期（這個時期需要幾十年，甚至更多的時間），存在著無產階級和資產階級之間的階級鬥爭，存在著社會主義和資本主義這兩條道路的鬥爭。被推翻的反動統治階級不甘心於滅亡，他們總是企圖復辟……要提高警惕，要進行社會主義教育，要正確理解和處理階級矛盾和階級鬥爭問題，正確區分和處理敵我矛盾和人民內部矛盾。不然的話，我們這樣的社會主義國家就會走向反面，就會變質，就會出現復辟。」[14]

為了使革命分子提高警惕，還要將社會主義的好處教育給民眾，社會主義教育運動於數個月後展開，其訓言便是「以階級鬥爭為綱」。貧下中農協會（簡稱「貧協」）是這項運動的推行單位之一，河北的邢台地區組織起好幾千個這樣的協會，貧協恣意攻擊「資本家」和「單幹戶」，大聲疾呼要從他們手中奪回所有比一九六〇年起允許的私人土地還要多的耕地。安徽省的農村在半年內就重新集體化，不計其數的生產隊被迫將土地交給人民公社。在公社外圍自行耕種的村民被控危害集體經濟。貴州的周林曾經採取過與曾希聖類似的作法，但此時貴州的土地也從個體戶手上收了回去。[15]

任何在公社以外進行的活動都被視為可疑，即便是利用晚上的私人時間養雞或編織籃子來賺外快也一樣。似乎到處都有投機分子。西安有超過兩千名單幹的商販，其中有些人借款出去所收取的利息比國營放貸單位還要高。位於東北的瀋陽，私人企業家共有兩萬名，數量驚人。在長江中游的工商業中心武漢，有三千名投機商利用計畫經濟的漏洞與幹部勾結，以國家規定的價格購買配給商品，拿去黑市轉售圖利。許多人的交易範圍廣達數省，私營生意網路拓展得又遠又廣，其中牽涉的不只有農產品，還有黃金和銀子。有些人民公社會用飛機把自己的代表從位於熱帶南方的廣東送往全國各地，銷售稀有的產品。在公社的夾縫中，一種影子經濟繁榮發展起來，有地下工廠、地下工程隊、地下運輸公司。[16]就連鴉片這種帝國主義迫害的象徵也再度風行起來，如絲般的罌粟花盛開在優雅的花莖頂端，從黑龍江到山西的成片田野都被染成了白色、粉紅色、紅色和紫色。一九三五年共產黨員長征途中曾在貴州遵義歇息、毛澤東就是在這個地點被推舉為領袖；此時，當地有數十家鴉片館肆無忌憚地開門做生意。[17]

在領導階層眼中，是一個全新的資產階級正在從毛澤東的大饑荒造成的毀滅中崛起。最近這一年，國家的掌控有些鬆動，這種地下活動當中有一大部分確實是在這段期間才突然活躍起來的，原本在大躍進期間以道德鼓勵取代個人獎賞的嘗試，卻陰錯陽差地造就了一個企業家的國度。人民並不只是被動地等著餓死，他們用盡方法在崩壞的社會中求生存。極端集體化造成的破壞太大了，民眾在所有層面上試圖規避、破壞，或者利用它，中共意圖消滅牟利動機，人民卻在暗地裡將其徹底發揮。隨著災禍蔓延、奪去數千萬人的生命，一個平凡百姓能否生存下來，就端看他是否能夠對政府偷拐哄騙、玩弄手段、巧言欺瞞了。

偷竊成了常態。一名大饑荒的倖存者以一句話來概括：「偷不到的人都死了。偷到一點糧食的人就沒死。」[18]有時候，整村的人會聯手把穀糧藏起來，保留兩套記錄簿，一套的數字是真的，另一套的數字則是假造的，專門用來供查糧員查核。民眾學會了交易。大躍進的諸多矛盾當中，有一項就是當時什麼都能賣，磚塊、衣物和燃料都可以換取糧食。也有數百萬人不顧限制遷移的官方規定，離開農村到地下工廠工作。他們把錢匯回老家，讓家人得以活命。

在比平民稍高一點的社會階層中，地方幹部也將企業家的奸巧表現得淋漓盡致，想方設法瞞騙政府。國營企業會派出採購代表來規避僵化的供應制度。光是在南京，就有數以百計的單位涉及在國家計畫以外直接互相買賣稀缺商品。有些會偽造貨運許可、使用假名、印製假證書，以軍隊的名義運送貨品來圖利。[19]

每個地方——或者看似每個地方，也就是社會主義教育運動隨著政治轉折一路發展的所到之處——都有政府機構、國營企業和人民公社的幹部帶頭破壞社會主義經濟。他們成了社會主義教育運動的焦點。有一些小隊成立起來，它們的作用是詳閱黨員的記錄，特別是在農村地區。他們稽查人民公社的帳務、派糧、分地和公社頒給成員「工分」(工作點數）的方式有沒有貪污的跡象。

劉少奇全力投入這項運動。一九六三年二月，當彭真正在報告關於城市中的貪腐情況時，劉少奇打斷了他，嚴詞警告說社會主義教育運動是「一個很尖銳的階級鬥爭，對我們黨是一個生死存亡的問題」。[20]他想要證明自己是堅定不移的革命分子，也有資格擔任毛主席的接班人，行事作風甚至比毛澤東本人還要偏左。到了一九六三年底，劉少奇把自己的妻子王光美派到農村去領導一個工作組。她從北京出發時受到熱烈歡送。她在撫寧縣北戴河海灘外不遠處一座名叫桃園的小村子設立了自己的總部，矢言「把權力從階級敵人手上奪回來」。她表現出強悍階級鬥士的氣勢，驅使民眾對黨的可能敵人施加更劇烈的暴力。有嫌疑的人遭到毆打、大冷天裡被迫裸身站在戶外，甚至被威脅處死。傳聞說王光美自行採用一種新的酷刑，名叫「坐飛機」，受害者被迫半蹲站立好幾個小時，雙臂還要往後伸直以加重其負擔。幾年後，紅衛兵非常流行採用這種處罰。她的調查結論是所有幹部，「不論大小」都有問題，一個都不能信任。[21]

全國各地的工作組所揭發的貪腐情形，規模都相當驚人。在湖南省，多達八成的農村幹部被查出有貪腐行為，與階級背景不良的人——就是在先前的運動中被劃為地主、富農、反革命分子或壞分子而遭批鬥的人——聯手圖利。當時最流行的口號是「階級鬥爭是至死方休的」。工作組進行暴力整肅，貪腐的幹部及壞分子在大庭廣眾下遭到公開批鬥、遊街示眾，並且被迫承認自己的罪行。每個人民公社都有幾個受害者被毆打致死。[22]

敵人似乎無所不在，地主和反革命分子階級試圖收買地方幹部，以求被重新劃為貧下中農。也有反革命組織全員成功滲透進入黨的基層。在湖南省道縣這個被美麗自然風光環繞、擁有許多橘子園和溫泉的地方，每十名幹部中就有一名走上了資本主義的路：「許多人對階級或階級鬥爭的意義毫無理解，也沒有區分剝削者和被剝削者的階級意識。」整個道縣就好像仍然處於封建的人際關係中，由氏族與家系支配著迷信的人民。[23]

有些地區的腐敗程度很嚴重，權力已不再掌握在共產黨手中。這種現象在甘肅省黃土高原上乾旱不毛的白銀市尤其明顯。七千人大會結束後，當地黨委會於一九六二年三月批判了省委書記張仲良，指責他使數百萬人在饑荒期間死亡，更把矛頭指向劉少奇、周恩來與毛主席本人。「如果毛主席不接受調查和修正，他會與晚年的史達林犯下相同的錯誤。」有人告發了這個黨委會，指其為修正主義集團。北京在一九六三年派了一個一千五百人的調查團過去。白銀有色金屬公司有將近兩千人遭審問、公開批鬥及施以酷刑。數百人被控以各種罪名，從「投機買賣」到「道德淪喪」都有。十四人自殺。

調查團宣布：「權力已遭反革命分子奪去。」毛澤東很滿意他們的報告，於是調查行動擴大到整個直轄市。從市長到黨委書記、警察局長，凡是握有權力的，幾乎無人全身而退。[24]

白銀市的情況證明了整個縣都有可能落入敵人手中。一九六四年七月八日，就連劉少奇也表示疑惑：「我們要想一想，我們將來會不會出修正主義呢？不注意，一定要出。」

毛澤東反駁：「已經出了嘛！」他舉出白銀市的例子：「我看，我們這個國家有三分之一的權力不掌握在我們手裡，掌握在敵人手裡。」

劉少奇同意：「現在下邊發生的問題就是不追上邊，恰恰問題就出在上邊。撫寧縣的農民說，不僅下邊有根子，上邊也有根子，朝裡有人好做官。」

「如果出了赫魯雪夫怎麼辦？」毛澤東問：「中國出了修正主義的中央，要頂住。」[25]

此時赫魯雪夫已然成了修正主義的代言人。這位蘇聯領袖於一九五九年十一月出訪大衛營並同意蘇聯裁軍一百萬人，意圖與美國和解，此後北京便開始公然挑戰莫斯科在社會主義陣營的領導地位，以愈發嚴厲的字眼譴責赫魯雪夫「向帝國主義者求和」。[26]赫魯雪夫對這些批判感到憤怒，一九六〇年七月，他做出了反擊，下令要數千名蘇聯顧問與其家眷收拾家當離開中國。兩國之間的經濟往來瓦解，許多大規模的合作計畫取消，先進軍事科技的轉移亦遭凍結。一九六二年的古巴飛彈危機讓全世界瀕臨核戰邊緣，此後蘇聯、英國與美國便嘗試限制其他國家生產核武，多年前赫魯雪夫曾經承諾毛澤東協助研發核武，此時的限核政策被毛澤東視為孤立中國之舉。自一九六三年九月至一九六四年七月，北京政府在《人民日報》發表了一系列評論，將蘇聯描述為受資本主義左右的國家，而赫魯雪夫則被指為革命最頑強的敵人。[27]毛澤東藉此表示自己才應該握有共產世界的領導權，此事在阿爾巴尼亞和古巴等共產國家裡引發了效應。但是他也利用這次衝突打擊了他在中國內部的敵人，包含真正的敵人與假想敵。

一九六四年夏天，劉少奇正式取得社會主義教育運動的指揮權，一心一意要展現自己的魄力。他巡訪全國，向省級領導說明國際間對修正主義勢力的鬥爭與國內對修正主義的壓制必須合力並進。毛澤東臆測三分之一的權力掌握在敵人手裡，劉少奇甚至認為這數字過於保守：「很可能比三分之一還要多。」江蘇省委書記江渭清竟然有膽子懷疑反革命陣營的規模是否真有那麼大，劉少奇則逼迫他做出難堪的自我批評。在大躍進時期擔任湖北省委第一書記的王任重，雖然是毛澤東的死忠擁護者，但他在七千人大會上曾經自承錯誤，這時態度不變，宣稱自己也應該被劉少奇徹底檢討一番。[28]劉少奇藉由宣示他個人對黨內高幹的權威，正在削弱毛澤東的威信。

一九六四年八月一日，劉少奇在北京一場爆滿的會議上做報告，黨內高層要員都出席了。周恩來領著國家主席走上講台時，聽眾一片死寂，氣氛詭異。劉少奇沒有站在講桌前發表演說，而是在講台上來回踱步，雙手在背後交握。他要每個人都以他的妻子為榜樣，加入農村的工作組來參與社教運動：「趕快去！」他也迂迴暗指那些不去的人都不適合留在中央政治局常委會。整場演說不到一小時，散會時，許多高官都納悶剛才到底發生了什麼事。有人議論說：「這是幹什麼？這不是聽訓嗎？」幾個軍方官員低聲咒罵劉少奇。他們並不願意接受毛主席以外的人所下的命令，而且無疑對劉少奇如此吹捧自己的妻子很不以為然。[29]

此時，社會主義教育運動正進行得如火如荼，不只是在偏遠的鄉鎮。有的省分被指控全部都是走資派，貴州省便是其一，當地的領導階層全數被打成「右派」，省府貴陽則被稱為「反革命分子的巢穴」、充斥帝國主義奸細的「小台灣」。負責調查貴州的工作組追捕這些人，清查所有黨員的相關資料和歷史背景，搜遍他們的住家以尋找犯罪證據，鼓勵民眾互相告發，又將重要的被指控者拖到群眾面前公審。貴州省委書記周林被整肅，他在全省的部下則遭到追緝。工作組的頭頭是劉少奇的親信，他在一九六四年九月接管貴州省，接下來的兩個月裡，部分的縣有多達四分之一的黨幹部被革職，有些人接到正式警告，有些則被捕或發配到勞改營。[30]

貴州是個極端的例子，但是其他地方的情況也沒有太大的差異。確切數字難以得出，但一名歷史學家估計，在劉少奇所指揮的社會主義教育運動期間，遭到懲罰的黨員有五百萬人以上，其中超過七萬七千人被迫害致死。他們絕大多數是無辜的，而這些裁決中有許多在一九八〇年代被推翻。劉少奇所完成的這次黨內肅清，是中華人民共和國史上歷時最久且最狠毒的一次。[31]

在劉少奇整肅部分省分的同時，莫斯科的情勢在一九六四年十月發生了戲劇化的轉變。赫魯雪夫的弟子列昂尼德·布里茲涅夫發動一場乾脆俐落的不流血政變，黨內同志罷免赫魯雪夫，結束了他為期十年的統治。中國派遣周恩來率領代表團前往莫斯科，但改善兩國關係的希望很快就破滅了。十一月七日，在克里姆林宮舉辦的一場招待會上，喝得爛醉的蘇聯國防部長踉蹌地走到賀龍元帥面前，用在場所有人都聽得見的音量說：「我們已經除掉了赫魯雪夫；你們應該效法我們，除掉毛澤東。這樣我們之間才會有進展。」[32]

一週後在北京機場，面色鐵青的毛主席在同志陪同下迎接代表團回國，以示對蘇聯的不悅。《人民日報》批評莫斯科是在實行「沒有赫魯雪夫的赫魯雪夫主義」，毛澤東則無法不去猜想：他的同志會不會打算實行沒有毛澤東的毛澤東主義？

從這時候開始，毛主席開始疏遠他的接班人。劉少奇在黨內展現出愈來愈強的威信，毛對此深感懷疑。十一月底，毛澤東引誘他野心勃勃的繼任者：「現在就交班，你就做主席、做秦始皇（毛澤東經常被比作秦始皇）。我有我的弱點，我罵娘沒有用，不靈了，你厲害，你就掛個罵娘的帥。」[33]過了幾週，他開始談論「走資派領導」，含糊地暗示有一個官僚階級在吸取工人的血汗。後來，在十二月二十六日那天，毛澤東為了慶祝自己的七十一歲生日，把一群黨內領導召到人民大會堂，設宴款待他們。席間他指責中央有機關搞「獨立王國」，還談到黨內產生修正主義的危險。席間鴉雀無聲。[34]

翌日，毛澤東拐彎抹角地提到黨內有兩大派系，一個走的是社會主義，另一個則是資本主義。「北京，我說的不是北京市委，就有兩個獨立王國。你們去猜，我不講了。」[35]十二月二十八日，鄧小平提出主席可以不必出席一場關於社會主義教育運動的會議，毛澤東拿出黨章與憲法，將聲明他身為公民和黨員故享有言論自由的內容朗讀出來。「你們一個不讓我參加黨的會議〔指鄧小平〕，違反黨章；一個人不讓我發言〔指劉少奇〕，違反憲法。」毛澤東在會議室外控訴：「有人就是往我的頭上拉屎！」[36]

接下來數週，毛澤東繼續挑剔社會主義教育運動的執行方式，不斷干涉黨內同志的工作。一九六五年一月，他堅決表態，要求撤回對貴州省委書記周林的指控。真正令毛澤東惱怒的是劉少奇當時正把他自己的人安插在貴州掌大權，其中幾名曾經在莫斯科受訓，並於一九四九年之前的共產黨地下時期擔任過特務。一如大恐怖時期的史達林，劉少奇也意圖利用公安及黨內機構來完成他的肅清行動。[37]

但最重要的是，社會主義教育運動聚焦於農村的基層幹部。如果要防止修正主義占領全國，位居高層的當權者便應該被檢討。劉少奇派出了自己的妻子去調查基層，並要求其他人追隨她的領導，加入全國各地的大型工作組。毛澤東不喜歡這種由上而下的方式，他中意的是由下而上，讓人民將調查焦點聚集在帶領那些工作組的領導身上。一九六五年一月，毛澤東修改了運動的綱領，其中一個要點就是「糾正黨內位居要職的走資派」。[38]就在一年多以後，文化大革命中的紅衛兵把這段文字奉為圭臬，而社會主義教育運動最終成了文革的前奏曲。

第三章 文化前線的戰爭

史達林曾在勝利者大會上說過，前方還有激烈的戰鬥在等著。關於這件事，《簡明教程》是這麼寫的：「他告誡黨說，雖然黨的敵人，即各式各樣的機會主義者和偏離共產國際的民族主義者都已經被擊潰，他們殘餘的意識形態卻依然留在部分黨員的思維中，並且經常表現出來。殘留在經濟生活、尤其是在人民意識中的資本主義，為挫敗的反列寧集團意識形態提供了東山再起的溫床。人民的心性發展與他們的經濟地位並不同步。結果就是資產階級觀念仍然殘存在人心之中，而且即便資本主義在經濟生活中已經被徹底摧毀，這些觀念還會繼續殘留。」[1]

史達林與和其他的領導都相信，社會主義要求完全屏棄過去的態度和觀念。在勝利者大會之後的數年中，蘇聯對傳統文化宣戰。民間出版社被關閉、宗教遭全面禁絕，而知識分子「不是被攻擊到只能屈從，就是遭到放逐」。在文化第一線參與戰爭的人被稱為「人類靈魂的工程師」。史達林親自過問高等文化的控管工作，一方面將少數小說家推崇為偉大的無產階級知識分子，另一方面則把無數的其他作家置於死地。史達林企圖一手掌控大眾文化。[2]

早在一九四二年，毛澤東就已經否決了藝術可以只是純藝術的觀念。共產黨在偏遠的陝西延安山區建立根據地、吸引數以萬計的學生、教師、藝術家、作家和記者湧入當地之後，他便展開了一項運動，打算根除思想自由在這些年輕志願者之間殘存的任何影響。他們被帶到大批群眾前審問、被迫在思想改造大會上認錯，還要互相批鬥以求自保。有些人被囚禁在洞穴中，也有人遭到假處決，只為逼他們認罪。毛澤東要知識分子絕對服從。他表示：「一切文化或文學藝術都是屬於一定的階級，屬於一定的政治路線的。」

一九四九年之後，中共打壓獨立思考不遺餘力。民營報社在解放後幾個月之內都被關閉了，數千種報刊從市場撤下，不再流通，整座圖書館都付之一炬。古典音樂被指為屬於資產階級，由民俗音樂的鼓聲及革命歌曲的頌讚聲取而代之，爵士樂更是徹底遭禁。新出劇作都讚揚階級鬥爭，而且由巡迴劇團到農村對村民演出。大多數的外國電影均被指為反動，並以俄語片取代之，例如史達林最喜愛的其中一部電影《列寧在十月》。宗教同樣成了被攻擊的對象，修道院、寺廟、教堂和清真寺都被改建成軍營或監獄。宗教領袖遭到迫害，他們的追隨者亦被迫在公開集會上宣布放棄信仰——因為他們受到諸多責罵與刺激，更遑論還有對他們本身及家人的公然要脅。聖物則被熔化，以提煉金屬。[3]

數百萬名教師、科學家和作家——共產黨用語中稱之為「知識分子」——發覺自己被迫向新政權效忠。他們和其他人一樣，都要參加永遠上不完的教化課程，學習新的正確思想，研讀官方文宣、報紙和教材。黨不時透過獵巫行動來執行其方針，每次都會有數千人被批評為「搞資產階級唯心主義」並送入勞改營。一九五五年有一個案例，著名作家胡風將共產黨嚴苛僵化的文藝理論比為插在作家頭上的刀子，招致了一場以批判他為名的運動；下至小學老師，高至黨內高層的理論家，總共超過一百萬人被控密謀叛國，必須證明自身的清白。許多人自殺；更多人最後被丟進規模日益擴大的勞改營。兩年後，百花齊放運動走到了它悲慘的收尾階段，又有五十萬人被鄧小平打成了「右派分子」。

毛澤東貶低知識分子的地位，不過他也和史達林一樣，留下了其中幾位，讓他們偶爾陪伴他露面。一如史達林，只要這些人稍有不順從的跡象，他就會毀掉他們。梁漱溟即為一例，這位卓越的思想家於一九一七年就以二十四歲之齡在北京大學哲學系任教時，毛澤東還是個默默無聞的師範學院學生。一九三八年，梁漱溟在短暫造訪延安時向毛主席呈上了自己的著作，毛澤東心中大悅，一九四九年之後便與這位教授過從甚密，有時候會派出自己的座車，將他接到共產黨的總部——中南海。這段交情在一九五二年梁漱溟寫信為民間企業家辯護之後便冷卻了。一年後，梁漱溟在一場政協會議上堅稱，土改後的農村人民生活在「地獄的第九層」。與會代表對他厲聲嚇斥，毛澤東也疾言厲色地指責他，發表了一篇長文章，標題為〈批判梁漱溟的反動思想〉，並在文中說了如此重話：「殺人有兩種，一種是用槍桿子殺人，一種是用筆桿子殺人。偽裝得最巧妙，殺人不見血的，是用筆殺人。你就是這樣一個殺人犯。」讓毛澤東先是頻頻示好，而後卻徹底鄙棄的知識分子，梁漱溟不是第一個，也不是最後一個。[4]

＊＊＊

在一九六二年一月的七千人大會上，毛澤東不得不盡量表現出寬宏的氣度，他以歷史上那些不聽勸諫而失敗的君王為例，很大氣地承擔了大躍進的至少部分責任。他說了項羽的故事，這位君主「不愛聽別人的不同意見」，最後被「豁達大度，從諫如流」的敵人劉邦打敗了。[5]

然而八個月後，毛澤東帶頭推行社會主義教育運動時，他卻撤銷了彭德懷要求平反的申訴。彭曾在一九五九年的廬山會議上對毛大加批判，幾乎在同一時間，領導中央文教小組理論小組的康生編造了一個高層密謀反黨的說法。康生身材高挑、微微駝背，留著稀疏的八字鬍且相貌陰險，曾在莫斯科接受蘇聯內務部首腦尼古拉・伊萬諾維奇・葉若夫（Николай Иванович Ежов）訓練。史達林於一九三四年實施大肅清期間，康生與蘇聯祕密警察密切合作，除掉了數百名在蘇聯的中國留學生。幾年後，史達林以專機將他送到延安。他很快就全力支持毛澤東，並且用他在蘇聯習得的專長來監管安全與情報工作。康生也是共產黨在延安迫害知識分子的幕後推手，他的手段非常殘酷，導致他在一九四五年時被迫下台。一九五〇年代他數度精神病與癲癇發作，生活過得相當低調，並且在一九五六年的第八次全國代表大會上遭到降職，毛澤東思想就是在那次會議中被移出黨章。[6]

但是毛澤東出手保護了這個耍計謀的專家，現在又利用他來重新取得對黨的控制權。一九六二年時有一部歷史小說問世，以在戰場上陣亡的黨內領導劉志丹為主角，康生堅稱其真正用意是要為高崗翻案。在這一年九月二十四日的第八屆第十次中央委員會議上，康生寫了一張紙條遞給毛澤東，上面寫著：「利用小說進行反黨活動，是一大發明。」毛澤東唸出紙條內容，康生則嚴詞批判數名被控參與謀劃的領導。他聲稱這個計謀的幕後主謀是習仲勛，這位黨內大老有時會在周恩來出訪期間擔任代理總理，在廬山會議時則與彭德懷同一陣線。在毛澤東的嚴厲監視下，習仲勛遭到整肅。[7]

此時毛澤東談論起了階級鬥爭在意識形態中的重要性：「現在不是寫小說盛行嗎？利用寫小說搞反黨活動，是一大發明。凡是要推翻一個政權，先要製造輿論，搞意識形態，搞上層建築。革命如此，反革命也如此。」[8]

意識形態的全然敗壞，是社會主義教育運動期間強調的重點。一九六三年六月，中央警告說：「當前國內嚴重的、尖銳的階級鬥爭，在思想戰線上，在教育、理論、科學、文藝、報紙、刊物、廣播、出版、衛生、體育等方面，都有很值得注意的表現。」在習仲勛家鄉的省分，受西方文化啟發的戲劇在城市中演出，而封建的戲曲則在鄉村地區再度流行。在物產豐饒、經常被視為文明搖籃的渭河河谷，有些村莊的私塾老師也重新教授儒家經典。在西安這座城牆內曾經屹立過數百座寺廟、佛塔和僧院的古都，反革命組織透過在大街上成群書報攤公然販售的刊物，散播其惡毒思想。有些組織支持胡風，有些則稱頌蔣介石。一些政府單位甚至直接從國外訂購讀物。一九五〇年代時教出大量俄語系畢業生的西安外國語學院，也訂閱了數十份外文雜誌和報紙。在漢中大學，英文課程的第一課所教的即是「美國的今天就是我們的明天」，這句話把一九四九年後普及的一句官方口號逆轉過來，頗具嘲諷意味。那句口號是「蘇聯的今天就是我們的明天」。[9]

西安並非特例。在長江沿岸的商業中心武漢，自一九六一年起便有數百名流動攤販從事書籍出借與買賣，生意相當興旺。這些刊物中，許多都是反動的，例如《中國國民黨黨員守則》。流行通俗情歌的歌本也有出售，而且不只是從回收場搶救出來的那幾十本而已。大約一萬五千首的歌詞，絕大部分都被批為「封建、迷信、儒家、荒謬、色情」。在火車站和碼頭，旅客都能買到「政治立場錯誤的領導人」的照片，外國女演員的照片就更不用說了。意識形態的敗壞還蔓延到了這座湖北的繁忙港市之外，封建文學在鄉村十分普及，公安縣有數百所小學以《三字經》為教材，這本簡明的經典在解放前是教導兒童儒家思想用的。[10]

無論在哪裡，農村上空似乎都籠罩著迷信的烏雲。社會主義教育運動期間，河北省邢台區的貧農曾經大肆對「資本家」和「個體戶」洩憤，現在幹部卻與反動分子串通興建寺廟、演出戲劇及焚香作法。江西省也一樣，針對自耕農的階級鬥爭雖然進行得飛快，卻沒能處理更加根深柢固的宗教復甦現象。在曲江地區便有超過一百座佛寺重建，到處都看得到神像。隨著部分農村地區似乎重新回到往日封建時光，還有更惡劣的習俗捲土重來，而共產主義原本應該要把村民從這樣的過去拯救出來的。數百名女性被賣去當別人的妻子，有個名叫徐榮達（音譯）的男子便花了二千二百元買來他的新娘。至於他所屬公社的黨書記，則是買了一個十五歲的女孩。全國各地都有農民重拾舊習俗，對共產主義不再抱有希望了：「年年有災難，天天講困難，究竟困難何時了？」在距離香港不遠的順德，前景一片黯淡：「我們的社會主義道路不知道是否走對了？」[11]

就連基督教似乎也未因十五年來的嚴酷打壓而有任何動搖的跡象。復活節時，數百名基督徒在山東益都慶祝耶穌基督復活，而昌濰的教會則宣稱擁有數千名會眾，其中大多是在大躍進之後才信基督教的。在山東的海港城市青島，教堂每到耶誕節總是人潮洶湧。[12]

這些教徒當中有許多是兒童和青少年，因為年幼的孩子似乎特別容易受到反革命思想毒害。青島的兒童有三分之一參與宗教活動。反動歌曲相當普及。很多人以戲謔的方式改寫大家熟悉的政宣歌詞，藉此嘲笑共產黨。在學校、工廠及辦公室都規定要唱的〈沒有共產黨就沒有新中國〉這首歌於是成了〈沒有共產黨就沒有地瓜乾〉，因為地瓜切塊曬成的地瓜乾是饑荒的象徵。另一個顛覆原意的例子是「解放區的天是明朗的天，解放區的人民好喜歡」這句歌詞，不出所料地被改成了「解放區的天是黑暗的天，解放區的人民不喜歡」。類似的改編歌曲有一百首以上。[13]

在北京，在共產黨中央的眼皮底下，有一些學生表現出更明顯的輕蔑態度，得意洋洋地自稱「狄托」或「赫魯雪夫」。少數人公開談論推翻共產黨。二十七歲的北京大學生物系研究生王翠文不斷提及饑荒，並將共產黨指為最差勁的獨裁政權。他和朋友曾在一九六二年春天試圖逃往香港。他失敗了，但是有許多人成功逃離。五月時，出逃的人數達到了一日五千人之多。[14]

* * *

社會主義教育運動的原意是教育人民認識社會主義帶來的好處，同時也用來消滅黨內基層的貪腐情形與查出反革命的陰謀——無論真假。如前所述，有超過五百萬名黨員受到各種懲罰。但是光靠鎮壓並不足以消除反革命意識形態在大躍進結束後產生的深遠影響。毛澤東特別在意年輕人的教育問題，因為他們是革命的繼承人。這個問題的一部分解答就是雷鋒。

一九六三年三月五日，毛澤東倡導全國上下學習雷鋒這名為了服務人民而奉獻生命的年輕士兵。他在前一年被倒下的電話線桿擊中身亡，當時才二十一歲。雷鋒留下的日記當中記錄了他意識形態的變化歷程，在全國各地出版並廣受研讀。以前也有過其他的學習楷模，但大多是在一九四九年之前的抗日戰爭或國共戰爭中死去的戰爭英雄及英雌，雷鋒卻是在解放後才加入軍隊的，指定他為楷模，是為了吸引和平時代中長大的年輕讀者。在他的日記裡，毛澤東的政治格言可以用來解決日常的生活困難，雷鋒的形象其實是宣傳部虛構出來的，把他塑造成平民哲學家。

在日記裡，雷鋒提到：「可以說在我周身的每一個細胞裡，都滲透了黨的血液。」他甚至夢見過毛主席：「我昨天晚上做夢就夢見了毛主席。他老人家像慈父般的撫摸著我的頭，微笑地對我說：『好好學習，永遠忠於黨，忠於人民！』我高興得說不出話來了，只是流著感激的熱淚。」[15]

工廠和農場工人的熱情讚美之詞如雪片般寄到全中國的報社，並且刊登出來。為了年輕世代好，各地舉辦了好幾萬場頌揚雷鋒的大會，將他譽為理想的共產黨員。有人以他為主題製作了舞台劇和電影。有人寫了關於他的歌，其中有一些長達數十節。說書人遊遍農村，以雷鋒的英勇事蹟和他對毛主席的愛戴來吸引目不識丁的農民。北京軍事博物館辦過一場雷鋒展，展覽入口有一面大銀幕，上面顯示著勸勉參觀者的毛澤東題字：「向雷鋒同志學習。」玻璃櫃中展出雷鋒唯一的一套制服、他的帽子、袋子，甚至還有手帕。牆上掛著從他日記裡摘錄出來的標語。展場內到處是真人尺寸的超大雷鋒照片，照片中的他是個圓圓胖胖、面帶笑容的年輕士兵，四周都是微笑的工人、農民與孩童。曾經有個敏銳的觀察家指出，雷鋒就是窮人的毛澤東，是一個為大眾而存在的簡化版毛澤東。最重要的是，他是年輕人的毛澤東：「一個返老還童的毛澤東，用熱血青年的語言說話。」雷鋒的意義是把人民從大饑荒造成的冷漠中喚醒，並且提高他們對階級敵人的憎恨。[16]

後來又有了其他值得仿效的英雄。一九六三年出現了歐陽海這號人物。他也曾經是軍中英雄，死後留下的一本日記展現了他對毛主席的忠誠。一九六五年則出現了另一個雷鋒的翻版，名叫王杰。王杰也有一本日記，他是因為飛身撲救一枚被誤觸引爆的地雷而死的。就如一九六三年的「向雷鋒同志學習」一般，一九六五年，全中國都出現了勸勉人民「向王杰同志學習」的標語，出現了和雷鋒那時一樣的照片，報刊上又登出了同樣的文章。其他年輕的學習榜樣一個接一個，迅速宣傳成功，包括一九六五年身受重傷的水兵麥賢得、綽號「鐵人」的大慶油田第一代工人王進喜，以及二十一歲時為了拯救孩童免於被奔逃的馬匹所傷，結果自己喪命的士兵劉英俊。他們全都在死後被短暫端出來跑龍套，幫助年輕世代感覺跟毛主席更親近。但是他們需要永遠銘記於心的，只有毛澤東。[17]

翟振華的父母都是忠誠的共產黨員，她在十二歲時和班上同學一起被要求向雷鋒學習：「所有學生都有一本《雷鋒日記摘抄》……『向雷鋒同志學習』運動在我五年級時開始，一直持續到文化大革命。政府鼓勵人民要像雷鋒一樣：服從命令、努力工作、要做好事、無私奉獻，還要研讀毛主席的著作。」[18]十歲的徐小棣則因為對雷鋒深感認同而為他哭泣。[19]在四川，張戎每天下午都會和同學走出校門去「學雷鋒做好事」。運動開始發揮影響力後，部分學生變得很樂意隨時「無條件把自己奉獻給偉大的領袖」。[20]

像雷鋒那樣在火車站幫助老婦人是好事，但學生也被警告不可以協助階級敵人。畢竟，社會主義教育運動的訓令是「以階級鬥爭為綱」。為了向學生灌輸階級仇恨，地方會定期舉辦「憶苦」大會，有成群的老工人和農民對著大批觀眾訴說解放前的艱苦日子。「我們聽到的童年故事裡充滿了飢餓、沒鞋子可穿的寒冬，還有人小小年紀就痛苦地死去。他們告訴我們，他們對毛主席感激不盡，因為他救了他們的命，還給了他們食物和衣服。」張戎參加過憶苦大會後，被國民黨政權犯下的暴行所震撼，對毛澤東的忠誠愛戴也極為熱烈。[21]在南京這樣的城市，有一些退休工人對著數萬人回憶、述說自己在萬惡資本家手下所受的折磨與掠奪。擠滿戲院的聽眾全都因震驚而啜泣，根本很難聽清楚那些工人的描述。[22]

學生也被帶到「階級教育博物館」，那裡將資本家的剝削行為完全展現出來，指出一般大眾過著貧窮日子的同時，階級敵人是如何沉迷在墮落敗壞的生活中。博物館中有一貧如洗的農民被迫繳交高額租金的塑像，也有刑求室和內有鐵籠的地牢，這些都是為了表現出過去的封建威權而重新創造出來的。學生也會聽到，階級敵人現在威脅要破壞無產階級專政，並且讓國家回到以前封建剝削的日子，奪走他們冬天穿的鞋、偷取他們的食物，並且把他們變成奴隸。[23]

雷鋒現象的幕後主使者是軍方，而軍方也主導著傳播毛澤東思想的動力。在一九五九年夏天的廬山會議上，林彪就已經號召眾人捍衛毛澤東，並以他尖細的聲音指控彭德懷是「野心家、陰謀家、偽君子」。然後他高喊：「只有毛主席能當大英雄，別人誰也不要想當英雄。你我離得遠得很，不要打這個主意。」[24]私底下，林彪的批判其實比彭德懷尖銳得多，他僅只在私人日記中提到大躍進是「憑幻想胡來」。[25]然而他深知維持權力最好的方法是竭盡所能吹捧毛澤東，林彪早已經領悟到宣傳對毛澤東的個人崇拜有多麼重要了：「他自我崇拜，自我迷信，崇拜自己，功為己，過為人。」[26]

林彪取代彭德懷成為國防部長之後，他立即開始宣傳「學習毛澤東同志的著作，就是學習馬列主義的捷徑」。軍人都要將摘錄自毛澤東文章的片段牢牢記住。自一九六一年四月起，《解放軍日報》

便開始在頭版的顯眼處刊登「毛主席語錄」。讀者會把這些語句剪下並收集起來。後來在一九六四年一月，這些語錄彙編成冊出版，還有一個較完整的版本在五月時發送給解放軍。這本冊子的封面以大紅色的膠套包覆，大小不超出一個手掌，非常便於收存在標準軍服的口袋裡。冊子上有林彪的題字，內容出自雷鋒日記：「讀毛主席的書，聽毛主席的話，照毛主席的指示辦事，做毛主席的好戰士。」到了一九六五年八月推出新版本時，這本《毛主席語錄》——又稱為「紅寶書」——已經發行數百萬本，流傳範圍也遠遠超出了軍隊基層。27

被神化的毛澤東得意洋洋，下令全國學習林彪與解放軍。他說：「解放軍好是政治思想好。」28於是，軍方在人民生活中的角色開始愈發重要，還在政府單位中設立了政治部門來宣傳毛澤東思想。軍方也營造出一種更加尚武的氛圍，與社會主義教育運動相互配合。農村會舉辦為學生和工人所規劃的「軍事夏令營」。小學裡的學童藉由射擊蔣介石與美國帝國主義者的畫像來學習使用空氣槍。孫逸仙之妻宋慶齡創辦的第一座少年宮位於上海，它原本是一棟以歐洲進口大理石建成的豪華住宅，少年宮的特別顧問會為少年先鋒隊設計軍事遊戲，少先隊隊員的脖子上繫著紅領巾，很容易辨識。另外有為年紀較長且背景可靠的學生所設的軍訓營，學生在營中學習投擲手榴彈與實彈射擊。光是一九六五年夏天，上海就有超過一萬名大學生和五萬名中學生參加了為期一週的訓練。軍方還成立了「國防體育」俱樂部，在中小學開課，最主要的教學內容是射擊和通訊。有步槍俱樂部、無線電俱樂部、航海俱樂部、電工俱樂部、旗號俱樂部，甚至連跳傘俱樂部都有。階級背景可疑的年輕人一律不准參加。29

一九六四年十月一日，軍方為了慶祝國慶日而在天安門安排了一場盛大的節目，演出者包括數名身著軍裝的合唱團與芭蕾舞者。表演隊伍最前方是一幅巨大的毛主席像，在〈毛主席是我們心中的紅太陽〉樂聲中緩緩前進。北京市長彭真宣告，中國人民「在毛澤東思想的武裝下」必能戰勝「資本與封建復辟的企圖，以及海內外敵人的侵襲」。[30]

在熱烈擁戴軍方模範的同時，伴隨著對正規學習的輕視。「政治掛帥」是林彪提出的口號。毛澤東批判知識分子一向不遺餘力，此時他更開始表示不信任整個教育制度。一九六三年二月十三日，全中國都在慶祝農曆新年之際，他將高中和大學的考試比作清朝科舉考生必須精通的八股文：「我看這種考試要徹底改革。我主張公開出考題，向學生公布，讓學生自已去研究，看書去做。」他還用更加挑釁的語氣提出，作弊應該被允許：「這無非是你會我不會，你寫了我再抄一遍，也可以，抄會了也是一次學習。」當老師在課堂上講得囉囉嗦嗦、又臭又長時打起瞌睡的學生們，也受到他的稱讚：「與其睜著眼睛聽著沒味道，不如打瞌睡，可以休息腦筋，養養精神，對身體有好處。」[31]

毛澤東進一步指責教育系統偏袒「階級背景不好」——例如有資本家或地主背景——的學生，因為他們比無產階級和農民更有本錢在教育上取得成功。最糟糕的是，學校都是資產階級的知識分子在經營，而他們無法達成培育「革命兒女」的任務。[32]

有些學生很快就明白了毛澤東想傳達的意思。華林山當年還是個小男孩，生活在桂林；這座風景秀麗的城市位於廣西，當地青翠的平原上矗立著許多石灰岩丘。他把毛澤東的春節談話銘記於心：「字字珠璣。」一如許多其他學生，他自覺受到了嚴苛制度的壓抑，那套制度只教他盲從師長、死記硬背呆板理論，而毛澤東站在他們這邊。另一個後來成為紅衛兵的人便說過：「上課浪費我的時間，老師浪費我的時間。」[33]很多人都在等待毛主席的號召。

＊＊＊

毛澤東也把目標瞄準了文藝界。一九六三年十一月，他抨擊文化部在抑制封建、迷信與修正主義思想的散播方面很失敗。他譏諷文化部應該改名為「才子佳人部」，或者更貼切的「外國死人部」。一個月後，他又發牢騷說許多部門「至今還是死人統治著」。他也指控中國文學藝術界聯合會在修正主義的邊緣搖擺不定：「十五年來，基本上（不是一切人）不執行黨的政策。」34

一九六四年夏天，一場全國性運動在毛主席的鞭策下展開，起初針對的是傳統戲曲，它是農村最盛行的藝術類型之一。五千名領導幹部與藝術家獲邀參與由周恩來支持舉辦的全國京劇現代戲觀摩演出大會。北京市長彭真在活動中高聲譴責修正主義，並且告誡在場聽眾，要他們思考京劇服務的對象是社會主義還是資本主義：「它走的是馬列主義的路線，還是修正主義的路線？」毛澤東甚為欣喜，但是大會上真正吸引眾人目光的是他妻子。

江青這名演員早年在上海嶄露頭角，然而一九三七年上海遭到日本侵襲後，她便前往延安，加入了數萬名熱切投身於革命的志願者行列。她是個很有魅力的年輕女子，擁有白皙的皮膚和一雙大眼睛。她也極具野心，很樂意利用身體換取權力。不久，她就吸引了毛澤東的注意。毛澤東比她年長二十歲，而且與第三任妻子失和。這段關係在他的老同志之間引發了一場騷動，他們不贊成領袖拋棄結縭已久的妻子去迎娶一個來自上海的女伶。關於江青過往的流言紛紛傳開，甚至有一項調查報告推測她是蔣介石的特務。主管安全工作的康生出手介入，擔保她是紀錄清白的共產黨員。他鼓勵江青繼續和毛澤東交往。康生與江青是在山東認識的老朋友，他們彼此利用，鞏固自己和毛澤東的關係。於是毛澤東的妻子被送到蘇聯養病，兩人宣告離婚。江青在一九三八年成為毛澤東的第四任妻子，不過新任毛夫人必須同意三十年內不得參與政治活動，這使她在接下來的多年中憤恨不已。[35]

最初的激情很快就退去了。毛澤東對性需索無度，解放後有許多女子被徵召來侍候他。「女人像上菜般輪番貢入。」毛澤東的出軌行為愈來愈露骨，江青也愈來愈虛弱和寂寞，她患上一連串毛病，其中有些是真病，其餘只是想像。她的用藥量很大，處處懷疑有人要加害她，鎮日抱怨有聲響、風聲，還有刺眼的光線。粉紅色和棕色會讓她眼睛不舒服，所以她堅持住宅內的一切都要漆成淡綠色——包括家具。她要別人時時刻刻持續關注她，卻不斷與身旁的人起爭執。她滿懷政治野心，渴望成為活躍的政治人物，卻只能淪為毛澤東身邊一名無助的附屬品。[36]

一九六一年，毛澤東被一名女子迷得神魂顛倒，她在毛澤東前往中國各地時搭乘的專用火車上擔任服務員。這名叫作張玉鳳的女孩當時十八歲，有一雙又大又圓的眼睛，說起話來伶牙俐齒。她很快就成為毛澤東最親近的女伴。江青是否同意不干預她丈夫的諸多外遇以換取公眾地位？這點不得而知，但毛澤東確實在隔年把他的妻子推上了政治舞台。一九六二年九月二十九日，也就是毛澤東在黨大會上提出「以階級鬥爭為綱」的口號之後數天，江青第一次公開露面。當時印尼總統蘇卡諾來訪，《人民日報》刊登的一張照片上，江青就站在印尼第一夫人哈蒂妮身旁。劉少奇和他的夫人王光美也入鏡了。這批照片在中國內外引起廣大關注，連《時代》雜誌都提到北京的官夫人大方地與哈蒂妮爭妍鬥豔。江青身著簡單俐落的西裝亮相，但是被穿著華麗絲絨禮服的王光美狠狠比了下去。[37]

這個場合宣告毛夫人進入了她二十多年來一直不得涉足的政治領域。毛澤東讓江青在文藝方面試試身手。他的私人醫師曾提到：「江青參與政治後，她原本的神經衰弱就逐漸消失無蹤。」[38]

不久，毛澤東觀賞了一齣新編崑曲歷史劇《李慧娘》，主角是一名姨太太，她被殘暴且滿懷妒恨的丈夫處死。這齣劇的轉捩點在於姨太太不小心說溜嘴，透露自己很愛慕一名年輕俊美的學者，被她年老的丈夫聽到，也等於宣判了她的死刑。戲劇在中南海演出，所有高層領導都在場，毛澤東卻面色凝重。表演結束時，他只是慢慢拍了三、四下手，然後一言不發地離開。戲劇內容太寫實了，毛澤東認為那是在挖苦他自己的風流韻事。[39]

全心投入的江青開始調查全國劇團表演封建戲劇及外國戲劇的狀況。過了不久，她就自命為文化監督者，開始對戲劇、音樂和電影的製作下指令。[40]

然而她並非單獨行動。大力奉行毛澤東「以階級鬥爭為綱」口號的劉少奇也很支持這場文化戰爭，一九六四年一月，他批判田漢——這位劇作家寫了劇評盛讚《李慧娘》——指稱他的作品「針對共產黨」。劉少奇也希望能有一把淨化之火，將文化的基礎清得乾乾淨淨。於是他在宣稱農村地區三分之一以上的權力都在敵人手上之時，也暗指從大學到農村學校的所有藝術與文化，有三分之一以上都屬於修正主義，應當以革命推翻。[41]

彭真同樣從來不相信可以允許知識分子擁有自由，他也是黨所指派的文化革命五人小組（中央文革小組的前身）的組長。在全國京劇現代戲觀摩演出大會上，他便是以五人小組組長的身分發表那場關於修正主義危害的重要演說。康生也是五人小組的成員。

江青與她昔日的師父——即兩年前整垮習仲勛的康生——聯手在全國京劇現代戲觀摩演出大會上緊咬著田漢不放。康生在容光煥發的毛夫人面前，以濃重的山東口音將田漢的作品《謝瑤環》打成「反黨、反社會主義的大毒草」。這名劇作家的臉色慘白，低頭盯著自己的鞋子。田漢是江青的諸多眼中釘之一，江青在上海演戲時，他就得罪過她了。[42]

一九六四年下半年，肅清運動擴大到戲劇界以外。一切的知識活動都處於戰爭狀態，從藝術到歷史、經濟學到哲學皆然。到處都有「彭德懷的爪牙」和「小赫魯雪夫」被揭發。到了這場運動於一九六五年四月正式結束時，就連曾經被毛澤東嘲笑為「外國死人部」的文化部部長沈雁冰（茅盾）也被鬥垮了。[43]

但是毛澤東把自己的妻子帶入政治競技場，並不光是為了打擊幾名劇作家。他需要一個信得過的人來執行一項重要得多的任務，而這項任務針對的遠遠不只是文化部而已。一九六五年二月，他派江青前往上海執行祕密任務，即將使「文化」成為發動革命的舞台。

第四章　四人集團

一九六五年一月，埃德加．斯諾受邀在人民大會堂一間寬敞的廳室內與毛澤東餐敘。他們的交情要回溯到一九三六年，來自密蘇里州的斯諾當時是個年輕且滿懷理想的記者，也是首批抵達延安的外國記者之一。毛澤東對斯諾述說自己的經歷，斯諾也熱切傾聽。一年後出版的《西行漫記》成了二十世紀最重要的內幕報導，讓全世界認識了毛澤東，並且把共產黨員描寫成「在逐漸發展的偉大民主中與農民緊密團結的農村改革家」，使輿論轉而支持他們。

現在毛澤東要利用斯諾向外界傳達另一個訊息，這一次是關於越南：「只要美國不進攻中國，中國就不會派兵進入越南。」這次訪談從未在中國公開刊載，但是有辦法讀到的人無不對此深感興趣。[1]

幾個月前，在一九六四年十月十六日這天，中國最西部省分新疆的一座鹹水湖（羅布泊）上空升起了一片蕈狀雲。自從廣島原爆後，偵測放射線就成了日本舉國關切之事，而這次爆炸的威力強到連遠在日本民宅屋頂上的蓋革計數器都偵測到了。中國剛剛引爆第一枚自製原子彈，成了繼美國、蘇聯、英國和法國之後，第五個達成此目標的國家。這次試爆的兩個月前，美國國會才通過一項決議案，賦予詹森總統採取行動的權力，回應共產黨在越南的侵犯行為。擁有原子彈的中國是否會將自己的軍隊派到東南亞，與美國在這場大戰中交鋒？

朝鮮半島已有過一次慘痛的先例。十幾年前，在一九五〇年十月十八日那天，超過十八萬名士兵趁夜越過邊境進入朝鮮半島。這場被一位歷史學家稱為「現代化戰爭時代中規模最大的伏擊」使毫無防備的聯合國軍隊瞬間陷入苦戰。[2]

毛澤東利用韓戰建立了第一流的軍火工業，靠的全是蘇聯的幫助。另一方面，史達林則十分期盼看見更多美軍在朝鮮折損，而且大概也很樂意看到中國這個潛在的競爭對手陷入一場代價慘重的戰爭裡。戰事拖了三年，毛澤東和史達林都不願意讓它結束。這場戰爭的人命損失非常龐大，中國派出大約三百萬士兵到前線，估計有四十萬人死亡，加上朝鮮方面亦有數十萬名士兵陣亡。美軍則有三萬多人死在戰場上。毛澤東表示，朝鮮的情況不會在越南重演。

斯諾來訪後一個月，北京迎接了另一位客人。一九六二年的古巴飛彈危機過後，赫魯雪夫一直努力改善與美國的關係。他並不想涉入越南的戰事，但是布里茲涅夫卻急著想走較為強硬的路線。一九六五年二月，在美國大舉提高介入越戰的規模之際，布里茲涅夫派遣總理柯西金到河內，以一紙防禦條約提供胡志明大量金援、軍事設備和技術顧問。返回莫斯科途中，柯西金在北京暫留，力勸中國與蘇聯合作介入越戰。他在機場受到少年先鋒隊獻花歡迎，但是毛澤東在整個領導階層面前對他訓了幾個小時的話，並且拒絕了他結盟的請求。[3]

毛澤東希望把精力集中在自家的革命上。然而並非他所有的同志都認為應該把內部的階級鬥爭放在世界革命之前。美軍開始向南越增兵時，人民解放軍總參謀長羅瑞卿將美國比喻為納粹德國，並提出警告，指東南亞可能會出現另一個像納粹慕尼黑總部的地方。一九六五年五月五日，他以讓人聯想到韓戰的「積極防禦」概念提出警告，升溫的情勢正走向一場「朝鮮式的局部戰爭」。他大聲疾呼說，共產黨已經準備好「在越南人民需要時派出自己的人員同越南人民一起戰鬥」。[4]

國防部長林彪出手替毛澤東解圍，提出「人民戰爭」的概念，為毛澤東提供了不參戰的理由。六月時，他廢除了人民解放軍中所有形式的正規敬禮、肩章、硬檐帽、勳章、軍階佩章、訂製軍官服及其他差別待遇。從將軍到士兵，每一名戰士都只在同樣款式的軍帽上佩戴一顆紅星。過了幾個月，在九月三日那天，林彪說明了一項策略，一方面可避免與美國正面衝突，另一方面又不需與蘇聯合作。他的願景所依賴的只有一句話，而這句話即將在文化大革命期間從頭貫徹到尾，那就是「自力更生」。全世界的革命勢力，從亞洲到非洲，都要依靠自己的軍力消滅美帝國主義：「要革命，要進行人民戰爭，並且要取得勝利，就必須堅持自力更生的方針，依靠本國人民群眾的力量，準備在任何外來的物質援助都被切斷的情況下獨立地進行鬥爭。」[5]

羅瑞卿挑在蘇聯戰勝納粹德國週年這天發表演說。林彪則在中國對日抗戰勝利二十週年時公開他的聲明。林彪的文章刊登於《人民日報》的同一天，羅瑞卿在劉少奇與鄧小平陪同下，於人民大會堂的一場政治集會上重申了他春天時演講的重點。[6]

林彪與羅瑞卿之間的競爭必須回溯到一九五九年的廬山會議，當時他們兩人都已晉升軍中要職。形式上來說，林彪是羅瑞卿的上司（林是國防部長，羅是總參謀長），但羅瑞卿經常直接找毛澤東商談。林羅兩人之間的歧見很深。由於蘇聯專家於一九六〇年夏天撤走，蘇俄的軍事科技支援——從噴射機燃料、飛機零件到彈道飛彈皆包含在內——皆突然中止，林彪的反應是鼓吹「人民先於武器」的觀念，羅瑞卿對此嗤之以鼻。對林彪而言，意識形態至高無上，一九六四年他在軍中發放紅寶書，並宣揚「政治掛帥」口號，令羅瑞卿大為驚訝。

林彪的妻子葉群——沉默寡言的中年婦女——在一九六五年十一月去見了毛澤東。她指控總參謀長中傷她丈夫，並且密謀掌控軍權。毛澤東倚重林彪遠超過羅瑞卿，所以很容易就動搖了。羅瑞卿被調查、訊問、長時間訓話，連續遭到壓迫達數月之久，最後在多達九十五名參與者進行的批鬥大會上屈服了，這些人包括他昔日的支持者劉少奇和鄧小平。羅瑞卿對黨忠誠無比，且意志堅定，他在一九五九年成為總參謀長之前，便已經以公安部長身分建立了勞改營制度，造成了數百萬平民死亡。然而就連他也在這樣的壓力下崩潰，試圖跳樓自盡。雖然只摔斷了腿，但他企圖自殺的行為被解讀成有罪的鐵證。劉少奇還輕蔑地說：「跳樓自殺也要有講究，應頭朝下，他是腳先落地。」鄧小平也不把這當回事：「羅長子跳了個冰棍。」[7]

＊＊＊

在羅瑞卿以自殺決定自己的命運之前，革命道路上的另一個障礙也已經被除掉了。大約在赫魯雪夫批判史達林的那個時期（一九五六年），各單位的機要祕書已經開始使用錄音機，以確保他們為各大重要會議所謄寫的逐字稿正確無誤。兩年後，連毛澤東與地方領導的會面都被錄音，他對此表示不滿。但到了一九六一年，他在東德製附空調設備的專列上與服務員張玉鳳調情的內容也被錄下來，使得他大發雷霆。負責技術與後勤事務的中央辦公廳主任楊尚昆倖免於難，他的幾名屬下則因此撤職。但毛澤東懷疑是否有同志在收集資料來毀滅他的聲望，甚至有可能在編寫一份報告，而這份報告的內容就類似於赫魯雪夫針對其前上級所做的演說。[8]

赫魯雪夫在一九六四年十月遭政變推翻後，毛澤東的猜疑心更是變本加厲。但最重要的是，毛澤東正在為革命培養環境。他要一個他信得過的人來負責黨機器內的文書傳遞。一九六五年十一月，楊尚昆遭革職，由汪東興取代，他是毛澤東最信任的保鑣之一。

＊＊＊

一九五七年初，毛澤東呼籲知識分子將不滿表達出來、幫助黨員改善其工作時，彭真曾利用他身為北京市長的影響力，抑制這項運動。總部位於北京的《人民日報》拖了數週才刊出毛澤東關於「百花齊放」運動最重要的一些演說內容。當時這個共產黨喉舌的總編輯是鄧拓，他便是聽從了市長的提示。百花齊放運動令毛澤東的許多同志感到擔憂，特別是劉少奇；他憂心若人民受到鼓勵發洩不滿，情況也許會惡化，最後一發不可收拾。然而沒有人像彭真那樣地抗拒這項運動。這個魁梧、堅定的革命分子忙得鮮少有時間閱讀和看報，他在一九四〇年代初期發生於延安的迫害知識分子事件中扮演了很關鍵的角色。解放後，他讓北京從停滯的落後地區搖身一變成了人口六百萬的共產主義重鎮，而且城裡沒有什麼事情是未經他同意就實施的。[9]

彭真最後還是乖乖屈服了，但多年後毛澤東還是抱怨過彭對首都的掌控極為嚴密：「針插不進，水潑不進。」[10]

事實證明，彭真與劉少奇的擔憂是對的。一九五七年春天，人民走上街頭，大肆宣洩他們對共產主義統治的不滿，使得共產黨不得不出爾反爾，取消運動。無情的鎮壓很快就展開，彭真也竭盡全力徹查。不久，火車站裡便能看到成批的學生、教師、藝術家及作家穿著厚厚的棉襖和沉重的冬鞋，有的腋下還夾著粗羊皮大衣，等著被送到北大荒的勞改營。[11]

彭真當時也是文革五人小組的組長，該小組在一九六四年七月受黨的指示肅清文藝界。這個選擇很恰當，因為彭真在一九四二和一九五七年迫害知識分子時，可謂樂在其中。但他在文化領域的首席執行者角色，加上他對首都的掌控，便成了毛主席意欲除掉的障礙。

毛澤東首先透過同為五人小組成員的康生來打擊他。在社會主義教育運動期間，工作組被派到全國各地，康生則決定將心力集中於北京大學。他希望藉由詳查單一機構來打擊整個北京，就和白銀市一樣。一九六四年七月，一個工作組被派到北大，找到了願意與他們合作的哲學系黨支部書記聶元梓。工作組祕密查閱每一名幹部的檔案，很快就斷言北大黨委員會已經「爛到底」了，這個說法讓彭真勃然大怒。工作組擴大成員後開始進行新的調查，數百名組員仔細鑽研北大各項活動的每一個層面，包括大學與北京市黨委的關係，最後宣稱北京大學和市政當局共謀走「資產階級路線」。彭真在數名北京黨委成員的協助下，於一九六五年一月指責這個工作組「胡亂批評」。兩個月後，鄧小平也挺身維護市長，譴責工作組的作為太過火了。康生受到嚴厲批判，只差沒有指名道姓。六十多名遭控進行「反黨」活動的幹部終獲平反。[12]

康生的策略逐漸引起反效果之際，毛澤東選擇了一個較為迂迴的方法，在一九六五年二月把自己的妻子派到上海進行一項祕密任務。當時江青已經在戲劇界牛刀小試，主導鬥垮田漢一事；田漢是全中國最重要的劇作家之一，被控利用一齣以唐朝為背景的劇本來借古諷今，攻擊共產黨。這次的計畫是批判另一齣歷史劇《海瑞罷官》，故事內容是正直的官吏海瑞勇敢對抗暴君，結果因為他的耿直而遭罷黜。劇本作者是著名歷史學家吳晗，他同時也是彭真的副市長。

以借古諷今為手段來進行政治抨擊，在中國淵源已久，但毛澤東自己也曾於一九五九年上半年要求黨內領導幹部向海瑞這位明朝官員學習。他對海瑞這號人物相當著迷，因為海瑞勇敢對皇帝直言，並且對皇帝忠心耿耿。最重要的是，海瑞不會直接譴責皇帝，而是譴責他身邊的弄臣。毛澤東當時利用這個歷史人物，將大躍進引起的嚴重災禍歸咎於黨內其他領導階層，說他看到的糧產統計資料都是灌水過的，下屬也矇騙他。為了推廣海瑞的精神，有人將他的故事搬上舞台、有人發表文章，也有人為他寫傳記。[13]

然而在一九五九年夏天彭德懷遭到整肅之後，政治情勢完全改變了。以此時的眼光來看，這位在廬山會議上大膽直言的元帥就像是海瑞。吳晗的劇作《海瑞罷官》可以從另一種截然不同的觀點來解讀：「你早年或許立下了幾個功勞。但現在？國家對你早有不滿，所有大小官員都知道。你沉迷邪道，走火入魔；自大獨斷，專橫偏頗。」[14]

由吳晗修訂過的劇本於一九六一年二月在北京演出，其中那些隱喻的含意看在某些黨內重要官員的眼中必定相當明顯。一九六二年一月那場重要的七千人大會期間，其中一些官員開始私下將彭德懷比作海瑞。這齣戲後來沒有再上演過，但是文本依然風行。在饑荒甫結束的這段時期，毛主席對此現象束手無策。[15]

江青在上海當過演員，因而對當地十分了解。最重要的是，這座港市的工人運動歷史悠久，是一處共產主義的堡壘，並由極具影響力且深得毛澤東信任的市長柯慶施管理。市長有兩名親信自告奮勇協助毛夫人，這兩人後來都變成了「四人幫」的成員。其中一個是沉默寡言、城府極深的上海市委宣傳部長張春橋；另一個則是姚文元，這名矮胖、圓臉、禿頭的年輕男子在一九五五年時曾經熱忱地加入「反胡風運動」，胡風就是那位痛斥官方教條的著名作家。當一個接一個知識分子被打成「胡風集團」的成員並送去做苦工時，姚文元非常高興，也很樂意進一步用自己的文筆來為毛主席效勞。

於是姚文元成了打手。他在江青指示下佯裝患病，躲在療養院裡度過夏天，並寫了一篇抨擊《海瑞罷官》的長篇評論，指控吳晗支持農業私有化並以間接手法批判大躍進。他一共寫了九份草稿，其中三份經過毛澤東親自編修。即便如此，它仍然是充滿枯燥言詞的長篇大論，篇幅長達一萬字。

一九六五年十一月十日，這篇評論刊登在兩份上海地方報紙上，毛澤東本人在上海監督這波開啟文化大革命的攻勢，而楊尚昆也在同一天遭到革職。

彭真陷入了兩難。如果包庇吳晗——他是朋友、同事，同時也是重要知識分子——可能會被指為放任首都藏匿修正主義分子，任其橫行。如果他對付吳晗，又會被指控沒能早一點看出危險。彭真禁止《人民日報》和其他北京的報紙轉載這篇文章，藉此迴避問題。當周恩來去電告訴彭真，主使撰寫批判文章的就是毛主席本人之後，他讓步了，但仍然主張海瑞與彭德懷之間的比喻關聯之爭是純學術辯論。一九六六年二月，彭真和他率領的五人小組前去尋求毛澤東的指引，當時毛澤東住在武漢東湖畔的一座隱蔽別墅裡。五人小組的成員康生在匯報時指責《海瑞罷官》是一株「大毒草」，但彭真堅持將整起事件視為一場學術辯論。毛澤東裝作不知情，不理會這場衝突，並說：「你們去寫，我不看了。」[16]

毛澤東給了彭真一種安全的錯覺。陷阱在一個月後爆開，毛澤東指責這位北京市長「搞獨立王國」。毛主席告訴康生，北京市委包庇壞分子且反革命，應該解散。康生前往北京，將訊息傳給周恩來，而周恩來則順應自己的政治本能，全力支持毛主席。在一場黨內大老的最高會議上，周恩來與鄧小平使出了致命的一擊，譴責他們昔日的同志「違反毛澤東思想」以及「反毛主席」。[17]

* * *

第四道障礙，同時也是最後一道，那就是主管政治宣傳的陸定一。他是五人小組的成員之一，在上司彭真垮台後，他也緊接著失勢了；在先前關於歷史劇《海瑞罷官》的紛爭中，他與彭真站在同一邊。陸定一和彭真一樣是文化政策的執行者，曾在一九六四年十二月宣布文化部「全部爛掉了」，整個單位是資產階級和封建階級聯合專政。[18]他把文化部從上到下徹底肅清，但是這樣還不夠。一九六六年二月，愈來愈常合作的江青和林彪在上海召開一場會議，討論軍中的文學與藝術。他們的報告斷定：「文藝界在建國以來……被一條與毛主席思想相對立的反黨反社會主義的黑線專了我們的政，這條黑線就是資產階級的文藝思想、現代修正主義的文藝思想和所謂三十年代文藝的結合。」現在輪到陸定一被肅清了。他在三月時因為「污衊」毛澤東思想而下台。[19]

毛澤東堅持彭真、羅瑞卿、陸定一和楊尚昆等四人都屬於一個「反黨集團」，而這個集團一直在謀劃一場邪惡的流血政變。林彪當著所有黨內大老的面宣讀四人罪狀，這份罪狀是毛主席命令康生替林彪撰寫的：「有一批王八蛋，他們想冒險，他們伺機而動。他們想殺我們，我們就要鎮壓他們！他們是假革命，他們是假馬克思主義，他們是假毛澤東思想，他們是背叛分子。毛主席還健在，他們就背叛，他們陽奉陰違，他們是野心家，他們搞鬼，他們現在就想殺人，用種種手法殺人！」

林彪把四名謀反者打成一個修正主義、反革命集團的領導人。他也頌讚毛澤東，將他捧上了天：「毛澤東不是天才嗎？不是說沒有毛澤東就沒有新中國嗎？別人為什麼不行，而只有毛澤東行呢？毛澤東思想沒有創造性嗎？如果沒有創造性還提毛澤東思想幹什麼？」周恩來也力挺林彪：「完全同意林彪同志的話，他說得很對。」

一九六六年五月二十三日，四名領導全數遭免職。周恩來激動地表示，他們的失勢是「毛澤東思想的勝利」，又說：「毛主席與列寧一樣是天才的領袖，是世界人民的領袖！」[20]

第二部

紅色年代（一九六六至一九六八年）

第五章　大字報之戰

一九六六年五月，在一個經常陣雨的春季尾聲，一名在揚州某家剪刀廠工作的二十三歲工人往內陸步行了五十公里，抵達傳說中經常鬧鬼的著名歷史景點——紫金山。在這個時節充滿綠意的山頂，常常在日落時隱沒於金色和紫色的神祕雲霧之中。紫金山俯視著南京，這座城市曾經是明朝首都，也是幾位皇帝和高官的長眠之地，明孝陵——即明朝開國皇帝朱元璋陵墓——就藏在這一片片的竹林與古老的橡樹林裡，而陳志高便是在這裡喝下一小瓶氰化物後身亡。一個小孩在他家大門上貼了一張大字報，上頭以潦草的字體寫著「擁護鄧拓！」他因此承受不住壓力，成了最早在文化大革命中犧牲的平民之一。[1]

姚文元的文章在一九六五年十一月掀起了一陣反吳晗的風潮。彭真要鄧拓寫文章維護吳晗；多年前將毛澤東針對百花齊放運動的重要演說內容延後公開的人就是鄧拓。彭真與吳晗兩人失勢後，接下來遭殃的就是鄧拓。一九六六年五月六日，已經被毛澤東牢牢掌控的《人民日報》批判了他和幾個屬下。大躍進剛結束時，他們曾寫過數百篇文章，刊登於北京市黨委掌控下的雜誌中，現在他們的文章反而被指為藉由歷史寓言和諷刺來抨擊毛主席。過了十天，也就是五月十六日那天，《人民日報》做出了激烈的控訴：「鄧拓是一個什麼人？現在已經查明，他是一個叛徒。」[2]兩天後，鄧拓在家中服下大量安眠藥身亡，屋裡盡是大批他在身為彭真重要屬下時蒐集的罕見墨寶及古畫。

《人民日報》是共產黨的喉舌，報上的評論在全國都被人仔細研究、在集會上朗讀、在廣播中播送、貼在牆上或展示在布告欄的玻璃窗中。各地中學的黨委書記都將大批學生集合起來，在他們面前批判吳晗、鄧拓及其擁護者。好幾年來，學生接受著激進的「階級鬥爭」信條教育，而社會主義教育運動也提醒他們要提防潛藏在每個角落、密謀推翻共產黨的階級敵人。於是有許多學生就像模範戰士雷鋒一樣，等不及成為毛主席的好戰士。

現在上面給了他們目標。他們開始工作，奉命寫大字報，領到了成綑的毛筆、許多墨水和一疊疊的舊報紙。大字報要貼在牆上，所以他們架起大鍋，把地瓜粉煮成漿糊。他們在報紙上寫下又大又粗的字，有時候一張報紙就寫一個字，然後用掃把將報紙貼在牆上。很快地，每面牆上都貼滿了這些標語：「打倒黑幫！」「打倒反黨陰謀分子！」「將革命貫徹到底！」[3]

一些對政治較敏感的學生也會去圖書館研究《人民日報》和其他報紙的評論與社評，以了解吳晗及其擁護者的犯行。他們隨時留意足以暗示這批人有罪的證據，每天都張貼新的大字報來報告最新發現。河北省正定縣曾經是數個佛教學派的創始地，這裡有群學生宣稱他們發現，在一張毛澤東站在天安門演講台上的照片中，毛主席頭部上方懸著一把劍。搜索因此擴大，很快地，短篇故事、小說、電影和話劇裡都發現有問題。許多年輕的激進分子都試著模仿姚文元的文體風格寫評論，因為他就是靠著寫文章鬥垮了吳晗。一名來自正定的學生高原解釋說：「方法是，第一要先宣稱自己是馬列主義和毛澤東思想的捍衛者；第二是針對目標提出一連串指控性質的問題；第三則是揭發事件，將其定為又一個反革命分子滲透黨的案例。」[4]

不過，當部分學生已經等不及要加入批判的隊伍時，許多他們的老師卻依然很困惑，其中有些竟然還在維護吳晗，濟南的一所中學便出現了一篇從頭到尾都在駁斥姚文元指控的文章。但是這些老師大多很謹慎，這也其來有自。他們和學生不同，都還記得百花齊放運動。一名曾在一九五七年被打成右派的老師隱約感覺到文化大革命的情況會更糟：「這次文化革命，我們教師是站在被告地位，比一九五七年的反右派還厲害。」很多人靜觀其變，等著看風向怎麼轉：「不能多說話，說錯了，不得了。」[5]少數人擔憂得自行去找學校的黨委書記，主動把自己的意識形態錯誤全盤供出，希望能得到寬恕。這時，開始有大字報質疑部分教師的背景。

＊＊＊

隨著北京市黨委員會改組，也發生了更多令人不安的事。四人集團還只受到內部批判的同時，有一份通知於五月十六日在黨內基層傳開，宣布彭真已經把首都變成了修正主義的大本營。毛澤東呼籲全黨同時批判「混進黨裡、政府裡、軍隊裡和各種文化界的資產階級代表人物」，他們是「一批反革命的修正主義分子」，他們要在時機成熟後立刻奪取政權，並且把無產階級專政變成資產階級專政。毛澤東提出急迫的警告：「這些人物，有些已被我們識破了，有些則還沒有被識破，有些正在受到我們信用，被培養為我們的接班人，例如赫魯雪夫那樣的人物，他們現正睡在我們的身旁。」[6]

這個訊息令黨內基層不寒而慄。如果大權在握的首都領導人都能垮台，其他人也許很快就會步其後塵。黨員開始在研習毛主席話語的大會上互相審視。少數人開始相信唯一安全的決定就是不相信任何人，只信任毛主席本人：「現在我覺得我們只能相信毛主席……一切人都應懷疑，只要不符合主席指示，什麼人都要攻。」[7]

閱讀《人民日報》的百姓約略感覺到權力狹廊裡正在掀起一場風暴。誇大的謠言開始流傳。有些人宣稱彭真要召軍隊進北京，也有人私下耳語說有人在招募北京監獄裡的罪犯，準備進行最後的對決。而毛澤東連月以來都不曾在公開場合露面，只是讓情況更有如謎霧一般。[8]

與此同時，毛澤東採取行動，解散了以彭真為首的五人小組。取而代之的是中央文化革命小組，成員都是毛澤東的親信。這個小組很快就會主導文化大革命的整個進程，成了最重要的政治機構，所有最高決策都出自這裡。一如皇帝為了避開朝臣反對而設立的內朝，文化革命小組後來也會控制黨、政府和軍隊。

小組的組長是陳伯達，他為人刻薄、心胸狹窄，說話帶著濃重的福建口音，一九三〇年代時曾在莫斯科受訓。陳伯達在延安成為毛澤東的撰稿人，並且在解放後擔任他的政治祕書之一。一九五八年，他熱烈擁護大躍進，視其為共產主義的黎明。兩年後，他為自己的主子免去了在這場浩劫中的所有責任，宣稱數百萬人的死亡是「我們向前邁進時不可避免的現象」。[9]

文化革命小組的成員包括江青、康生、姚文元和張春橋，以及其他幾名毛澤東的親信。小組成員會隨著每次的權力平衡變化而有所更動，但是小組本身在文化大革命的過程中恆常占據風暴中心。小組遷入了位於紫禁城西方數公里處釣魚台國賓館當中的兩棟樓。這處園林有湖泊與花園環繞，曾經是十二世紀金朝章宗皇帝最喜愛的釣魚地點，不過人民大會堂等建築本身則是一九五九年興建的。文化革命小組很快又進駐了另外四棟樓，旗下的接線生、打字員、錄音員和其他助理在這些地方協助處理每天來自國內各角落的好幾袋電報和信件。毛夫人長居此地，在外界的亂象愈演愈烈之際，安然置身事外。[10]

六月一日國際兒童節那天，文化革命小組投下了第一顆震撼彈。《人民日報》裡一篇由陳伯達撰寫的煽動性社論號召讀者「橫掃一切牛鬼蛇神」！正式啟動了文化大革命，各地人民都被強烈要求掃除資產階級代表，因為他們意圖「欺騙、愚弄、麻醉勞動人民，鞏固他們的反動政權」。這篇社論還特別指明了「盤踞在思想文化陣地上」的「專家」、「學者」、「權威」和「祖師爺」。[11]

彷彿這篇社論還不夠聳動似地，中央人民廣播電台也在同一天晚上播出了聶元梓在一週前所寫的大字報內容。聶元梓是一年多前曾經幫助康生與其工作組揭發北京大學高層「走資」的哲學系黨書記。彭真利用自己的政治影響力，在一九六五年三月解散了康生的工作組，康生的計謀於是以失敗收場。聶元梓受到嚴厲批判，而且幾乎丟了工作。到了一九六六年五月，她發現隨著吳晗和鄧拓兩人失勢，當初迫害她的那一批人很快就會遭殃。康生將妻子派去校園裡煽動革命，聶從她那兒收到了提示。五月二十五日，聶元梓貼出一篇大字報，聲稱北京大學處在資產階級的控制下，校方領導階層是「一批赫魯雪夫式的修正主義分子」。這篇大字報的消息幾分鐘就傳開了，隔天便出現數千篇類似的大字報。康生將聶元梓大字報的副本交給毛澤東，毛澤東認為這份文件「比《巴黎公社宣言》更重要」，對其表達了肯定之意。[12]

六月二日，也就是聶元梓大字報全文在全國的廣播電台播送的隔日，《人民日報》也將其刊了出來。北京所有學校都停課了。翌日，彭真垮台的消息公開，新的北京市黨委員會也走馬上任。共產黨總部的大門上方掛起了毛澤東肖像，兩旁則是綴有錘子和鐮刀圖案的紅旗。弧光燈把整棟樓照得一片光明，貨車載來一名又一名的委員，表達他們對新領導階層的支持。學童歡呼喝彩，他們的臉頰都塗成了紅色。慶祝活動又是放煙火、又是鑼鼓喧天，直到隔天早上八點，人潮才逐漸散去。[13]

為了升高運動形勢，工人體育場在六月十三日進行了一場大規模的審判；這座龐大的混凝土建築興建於一九五九年，和人民大會堂及釣魚台國賓館一樣，都是建造來紀念中國革命十週年的。來自北京、十九歲的楊國慶被控在一個月前用刀砍傷兩名外國人。在電視轉播鏡頭前，楊國慶被三名警察帶到一座架高的平台上。他低著頭，屈服於一萬三千名群眾的盛怒之下；他們齊聲反覆喊著：「以階級鬥爭為綱」、「打倒反革命分子」，每喊一次口號，就高舉一次拳頭。[14]

此刻的中國深陷在一場針對反革命陰謀的激進運動中，參與運動的人認為到處都存在著這樣的陰謀。在每個村鎮與城市，都展示著等身大小的毛澤東肖像海報。他的語錄在工廠、辦公室和學校的牆上迅速激增。根據一名目擊者所言，街上呼籲民眾注意修正主義政變危險性的標語「好像多了十倍」。全國各地的民兵部隊皆處於紅色警戒狀態。他們練習摩斯密碼、為空襲做準備，還要接受刺刀格鬥訓練。參加者包括年僅六歲的小女孩，她們向前衝鋒時，還會以尖細的聲音大喊「殺」。在山東省會濟南，有一些工廠以纜線拉起模型飛機，固定在建築物之間以進行防空演練。在該省的主要港市青島，街上都是全副武裝、帶著步槍和輕機槍的民兵小隊。有人擔憂山東可能會被當成外國勢力入侵中國的灘頭堡，不過這個省已經全面準備迎戰了。[15]

在較為內陸之處，情況也很類似。在北京英國大使館歷練多年的唐納德曾經如此寫下自己沿著長江遊歷的經驗：「我在中國的那段時間裡，從未見過政治宣傳中有如此程度的文字及言語攻擊。」警惕革命分子提防反黨組織的口號隨處可見，標語塗在牆上、印在報上、用擴音器播送，在農村裡甚至還出現在流動看板上。[16]

然而最能體現毛澤東內心盤算之處，是延安這個淬鍊出革命的地方，也就是共產黨員在數十年前第二次世界大戰期間的藏身之處。那裡的人與全國隔絕，又離莫斯科很遠，只是偶爾以無線電通信；他們已經把清苦變成了一種美德，循著自力更生的原則生活。在他們掌控之中的根據地，各處都強制實施軍事模式，由基層單位負責轄下成員的生計。單一化是被禁止的，因為理想的共產黨員必須同時具有三種身分：士兵、工人及學生；在戰爭和工作時都要融入群體，每個學生都必須以體力勞動來對革命做出貢獻，而每名士兵也都必須埋首研究政治。

延安在一九六六年夏天成了紅色觀光中心，大批遊客在這裡觀看關於一九四〇年代的紀錄片，片中有毛澤東年輕時身著軍服的影像；或者有關開墾計畫的紀錄片，裡面可見到排成長列的士兵在環境惡劣的山野間披荊斬棘，堅信無私奉獻、堅忍不拔和團體行動可以改變大自然的樣貌。在延安的公社和工廠，最廣為傳播的文句就是「愚公移山」；這個故事出自中國傳統經典，毛澤東在一九四五年為其增添了新定義。[17] 故事主角是一個九十歲的老人，他想用鋤頭和畚箕把一座阻擋他視線的大山移走。別人問他怎麼可能完成這個任務？他回答：只要他的孩子、他孩子的孩子，以及世世代代的子孫都堅持不懈，那座山終究會被移走。毛澤東重新詮釋這個故事，他說帝國主義和封建制度是兩座壓迫人民的大山，但是憑著意志和勤勉，還是能除掉這兩座山。這個故事後來成了文化大革命期間，紅寶書裡最常被拿出來朗讀的三個故事之一。

毛澤東自己也在一個月前稱許過延安精神；他於五月七日寫信給林彪，表明軍隊應兼行「軍學、軍農、軍工、軍民」的工作，「使軍民永遠打成一片」。工人同樣要「兼學軍事、政治、文化」，而學生亦「不但學文，也要學工、學農、學軍」。毛澤東這封信在接下來的數週裡廣為流傳，他所計畫的是一種軍事組織與政治灌輸的狂熱理想，在這個理想中，每一名男女都要成為戰士。中國的前進其實是朝過去的歷史看齊。[18]

* * *

六月一日，聶元梓對北京大學的指控一廣播出來，全國各地的辦公室、工廠和學校就都出現了大字報。其中有些像門一樣大，用黑色墨水寫成，重點控訴部分還畫上了紅色底線。也有一些是長篇大論的謾罵，批判地方領導背叛了黨、使人民腐化、破壞革命，甚至謀劃復辟資本主義。然而聶元梓張貼文章的地點，正是十年前百花齊放運動參與者張貼大字報的地方。讀者在推擠爭看圍觀這些文字之際，也納悶著應該如何看待這件事。一九五六年，共產黨號召所有人暢所欲言，卻在一年後指責那些開口批判的人。一名任職於外文局的圍觀者自問：「這次寫這些大字報的人，是不是紀律嚴明、獻身革命的黨員？還是自私自利、找麻煩的反黨反社會主義分子和反革命分子？」一些犬儒的人提出，那些人只是黨派出來的代表，慫恿大眾做出冒險的大膽舉動，引誘他們自投羅網。[19]

領導階層也同樣不知所措。毛澤東在五月十六日釋出訊息、在黨內掀起風波之後便避開眾人耳目，離開了北京：「政治給其他人去忙。」劉少奇和鄧小平只能自行籌謀，決定沿用黨一直以來的做法。他們取得共識，打算按照固定的慣例行事，也就是派出工作組來領導文化大革命。不過他們仍然飛到了杭州，徵求毛主席的首肯。毛澤東依然含糊其辭，不肯把話說死。劉和鄧離開後，毛對他的醫生說道：「運動裡的問題讓他們自己解決。」然後，主席便冷眼旁觀整個國家陷入混亂中。[20]

數萬名幹部被編成工作組送往北京各教育單位，這些單位從中學到出版社都有。其中人數最多的一批於六月九日進駐清華大學，成員超過五百人，包括劉少奇的妻子王光美在內。中國其他地方也跟隨首都的腳步，急忙派出了工作組。無論被派駐到哪裡，工作組都見到他們所負責的學校早就都已貼滿了大字報。

工作組鼓勵學生批鬥「牛鬼蛇神」；根據《人民日報》稍早刊登的一篇社論，那些人壟斷了文化以壓迫勞動人民。學生其實根本不需要鼓勵。他們早已追查吳晗與鄧拓的支持者達數週之久，而其中較為激進的學生則已經開始詳查他們自己學校某些教授的背景。階級敵人不再是過去的抽象幻影，而是威脅將國家帶回以往封建剝削時代的真實人物。不久，批判吳晗的大字報就被一層層批判教師的新布告掩蓋了。

受到工作組鼓勵的學生首先猛烈抨擊那些過去羞辱過他們的教職員。當時十五歲的學生楊瑞就讀於北京最有名望的中學之一，她批判一名曾經在所有其他學生面前訓斥過她的老師，指控對方在她因為身體疲乏不堪而發牢騷時，提高嗓門指責她「缺乏無產階級感情」。這位老師正是毛澤東所說的那種「把學生當敵人」的人。楊瑞拿起毛筆，蘸飽墨汁，以老師指責她時所用的惡毒詞彙寫了一篇大字報，她寫道：「這個老師對自己的學生缺乏無產階級感情，用高壓手段抑制不同意見。」她的一名同學則批判另一位老師，他發現這位導師在學生出去做課間操時翻查課桌，並偷看他們的日記。隨著學生開始審查課本、教學方法，甚至是教職員本身，又有其他的大字報張貼出來，揭發了更多見不得人的祕密。[21]

部分學生較為謹慎，或者不願意參與批鬥那些和他們關係良好的教師。成都的張戎便直覺地嫌惡所有激進行動，也對壁報上字裡行間令人觸目驚心的暴力感到懼怕。當時十四歲的她於是開始翹課。然而袖手旁觀是不被接受的。在接連不斷舉行的大會上，她都被批「以家庭為優先」。[22]

海岸城市廈門距離成都一千五百公里，遠眺著仍然由台灣統治的金門列島。當地的工作組擬出了一份可疑教師的黑名單。一名教師被控具有國民黨員的身分，另一名則被指在第二次世界大戰期間與國民黨的三民主義青年團有往來。「現在事實擺在眼前，」工作組對學生們說：「看你們要採取什麼立場。」[23]

很快地，教師開始互相做出嚴厲指控以求自保，引發了大字報戰爭。他們對彼此的了解，比學生所能發現的還要多；部分教師還有門路取得機密紀錄，或者在高層有掌握權勢的熟人。他們抹黑彼此名聲的同時，也挖出愈來愈多過去的舊事來指控對方曾經與反革命分子勾結、祕密參與地下組織，或者性侵過無產階級成員。少數教師寫下自我批評，或者做出不實供述，希望取得寬恕。罪名的清單愈來愈長。正定縣的清單包括了「流氓和壞蛋、卑鄙下流的富農和狗地主、吸血資本家和新資產階級、歷史反革命分子和現行反革命分子、右派和極右派、階級異己分子和頹廢分子、反動分子和投機分子、反革命修正主義分子、帝國主義走狗和漢奸。」[24]

隨著一股仇恨的氣氛被激發，文字戰爭也開始惡化成動手攻擊工作組所挑出的目標。部分受害者被迫戴上用來羞辱人的帽子，也有人脖子上掛著指其為「資本主義走狗」、「黑幫分子」、「帝國主義漢奸」或其他罪名的牌子。許多受害者被送去遊校園示眾，遭人推擠碰撞，有時也會被潑墨汁。那頂帽子隨著時間過去而變得愈來愈高、愈來愈重，木造的掛牌同樣也變大、變重了。有時候，牌子會換成裝著石頭的吊桶。在凌耿就讀的學校，校長便遭到這種待遇；他要挑負的石頭太重，繩子深深陷入了他脖子的肉裡。他和其他人被迫赤腳遊校園，敲著破鑼破鍋大聲喊出自己的罪行：「我是黑幫分子！」[25]

毆打事件很快就出現了。畢竟這是階級鬥爭，而和敵人的鬥爭是至死方休的。隨著激進的學生彼此慫恿、競相表現出對革命的熱情，暴力傷人的情況也愈見惡化。一些遭到指控的人被剃頭，也有一些人的頭髮被理成「陰陽頭」，也就是只剃掉半邊的頭髮。部分的人則被丟在夏日的高溫中好幾個小時。在廈門，有數人被強迫跪在碎玻璃上。自解放以來，這些凌虐方法大多普遍用來對付階級敵人，最近一次是在社會主義教育運動的時候。然而有一種方法是新的，那就是「坐飛機」。受害者被迫蹲下，雙手被人往後拉直。相傳這種凌虐手法是王光美兩年前在河北領導一個工作組時發揚光大的。從六月到七月初，福建省各地的學校有數十人在遭到學生凌虐後死亡或自殺。[26]

牛鬼蛇神必須與公眾隔絕，許多有嫌疑的人晚上就被關在臨時權充的監獄裡，這種監獄被輕蔑地稱為「牛棚」，使用的地方包括倉庫、教室及宿舍。工作組會派最受信賴的學生看守牛棚。這些學生有的帶著自製武器，有的則從運動器材室翻找出西洋劍、木劍和標槍來武裝自己。高原還記得：「我感覺到了自己唸小學時玩間諜遊戲時的那種刺激。」[27]

＊　＊　＊

在文化大革命的這個早期階段，暴力攻擊大多侷限在中學，而且即便是在中學校園，其規模和激烈程度也有極大的差異。那個曾經以雷鋒為學習榜樣的小女孩翟振華就盡責地批判了她的幾個老師，然而她就讀的那所北京菁英中學，在牆上貼滿了大字報之後，革命的腳步便開始放慢了。[28]

但是，針對毛澤東心心念念的那些「黨內走資派高層」、那些「潛伏在我們身邊」的敵人所進行的攻擊又在哪裡？每個地方的學校和大學中，工作組都把大部分的砲火轉向被視為「黑五類」的師生，把他們拿來當代罪羔羊，或者犧牲幾個地方幹部以保護重要官員。他們會壓制任何公開批判黨的人。在正定，高原的一個朋友貼出了一篇指責學校黨委書記的大字報，但工作組強迫這名學生公開道歉，化解了這場批鬥。類似的場面在全國各地的中學都曾上演。

影響最深遠的一次衝突大概是發生在清華大學。戴著眼鏡、身材魁梧的化學工程系學生蒯大富公開質疑：「工作組手中的權力是否代表我們？」剛加入工作組的王光美便宣稱「右派學生蒯大富要奪權」。數天後，蒯大富被宣告為反革命分子，和數十名支持者一起在集會的學生面前遭到羞辱，而後被關在他的宿舍中。[29]

在王光美的理解中，文化大革命是九年前百花齊放運動結束後那場反右運動的新形式。她認為自己的任務是揭發像蒯大富這種反黨的師生。這麼想的人不是只有她。掌管工業、權勢極大的副總理薄一波便曾以和百花齊放運動時極度相似的措辭，指示他的工作組成員「引蛇出洞」，待反黨分子說出真心話、露出真面目便將其一網打盡。劉少奇也對他自己在北京師範大學附設中學這所菁英學校領導的工作組成員下達過類似的指令：「領導階層必須學著抓準時機，等到大部分的牛鬼蛇神露出真面目，再適時反擊。大專、大學裡的反黨和反社會主義分子必須被揪出來。」劉少奇甚至為學校和大學裡被打成右派分子的師生人數設下百分之一的定額，相當於全國預計總共會有三十萬名受害者，數字令人震驚。[30]

數週之內，北京就有一萬多名學生被打成「右派」。在北京大學，許多學生因為六月十八日那天抓著校長遊行並加以羞辱而被指為「反革命分子」。一股公然蔑視工作組的反叛氣氛蔓延開來。數十所大學院校的工作組被激進學生趕出校園，結果又被劉少奇派回去壓制反抗的聲音。

動盪不安的狀態不僅發生在北京。西安交通大學有一名學生張貼大字報指稱校長為「走資派」，因而遭到批鬥，隨後其他同學在省黨部對面連續絕食靜坐抗議三天。省當局拒絕讓步，於是別校的學生也加入抗爭。混亂的場面很快就出現，可以見到護士為不敵夏日酷暑而昏倒的學生打點滴，也有學生被急忙送到醫院接受緊急治療。學生派代表到北京，促成了周恩來出手干預、打破僵局。[31]

黃河上游地區的城市蘭州，位於甘肅省荒蕪的黃土高原上，那裡的工作組廣播訊息警告學生，指所有發電報向北京領導投訴的人都會被被劃為反革命分子。迫害的程度嚴重到令一名學生臥軌自殺，另有一名學生則是跳樓。[32]

工作組也在全中國的工廠進行壓制。在上海第十七棉紡織廠，年輕英俊且不久後即光榮晉升為四人幫一員的保衛科幹事王洪文率先投入文化大革命，批判廠方對工人運動的諸多限制，以及用按件計酬工作來提高產量的做法。他和他的支持者在工廠的八千名工人間挑起不滿情緒。到了六月底，一個工作組被派到工廠進行反擊，迫害那些曾經發表意見的人。數百名工人被批為「反黨分子」，王洪文則被稱作「自私自利的野心家」。[33]

這時的劉少奇正迅速成為全中國最受人唾棄的領導者。他的工作組把無數人民變成了犧牲者。而毛澤東則準備回到北京了。

第六章　血紅的八月

毛澤東隱匿自己的行蹤，避開眾人目光，在中國祕密遊歷了幾個月，即便同志也不一定確知他身在何處。社會主義教育運動期間，有一首很風行的歌謠是這麼唱的：「爹親娘親不如毛主席親。」然而這位領袖事實上是個與人民相當疏離的人物，廣播中從來聽不到他的聲音，公共場合也甚少見到他的身影。

毛主席以激起「波瀾」的舉動，宣示回到公眾面前。一九六六年七月十六日那天，他在長江游泳慶祝回歸；他順著強勁的水流往下游漂去，一小時後出現在對岸，「面色紅潤，青春煥發」。這個消息在全中國播送，粉碎了關於他健康的流言。各大報紙讚揚道：「他沒有露出絲毫倦意。」還把長江的風浪比為帝國主義、修正主義和反動分子所掀起的黑色風暴——中國會安然度過這場暴風雨、大獲全勝。照片中的毛澤東站在一艘船上，身著浴袍，向眾人揮手。他寫了一首詩詞來紀念這個時刻：「不管風吹浪打，勝似閒庭信步。」[1]

許多地方安排了慶祝遊行，活動中有花燈、鼓樂，還燃放鞭砲。一陣游泳風潮也隨即興起，每個人都想要學游泳——否則要怎麼學習毛主席的不畏風浪呢？北京有八千人在頤和園這座占地廣闊、內有湖泊庭園及亭台樓閣的皇家園林中橫渡昆明湖，其中有些還是身著全套軍裝的軍人。上海則出現了架在船塢之間的浮動泳池，是專為喜歡游泳的港區工人所設的。在正定縣，高原和他的友人則被帶到當地的一條河畔，穿著運動短褲下水。他們只是在淺水處划划水，但其他地方卻有人喪命。南京玄武湖有一個區域被隔成露天泳池，並且在七月十七日開放，每天都有數千人湧入，也都有幾個人溺死。[2]

毛澤東在泳渡長江兩天過後回到了北京，宛如結束流放生活後從厄爾巴島返回的拿破崙。更具有象徵意義的是他拒絕回中南海去住，反而暫住在文化革命小組辦公室所在的釣魚台國賓館。隔一天，劉少奇被召到釣魚台國賓館時，毛澤東批評道：「回到北京後，感到很難過，冷冷清清。有些學校大門都關起來了，甚至有些學校鎮壓學生運動。誰去鎮壓學生運動？」[3]

他派出文化革命小組成員去暗中打擊工作組。他的妻子江青返回北京途中於南京暫留，警告當地領導階層說，支持工作組和支持毛主席是不一樣的。「不要盲目相信工作組，」她說明道：「那些基本上在我們這邊的領導，要加強他們的權力。那些基本上反對我們的，要奪他們的權。」[4]

然後，七月二十一日那天，陳伯達派了兩名文化革命小組成員去和仍被關在清華大學的蒯大富見面。此舉直接否定了王光美把蒯大富打成「右派」的作為。兩天後，江青在陳伯達的陪同下現身北京大學，宣布他們是奉毛主席之命來「向學生學習」的。他們宣讀聲明，推翻了工作組一個月前宣告鬧事學生為「反革命分子」的判決，喜悅的群眾對此報以熱烈歡呼。[5]

七月二十四日，毛澤東身穿白色睡衣，在他位於釣魚台國賓館的住處一樓的大房間內接見數名黨內領導，責備他們「害怕群眾」以及「鎮壓學生」，並要求解散工作組。[6]

各地的工作組皆在道歉後撤出。在翟振華就讀的菁英學校，工作組則「不告而別」。造反學生的罪名都被免除，他們全都擁護毛主席，視為他們的解放者。[7]

一九六六年七月二十九日，在人民大會堂宣布了官方通知。多年前，曾有七千多名高級官員聚集在此，檢討大躍進帶來的災禍，此時湧進了一萬多名中學生和大學生。蒯大富被人從清華大學的囚房釋放出來並搭乘專車到場，受到英雄式的款待。聶元梓志得意滿、神采飛揚，她在新的校文革委員會擔任主任一職。劉少奇與鄧小平被迫公開自我批評，為他們於毛主席不在時組織工作組一事負起責任，毛澤東坐在舞台簾幕後方凝神靜聽。劉少奇承認自己還不清楚要如何進行無產階級文化大革命，因為他們是「老革命遇到新問題」，毛澤東對此嗤之以鼻：「什麼老革命？是老反革命吧。」大會結束時，簾幕拉開，毛主席出人意料地現身台上，宛如變魔術似的。群眾發出驚奇的呼喊聲。「我簡直不敢相信自己的眼睛了！」一名學生後來在自己的日記中寫道。毛主席表情肅穆地在台上來回走動、緩緩揮手時，歡呼的聽眾開始節奏一致地喊出如雷貫耳的口號：「毛主席萬歲！毛主席萬歲！」劉少奇和鄧小平茫然地望著這一切。口號聲響徹整個會堂之際，毛澤東得意洋洋地離場。周恩來尾隨其後，「像條忠心的狗」。[8]

一如幾個月前彭真在他的副市長吳晗遭到攻擊時被迫做出艱難的抉擇那樣，毛澤東精心安排的策略也讓劉少奇陷入嚴重的兩難。如果他容許中學和大學爆發反黨示威，毛澤東便可以指控他放任反革命勢力恣意妄為；當劉少奇選擇另一個做法，壓制那些砲火最猛烈的批評者時，毛澤東又轉而指責他「打壓群眾」。

為了表示支持毛澤東的看法，八月初緊急召開了一場大會。許多黨內幹部都因為察覺到會遇上麻煩而缺席。毛澤東在會議第二天為事件定調，指控劉少奇趁他不在北京時搞「專政」和「站在資產階級立場」：「為什麼天天講民主，民主來了，又那麼怕？」但是，仍然有很多黨內元老沒有熱烈力挺毛澤東，使他更加憤怒，指責他們有些人就是「牛鬼蛇神」。八月六日，他搬來了救兵，就像他在一九五九年夏天那場重大無比的廬山會議上所做的一樣。林彪被召回北京，奉命批判劉少奇。他全力支持毛澤東，承諾文化大革命將會「翻天覆地，轟轟烈烈，大風大浪，大攪大鬧」，要鬧得資產階級和無產階級都「半年」睡不著覺。會議的最後一天，中央委員會祕密投票，選出十一名大權在握的新成員，林彪取代了劉少奇，成為第二把交椅暨接班人。[9]

中央委員會在大會期間所發表的聲明中，最重要的是八月八日廣為傳播的〈關於無產階級文化大革命的決定〉。這篇聲明宣告這次運動要打擊的重點是「黨內那些走資本主義道路的當權派」。但是領導階層一旦認可文化大革命，實權便轉移到了文化革命小組手上，毛澤東已經實際掌握了國家的決策機構。

＊＊＊

〈關於無產階級文化大革命的決定〉很快就廣為人知，因為聲明中以十六個標題列出了推行文化大革命最早的指導方針，所以又被稱作「十六條」。廣播電台以謹慎、嚴肅的語調朗讀這份聲明：「要信任群眾，依靠群眾，尊重群眾的首創精神。要充分運用大字報、大辯論這些形式，進行大鳴大放，以便群眾闡明正確的觀點，批判錯誤的意見，揭露一切牛鬼蛇神。」在工廠、辦公室和學校，所有人驚訝得目瞪口呆，拚命想要聽清楚擴音器傳出的每一個字。聲明繼續宣告：「警惕有人把革命群眾打成『反革命』。」所有聽廣播的人都意識到，情勢就在剛剛逆轉了。這個夏天意圖扭曲大字報上的指責內容、把指控者斥為「反革命」的那些黨員，現在反過來被黨的嚴厲聲音扣上了相同的罪名。[10]

電台播送聲明之前三天，毛澤東自己寫了一篇大字報，標題為「砲打司令部」。他以簡潔有力的煽動性言辭批判某些「領導同志」，說他們「站在反動資產階級的立場上」，並且「將無產階級轟轟烈烈的文化大革命運動打下去」。毛澤東指控他們「圍剿革命派，壓制不同意見，實行白色恐怖」。

雖然這張大字報在一年後才正式發表，但是幾乎一寫好就洩露出去了。[11]

這個夏天被指為「右派」和「反革命」的人，現在在毛澤東手下團結了起來。那些曾經被工作組中傷和關押的人反過來在以前折磨他們的人面前占了上風。在毛澤東老家湖南省省會長沙的工廠，工人於工作組撤走後便馬上張貼大字報，利用文化大革命來報復上級過去對他們所有不好的待遇，指責黨領導限制他們的言論自由。「他們指控領導私吞政府財產，並且利用影響力取得稀缺物品和特權。他們譴責一名領導對婦女不規矩，趁著說話時碰觸她們的肩膀；還有一個領導穿拖鞋上班，並且在辦公室裡脫掉上衣。」罪狀一天比一天還多，每一項看來都有其可受抨擊之處。[12]

類似的場景到處上演，不過各地情況有極大的差異。有些工作組並未撤離，特別是某些地方的工作組還得到工人支持，因為他們害怕文化大革命會掀起動亂。在上海第十七棉紡織廠——這裡發生將王洪文和其他人批為「反黨分子」的事件——許多員工都支持領導，工作組則繼續指導進行文化大革命。[13]

為了跟上運動及查明每個人的立場，閱讀大字報成了必要之事。大字報貼得到處都是，張貼範圍很快就超出了辦公室、工廠和學校的走廊，遍及所有可用的空間，玄關裡、主建築的矮牆上，再貼過人行道和地面，最後還寫成巨幅口號從屋頂垂掛下來。那個夏天稍晚，就連紫禁城的朱紅色牆上也貼滿了大字報。「有些大字報的效果好像炸彈，把場面炸開炸清。有些則像火箭砲，射穿盔甲和最嚴實的藏匿處。有些是手榴彈，甚至小爆竹。有些是精巧的煙幕彈。」

許多組織開始出版自己的刊物或報紙，報導運動的最新發展。光是在天安門廣場附近派發或出售的大版面快報就超過二十種。其中有些和文化革命小組的領導幹部有直接聯繫，所以能轉發官方報紙上沒有報導的內幕消息。人民在北京到處遊走，掃視重要政府機構的牆面，尋找關於運動方向的最新消息。隨著文化大革命的發展，未公開的演說內容、機密資料、祕密報告和政府內部檔案都流入了街頭。這是頭一次，人人都得以一窺黨的內部運作。[14]

＊＊＊

不過，有一群人享有的特權比其他人還要多。八月八日那天，電台廣播出文化大革命的指導方針時，也指出大學生、專校生、中學生和小學生一律不受整肅。

毛澤東直接面向學生，把這些年輕人視為他最可靠的盟友。他們天真無知、容易操弄，而且很好鬥。最重要的是，他們渴望冒險與行動。「要靠這些娃娃們造反、來革命，否則打不倒這些牛鬼蛇神。」他對他的醫生這麼說。[15]

八月一日，他發了一張私人便簽給清華大學附中的一群年輕人，表達支持之意。「造反有理！」毛澤東這麼告訴他們。兩個月前，這些學生已經成立了自己的組織，叫作「紅衛兵」。不是只有他們這麼做，北京其他地方的學生都集結起來，成立了名為「紅旗」或「東風」的組織。他們全都是受到一封廣為流傳的信件所啟發，這封信是毛澤東寫給林彪的，他在信中強力主張人民要和軍隊融為一體，在日常工作之外還要學習軍事技巧——此舉是沿用數十年前延安創下的典範。然而工作組並不容許任何組織未經官方認可便成立。在解放後的那些年裡，公民社會已經逐漸被納入黨的控制之下，從獨立政黨、慈善組織、宗教社團和商會到工會，不是被除掉，就是受到黨的正式監督。中學和大學也一樣，地位受到認可的組織只有共產黨、共青團與少年先鋒隊。工作組命令毫無經驗的紅衛兵解散。

現在，紅衛兵在毛澤東的認可之下再度出現，他們誓死捍衛毛主席和他的革命。紅衛兵自視為毛澤東忠心的戰士，捨棄了他們平常的裝束而開始穿起軍裝。少數人的軍裝是從年紀較大的家人那兒找來的。張戎一加入紅衛兵後便趕回家，從舊箱子底層找出一件灰白色的外套，那是她母親在一九五〇年代所穿的軍服。有些人則將工人所穿的長褲及棉襖改成樸素而鬆垮的制服，其中有部分還刻意做成破舊的樣子。一般而言，太合身的制服和光鮮的裝束被視為資產階級的打扮，會引發不滿。皮帶是必備的，方便用來鞭打階級敵人。最後再戴上一枚有金色「紅衛兵」字樣的紅色棉布臂章，就是一套完整的制服。[16]

然而並非每個人都能加入紅衛兵。最早組織紅衛兵小隊而受到毛澤東讚揚的那批年輕人，都是清華大學附設的菁英中學的學生。他們是高幹和軍官的小孩，而且都從父母那裡知道黨內的修正主義分子是反毛主席的。其他中學裡力挺毛澤東並組成紅衛兵小隊的學生，其核心成員的父母也同樣是黨內官員。他們在充斥政治謀略的環境中成長，而且能透過其他人沒有的管道來取得機密情報。最重要的是，他們早已相當具備組織能力，因為他們在社會主義教育運動期間就參與過許多活動，從夏令營的軍事訓練到射擊會的射擊課程都有。在這個以無止盡的階級鬥爭的角度來描繪世界的政治環境中，他們都因為自己屬於革命階層而自覺生來便高人一等。

其中有許多人認為，只有家世最純正的人才能成為真正的紅衛兵，他們是資深革命分子的子女，只有他們才具備領導文化大革命所必要的階級背景，他們生來就是根正苗紅：「我們誕生在這個世界，就為了造資產階級的反、扛起偉大無產階級革命的旗幟。兒子必須繼承他們父親奪來的權力。這就叫作權力的代代相傳。」有一句順口溜廣為流傳，內容是呼籲將所有階級背景較差的人排除在外：「老子英雄兒好漢，老子反動兒混蛋。」在北京，不到五分之一的中學生有資格進入以血統為標準、限制嚴格的團體。[17]

紅衛兵一聽到毛澤東「造反有理」的戰鬥口號，就開始攻擊老師和校長。八月四日，即清華大學附中的學生收到毛澤東的鼓勵信三天之後，他們迫使校長和副校長掛上標牌，上面寫著「黑幫首領」。隨後數日，紅衛兵輪流毆打他們，有些學生使用棍棒，有些選擇拿鞭子或銅扣皮帶。副校長的頭髮也被燒焦了。[18]

第一個死亡案例發生在北京師範大學附屬女子中學。六月下旬時，副校長卞仲耘已經在工作組的監督下遭受凌虐，學生朝她的臉吐口水、在她口中塞滿泥巴、強行把代表羞辱的高帽子戴在她頭上、將她雙手反綁並打得全身瘀青。現在工作組離開了，紅衛兵更堅決要除掉學校中的資產階級分子。八月五日下午，他們指控學校有五名管理人員集結成「黑幫」，朝那五個人潑墨汁、強迫他們跪下，用狼牙棒毆打他們。卞仲耘遭受數小時的凌虐後昏了過去，被丟進垃圾推車。兩小時後她終於被送到對街的醫院時，院方宣告她已經死亡。

從運動開始以來，文化革命小組的成員一直到處巡視，會見一批又一批的紅衛兵。七月二十八日，江青就已經去過北京大學，告訴群眾：「我們不提倡打人，但打人也沒有什麼了不起嘛！」她還提出了更深入的見解：「好人打壞人，活該；壞人打好人，好人光榮；好人打好人，是誤會，不打不相識。」[19]

八月十三日，工人體育館舉行了群眾集會，此時出現了更多鼓勵。五個曾在數週前恐嚇過紅衛兵的平民，在數萬名學生面前被帶到台上示眾，並且被斥為「流氓」。他們遭到痛毆，被人以皮帶鞭打。主持這場批鬥大會的周恩來和王任重，完全沒有制止這些暴行。[20]

隨後數日，北京的校園中瀰漫著一陣恐怖浪潮。在毛澤東和其他中央領導的子女所就讀的名校北京一〇一中學，十幾名教師被迫在鋪滿炭爐渣的小路上爬行，直到他們的膝蓋和手掌都血肉模糊。中南海對街的北京市第六中學，紅衛兵在審問室的牆上寫了「紅色恐怖萬歲」。後來他們把這句標語重漆了一次，用的是受害人的血。

不過，最大的刺激出現在八月十八日，當天有超過一百萬名年輕學生湧入天安門廣場，擠滿了所有空間。這些紅衛兵在剛過午夜時成團出發，並於破曉前抵達廣場。有些人分配到紅色的絲綢臂章，取代他們自製的棉布製品。他們在黑暗中焦急等待著，然後，就在耀眼的太陽於廣場東方升起之際，穿著鬆垮軍裝的毛澤東走下了講台。他在人群中走動了一下子，和他們握手。數小時後，一些學生被挑選出來面見毛澤東和他在文化革命小組的同志。林彪發表了一段很長的演說，呼籲在場興奮激動的年輕人要「大破一切剝削階級的舊思想、舊文化、舊風俗、舊習慣」。

當天的高潮是一個名叫宋彬彬的學生得到殊榮，她在毛主席的袖子別上紅衛兵臂章。宋的父親是資深軍官，自己則就讀於兩週前將卞仲耘虐死的那所學校。宋彬彬和其他紅衛兵首領已經私下把那則消息通報給北京市黨委了。毛澤東在此起彼落的閃光燈前問她的名字有什麼含意，她回答是「文質彬彬」，毛澤東便說：「要武嘛！」於是「宋要武」一夕成名。[21]

＊＊＊

天安門廣場的集會過後，一陣暴力的浪潮吞噬了北京。北京第三女子中學的校長被打死，教務主任上吊自殺。在另一所位於北京師範大學附近的中學，校長被命令站在烈日下，紅衛兵拿沸水往他身上澆。還有一所附屬於北京師範學院的中學出現了更恐怖的手段，一名生物老師被推倒在地上毆打，並被人拉著雙腳拖行過學校大門、拖下樓梯，頭部不停碰撞水泥地，遭受數小時的折磨後死去，接下來，其他被抓起來批為牛鬼蛇神的老師則被迫輪流毆打她的屍體。在小學裡，學生的年紀都不超過十三歲，卻有老師被迫吃下指甲和糞便，也有些老師被剃頭並被逼互相掌摑。[22]

紅衛兵也會對付自己的同學。多年來他們一直對家庭背景不好，但通常表現優異的學生滿懷怨恨，這些學生只能靠成績出人頭地，而非身分地位。短短兩年前，毛澤東才對他眼中極度菁英取向的教育制度表達過反對之意，要求限制「剝削家庭」的孩子入學。[23]紅衛兵現在非常想要一個永久歧視的體制。紅衛兵生來就是紅的，而他們的敵人生來就是黑的。階級背景差的學生被關押、被迫在校園中做苦工、遭受羞辱，更有些人遭凌虐致死。出身「不紅也不黑」的學生，例如文書人員、辦公室職員、技師和工程師的子女，則獲准協助紅衛兵。[24]

暴力也蔓延到街頭。「資產階級學閥」是紅衛兵的首要目標之一，他們被指控的罪名是「毒害社會主義制度」。學生們追查吳晗、鄧拓及其擁護者達數月之久，審視他們的文章、短篇故事、劇作和小說，想找出任何一點修正主義意識形態的線索。現在，等待多時的他們終於可以出手了。鄧拓已死，吳晗也已入獄，但是還有許多其他目標。劇作家田漢寫過劇評讚揚《李慧娘》，這件事惹怒了毛澤東，屢次被拖到臨時搭建的台上，脖子上掛著沉重的標語牌，被迫下跪並遭到毒打，在場群眾則高喊著：「打倒田漢！」

其他著名的知識分子也是這波暴力浪潮中的攻擊目標。著有小說《駱駝祥子》的知名作家老舍曾在一九二〇年代時擔任倫敦大學亞非學院的講師。他和其他許多人一樣，一九四九年後都滿腔熱情地為新政權服務，然而他的背景卻使自己惹禍上身。天安門廣場的大集會後數天，他和其他二十人被卡車載到孔廟；在那個寧靜大院的古老柏樹蔭下有幾百座石碑，上面刻有歷代以來成功通過科舉考試的秀才之名。一百多名第八中學的女學生站成兩排，形成一條人廊。當受害者被推著走過這條人廊時，紅衛兵對他們拳腳相向，同時高喊著：「打倒黑幫！」接著，他們的脖子被掛上標語牌，上面寫了姓名與罪狀，同時有一名官方攝影師全程紀錄。毆打持續了數小時。一天後，老舍的屍體在他童年住處附近一座湖的淺水區被人發現，口袋裡還留著一本毛主席的詩集。[25]

被認為階級背景不好的平民也會遭到公開迫害。一週前在工人體育館被貶為「小流氓」的受害者當中，有一名的家人也被紅衛兵追查到了。他們住在離發現老舍屍體的那座湖不遠處，家中的父親是個貧困老人，名叫南保山，被人拖到街上亂棒打死。他的第二個兒子則遭到毆打並關在家裡，數天後在家中渴死。[26]

當地街委會早已經向紅衛兵告發過南保山及其家人了。整個北京的牆上都貼出了地方黨委會或警察廳簽發的名單，列出許多人的年齡和階級背景。有時候他們的罪狀會被詳列出來：「解放以來一直懶散誤事。」不過他們更常被直接打成「地主」、「反革命」或「壞分子」。隨著紅衛兵追捕特定目標，「通緝」告示也出現了。在公園、皇宮庭園和古剎，到處都看得見受害者遭人以繩索抽打、用棍棒痛毆或以其他方式在歡呼群眾面前受到羞辱和凌虐的場面。一名英國領事館的職員便看到一個老人步履蹣跚地走出一棟被紅衛兵改成臨時監獄的室內市場，寫著罪狀的牌子垂得跟膝蓋一樣低，他臉色發黑，上衣背後還有血跡。「悲慘程度僅次於這個場面的，就是兩位老太太被幼小孩童丟石頭的情景。」[27]

翟振華是菁英學校裡加入紅衛兵的女孩之一。她第一次見到朋友解下皮帶把一名受害者打得衣服上滲滿血跡之後有些畏縮，但她又不想落於人後，所以還是打了下去。一開始她避免和受害者四目相對，只能靠著想像他們都是密謀復辟舊社會的罪犯，來合理化自己打人的行為。但是打過幾次之後，她就知道訣竅了：「我的心腸變硬了，我也看慣了血。我像機器人一樣地揮動皮帶，打下去時腦中一片空白。」另一個紅衛兵後來回想，自己起初對學校中爆發的暴力行為感到震驚，但很快就體驗到血腥滋味的情形：「我剛開始打人時，不知道該怎麼做。我很軟弱。但我很快就能比其他學生打得更凶猛了：無論你打得多用力，我都會打得更用力，就像野獸一樣，一直打到我的拳頭疼痛為止。」孩童是最狠毒的，對少數孩子而言，把階級敵人打得不成人形是在玩遊戲，就和鬥蟋蟀一樣。[28]

街委會和警察所列出的目標人物，許多都被捕並遭到下放。紅衛兵在北京清除階級敵人，要讓首都「更加根正苗紅」。老人脖子上掛著標語牌，雙臂以繩子綑綁，被帶去遊街示眾。不久之後，北京的火車站便有大批衣衫襤褸的人被送到鄉下；這些受害者估計有七萬七千名，只比總人口的百分之二略少。[29]

最嚴重的殺人行為發生在北京市郊。在大興這個擁有砂質土壤、能種出甘甜西瓜的縣裡，地方幹部下令消滅所有地主和其他壞分子，包括他們的子孫。這些幹部的理由是，傳聞階級敵人即將強行報復，推翻地方黨支部並殺死往日折磨過他們的人。接下來，幾個人民公社謹慎協調，發動了一夜大屠殺。黨的激進分子與地方民兵聯手將受害者關在家裡，或臨時權充的牢房中。他們逐一被殺掉，有的被棍棒打死，有的被鐮刀戳刺而死，或者被電線勒死。有幾個人是被電死的。孩童被倒吊起來鞭打。一個八歲女孩和她的祖母則遭到活埋。一共超過三百人被殺，有些是全家遇害，包括小孩在內，因為凶手要確保不會留下任何活口，以免日後遭到報復。屍體多數被丟進廢棄的水井和亂葬崗。其中一處的屍臭味強到令人無法忍受，村民只好把屍體挖出來，改丟進水塘裡。[30]

一名人民解放軍軍官致電北京，通報大興的屠殺事件，立刻便有一份報告送到了文化革命小組，但沒有人出面制止屠殺。[31]一週前，公安部長謝富治已經指示過一批警官要「支持紅衛兵」。他囑咐警察要「跟他們說說話、交交朋友。不要命令他們。不要說他們打壞人是錯的。如果他們一怒之下打死了人，那就算了。」他這次的演說內容廣為流傳。[32]

北京的受害人數並沒有確切統計數字，但是八月下旬時，每天都有超過一百人被殺。一份黨內部文件就報告了八月二十六日有一百二十六人死在紅衛兵手中；翌日有二百二十八人；再隔天是一百八十四人；八月二十九日則是二百人。根據一項保守估計，到了九月下旬，第一波暴力浪潮減弱時，至少已經有一千七百七十人喪命，其中尚不包括那些在北京市郊遭到屠殺的人。[33]

第七章　打碎舊世界

殺人事件主要侷限在北京，文化革命小組成員每天都和那裡的紅衛兵聯繫。不過，中國其他地方也有許多暴力事件，各地的學生都把毛澤東的戰鬥口號「造反有理」謹記在心。在八月十八日的大集會舉行前，上海華東師範大學的學生就闖入超過一百五十名教職員家中，將他們抓出來帶去遊校園示眾，迫使他們戴上羞辱人的高帽子，在脖子掛上沉重的標語牌，上頭寫著「反動學閥」。復興中學在一八八六年由傳教護士伊麗莎白．麥基奇尼創立，她的格言是「求真」，那裡的學生拿鐵槌攻擊部分教師，其中一名受害者顱骨骨折。[1]

天安門廣場的大集會進一步激勵了全國學生採取行動。長沙的紅衛兵在天安門廣場首度面見毛澤東後，一回來就開始毆打來自「壞家庭」的學生和老師。在更南方的亞熱帶城市廣州，一名教師被迫喝下整瓶墨汁，接著不斷被人踹擊腹部，他把墨汁混著血一起吐了出來，這名教師後來自殺身亡。在西安，一支「紅色恐怖隊」在一名教師身上澆滿汽油，然後放火燒他。[2]

但這些還只是單獨個案。在文化大革命的這個早期階段，許多北京以外的學生都還不清楚上層所容許的暴力程度為何。

真正讓各地紅衛兵放手大幹的，是一場企圖打碎舊世界一切殘渣餘孽的運動。八月十八日，林彪站在講台上的毛主席身旁，號召年輕的聽眾走出去：「大破一切剝削階級的舊思想、舊文化、舊風俗、舊習慣！」封建意識型態束縛人民的思想已經數千年，現在，這些文化的殘渣必須摧毀，以確保國家的革命色彩永遠不會褪去。傳統是過去的不散陰魂，還意圖抓住現在的人不放，所以必須把它砸爛。美國人李敦白在解放前曾與共產黨同甘共苦，並且認識許多黨內領導人，對這項訊息中的狂暴情緒頗為吃驚：「一旦都是砸、砸、砸。我簡直無法相信自己聽到了什麼。最高層的人真的在計畫摧毀他們過去二十年來所建立的一切，先大破而後大立。」[3]

林彪的呼籲被廣為傳播，一天後北京的紅衛兵就貼出大字報，大膽向舊世界宣戰：「我們要批判、要砸爛一切舊思想、舊文化、舊風俗、舊習慣。所有為資產階級服務的理髮館、裁縫鋪、照相館、舊書攤……等等，統統都不例外。我們就是要造舊世界的反！」紅衛兵宣告，高跟鞋、別緻的髮型、短裙、牛仔褲、壞書籍，這些全都必須立刻消滅。官方資助的《中國青年報》於八月十九日印發了好幾千份這些慷慨激昂的演說內容。八月二十日晚上，一群群的紅衛兵開始在北京街頭遊蕩，攻擊所有帶有舊世界痕跡的事物。他們改變街道名稱，把帶有革命意味的新名字貼在舊的路標上。裁縫鋪、理髮館等提供服務的店鋪都受到襲擊，店主也遭到羞辱，有些甚至被毆打並被迫停業。到了八月二十二日早上，氣氛變得愈加粗暴，紅衛兵開始攻擊一般百姓，強行剪他們的頭髮、割破窄管褲的褲管、削斷高跟鞋的鞋跟。就在同一天，新華社把紅衛兵譽為「毛主席的小將」，盛讚他們掃除舊文化的努力。中央人民廣播電台在一段特別節目中向全國播出了這個消息，隨之而來的結果是，八月二十三至二十六日，紅衛兵的暴力狂潮在全國爆發，任何與舊世界有絲毫關係的事物都無法倖免。暴力的餘波久久不散，長達數月。[4]

＊＊＊

在正定縣，高原和他的同學已經藉由凌虐自己的老師而度過了一個刺激的夏季；一讀到《人民日報》上關於天安門廣場大集會的報導後，每個班級都開始組織自己的紅衛兵了。沒有良好階級背景的學生就沒有資格參與，只能垂頭喪氣地羞愧離去。成功加入的人則佩戴以黃漆寫上文字的紅布條，這些布條不像他們在報上看到毛主席所戴的臂章那樣精美，但仍然讓他們感受到自己具有前所未有的重要地位。一、兩天後，他們密切注意紅衛兵在北京砸爛舊招牌的新聞，決定把正定縣所有舊世界的痕跡都消滅乾淨，於是出發前往舊城區，隊伍前端還飄著一面寫有「紅衛兵」字樣的紅旗。他們模仿自己讀到和聽到的那些北京紅衛兵的作為，改掉街道的名字，又污損小商店門上的金漆字招牌。他們指責叫賣商品的小販，罵那些人是「資本家」。一名裹小腳的老婦受到騷擾，被迫掛上一塊將她斥為「妓女」的牌子，在太陽下站著不動達四小時。但他們最大的目標是一道象徵封建壓迫的古老拱門。他們在拱門頂端綁上粗繩，用鐵鍬挖鬆地基，再把整座拱門拉倒，化為一堆碎石塊。當地一座清真寺的洋蔥狀圓頂更難處理，動用了數百名紅衛兵才把它拉下來。一個留了一小撮鬍子的老守衛試圖阻止，結果被強迫在脖子綁上一條他們從當地屠夫那裡拿到的豬尾巴。[5]

全國各地都上演了類似的場景。在廈門，凌耿雖然家庭背景不佳，還是順利加入了紅衛兵。那裡的小隊在街上分散開來，摧毀了沿路上所見的一切舊事物，從裝飾用的黃銅門把、商店的舊招牌到廟宇上方祥龍造型的飛簷，無一倖免。每個小隊都帶著自己的紅旗列隊行進。有些隊伍敲鑼打鼓，有些則照著精心準備好的路線圖，安靜且有條理地做他們的工作；圖上已經由街委會標出了所有地址。他們剪掉歸國留學生的頭髮、割斷長髮辮。同樣由歸國留學生引入的時尚——窄管褲——則有一套簡單的測試方法：如果褲管塞不下兩個瓶子，縫合處就要用刀割開。尖頭鞋被沒收，高跟鞋的鞋跟則被削斷。一般百姓對此束手無策：黨在八月八日那天以所謂「十六條」的形式對全國廣播文化大革命的指導方針時就已經將尚方寶劍賜給了大學、專科學校、中學和小學的學生。紅衛兵高喊：「造反有理！」。[6]

正定和廈門都是小城市就已經如此，在上海還可以見到比這規模更大的破壞。這個城市在解放前長期由外國勢力管理，所以一直無法擺脫墮落的資產階級大本營的形象。任何象徵帝國主義過往的事物都遭到攻擊，紅衛兵在被他們改名為「革命大道」的外灘，將沿路那些堅固花崗岩建築的裝潢都打碎、鑽洞和燒毀。古董店或花店被砸爛。床墊、絲絨、化妝品和時髦衣物全都被斥為資產階級的奢侈品，統統運走丟棄。[7]

上層又傳來了更多鼓勵。八月二十三日，由林彪掌控的《解放軍報》讚許紅衛兵：「你們做得對，做得好！」翌日又有一篇社論熱烈吹捧這場運動，接著這份報紙鄭重承諾，軍方會堅決支持紅衛兵：「向紅衛兵學習！向紅衛兵致敬！」[8]

現在軍方給了紅衛兵全權許可，讓他們把舊世界弄得天翻地覆，於是他們開始恣意橫行。圖書館是明顯的目標，他們在學校和大學裡翻遍書庫，沒收了每一本看起來帶有一丁點封建或資產階級色彩的書籍。到處都有大規模焚書事件，有些只是象徵性地燒掉幾本書，有些則是讓熊熊烈火連續數天照亮夜空。在廈門，凌耿和同志往火裡加了六十公升煤油，讓火舌竄上三層樓高。大家都帶著椅子前來觀看這個奇景。火紅的天空下，一些旁觀者擠滿了周圍建築的樓頂。[9]

上海徐家匯藏書樓有幾千本書被紅衛兵焚毀；這座圖書館在一八四七年由天主教耶穌會創立，原本藏書超過二十萬冊，是學術的寶庫。當地一名沒有獲准加入紅衛兵的學生文貫中因為好奇而注意到，外國書籍因為有堅固的皮革封面保護，很難著火。黃浦區的購物街南京路被紅衛兵破壞殆盡，有幾輛卡車不分日夜地把書本運到當地的造紙廠。[10]

公共歷史遺跡也遭到破壞。在上海，紅衛兵只用幾天就摧毀了十八座公告過的歷史古蹟，包括第一個改信基督的上海人徐光啟（一五六二至一六三三年）之墓，他曾經和耶穌會傳教士利瑪竇一起工作。上海最古老的寺廟龍華塔，高四十四公尺，也成了紅衛兵手中那些鐵鎚和繩索的犧牲品。寺方收藏的三千部經書都化為灰燼。位於一處寧靜公園、歷史悠久的孔廟建築群完全付之一炬。紅衛兵還侵襲了徐家匯藏書樓旁的聖依納爵主教座堂，拆毀教堂的尖塔和天花板，然後砸破彩色玻璃窗。上海有很多教堂，後來有一份報告證實：「所有天主教堂的物品，都被徹底摧毀了。」[11]

紅衛兵毀壞外國教堂尖塔或焚燒古老寺廟塔樓的情景隨處可見。青島的教堂在大饑荒結束後數年間一直人滿為患，現在聖彌愛爾大教堂的管風琴卻被鎚子砸壞、窗戶一個接著一個被打破。[12]在備受道教與佛教信徒尊崇，且列入五嶽之一的衡山，地方幹部與紅衛兵聯手把每座寺廟和雕像摧毀焚燒，猛烈的火勢連燒了三天三夜。[13]

在少數地方，攻擊傳統的行為遭到抵制。孔子的家鄉與長眠之地曲阜，是一些全中國最大的建築群與家族墓地的所在之處。孔子這位古代聖賢有數以萬計的後人安葬在孔林；這處神聖之地有數十棟建築，以一道古老的牆圍住，裡面長滿了盤根錯節的樹木。當地的紅衛兵三番兩次試圖攻擊孔林，但曲阜當局成功抵抗了他們的暴行。直到兩百多名北京的紅衛兵突襲曲阜，那些墳墓才遭到劫掠與褻瀆。有五具保存完好的女性遺體被綁在一起，掛在樹上。陳伯達親自發電報下達指令允許他們挖開墳墓，但他要求把主建築留下以作為「階級教育博物館」。[14]

其他墓地就比較容易下手了，特別是外國人的墳墓。上海在解放前是個國際大都市，有莫斯科的一半那麼大，外國人的數量僅次於紐約。市內大約有六十九處墓地，共四十萬座墳墓，其中兩萬座是外國人的。墓碑遭到有計畫的毀壞，十字架被打斷，而紀念銘牌和碑文都被人以水泥抹去，或者用油漆塗污。不久，地方當局便自豪地表示：「除了少數幾名革命先烈的墳墓之外，所有的墓碑基本上都已經被完全破壞或砸毀。」吉安公墓是個例外，一九五一年時有許多外國人被遷葬到這裡，當班的守衛保護了一些墳墓。不過黨介入干預，決定將一九四九年解放前所立的墓碑全數夷平，因為它們是「帝國主義的象徵」。[15]

在上海和在其他地方一樣，土葬幾乎立刻就遭到革命政令廢止，只准火化。不出幾週，郊區就出現了一座全新的火葬場，火葬隊日以繼夜地將屍體送進焚化爐。在南京，土葬同樣遭到當局禁止，紅衛兵沒收殯儀館的棺材，將其砸毀，並且焚燒壽衣。[16]

整個中國在一九六六年有大約五萬座墳墓屬於外國人。當中有一半以上在文化大革命期間被夷平，其餘的則有許多被砸毀，只有十分之一能逃過一劫，毫無損傷。[17]

地方人士的墳墓也遭受波及。其中一個受害者是海瑞，也就是那位被明朝皇帝罷黜的官員。紅衛兵摧毀了他在海南島的墳墓。[18]

＊＊＊

八月二十三日，上海的紅衛兵襲擊了大約三十六家花店。裝飾用的盆栽和花材都被視為浪費且代表資產階級的貪欲，接下來幾天，紅衛兵興高采烈地恣意踐踏城內各地的花圃和溫室。精美的假山造景和金魚池塘都被砸毀。喪禮上也禁止用花。一個黨內打手用複雜的計算數字來強調栽種花卉原本就是剝削，推斷出上海在一九六五年賣出的三百萬束鮮花所需要的栽種面積，足以生產可供三千個無產階級人民吃上一年的糧食。[19]

犬隻已經銷聲匿跡許久，因為牠們被指為危害公共衛生，全國各城市在一九五〇年代初期都執行了捕殺行動，[20]現在則出現了屠貓的行為，紅衛兵到處殺害這種被視為資產階級墮落象徵的動物。北京那個批鬥過自己老師的十五歲女學生楊瑞，試著把自己的寵物貓偷偷帶出她家，但紅衛兵注意到她提的布袋裡有東西蠕動，猜到裡面藏了什麼。他們搶走布袋，甩了幾圈，然後砸在一道磚牆上。貓咪慘叫。「男孩們開心極了，他們一次次將布袋砸在牆上。」她弟弟哭喪著臉求他們住手，但沒人理會他。八月底，走在北京街上的人都能看到路邊躺著前腳被綁在一起的死貓。[21]

攻擊賽鴿這種在十九世紀由外國人引進的活動就不那麼容易了。上海的第一個賽鴿俱樂部於一九二九年成立，當地的愛好者很快就開始培育以方向感、耐力和速度而聞名的賽鴿品種。到了上海解放的時候，當地已經有九個賽鴿俱樂部，它們於一九六四年合併為一個協會，受到政府嚴格管控。這個協會的情況一如英國，會員絕大多數是勞動人民，飼養的賽鴿估計有三萬隻，不過，沒有加入協會的無照愛好者還另外養了兩萬隻。鴿子的主人被指控浪費原本可以用來供養數千名工人的珍貴糧食。紅衛兵先是發出最後通牒，下令賽鴿要在兩天內撲殺。然後他們再上門砸毀散布在上海建築物樓頂的部分賽鴿棲架與鴿舍。接下來幾個月裡，地方當局逮捕數百名養鴿人，助了紅衛兵一臂之力。儘管有這樣的壓力，養鴿人還是把鴿子移到避開眾人目光之處，養鴿活動因而持續了下來。[22]

不過，最駭人的事態發展顯然是抄家；這種情況從八月二十三日開始發生，在隨後數天達到高峰。紅衛兵會收到記有搜查目標詳盡細節——姓名、年齡、身分及地址——的紙張，有時候是地方警察傳來的，有時候是街委會。他們搜查階級背景差的人所住的地方，尋找可疑物品，而被指為可疑的物品愈來愈多：祭神用品、奢侈品、反動文學、外國書刊、私藏的武器和黃金、外幣、墮落生活的象徵、蔣介石肖像、舊地契、國民政府時期的文件、地下活動的跡象，或者牽涉到通敵行為的證據。

這些受害者當中有許多人從解放以來就已經受盡了壓迫。他們屢次遭到當權者批鬥，在每一場重大的政治運動中被抓去遊街示眾、失去工作，又被迫變賣所有家當來維持自己和家人的生計。紅衛兵洗劫過徐家匯藏書樓之後，來到曾經目睹一堆外文書被大火吞噬的文貫中家裡，他們被眼前所見的情景嚇了一跳。文貫中的父親曾經是蔣介石手下的將軍，現在被關在北京的監獄裡，母親則在一九五五年被逼死；母親的奶媽一直將他們視為家人，文貫中和兩個兄弟都由她照料。他們家徒四壁，紅衛兵什麼也沒找著，屋裡甚至連椅子都沒有，一家人就依偎在什麼都沒有的地板上吃飯。紅衛兵沒有東西可以帶走，所有物品都已經被典當，或者拿去換取食物了。[23]

另一方面，鄭念是上海一家外商公司——殼牌石油公司——前總經理的遺孀，過著非常優渥的生活。紅衛兵於八月三十日晚上出現在她家，當時她正在書房裡閱讀《第三帝國興亡史》。這群紅衛兵有三、四十人，以兩名年紀較大的男生和一名女生為首。「我們是紅衛兵。我們來是要革你的命！」一個身材高瘦的小伙子對她大吼，其他人則成群散開，有系統地洗劫她兩層樓的住家。可以聽到有人在樓梯上上下下的聲音，接著就是打破玻璃和重擊牆壁的聲響。儲藏室裡的條板箱被他們拿鉗子撬開，窗簾被扯下來，鏡子被打破，稀有的古董被砸碎。「地上都是牛血紅、帝王黃、青瓷綠和藍白色的陶瓷碎片。」紅衛兵也用鐵鎚猛擊臥室裡的家具。衣物被扯破，絲綢與毛皮碎片在吊扇下四處飛散。因焦急而顫抖的鄭念試圖阻止，但他們往她的胸口猛踹。屋外草坪上燃起了篝火，紅衛兵把書本丟進熊熊火焰中。在她住的那條街，到處都是庭園牆內升起的煙霧，隨著紅衛兵焚燒大量沒收的物品而在空氣中瀰漫開來。

這還只不過是開頭罷了。數週後，來自北京的紅衛兵抵達，帶著皮鞭。他們要尋找鄭念家中藏起來的財寶，而且行為比之前的紅衛兵惡劣得多：「他們劃破床褥、割開椅子和沙發的坐墊、拆下浴室牆上的磁磚、爬進壁爐並鑽入煙囪、翻開地板、爬上屋頂搜查天花板下的水箱，還爬到地板下檢查管線。」花園成了一大灘爛泥，花床都被挖開，植栽也被人從花盆中拔起。[24]

全國各地的許多城鎮和都市都看得到類似場景。各地的人都趕著在紅衛兵來敲門之前，把會惹出麻煩的物品丟掉。在北京，楊瑞的父母燒毀了家書和舊照片，再把灰燼倒進廁所沖掉。在西安，熱愛文學的青年康正果把一些他最喜愛的書藏在米缸裡；紅衛兵撕毀其他的書，並且搬走了部分家具。[25]運動所針對的部分目標，知道自己即將受害，會穿好整套衣服上床睡覺，夜不成眠地等著輪到自己。每天晚上都會出現用力敲門、物品被砸破、學生喊叫、孩童哭泣等令人驚恐的聲音。但是一般百姓大多不知道紅衛兵何時會找上門來，以及哪些沒有問題的財產會引人猜疑。他們生活在恐懼中。[26]

有些人受到恐懼、仇恨或野心驅使而開始出賣自己的鄰居。本身是紅衛兵的楊瑞便被一名老婦人找上，她執意要楊瑞和她的朋友們去搜查一個知名海外華人的家。在成都，兩個街委會成員來到張戎的學校，用故弄玄虛的嚴肅語調告發他們的一些鄰居，宛如有重大任務在身。在一個已經被搜查得凌亂不堪的房間裡，紅衛兵看到一個衣不蔽體的女人跪在那兒，空氣中瀰漫著糞便和尿液的惡臭。受害者尖叫著求他們原諒，眼中充滿了恐懼和絕望。其中一個告密者在門外露出稱心如意的笑容。「她告發那個可憐的女人，是為了報復。」[27]

＊＊＊

一輛輛滿載藝術品、樂器、衣櫃和其他資產階級用品的卡車，在每一座城市中來回穿梭，有時還造成交通堵塞。[28]每個城市都有一個地方集中收集和清點掠奪而來的物品，就像納粹把在巴黎沒收的藝術品送到國立網球場美術館一樣。在廣州，位於這座古老城市中心地帶的石室聖心大教堂就被選出來擔當這件要務。這座教堂仿照巴黎的聖克羅蒂德主教座堂建成，有兩座宏偉的尖塔；在市黨委決定徵收教堂作為沒收物品整理處之前，它便已經遭紅衛兵破壞。堆積成山的家具、書籍和衣物存放在一個寬敞的洞室裡，較為貴重的物品則放在兩間門口有守衛的房間裡。有一個角落堆著許多銀戒指、手環、項鍊、耳環、小飾品和墜子；金條和其他物品分開來，堆在一面牆壁前。有一名紅衛兵負責用推車把黃金送進教堂，然而，最讓他印象深刻的，是搜掠而來的大量音樂盒：「那是我第一次見到音樂盒，有很多，超過一百個。」[29]

這些物品都登錄成詳細的清單，其中許多現在還能從檔案庫中找到。湖北省的省會武漢有兩萬戶遭劫掠，被搶走的財物包含三十一萬九千九百三十三枚銀元、超過三百萬元的銀行存款、現金五十六萬一百三十元、六百七十九件古董、三千四百件家具、八千四百三十九個保險箱、九千四百二十八件銀製品、九萬一千多件瓷器、七百九十八隻錶、三百四十台收音機、八面國民黨黨旗、二十二把步槍、九百七十一．一公斤黃金與一千七百一十七公斤白銀。整個湖北省被劫掠的人家占總戶數的百分之一，劫走的財物價值估計有兩億元。光是黃金就搜刮了超過四公噸。[30]

被掠奪得最慘重的地方大概是上海，那裡的一百萬住戶中，有超過四分之一被紅衛兵搜查。三百萬件以上的珍藏古董和藝術品被收進倉庫裡，其中還不包括估計價值六億元的珠寶首飾及貨幣。[31]

這些清單所反映出來的當然只是總體的一小部分。鄭念就曾經哀求紅衛兵把她收藏的稀有瓷器捐給國家，而不要砸毀它們。紅衛兵一直很享受「打碎舊世界」，更是極度以揮舞鎚子、斧頭、鐵鍬、鉗子和棍棒為樂。除了書籍以外，還有許多東西被燒毀。在廈門，被丟進火堆中的物品包括「木製祖先牌位、舊的國民黨紙幣、顏色鮮豔的中式服裝、男士西裝、舊招牌、上面印有戲院舊名稱（現在已改名）的電影票、竹製麻將、紙牌、外國香菸、珍品、古董、書法卷軸、中國戲曲使用的弦樂器、西洋小提琴。」[32]

搜刮而來的物品遭到許多竊賊染指。首先是紅衛兵，他們將錢、珠寶和手錶塞進自己的口袋，並以文化大革命之名公然占用收音機與腳踏車。「學校宿舍一下子氣派了起來。許多學生在宿舍裡享用搶來的東西。」也有一般的盜賊假扮成紅衛兵到處搜查、奪取財物。那些物品送抵中央保管處之後，許多都還沒清點就消失了。在西安，紅衛兵把劫掠所得存放到城隍廟之後，只拿到一張寫著潦草字跡的紙當作收據。[33]

然而，文化革命小組的成員才是最大的盜賊。一如赫爾曼．戈林前往巴黎二十次，從國立網球場美術館挑選最好的物品以供他個人珍藏，康生也造訪過全國的主要保管中心，累積了大量令人驚嘆的藝術收藏。他的藏品包括史前甲骨、古董銅器、象牙印章、珍貴畫作，以及超過一萬二千本書籍。康生本身是文雅的學者和技藝精湛的書法家，熟習各種經典著作；他特別偏愛稀有的石碑拓印、書法卷軸和古董硯台。一些原為鄧拓所有的藝術品落入了他手中，其他大約一百名學者的收藏品也一樣，而那些學者全都在文化大革命中遭到迫害。康生並非唯一這麼做的人，他和陳伯達、林彪的妻子葉群及四名她的手下，在一九七〇年五月某次尋訪時，差不多搬空了一整座倉庫。康生與江青還自己私下瓜分罕見的印章與硯台。[34]

納粹會珍惜他們沒燒掉的東西，但紅衛兵就不是這樣了。掠奪而來的物品絕大部分都被棄置，任其損壞。在上海，大約六百架沒收的鋼琴被派發到幼兒園，然而許多其他物品的遭遇就很慘，尤其是那五百萬本逃過火劫的書籍。其中許多被綑在一起，丟在福州路一處生鮮市場上方的閣樓裡；福州路原本是一條書店林立的街道。在原本為了向一八七四年由英國人創立的上海博物院致敬而一度叫作博物院路的虎丘路上，有一百萬本珍稀書籍堆得和天花板一樣高，任憑害蟲蛀蝕、風吹日曬雨淋。郊區的情況更惡劣。在一九六六年九月才剛啟用新焚化場的奉賢區，一間臨時權充的庫房地上散落著古董書法卷軸和畫作，其中大多數都潮濕、破裂且發霉。[35]

當局到了一九六六年末才做出遲來的努力，意圖搶救部分劫來的物品，對回收或打碎古銅鐘、儀典用器皿和雕像都實施了限制。[36]一組來自北京的專家負責挽救殘留物品，但他們面臨著一場硬仗。許多無價的古銅器早已在鑄造廠熔掉，或者在黑市賣掉了。大量瓷器已被砸得粉碎。不過，這個小組仍然成功救回了二十八萬一千件物品和三十六萬八千本書。[37]

上海的情況已經夠糟糕了，但內陸地區的局面比上海還要惡劣得多。在武漢，保管中心無人看守；到了一九六八年時，搶來的財物大部分都已經被偷走，或者因為害蟲和受潮而損毀，無法修復。[38]

＊＊＊

鄭念家遭到紅衛兵洗劫後一天，一名黨內官員前來造訪。他對著整棟屋子揮揮手，以誇張的口氣問：「上海住房嚴重短缺時，你和你女兒住在九房四衛的屋子裡，這樣對嗎？別人沒有木材和基本家具可用時，你使用羊毛地毯，還在每個房間裡擺滿紫檀和黑檀木家具，這樣對嗎？你穿的是絲綢和毛皮，蓋的是羽絨被，這樣對嗎？」她被准許收拾一箱用品，然後便被關在自己的房間裡，房內所有家具都被搬走，只剩下一張彈簧床墊和兩張椅子。不久後，她就遭到正式逮捕並送進當地一處監獄。幾個工人家庭搬進了她的房子。[39]

到處可見到背景欠佳者的住宅遭到瓜分。楊瑞雖然本身是紅衛兵，卻也保護不了她的家人。她因糖尿病而臥病在床的姨母被移到一間沒有窗戶的食品儲藏室裡，六個出自「革命背景」的家庭搬進宅院中，自己瓜分了房子。他們翻掘花園、夷平玫瑰花、把幾條廊道變成儲藏室，並且在庭院裡用破碎的磚塊、木頭夾板和油毛氈殘片等廢料搭建起臨時廚房。[40]

受害者大多是一般人民，但也有黨員受到失勢上級領導的牽連而遭殃。在北京大學校園中，一名曾經吹噓自己與鄧拓、彭真有交情的忠實黨員，發現自家牆外貼了一張大字報，宣告他必須把自己的住處讓給無產階級。他的家人只能連夜趕忙將自己的財物搬走，並且騰出足夠讓其他兩個家庭居住的空間。[41]

每一處的情況各有不同，但是上海的存檔證據讓人對沒收房屋的情況有了些許概念。一共有三萬戶被迫將房契交給國家。許多家庭只准保有每戶三到五平方公尺的總居住面積，然而還要繳交租金。絕大多數的受害者既非知識分子，也不是為黨工作的行政人員，結果都被打為「剝削無產階級的壞分子」。[42]

還有更多人被趕出城，而且離開前還得先挨揍、被人吐口水或以其他方式羞辱。每個地方的紅衛兵都模仿他們在北京的同伴，消滅城市中的階級敵人。在上海就有老人家被雙手反綁、打著赤腳遊街，一路送到火車站的淒慘場面，他們衣衫襤褸，脖子上掛著列出他們罪狀的標語牌。保守估計，全中國遭到流放的受害者共有四十萬人。[43]

第八章　毛崇拜

反舊世界的暴力發洩只持續了數週，影響卻相當深遠。打扮時髦的女性被紅衛兵整，她們在大庭廣眾下遭到剃頭、臉上被人用唇膏亂塗，此後便開始了一股乏味無趣的拘謹風氣。被斥為封建的長髮辮消失了，而就算是化得再淡的妝，也被當成舊時代的遺毒。男男女女都改穿呆板的服裝，通常是藍色或灰色的棉質制服和黑布鞋。

理髮店仍然繼續營業，但是只幫人剪無產階級的髮型。餐廳只供應廉價而無味的餐點。銷售水果、蔬菜、糖果、堅果、布料、陶瓷碗碟、煤炭和籐籃等各種用品的小販再度遭到禁止。書店除了紅寶書和毛澤東的其他著作之外，賣的書寥寥無幾。整個產業的人同時失業。在南京，求職者人數增加了十倍，有花匠、菜販、水果販、鞋匠、製革匠、銅匠、造紙匠、印刷工、攝影師、油漆工、裁縫師、刺繡工、裝訂員、殯葬員等等。許多人會落魄，是因為他們的店鋪被迫關閉，也有人是因為入不敷出。他們絕大部分都是窮人。[1]

藝術、工藝行業被整鬥摧毀。光是在廣東省，就有大約兩萬名原本受僱從事手工業的人現在被斥為「迷信」。他們的產品一年產值達四千萬元，從線香到紙錢都有。這批工人當中只有三分之一被調到其他行業，但就連他們也陷入了貧困中，因為他們經常只剩下一半的收入，或者失去了從事新工作所需的工具。許多人淪落到只能變賣所有家當，包括衣物及家具。汕頭在解放前是華南地區第二大港，也曾是刺繡品的主要輸出地；在市外的一座小鎮上，每五個人中就有一個人每個月只能靠不到三塊錢過活。[2]

文化大革命的影響震撼了整個產業界。從玩具、紡織品、化妝品和家電到瓷器，每一項產品的標籤、包裝及內容物都必須除去一切封建過去的殘跡。一雙襪子、一管牙膏或者一個美麗牌或金閣牌的搪瓷洗臉盆，都是對無產階級的侮辱。國務院下令嚴格遵守文化大革命的要求，但僅僅是在上海，就有將近六千種產品的標籤或圖案帶有舊社會的氣息。[3]經過多年的全面修改，才完全符合了規定。舉例來說，兩年後中國紡織公司依然留著兩萬床羽絨被的存貨，遑論還有一萬五千公尺長的絲綢因為圖樣「封建」而成了廢物。[4]

在很多情況下，有人會用權宜之計湊合過去：在有問題的商品貼上警告標貼，帶有封建或資產階級色彩的品牌名稱則用一個大紅叉塗掉，從玩具、小雕像到撲克牌都比照辦理。[5]但這麼做並不一定能讓消費者放心，因為他們擔心自己會跟那些可能遭紅衛兵批判的物品有所牽連，銷售量於是大幅下滑。飾有神獸麒麟圖案的陶瓷筷筒再也吸引不了買主，但同樣是筷筒，以革命口號裝飾的即便要價兩倍，卻還是一下就賣光了。[6]

還有其他的問題。彭真和陸定一等失勢領導人的著作早在八月就必須銷毀，但是列出「政治錯誤」書籍的黑名單卻逐月加長。劉少奇造成的難題則更加棘手。他是國家領導人，因此從陶器、瓷器和海報到各種類型和造型的文具，無數物品上都有他的題字。文化大革命展開後，沒有幾個紅衛兵願意在有他題字的日記本上寫東西。一九六七年三月，中共中央委員會下令把這個叛徒和鄧小平等人的所有痕跡一律消滅，但這又為當局帶來了另一個更大的問題。政府製作了無數的獎狀和獎章來表揚立下功勞的人民，從出生證明到退休金手冊等常用文件就更不用說了。這些文件中，許多都留著劉少奇這位前國家領導人的痕跡。舉例來說，曾經有殘障老兵抱怨他們的官方證件封面上有他的照片，封底則有他的題字。內務部應付不過來，只能把撕除所有問題內頁的權力委派給地方代表。[7]

無產階級文化世界中的一切變得難以分辨。各地的商店都改名了，最常見的名稱是「紅旗」、「紅衛兵」、「東方紅」、「工農兵」、「解放」、「群眾」、「人民」，以及「延安」。在上海，叫做「紅衛兵」的店鋪有一百多家。兩百三十家藥房中，有兩百家的店名完全相同。它們的櫥窗都是一個樣子。「毛澤東肖像放在中間位置，周圍都是紅色彩帶、他著作的引文，以及重要新聞的告示板。」完全一致的外觀把人都弄糊塗了。[8]

＊＊＊

林彪在八月十八日的大集會上號召慷慨激昂的年輕學生打倒「一切剝削階級的舊思想、舊文化、舊風俗、舊習慣」時，也同時要求樹立完全屬於無產階級的「新思想、新文化、新風俗、新習慣」。到底是什麼構成了「舊文化」？已經很難說明，但「新文化」應如何界定，卻更加含混不清。很快地，每個人都明白了，唯一被接納為無產階級文化的，就是對毛澤東的崇拜。

這種崇拜最顯而易見的一點，就是大量湧現的標語。它們無所不在。有人近距離觀察到：「過去一直有很多標語，但是以前的紀錄現在都被打破了。牆上只要有空位，就一定會被人仔細地寫上毛澤東語錄，或者向他致敬的標語。」一些最受歡迎的標語包括「偉大的導師，偉大的領袖，偉大的統帥，偉大的舵手」和「毛主席萬歲！」無論是商店、工廠和學校都貼滿了這些標語，有幾句還鋪滿了整棟建築的樓頂。北京的重要地點蓋起了巨大的磚造建築，展示標語和偉大領袖的語錄。有些建築則展示著巨幅圖畫，畫中的農工眼神堅毅，決心打倒所有走資派。公車、貨車、汽車和廂型車的車身都漆有毛澤東語錄。火車頭前方掛有裱框起來的毛澤東肖像。就連腳踏車前面也都貼有一張上頭寫了語錄的紅色小卡。貨車載著紅衛兵在街道上穿梭，他們到哪裡都帶著紅寶書，拿著它朝彼此揮手，彷彿它是一本屬於革命分子的護照。[9]

在這個染滿紅色的新世界，所有感官都遭到疲勞轟炸。紅衛兵在臨時搭建的台上聲嘶力竭地呼籲人民加入革命。旁觀者聽到的都是誇張激烈的言辭，當中夾雜著毛澤東語錄。在空中，國內航線的空服員則會定時以朗讀紅寶書來款待乘客。

不過，最可怕的武器當屬擴音器了。長久以來，政治宣傳活動中一直都會使用擴音器，但現在它們卻是長期保持開啟，反覆不斷地播放相同的幾句語錄——而且音量總是開到最大。紅衛兵在警察崗亭裡朗讀紅寶書，透過街上與崗亭連線的擴音器播出。成群結隊的革命青年在城市中遊行，同時高唱著頌讚毛澤東及其思想的革命歌曲。同樣的歌曲也在電台廣播，而廣播內容又透過院落、學校、工廠和政府辦公室的擴音器播放出來。其中一首最受歡迎的歌曲就是〈大海航行靠舵手〉，還有一首是〈毛澤東思想閃金光〉。一名外國人曾因這種他所謂「永無休止的噪音地獄」而受到驚嚇，但他敏銳地指出，人民在這種轟炸之下已經學會聽而不聞。[10]

這股新的狂熱，有一大部分來自上面的指導，特別是解放軍，他們就是紅寶書的幕後推手。舉例來說，八月二十七日那天，北京就下了一道指令，規定公共場合只能展示毛澤東肖像。[11]

沒有人想要在崇拜領袖這件事情上落於人後。隨著被斥為封建或代表資產階級的物品範圍愈來愈大，一般人民也愈來愈傾向改用市面上僅有的那些不會引起政治爭議的商品——毛澤東的照片、毛澤東的徽章、毛澤東的海報，以及毛澤東的著作。

供不應求的情況非常嚴重。《毛澤東著作選讀》即為一例。對一般民眾發行的有兩種版本，第一種專供程度較高的讀者閱讀，第二種則是給教育程度不高的人。文化部決定，一九六六年兩種版本首刷的總印量要從四千萬本增加到六千萬本，但是沒有足夠的紙張能用來執行這個計畫。於是包括休閒雜誌在內，所有「非必要書籍」的印刷都受到限制，只有重要政治著作可以再版，例如雷鋒的日記。然而這樣依然無法滿足民間高漲的需求，所以官方訂下的機製紙目標產量暴增，在一九六七年來到五百公噸。為了平衡經濟，全國肥皂產量被縮減了百分之十五。[12]

在上海，有七家新工廠興建起來，總面積一萬六千四百平方公尺，大約是三個足球場的大小，就為了滿足印製照片、肖像、海報和書籍的需求。在江蘇省，有工廠被全面改裝來印製紅寶書。各地製造紅墨水的工廠都日以繼夜地趕製，但產量依然不敷需求。[13]

書本需要封套——精美、鮮亮，而且是紅色的。到了一九六八年，光是紅寶書封套所需要的塑膠就達到了四千公噸。早在一九六六年八月，商務部就已經限制了膠鞋、塑膠拖鞋和塑膠玩具的生產，全國的工廠都準備好為毛澤東思想做出貢獻。[14]

海報特別受到歡迎。小孩子都酷愛海報。紅衛兵閔安琪還記得，「為了感覺跟毛主席更親近，我在家裡貼滿了他的海報。」[15]但在這方面，顧客的要求同樣很高。他們在已經在反吳晗和鄧拓的運動中認識到「影射」的重要性，所以會詳細檢視每一件產品是否含有可能帶著政治意味的瑕疵。有將近一百萬張毛澤東的海報遭到扣留，因為有買主投訴海報中毛澤東的肩膀上隱約印有很微小的「扒手」字樣。公安局立刻展開調查，不過結論是發生了機械錯誤。另一款描繪毛澤東出席北京一場紅衛兵大集會的海報，在他的一撮頭髮上似乎有兩個相連的叉號。謠言開始流傳。總是慎防反革命分子無處不在的顧客，都把海報退給了商店。[16]

還有其他的問題。這個政權總是公開譴責任何與資本主義有任何一丁點關係的東西，但是印有毛澤東肖像的物品該如何定價呢？這不只是一道哲學的難題。即便在這個由國家決定一切的計畫經濟體系中，類似物品的價格還是有極大差異。拿一款樣式普通、高度十八公分的毛澤東半身石膏像來說，有顧客投訴不同百貨公司賣的價錢不一樣。後來價錢統一定為三角七毛，但是有些商店卻開始打折，價差再度出現，和市場經濟中的情況相似得啟人疑竇。[17]

在毛澤東徽章方面，牟利動機更是普遍存在。這種徽章非常流行，穿著一致服裝的紅衛兵時常用它們來讓自己變得具有個人特色。但計畫經濟在這裡同樣跟不上廣大的需求。上海有七十五家工廠加班生產，每個月做出一千五百萬枚徽章。武漢的產量約為六百萬枚，但是南京只做得出一百萬枚。市政府在一九六七年向中央多要了九十公噸的純鋁，好將產量增加為原來的三倍。到了一九六八年，全國的徽章產量為每個月五千萬枚以上。[18]

這樣還不夠，於是出現了蓬勃的黑市，和國家競爭。部分政府組織會為自己的成員製作徽章，但是受到獲利動機誘惑而將業務拓展到法律的灰色地帶。也出現了純粹供應黑市需求的地下工廠，它們和國營企業爭奪稀有資源，偷取鋁製的水桶、水壺、鑵子和鍋子。需求大到就連工廠裡面昂貴機具上的鋁質保護層都會被人剝下，拿去滿足對徽章的狂熱。[19]

非法市場本身幾乎都是明目張膽地經營，其中幾處還吸引到上萬名顧客，人多得擠到路上、妨礙交通。在上海，市政當局統計有三十多處非法市場，主要位於火車站和碼頭附近。人人渴望得到的逸品若非用來交換其他商品，就是賣給出價最高的買主。地方官員譴責這些資本主義活動「對我們偉大的領袖極不尊敬」，但他們也束手無策，因為紅衛兵和其他革命組織把守了這些市場。上海成立了一支由五百名探員組成的專門小組，他們也起訴了數百名投機商人。這些人大多只是受到勸誡了事，但還是有二十多名業者被捕，其中包括周阿寶；他所管理的犯罪幫派涉嫌將數百公斤的鋁販賣給數十個政府單位。[20]

徽章有幾千種款式，其中幾種是以壓克力、塑膠、甚或竹子粗製濫造出來的，有些以手工上色的陶瓷精心製成，大多數則是用鋁製基座鑲上金色或銀色的毛澤東側面像，而且一定面向左邊。徽章和紅寶書一樣，成了對毛主席忠誠的象徵，而且就別在心口上。階級背景較差的人是不准佩戴徽章的。[21]

在文化大革命的頭幾年間，徽章是交易最火熱的私人財產，可以拿來做每一種形式的資本主義投機買賣。紅衛兵成了辨別各種徽章相對價值的專家，並且私下交換，或者在國內遊歷時當成貨幣使用。徐小棣擁有一百多枚徽章，其中最心愛的一枚在北京的擁擠公車上被偷之後，她哭得傷心極了。但最大的收藏家都是些大人物，林彪的妻子葉群便收集了數千枚，並且在一九六六年十二月二十六日毛澤東七十三歲的壽宴上，向毛澤東展示她的收藏。[22]

由於非法製造的徽章太多，難以得出準確的估計數量，但是在革命的高峰期，全中國所生產的徽章大約是二十億到五十億枚。太多的鋁從其他工業活動被挪用來製造徽章，導致毛澤東在一九六九年插手干預：「把我的飛機還來！」這股熱潮迅速衰退，並在林彪於一九七一年身亡後大致終止。[23]

第九章　大串連

暴力浪潮於八月底逐漸平息。在上海，傳出了市政當局不滿紅衛兵的流言，於是市內開始趨於平靜。仍然有學生成群結隊，一邊高唱革命歌曲一邊敲著鐃鈸在街上遊行，但那股狂熱的活力已不復見。很多貼在牆上和窗戶上的標語開始剝落，商店重新開業。鄭念和許多其他家中遭劫的受害者一樣，審視了她周圍所發生的損害。[1]

在殺人殺得最凶的北京，紅衛兵公然施暴的舉動於九月的頭幾天開始減少，之後似乎完全消失了。警方再度掌控了治安，人民都忙著整理市容，為十月一日的國慶活動做準備。[2]

然而這樣的平靜並沒有維持多久，革命的火焰必須時常地、反覆地點燃。於是，在八月三十一日那天，北京舉行了另一場大集會。這一次，毛澤東要求紅衛兵把他們的革命經驗運用到中國的其他地方。九月五日，中共中央與國務院發出通知，要求紅衛兵「出行」，北京的紅衛兵前往全國各地，推動組織外地高等、中等學校學生代表和職工代表來北京參觀、學習運動經驗，交通與食宿的費用全免。[3]

幾個月前，在《人民日報》號召全國「打倒一切牛鬼蛇神」之後，毛澤東便已經說過要讓學生到北京參與文化大革命。但由劉少奇派出的工作組接手革命工作後，任何人想和北京的官員取得聯繫，都會被打回票。在蘭州，工作組採取了先發制人的行動，警告所有將不滿上報北京的人都會被當成「反革命分子」來處理。西安先前發生了一起集體抗議事件，學生為了聲援一名被打成「右派」的同學，在省黨委會前集體絕食，那裡有一群學生代表成功地祕密抵達北京，尋求周恩來的支持。

八月初，上訪北京的請願者從稀稀落落變成了大量湧入，各地人民都試圖推翻由工作組通過的判決結果。每天都有一千多名學生來到中南海的黨中央要求見上領導一面。其中有些來自北京的學校和大學，也有一些來自各省。第一批抵達北京尋求平反的學生中，有幾名來自位於北京東南方一百多公里處的港口大城——天津。他們肩並肩行進，高唱革命歌曲，朗讀紅寶書中的語錄。他們沒走多久，就被一場傾盆大雨淋得濕透，但是堅持繼續前進，直到他們行進的消息傳到文化革命小組那裡。一列特派火車接走了那些學生，其他學生因此起而效尤。陳伯達在八月十六日——即天安門廣場大集會的兩天前——接見了外地來的學生，並且讚揚他們「不怕大風大雨，到無產階級革命首都來」。他要求學生們把文化大革命帶回自己的家鄉。[4]

＊＊＊

提供紅衛兵免費旅遊，有其不得不出此策的原因。毛澤東進行了一年多的政治操作，才打破彭真對北京的掌控，他還懷疑全國各地還有其他幹部在搞類似的「小王國」。如果文化大革命的主要目標——也就是那些「黨內走資本主義道路的當權派」——都遠在北京之外，安然坐擁自己的地盤，那麼革命又怎麼會成功？他們都是鐵石心腸、詭計多端的領導幹部，都在數十年殘酷無情的政治鬥爭中磨練出他們的求生手段，沒有幾個人是一群夸夸而談、自以為是的青少年可以整垮的。這些人當中有許多都慫恿紅衛兵去查抄那些階級背景較差、屬於社會邊緣人而受盡屈辱的平民家庭，藉此把暴力攻擊的目標從自己身上轉移開來。

有些領導甚至利用紅衛兵來打擊自己的敵人。長沙市長把自己的形象搞成毛澤東的翻版，總是穿著軍裝露面，檢閱當地的紅衛兵。紅衛兵隊伍中有地方黨員的子女，他們都是對自己根正苗紅引以為傲的中學生，而且迫不及待想要打擊黨的敵人。當大學生以市政府包庇「走資派」為由，自行組織示威活動並攻擊市黨委會時，市長將他們打成了企圖推翻黨的「右派」。由於他利用紅衛兵來對付其他紅衛兵，很快就發生了暴力衝突。

其他地方也發生了類似的對抗情形，革命學生被人當成武裝衛隊來用。在福建省的省會福州，資深將領暨省長葉飛——他出生於菲律賓，父親是中國人，母親是菲律賓人——在八月二十一日主持了一場大集會；葉飛的袖子上佩戴著顯眼的紅色臂章，現身在兩萬名紅衛兵面前。但是，在更南方的廈門，凌耿和他的紅衛兵夥伴們很快就厭倦砸毀古廟這種事了，他們想做的是揪出黨內各階層的「走資派」。工作組解散後，繼續留下來的一名資深顧問一步步引導他們，盯上了省教育廳長。她名叫王于畊，是一個身材矮胖、雙下巴、面色紅潤的女人，而且碰巧就是葉飛的妻子。她看似沒有瑕疵可批評，但那名資深顧問拿出了暗示她有罪的證據。凌耿和大約三百名其他紅衛兵執意向王于畊發起進攻，便趁著她在福州的一場大集會上演說時，在當地會合。

凌耿這邊的人數居於嚴重劣勢，因為舉辦那場大集會的體育場內聚集了好幾千名省黨委會的支持者。凌耿的一名夥伴搶下麥克風，譴責這次集會是一種掩飾手段，隨即爆發了一場打鬥。王于畊被保安人員匆匆帶下台之後，她在地方上的支持者突然攻擊反對者，展開一場激烈鬥毆，反對者被迫倉促離開現場。三天後，八月二十九日，凌耿和他的造反夥伴捲土重來，這次還有援軍——超過一千名示威者在省黨委會前的廣場上展開絕食抗議。絕食者當中包括從北京遠道而來的紅衛兵，他們自稱「造反派紅衛兵」，與支持省黨委會的「保皇派紅衛兵」對抗。

省黨委會為求自保，動員了大約二萬名地方的黨內激進分子和工廠工人來支持他們。由於工人被明令禁止加入紅衛兵組織，便組成了「赤衛隊」，一連好幾日騷擾他們的對手。地方幹部供應赤衛隊食物和水，傳聞省黨委會支付他們一筆特別津貼，還免費給他們一頂帽子，工廠都停工讓工人去參加示威了。

九月五日，也就是紅衛兵可以開始享受免費交通和食宿的那天下午，三萬多名造反派紅衛兵加入了凌耿那邊的造反示威者行列；他們從全國各地來到福州會合，大聲疾呼葉飛下台。兩派人馬在街上互相打鬥，城市陷入了混亂當中。[5]

中國許多其他地方也發生了類似的場景。在上海，八月二十六日之後出現的平靜只維持了短短幾天，來自北京和天津的紅衛兵開始突襲這座城市，帶來了更多混亂及暴力。九月四日和五日，他們包圍市黨委，要求見曹荻秋，他在柯慶施驟逝後接任市長。他們稱曹荻秋為「走資派」，決心把他揪出來。[6]

＊＊＊

毛澤東要他的年輕戰士們將革命之火傳到全國的每一個角落。他們的行動分成兩個相反方向進行，北京和天津的紅衛兵前往全國各地進行大串連，挑起暴力衝突，並且包圍各地藏匿「走資派」的黨委會。另一方面，各省的革命青年則來到北京學習革命的方法、鑽研文化大革命，並且與文化革命小組成員見面。毛澤東親自檢閱了數百萬名紅衛兵，每一場大集會結束後，都會有成為激進派的學生成批離開北京，準備將革命帶回家鄉。

九月上旬，來自各省的紅衛兵大舉湧入北京。很多人搭巴士來，而有些人出發的地方遠至溫州，這個曾經很繁榮的通商口岸位於北京南方一千四百公里處。在北京的主要街道上，一次可以看到多達三十輛從山西開來的公車停放在那兒。搭火車來的人更多，車箱被年輕乘客擠得都快爆開了。[7]

全國的學校和大學都選出要送往北京的代表，他們出發時都在地方火車站受到熱烈歡送，身上都帶著帆布袋、鋁製水壺、茶杯、牙刷和毛巾，當然還有不可或缺的紅寶書；它不是被收在口袋中，就是被捲在被褥裡。他們最珍視的一樣私人物品是一封信——由地方負責文化大革命的委員會按照程序蓋印核發的正式介紹信——紅衛兵打算在某個城市停留時，就出示這封信給招待中心看。有些代表還領到蓋好官印的空白表格，以備在緊急狀況下使用。

只有階級背景好的學生才准許出行串連。在中國各地，大家問的第一個問題都是：「你是什麼階級背景？」而且問的方式一模一樣。不過仍然有少數漏網之魚。上海那個住在徐家匯藏書樓附近的小伙子文貫中，他和學校裡的幾名紅衛兵交情很好，他們同意讓他出行，並且在他的通行證件上稱他為「革命群眾」的一員。[8]

紅衛兵鬥志高昂地離開家鄉。他們在火車上高唱革命歌曲、玩撲克牌，或者講故事。這些興奮的年輕人中，有些人會拿柳丁皮和蛋殼互扔，結果演變成喧鬧的食物大戰。

不過，隨著上車的代表愈來愈多，狹窄的空間很快就被用光了。他們占據了每一寸可用的空間，坐在其他人腿上、椅背上，以及分隔座位的小桌子上。「有些人蹲在走道上，有些躺在行李架上，但還是有人只能擠進洗手間裡。」火車在鄉間靠站時，地方上的歹徒會爬入車窗，假裝自己是革命分子，他們會在火車正要開動之前搶走紅衛兵手上的錶、露在窗外的袋子，甚至戴在學生鼻子上的眼鏡。有些歹徒還會亮出刀子。凌耿和同學前往上海途中，數百名乞丐逼迫火車在浙江省的一個小車站停下來。他們用鐵條撬開車門並砸破車窗，想要強行進入車廂內。火車開動時，有些乞丐抓著車窗不放，或者意圖抓住車上的乘客，嘴裡還喊著：「我們同歸於盡吧！」[9]

食物很快便耗盡了，但是無論在什麼情況下，每個人都只吃了自己需要的最少份量。廁所擠滿了人，也沒有人會在火車靠站時下車去方便，因為他們深怕會上不了車。男孩子還好，他們會在火車前進時脫下褲子往窗外尿，但是女孩子就慘了。一股難聞的氣味瀰漫開來，尿液、汗水、嘔吐物和糞便的味道全混在一起。部分車廂被尿液弄得滿地溼透，逼得紅衛兵不得不用刀子在地板上挖出一個洞來。火車儼然變成了流動監獄。

緊張局勢不時發生，特別是在長途旅程中；火車像蝸牛似地緩慢前進，要花上好幾天才能從南方抵達北京。有時候木製行李架會因為承受不了數十個人的重量而崩塌。車門是鎖上的，生病或受傷的乘客只能從窗戶抬出去交給月台上的保安隊員。紅衛兵開始為了搶奪空間而爭吵，敵對的團體之間爆發了打鬥。一般乘客則趁著混亂，沒買票就擠上火車。

每天都有成千上萬出行的年輕人湧出北京火車站，他們全都戴著紅臂章，說著彼此聽不懂的各地方言，火車站宛如巨大的臨時難民營。車站裡有大型標語歡迎「毛主席的小貴賓」，即便是半夜，站前廣場也被探照燈照得像白天一樣明亮。擴音器發出震耳欲聾的指示，引導剛抵達的紅衛兵前往車站一角的接待室。北京火車站是一棟有兩座鐘塔的蘇維埃式建築，鐘塔頂端以上釉的磚瓦砌成曲面屋頂。廣場上，一排排的學生就睡在自己的被褥中。北京每一處可用的空間都被硬擠出來接待紅衛兵，他們成批地被送進大學、中小學、旅館，甚至政府單位辦公室中臨時權充的宿舍。

高原和他的同學被送往北京的名校一〇一中學。不到一小時，就學到了寶貴的一課：這所學校裡的紅衛兵——幾週前才強逼老師們在炭爐渣上爬行——當他們是鄉巴佬，拒絕跟他們扯上任何關係。於是他們又搭上車，來到鼓樓附近的一所小學，睡的是鋪在禮堂地上的草蓆。[10]

張戎的運氣比較好，她的小隊被安排到清華大學，那是全中國最負盛名的大學之一。凌耿和他的朋友們也被分派到那裡，睡在八樓的一間大教室裡。那裡的惡臭令人無法忍受，許多紅衛兵連續幾週都沒有換過衣服，也沒有洗過澡。那些裝有棉胎的被單由一個接一個代表團輪流使用，幾乎沒有洗過，而走廊盡頭的廁所都滿溢了，污水淹沒了磁磚地板。「即使到了今天，我依然聞得到那些廁所的味道。」張戎回憶道。11

整個北京都被撐擠到了臨界點。在運動的高峰期，除了七百七十萬的固定人口之外，還有三百萬名訪客住在這座城市裡。周圍農村的糧食都耗盡了，因為所有食物都被強徵去供應北京所需。混亂場面開始出現。在隆冬時節，一名造反派工人從上海來到握有大權的中華全國總工會辦公室，結果看到地板上滿是垃圾和因嚴寒而凍結的排泄物，令他大吃一驚。他不禁疑惑：「怎麼回事？這裡到底是地獄，還是革命的聖地？」12

紅衛兵提出抱怨，但顯然沒有人願意為必須清理這一團混亂、被迫把雙手伸進馬桶中清除堵塞物的清潔工人著想——他們就是共產主義用語所稱的「無產階級」。在上海，有人不懂得使用坐式馬桶而直接蹲在上面，把情況搞得更糟糕。幾名清潔工抱怨臭味令他們嘔吐，拒絕繼續清理，結果得到的回應是：「臭的不是糞便，而是你們自己的觀念。」13

打鬥經常發生，而且不只是因為觀念不同。來自全國不同地區的紅衛兵之間嫌隙很深，會為了食物、住宿範圍和在某些地區司空見慣的偷竊事件而起爭執。軍方派出許多軍官協助辦理照料數十萬名年輕人的後勤事宜，其中一名軍官就注意到，學生們在嚴格監督下的表現良好，但是只要無人看管，他們就會互相攻擊。有時候會有幾十個紅衛兵涉入，他們用拳頭和皮帶互毆。凌耿在清華大學的第一個早上，便走過一名被人從四樓丟下而顱骨破裂的學生身旁。似乎也沒人擔心他。14

在北京市裡，交通是免費的，許多學生便到處跑，把自己在政府機關和大學校園讀到的大字報全文抄進筆記本。一些政府部門還立起了投影銀幕，以提供更多空間。每個銀幕前都掛上了電燈，如此一來大家在晚間也能前來閱讀。

紅衛兵也會排隊購買毛澤東徽章，有時候一排就是好幾個小時。繁榮的黑市興起，與人滿為患的商店競爭。在天安門廣場南面的松樹下，用十張小幅的毛澤東相片可以換到一枚徽章。但隨著天氣在十一月逐漸轉冷，許多學生不到中午都不願意離開他們有暖氣的房間。有些人花光了盤纏，對革命也興趣盡失。他們在那裡只是吃飯、睡覺，以及偶爾鬧事。[15]

紅衛兵參加了和文化革命小組成員進行的大型會議、人民解放軍高層軍官的演說，甚至還有軍訓課程。但最重要的是，他們來到北京都是為了見毛澤東。在八月十八日和三十一日的兩場大集會之後，北京還舉辦了六場紅衛兵檢閱大會。到了一九六六年十一月二十六日舉行最後一場時，毛澤東的身影已經在一千二百萬名紅衛兵面前出現過了。

* * *

毛澤東當初舉辦大集會，是為了散播革命的火花。但是到了十月，大集會已經成了必要的活動。紅衛兵不管自己屢次被警告不能一直留在北京，堅持沒見到毛主席就不離開。於是毛澤東不得不一次檢閱上百萬人，最後就連紫禁城外那片寬闊的天安門廣場都再也容不下那麼多人，他便搭著敞篷吉普車巡遍北京，一次見上兩百萬人。

每場大集會的準備工作都很早開始，紅衛兵在半夜成群結隊地往廣場前進，或者由六千輛卡車組成的車隊送達。集會舉行前從不事先宣布，所以剛洗過唯一一套衣服的倒霉學生只能渾身濕透地前往，有些人要步行好幾個小時。保安人員會對學生搜身查找危險物品，例如刀子和金屬製品，鑰匙也包括在內。一名士兵沒收了一枚髮叉，堅稱它可以用來刺殺毛主席。學生被命令成排坐下，每一支隊伍都會分配到自己的位置。隨著時間過去，很多人都打起了瞌睡，把頭靠在別人身上。大家都上不了廁所，於是地上開始出現一灘灘的尿液。16

時間彷彿靜止了，然而，經歷好幾個小時的等待後，消息在隊伍間傳開：「他來了！他來了！」大家都跳起來，踮著腳尖、伸長脖子，尋找毛主席的身影。他們蜂擁向前，高聲歡呼：「毛主席萬歲！」並非所有人都見得到偉大的舵手。一名穿著濕衣服步行到廣場的學生，只能從遠方認出一抹領袖的身影，發現毛主席並沒有他想像的那麼高。另一方面，在廣州負責將沒收的黃金運往大教堂的那名紅衛兵則把毛主席看得一清二楚。他帶了一副雙筒望遠鏡，是他在一個月前查抄某個資產階級家庭時偷來的。17

很多人都陷入狂喜中。有些人後來回想時，還會把見到毛澤東的那一刻當作一輩子最重要的成就。張戎只瞥到一眼毛澤東的背影和揮動的右手臂，覺得很失望；她已經知道站在自己身旁的女孩會說什麼了，因為北京的每一場大集會結束後，同一句話總會被報紙、廣播和電視沒完沒了地報導：「我是今天世界上最幸福的人。我見到了我們偉大的領袖毛主席！」18

然而大集會的宣傳文件展現出紅衛兵激動揮舞著紅寶書的模樣，投射出來的是一種虛幻的單一形象。王榮芬是北京外國語學院德語專業學生，她參加了八月十八日舉行的的第一場天安門廣場大集會，林彪發表政策演說時，讓她不得不聯想到希特勒在紐倫堡那些大集會上的演講。一個月後，她上書毛澤東，指出「文化大革命不是一場群眾運動，是一個人在用槍桿子運動群眾」。這名十九歲的學生後來被捕，並且入獄十三年。[19]

她不是唯一這麼想的人。上海青年劉文忠來自一個被斥為「反革命」的家庭，他是由哥哥在家自己教育的，在其他學生參與社會主義教育運動的同時，他被教導要尊重人權及珍惜民主。文化大革命開始前，他就已經稱毛澤東為暴君。在天安門廣場上，他所站的位置和毛澤東僅僅相距三十公尺，近得連毛澤東下巴上的痣都看得見。身邊的人都在歡呼時，他只感到一陣恐懼襲來。[20]

另一方面，凌耿開始冷眼旁觀這整個運動，還會思忖那位看起來樣子有點輕蔑、望著遠方僵硬地舉起手的肥胖男人有沒有可能是替身。凌耿也在電影院中看過紅衛兵歡呼、雀躍、流淚的畫面。無論他怎麼嘗試，就是無法讓自己和他們一樣興奮。「一切看來就像是場表演，每個人都在互相模仿。」這讓他覺得有些噁心。[21]

相機捕捉到了集會的盛況，卻沒有拍到結束後的情形。紅衛兵事先已經被警告要將鞋帶綁緊，但是每場集會中的人潮蜂擁向前時，仍會有數千人弄丟鞋子。那些鞋子會被集中起來，堆在附近的一座體育場內；可以看到穿著單薄襪子的學生在那裡翻找，想拿回成雙的鞋子。[22]

最後一次集會簡直是場災難。那場集會於一九六六年十一月二十六日在北京市郊的一座軍用機場舉行，後來演變成踩踏事件。兩百萬名群眾往唯一的出口奔去，踏平了麥田，折彎了樹木，還推倒了擋在路上的泥巴棚屋。嘗試彎下腰撿東西或綁鞋帶的人都遭到了踩踏。一條小河上的木橋塌了，緊接著便傳來淒厲的尖叫與哭喊聲。一陣恐慌蔓延開來，一波波人潮被推進河裡，不得不涉過淺水到對岸去。大部分河水被人群的棉褲吸乾，只留下一大片軟爛的污泥。過了河之後，紅衛兵開始疏散，但此時很多人都沒了鞋子，在冬季的酷寒中，每走一步都是痛楚。凌耿設法彎下腰，拾起一雙破掉的膠底布鞋。在大混亂的景象中，還看得到堆滿衣服、鞋子和襪子的軍用卡車迅速從唯一的一條道路駛離。

有些還載著支離破碎的屍體。[23]

＊＊＊

紅衛兵造訪北京期間學到的許多教訓中，有一樣特別重要：他們發現了祖國是慷慨大方的。在北京，學生會排隊借錢借糧票，只需要提供姓名和所屬學校就可以了。由於不需要身分證明，許多紅衛兵會報上假名，參與過集會後便不見蹤影。但是他們並沒有將革命帶回家鄉，而是開始周遊全國。來自安徽省的紅衛兵李世華簡明扼要地說：「各地都有紅衛兵接待站，吃、住、行一律免費，哪裡有這樣的好機會？」[24]

他和朋友對政治的興趣極低，在天安門廣場為毛澤東歡呼過後不久，便動身前往武漢。他們受邀出席一場在大運動場舉行的群眾集會，省長張體學穿著軍服現身——就像福州的葉飛一樣——替省黨委會辯護。站在省長身旁的是宋要武，也就是在北京的第一場大集會上為毛澤東別上臂章而一舉成名的那個女孩。當李世華他們可以離開時，卻往東湖出發，那裡就是毛澤東進行著名的「暢游長江」之前匿居的地方。他們參觀了黃鶴樓，這個位於長江畔的道教聖地此時尚未遭到紅衛兵猛烈摧殘。他們為宏偉壯觀的長江大橋驚嘆不已，滿懷敬畏地看著火車和汽車從上下兩層分離的橋面越過長江。他們去了長沙、南昌、杭州、上海和南京，一路上在全國各地的接待中心借衣服和急用金，有些人回到家鄉時還帶了許多禮物給家人和朋友，渾然不知帳單會在數年後跟過來。他們是學校中少數在周遊全國時天真地提供真實姓名的學生，後來他們在勞教營工作時，從微薄的工資裡扣款償還當時所欠的債。[25]

有些學生在全國各地進行串連達數月之久，有些則因為思鄉而在出門數週後回家了。翟振華和朋友從北京出發，打算前往三峽，長江在那裡流穿陡峭的崖壁和險峻的高山。然而，從上海開往武漢的船逆流上行，速度很慢，足足行駛了三天。她和朋友困在三等艙的雙層床上，只能透過小小的舷窗往外看，只能看見混濁的江水與單調的江岸線。到了武漢之後，她放棄了三峽之行，搭火車折返。[26]

李世華和翟振華都與友人同行，一路上結成了深刻、長久的友誼。但有少數人是單獨出門的。在上海取得紅衛兵介紹信的文貫中便獨自遊歷北京並走遍全國。他交過短暫的朋友，但很快又離他們而去，因為他擔心旅伴會發現他真正的階級背景。[27]

多數學生都是紅色遊客，把握機會造訪在學校經常讀到的那些革命聖地。在延安，可以看到成群結隊的紅衛兵，全都迫不及待地探索毛澤東與其革命同志在大長征結束後藏身過的窯洞。毛澤東的出生地湖南韶山也同樣有大批紅衛兵湧入，他們排著隊參觀毛澤東成長期間所住的黃泥磚屋，和他在橘子洲就讀過的學校；這座湘江裡的狹長小島上滿是橘子園，毛澤東年少時曾在此處享受陽光。

井崗山是另一處革命聖地。一九二七年時，毛澤東和他那群由烏合之眾組成的軍隊在這裡建立了第一個農民協會。這個位在江西省的高原地區偏遠、貧窮、險峻且林木茂密。年輕人不斷到來，對於經過數週的旅程後終於來到革命的搖籃之地，感到既得意又興奮。但是當地村民無法應付他們。到了十二月，每天都有六萬名以上紅衛兵抵達，一個月後，遊客人數已達當地人的三十倍之多。聖地很快就變成了災區，逼得人民解放軍必須以直升機空投食物包裹和藥品。一支由一百輛卡車組成的車隊被派來疏散整個區域。[28]

紅軍在一九三四至一九三五年之間被迫撤離井崗山，一路長途跋涉到延安；紅衛兵受到大長征的啟發，也組成長征隊徒步出行。文化革命小組在十月二十二日對此舉表示支持，以便為瀕臨崩潰的運輸系統減輕負擔。學生盡可能地循著紅軍的長征路線行進，奮力體驗先人承受過的種種苦難，好證明自己是貨真價實的革命繼承人。有時候，隊伍前方會有一名紅衛兵舉著一面寫有長征隊名稱的紅色旗幟。一些年輕朝聖者會在背包上掛著刻有毛語錄的小牌子，讓跟在後面的人閱讀。[29]

井崗山是場災難，其他熱門路線沿途的小村莊同樣蒙受了損害，因為那裡人民公社裡的接待站必須提供食物和住宿。在湖南，有路邊小站提供熱水，可以灌滿水壺，還有從大木桶中盛出來的米飯；但是，在江西，村民再也應付不了愈來愈多的紅衛兵了，學生指控接待站的工人沒有支持文化大革命，有時因此和當地人起口角。

就連城市裡也感受得到壓力，勤奮工作的人開始因為自以為是的學生賴著不走而感到憤慨。在成都，有一個名叫李正安的貧窮婦女，大饑荒期間生活窮困，逼得她不得不把四歲的女兒寄養在另一戶人家。被寄養的家庭不喜歡這女孩，強迫她工作並侵吞了她大部分的配給糧食。李正安發現孩子挨餓且全身長滿蝨子後，便把她接回家。七年後的此刻，她女兒成了被強徵到一處接待站幫忙的一員，負責清洗紅衛兵使用過的寢具。這個工作對十一歲的她來說很困難，因為她的健康狀況不佳，並且患有嚴重的風濕。她的母親一輩子都節省度日也僅能讓家人勉強餬口，無法理解為何政府浪費這麼多錢提供學生免費旅遊及膳宿。許多人都有和這位母親一樣的想法。在北京，有位官員負責照料一千二百萬名訪客，他也只能對巨大的花費望而興嘆。紅衛兵之外的一般民眾，無論做什麼都還是得付帳。免費的旅遊膳宿一直到一九六六年十二月二十一日才廢止。[30]

＊＊＊

紅衛兵免費旅行，微生物、病毒和細菌也跟著他們到處走，散播到了全國各地。革命青年造成過於擁擠的環境，衛生狀況急速惡化，導致許多疾病猖獗，其中又以腦膜炎最為致命。這種疾病意指包覆腦部與脊髓的保護膜產生發炎現象，是透過咳嗽和打噴嚏傳播的。擁擠的火車和宿舍極不通風，病毒散布的機率大為增加，足以成為流行病。

腦膜炎在一九六六年八月首度出現於北京，並且在幾個月後達到流行高峰。相關單位發出警訊，中央委員會也得到正式通知，卻沒有採取任何預防措施，因為無論什麼都不可以阻礙革命的道路。起初，在北京被感染的學生搭火車把腦膜炎帶到鐵路網沿線的大城市；十一月時，腦膜炎在這些地方演變成流行病。後來學生受到激勵，以步行方式宣揚革命，於是腦膜炎便從城市傳播到了鄉村。免費旅遊在十二月廢止，但是許多紅衛兵仍然繼續享受著他們剛得到的自由。從一九六六年十二月開始，直到文化革命小組終於在隔年二月呼籲所有紅衛兵返鄉，這段期間，腦膜炎在所有主要鐵路沿線都很盛行。然而，到了這個階段，全國大部分地區都已陷入文化大革命的荼毒中，就連基本的口罩等醫療用品都處於短缺狀態，這也導致許多治療腦膜炎病患的護士和醫生自己都受到感染。[31]

多數醫院連口罩都買不起，更遑論治療腦膜炎所需的藥物。僅有的少數財政資源都被挪用到文化大革命上，而紅衛兵卻癱瘓了政府的許多日常工作。早在一九六四年，衛生部就曾被毛澤東指責，稱其只為領導階層服務而不是人民，因而陷入混亂。到了一九六六年秋天，衛生部又被紅衛兵包圍，要清算窩藏在裡面的「走資派」。

美國表示願意提供醫療援助，但是中國相應不理。一九六七年二月，治療腦膜炎用的磺胺嘧啶實在過於短缺，政府不得不向西歐和亞洲的藥廠求助，購買了數百公噸藥品。另外也設立了管制中心來協調整合全國預防及治療腦膜炎的措施。然而這麼做為時已晚，到了情況獲得控制的時候，已有超過十六萬人死亡。

第十章 造反派與保皇派

紅衛兵以自己的階級背景為榮，也會想辦法讓團體的背景保持純正。當學生在八月的最後一週開始湧進北京時，有糾察隊在車站等著他們，數千名家庭背景不好的年輕人遭到驅逐。北京第六中學的學生王光華出身於一個「資產階級家庭」，他滿腔熱情地響應毛澤東的號召，要將革命帶到國內的其他地方，卻在九月下旬返家後被一支糾察隊綁走，他被指控未經學校的紅衛兵批准就出行，因而遭凌虐致死。[1]

但是隨著時間一週又一週地過去，「舊」紅衛兵逐漸失去了對文化大革命的掌控。運動剛開始的時候，他們一直為了哪些人有資格加入革命行列而激烈爭吵。最引人注目的其中一份文件是一名紅衛兵的演講稿，他名叫譚力夫。身為高官之子的他，慷慨激昂地談論為何需要把出身不「紅」的人排除在紅衛兵組織之外。他在八月二十日於北京發表演說，各級地方政府都印製了文稿，並且很快就分發到各地的校園內。然而，在部分學校裡，地方幹部的子女只占少數。在廈門，第八中學裡許多成為紅衛兵的學生都出身於「黑」背景，他們受到具有革命家庭背景的同學強烈排斥，這些同學指控凌耿和其他人試圖顛覆革命，並且對無產階級做出「階級復仇的舉動」。但這些批評者的人數其實比被批評的人還少。[2]

在福建省，廈門第八中學的紅衛兵將矛頭指向省黨委會；他們專程到福州去對抗葉飛和他的妻子王于畊。在長沙，對抗地方黨務機構的則是被貼上「右派」標籤的大學生。在中國的許多地方，勇於質疑地方領導的紅衛兵，和集結起來維護地方領導的紅衛兵之間出現了分裂。他們很快就分別被給予「造反派」、「保皇派」或「保守派」的稱號。造反派當中有許多人出身於「黑」背景。[3]

到了十月，勢力的平衡有了改變。福州有人發了一則電報到北京的中央委員會，指控造反派在省黨委會前絕食抗議是流氓團體在台灣的支持下策動的反革命行動。許多其他飽受指責的黨組織也同樣向中央當局求助。北京在十月三日以社論的形式做出回應，刊登在由陳伯達主編的黨媒《紅旗》雜誌中：「黨內走資本主義道路的當權派，是一小撮反革命的修正主義分子。他們打著『紅旗』反紅旗。他們是赫魯雪夫式的人物。一旦有機可乘，他們就要陰謀篡黨篡軍篡政。他們是我們最危險的最主要的敵人。」這篇社論接下來也譴責了那些走「資產階級反動路線」的人。[4]

兩週後，陳伯達首度指名劉少奇與鄧小平是文化大革命要整的主要目標。他將他們一直跟隨的「資產階級反動路線」拿來與毛澤東的「無產階級革命路線」作對比。陳伯達闡釋，每個地方的群眾都要自我教育及自我解放。他斥責譚力夫的「血統論」是反動思想，並且嚴詞批判「爹是英雄兒好漢」這句廣為流傳的順口溜，說它封建且「完全違反了馬克思主義和毛澤東思想」。幾個月前一砲而紅的譚力夫，現在反而被指控為「反文化大革命」。中國各地的校園都召開了大會來批判他。一如譚力夫的講稿在八月時一發就是數百萬份，現在陳伯達的演說內容也依照毛澤東的指示，在各地傳播。[5]

這是文化大革命裡極其重要的轉捩點，因為「紅」與「黑」這兩個詞的定義從此有了改變。那些「自來紅」的人突然發現自己待錯了陣營，因為他們的父母被批為走劉少奇和鄧小平所宣傳的「資產階級反動路線」。

幾乎在一夜之間，全體紅衛兵組織都突然變成了「自來黑」，他們發現自己的家人都被打為密謀奪權的「黑幫」成員。不過就在數週前，他們還熱烈支持這場革命，現在卻反倒成了被革命的對象。為了捍衛自己的名譽和幫助父母免受攻擊，原本激進的青年變成了保守派，亟欲保衛現狀。[6]

陳伯達對毛澤東群眾路線的詮釋，在出身背景被視為沒資格搞革命的學生之間引發了非常熱烈的迴響——現在他們終於可以全心投入革命了。那些家庭背景既不「紅」也不「黑」——通常被形容成「灰」——的人變成了造反派紅衛兵。出身背景不好的年輕人終於有機會重新整合，對抗昔日折磨他們的舊紅衛兵。他們也加入了毛澤東用來對抗黨機構的大批人馬中。到了十一月，到處都看得見造反派紅衛兵了。張戎還記得自己曾經在一列滿是紅衛兵的火車上遇到一個漂亮纖瘦的女孩，她有一雙柔美的黑眼睛和長長的睫毛。那個女孩對張戎說自己是「黑」背景出身時，那份沉穩自信完全出乎張戎的意料。無論在什麼地方，毛主席都給了人民挺身反抗紅色權貴的勇氣。

* * *

造反派崛起的同時，暴力攻擊的目標正巧也改變了。地方的黨領導在此之前都還能將文化大革命帶來的抨擊從自己身上轉移開來，讓紅衛兵對一般民眾發洩怒氣，使得人民因為背景不對而成為代罪羔羊。現在則是有一批逐漸壯大的造反派大軍，對帶有走「資本主義反動路線」嫌疑的黨領導群起圍攻。在福州，大勢逐漸離省黨委會而去。來自清華大學、北京大學、航空航天大學和其他學校的紅衛兵都南下助造反派一臂之力。造反派分散開來奪下具有戰略價值的建築、學校與辦公室。他們找來幾十輛車，一但有建築物遭到對手進逼時，便載著一批機動隊伍在福州各處快速行動。當地民眾大多分成兩派，不是傾向造反派，就是傾向保皇派。由於政治宣傳至關重要，所以市內重要路口的郵局和百貨公司都裝設了擴音器，雙方都想壓過對手廣播的聲音。在這一切的背後，同時有隊伍上北京面見陳伯達，向他申訴葉飛和省黨委會支持譚力夫的階級論以壓迫造反派的事。

幾天後，造反派在十一月一日奪下了省委會的控制權。凌耿和他的朋友衝進葉飛的住家。省長正由兩名僕人服侍吃早餐，他看見紅衛兵進入飯廳，嚇得臉色發白。接下來幾天，他都被抓去遊街示眾，不久後，葉飛向福州軍區司令韓先楚請求援助。身材削瘦、左手因傷殘而萎縮成雞爪模樣的韓先楚拒不介入。到了年底，葉飛便已失勢。韓先楚接下了省領導的工作。[7]

就在同一天，《紅旗》登出了另一篇社論，這次的標題是〈以毛主席為代表的無產階級革命路線的勝利！〉。這篇社論為那些被視為「保皇派」或「保守派」的紅衛兵組織敲響了喪鐘，並且批判領導階層的黨員把群眾當成無知無能的阿斗：「他們轉移鬥爭目標，把矛頭指向革命群眾，他們把群眾打成『反黨分子』、『右派分子』、『假左派，真右派』等等。」[8]

這篇社論刊出來後，引起了一陣加入造反派組織的熱潮，因為大家都不想被當成「資產階級反動路線」的支持者。不過，投入革命行列的人現在已經遠遠不只是學生了，無論他們的背景紅不紅，每個地方的人都加入文化大革命，想要改善自己的命運。在西安，康正果就能感受到「他們積壓起來的憤怒有如潰堤的水一般湧出」。工廠的臨時工要求長期工作；下放到農村的青年想要回到城市；被辭退的政府僱員要求復職。他們全都責怪「資本主義反動路線」。「領導們現在都可以被批評了，再也沒有人害怕抨擊他們。」[9]

* * *

這看起來像是一場屬於人民的革命。毛澤東一如在幾個月前煽動學生反抗老師那樣，現在又要平民把怨氣發洩在他們的黨領導身上。他這麼做，引發了人民積聚已深的恨意。對黨內官員心懷不滿的人似乎數之不盡，每個地方的居民都在地方幹部的指揮下組成獨立的工作隊，而每一隊裡面都有變成造反派的人——從農民、工人、教師和店員到政府職員都有。

這個國家是個巨大的壓力鍋。十七年前，共產黨征服它的時候，許多平民懷著恐懼、希望和屈從的心情接受了解放。內戰結束，人民普遍都鬆了一口氣。這個政權所宣揚的價值，包括平等、公義和自由，似乎確實相當吸引人，而且黨不遺餘力地鼓吹「新民主」，這個口號允諾包容所有人，只有當政者最頑強的敵人例外。最重要的是，共產黨承諾讓每個懷有不滿的群體得到他們最想要的東西：農民要的土地、少數民族要的獨立、知識分子要的自由、商人要的私有財產保護、工人要的提高生活水準。

這些承諾一一被毀棄。政府消滅了一系列真實或假想的敵人，而一些被勸誘與共產政權合作的人在無意間提供了幫助，卻在日後成了被對付的敵人。到了一九五七年，每一種自由都被縮減，從言論自由、集會結社自由到遷徙自由和居住自由這麼基本的權利皆然。國家和個人之間的一切屏障都被排除了，所有人——從農民和知識分子到僧侶——都變成了國家的員工，都被編入政府管轄的單位裡按照地方幹部的命令工作。接下來的幾年裡，大饑荒不但在農村奪走了數千萬人的生命，也讓多數平民對美好未來所存有的任何希望完全幻滅——只有一小撮堅信到底的人除外。

大饑荒浩劫過後的那些年，黨又透過社會主義教育運動，重申對人民的控制權。套用一位政治學家說過的話：「這個國家在這段期間對社會的統治，其徹底的程度是其他任何一段同樣長度的時期都比不上的。」[10]

與此同時，為了解決大躍進導致的龐大經濟損失，政府執行了無情的勞工成本刪減政策，因而傷害到許多城市居民的生計。早在一九五五年時，周恩來為了防止農村人口企圖留在城市，便將一九五一年開始在城市使用的戶籍登記制度擴大到農村。這種制度類似於蘇聯的國內護照，將糧食配給和每一戶登記的人數綁在一起，能有效防止村民搬遷。但它也把人民劃分成兩個不同的世界，一邊被歸類成「城市居民」，另一邊則是「農民」。小孩的身分從母親繼承而來，亦即如果一個農村女性嫁給一個城市男性，則她和她的小孩都屬於「農民」。農村人民被當成世襲種姓般對待，無法享有國家賦予多數城市居民的優待，例如住屋補助、食物配給，以及衛生、教育與殘障的福利。[11]

饑荒結束後，為了減輕國家的負擔，大批城市居民被派到鄉下，也失去了他們的身分地位與連帶福利。這項政策於一九六一至一九六二年展開，當時被趕出城市、待在全國各地人民公社中自生自滅的，超過兩千萬人。[12]

政府刻意想辦法減少有權享受國家福利的長期工人，而這只是開端。在上海，曹荻秋——也就是一九六五年柯慶施驟逝後接任，結果也飽受指責的市長——下令工廠和企業聘用更多臨時工。原本工作穩定的人被發配到偏遠的農村，而農民反而在冬季農閒期間被雇用。他們分配到的都是最低賤的工作，酬勞也遠比長期員工低得多。在文化大革命開始前，由於國家努力縮減福利支出的緣故，全國大約三分之一的工人簽的都是臨時合約。[13]

簡而言之，當時中國依然深陷在大躍進所造成的災禍中。到處都聽得見要求改善工作環境、提高薪資、強化衛生保健和增加福利的聲音。所有工人在共產黨的說法中都被劃為「無產階級」，但工人之間本來就有巨大的差異。在薪資分布的頂端，是工會工人與技工，他們可獲得的福利範圍仍然遵循解放初期的標準，有些工廠為所屬員工提供重要的福利設施，包括大型員工餐廳、診所、圖書館、桌球設備、休息室、員工子女學校，以及最高達退休薪資百分之七十的優厚退休金。而在薪資分布最底端的，則是屬於貧窮工人下層社會；他們只有臨時合約、住在擁擠而不衛生的宿舍裡、任由雇主聘用或解聘而沒有任何附加福利，其中有些在大型建設計畫的工地工作，卻沒有任何基本權利。在這兩種極端之間，也有許多工人控訴居住品質低劣、薪資縮減、懲戒嚴苛，以及經常超時工作卻沒有得到補償的情形。[14]

緊張情勢在文化大革命期間更進一步擴大。六月和七月時，工人已經加入學生的行列，撰寫大字報來批判「牛鬼蛇神」；按照官方的引導，那些都是壓迫勞動人民的人。心懷不滿的員工不太需要他人慫恿，很快就開始批判掌握他們生死大權的地方幹部。在上海的光明鐘錶廠，黨書記在每一條走廊都看到了指控他貪污且任人唯親的大字報。其他工廠也一樣，部分領導被指責為「暴君」，員工也要求他們下台。一些較為激進的抗議者還組成了戰鬥組，與其他工廠內志同道合的煽動者聯合起來，查抄辦公室以找出領導的罪證，還指控管理階層是「保皇派」，除了虛假的自我批判以外什麼也沒做。八月裡，短短的一天內，就有超過四百名工廠幹部被抓出來，戴著高帽子在上海遊街示眾。[15]

超過一百萬名上海工人在夏天參與了文化大革命。[16]但是，儘管有那麼多不滿的情緒發洩出來，部分工作組仍然成功地把攻擊的矛頭從自己轉移到了一般工人身上。在全國各地，工作組把工廠與辦公室中不計其數的普通人民打成「反革命」和「右派」，在他們的個人檔案中留下了會永久扼殺他們事業的污點。

毛澤東在十月號召「群眾」要「自己教育自己，自己解放自己」的時候，他被視為解放者。《紅旗》雜誌十一月一日的社論嚴詞譴責「保皇派」將革命群眾冠上了「反黨分子」和「右派」的惡名。文中也要求將工作組編寫的個人檔案銷毀，以及推翻他們的判決。[17]

一夜之間，工作組的受害者都被平反了，同時世界也被顛覆了。那些夏天時遭到迫害的人，他們的厄運看來就要結束了。首先，造反派紅衛兵迫使一些學校的黨委會交出所有個人檔案，然後公開銷毀它們。很快地，各地人民都仿效他們，衝進黨辦公室、翻遍儲藏室、搜出自己的個人檔案，並將檔案公開燒毀。[18]

不久，以往運動的受害者開始高呼爭取公義，當中包括了遭到懲處或開除的黨員。這些人也要求平反，並且加入了攻擊劉少奇與鄧小平「資產階級反動路線」的行列。畢竟，必須為社會主義運動期間黨內那場惡意整肅負起責任的人就是劉少奇，當時有五百萬名黨員遭到懲處。而鄧小平負責監督一九五七年的反右運動，那場運動中有數十萬人被打成「右派」，放逐到勞改營。

不滿的原因非常多，每個地方的人都運用他們新得到的自由去抗議。工廠無論大小，都開始印製自己的公告和報紙，享受剛得來的出版自由。光是在上海，就成立了數百個各種立場的協會，因為人民終於以「偉大無產階級民主」的名義取得了集會結社的自由。百姓出遊不再需要官方批准，於是大家成群離開工作，前往全國各地的地方黨委會。大約有四萬名工人從鄉下返回上海示威表達不滿，他們之中有些人占領了上海大廈；這棟裝飾藝術風格的豪華公寓大樓啟用於一九三六年，在一九四九年之後只保留給最高領導階層使用。也有人在勞動局前絕食抗議。許多人加入了包圍市黨委會的造反派。[19]

幾乎沒有一個工作隊裡面不包含某種形式的造反派勢力。在一些地方，革命僅限於幾篇措辭激昂的大字報，但是也有些地方的革命演變成不同派系之間的針鋒相對。多數情況下，造反派工人面臨的都是屹立不搖的反抗力量。工廠領導很有組織，他們早已適應永無休止的政治運動，也經歷了多年革命經驗的磨練，其中有些還是參與過大長征的老手。他們掌管著控制嚴密的支援網絡，範圍上至工廠黨委會、政治部門和公安代表，下至樓層主管和工廠督導。工人間有黨內的激進分子，也有堅定維護舊秩序的工會成員。臨時工人原本就可以隨時辭退，但就連一般的工人也會在黨的行政單位做出處置時，遭遇一系列的報復手段。他們可以被調去做不同的工作、派到偏遠的鄉下工廠、福利被縮減，或者被迫遷出享有補助的住處。造反派高喊要無產階級民主的公義，但工廠領導也這麼做，他們也懂得要加入批判「資產階級反動路線」的運動。所有人都批評劉少奇，同時表明效忠毛主席。每個地方都升起了紅旗。工廠主管為了表現出他們對文化大革命的奉獻，也成立了自己的群眾組織；這些組織資金豐厚、分工明確，而且擁有許多可靠的追隨者。現在的情勢演變成了工人鬥工人。[20]

雙方陣營都向北京告狀。在南京，每個行業都爆發了打鬥事件，憤怒的黨內官員打電話或上書高層舉報反革命陰謀，以及抱怨工廠陷入停擺使得經濟損失愈來愈大。造反派工人則派代表去抗議他們的黨領導。動亂的規模極為龐大：光是南京機械用具與電子儀器工廠的一百八十五名工人，就有三分之一在十月底前往北京表達他們的不滿。[21]

許多示威者聚集在位於天安門廣場附近樓高七層的中華全國總工會，那裡很快就擠滿了來自全國各地的代表。他們對薪資不平等、工作不穩定、健康遭危害，以及欠缺社會與政治權利表示不滿。「他們這群人安靜得出奇，但他們所感受到的不公義帶著滿滿的威脅，懸在北京上空。」十二月二十六日，毛澤東七十三歲生日那天，一個剛由合同工、臨時工組成的全國性獨立工人組織——全國紅色勞動者造反總團——的代表，在人民大會堂面見了江青及其他文化革命小組的成員。江青讚賞他們：「毛主席是支持你們的！」她力勸他們打擊合約制度，她認為那是劉少奇及其黨羽發明的一種資本主義制度，目的是犧牲無產階級來縮減國家的開支。她也親自批判了勞動部長，「最好讓他們當合同工！」姚文元附和道。在此之後，工人體育場接著舉行了一場更大的集會，示威者在會中一個接著一個上台批評剝削人的工作條件、破舊的居住環境和份量少得教人捱餓的膳食，發言中充滿了憤怒與尖刻。他們當中有很多人隨後便在勞動部前紮營露宿。[22]

江青在人民大會堂發表激動的談話時，命令勞動部讓所有在一九六六年六月一日因為批評企業領導而被開除的工人復職，長期工或臨時工都一樣。他們在這段期間的工資也必須支付。《人民日報》當天就刊出她的決定，這也進一步阻止了地方幹部對投入文化大革命的工人強行做出任何形式的報復。當天晚上，毛澤東在與文化革命小組成員一起慶生時舉杯祝願說：「祝展開全國全面內戰！」[23]

＊＊＊

與在夏季期間受到煽動投入革命的學生相比，工人進入革命的過程慢多了，但是造成的影響同樣深遠。這一點在上海最明顯，這裡就是一年前發動文化大革命的起點。

來自北京的紅衛兵在九月初包圍市長曹荻秋的辦公室時，有數千名忠誠的工人被動員來抵制他們的要求。情勢看似陷入僵局，雙方都沒能取得優勢。然而十一月一日《紅旗》刊出社論，指責黨內領導「把矛頭指向革命群眾」之後，造反派工人便加入了這場鬥爭。在上海第十七棉紡織廠，幾個月前，王洪文才因為煽動工人的不滿情緒而被工作組打成「自私野心家」，現在又以他為首成立了一個造反組織。王洪文說：「如果公安局發現了，把我們宣判為反革命逮捕我們怎辦？你害不害怕？我不害怕！我就是要造反！」[24]

造反組織在午夜突襲一家布店，搶走了好幾匹紅布，拿來做臂章。十一月九日，「紅色勞動者」組織在文化廣場正式舉行了成立儀式；文化廣場是昔日法國租界的賽狗場地。曹荻秋市長對這個活動表示唾棄，說造反派工人是「人渣」。就在成立儀式結束後，兩萬多名工人遊行到市政廳，要求市方承認他們的組織。抗議者在冬季的傾盆大雨中等待好幾個小時之後，周恩來傳來一封電報的消息在他們之間傳開：「如果上海市委會不想見你們，就來北京。我會見你們！」那只是個謠言，但是大家都因此而匆忙趕到火車站。超過一千名工人硬是擠上了一列開往北京的特快車，但是鐵路管理單位在火車駛出上海大約二十分鐘後，將它轉到了一條支線軌道上。造反派拒絕下車，有些人躺在鐵軌上，高舉著紅旗。地方官員安排送熱水和包子給乘客時，部分乘客把食物丟出窗外：「我們不吃修正主義者的食物！」

在上海與南京之間的交通癱瘓三十個小時之後，終於由張春橋打破了僵局；心機深沉的他，曾在一年前以上海黨機關宣傳主管的身分協助過江青，現在身為文化革命小組一員。張搭乘軍機帶著陳伯達的口信前來調解糾紛。他冒著大雨站在一輛卡車後頭，透過擴音器對工人說話，呼籲他們返回上海。[25]

造反派成功了，他們得到了北京的官方認可。數日後，一場群眾會議在張春橋的支持下舉行，地點是外灘和平飯店的好幾間套房，相當舒適。

黨機器現在改變方針，組織起自己的人力來壓制造反派。他們被稱為「赤衛隊」，資金和人數都遠勝過紅衛兵。到了十二月中，上海就像一座處於長期戰役中的城市，數十萬名紅衛兵與人數百萬的赤衛隊之間出現過多場大規模的交戰。其中一場最血腥的衝突於十二月三十日發生在康平路上，十萬名造反派手持鐵管、棍棒和竹竿，對看守市黨委會的二萬名敵人發動攻擊。王洪文親自帶隊進攻，整個行動造成近百人傷亡。在張春橋的指示下，市內各處工廠裡的赤衛隊辦公室遭洗劫，臂章被沒收，還有數百名領導遭到圍捕。

為了削弱造反派得到的支持，工廠管理階層開始給表現優良的工人特別獎勵，包括同意加薪、核發旅行證，以及發放紅利獎金。他們又充分利用《人民日報》在毛澤東生日當天刊登的社論，意圖藉由答應造反派的部分要求來安撫他們。各界並無完整統計數據，但根據一段描述，光是一九六七年的第一週就有大約三千八百萬元被提領出來，金額將近平常的兩倍。流向造反派的錢太多，隨即造成銀行擠兌，因為人人都亟欲領出自己的存款。緊接而來的是一陣購物潮，而且很快就演變成瘋狂搶購，因為民眾擔憂商店裡的木炭和食用油等日常必需品會售罄。[26]

混亂的情形蔓延到鄉下，數萬村民進城加入了造反派。在上海附近的一些農田，只剩下婦女和老人下田耕作。由於港口被封鎖、火車站被癱瘓，勞動力又投身於革命，物資的嚴重短缺對上海造成了威脅。這座城市每天需要三千五百公噸的穀糧，但是到了跨年夜，卻連足夠供應一週所需的儲備量都沒有。煤的儲備量最多也只能供整座城市用上五天。[27]

僵持的局面在一九六七年一月三日終於解除，北風帶來酷寒的天氣，街上都下著霰。紅衛兵和造反派工人戴著安全頭盔、拿著鐵棒攻進最大幾家報社中的兩家，取得了市內宣傳機構的控制權。另一部分人則接收了市營電視台及廣播電台。幾天後，所有進入上海的主要道路都遭到封鎖。王洪文在一場大型集會上帶領數萬名造反派衝進市政廳，途中撞倒了鎮守在大樓門口的兩隻銅獅子。一面巨大的紅旗在群眾震耳欲聾的歡呼聲中升起。工廠也響起警報聲，迎接無產階級的勝利。一月十一日，毛澤東發了一封電報向「紅色勞動者」祝賀，此舉也給予舊秩序致命的一擊。他寫道：全國都應該學習上海，將權力從走「資產階級反動路線」的人手中奪下。[28]

「奪權」成了最流行的口號箴言。一月二十二日，《人民日報》在毛澤東授意下刊登了一篇社論〈無產階級革命派大聯合，奪走資本主義道路當權派的權！〉，讚揚此時被稱為「上海一月風暴」的這起事件：「有了權，就有了一切；沒有權，就沒有一切……聯合起來，團結起來，奪權！奪權!!奪權!!!」

第十一章　軍隊出動

毛澤東呼籲群眾團結起來，由基層向上奪權，掃除所有阻礙無產階級革命的走資派。然而各地的黨領導似乎都地位穩固，很善於轉移反對力量，以及操控部分群眾組織，使情勢有利於自己。在全國許多城市，造反派和保皇派的鬥爭都陷入了僵持狀態。此外，「革命群眾」本身也不怎麼團結。即使是上海的「紅色勞動者」，也並非組織良好且完全聽命於張春橋與王洪文的團體，而是背景混雜、各擁其主的造反派團體所組成的脆弱結盟。他們在市黨委會升起紅旗的那一刻，各派系之間也展開了爭權互鬥。

毛澤東讚揚一月風暴，但這場風暴造成了巨大的代價；數十萬名工人罷工或身陷延滯幾個月之久的抗爭中，導致地方經濟遭到摧毀。企圖藉著一場紅色浪潮將全國所有「資產階級反動路線」擁護者一舉除掉的機會微乎其微。

還有其他問題。毛澤東並不信任公安體系，這個體系是羅瑞卿花費多年時間建立起來的；他在一九五九年成為總參謀長之前，曾經擔任過十年的公安部長。毛澤東一心想摧毀遭到階級敵人滲入的公安單位、檢察單位和法院。達成這個目標的第一步，就是公開羞辱羅瑞卿。幾個月前自殺未遂而無法行走的羅瑞卿，被人裝在籃子裡送到了工人體育場，他的左腿還纏著繃帶。一九六七年一月四日和五日，一連兩天，紅衛兵代表一個接著一個上台表達他們的憎惡，使得在場觀眾的憤怒情緒高漲。羅瑞卿被兩名士兵強迫擺出「坐飛機」姿勢的照片廣為流傳。[1]

公安人員與舊秩序之間的關係，使他們沾上了污點，於是國務院不依靠他們來負擔部分較為緊急的執法任務，而是轉向軍隊求助。各地銀行在某些狀況下被迫匯款給群眾組織，因此承受了巨大壓力，一月十一日那天，荷槍實彈的士兵開始出現在銀行的營業大廳裡。翌日，他們也奉命接下全國各廣播電台、監獄、碼頭、糧倉及重要橋梁的公安工作。[2]

另一方面，上海的一月風暴結束幾週之後，有一整個省加入了革命陣營，然而這並不能視為一場由下層發動的革命。王洪文攻入上海市政廳時，與康生過從甚密的山西省副省長劉格平人在北京。康生慫恿他，說毛主席支持造反派，並且希望在全國看到一連串的奪權運動。劉格平趕回山西省會太原，在其中一名省軍區司令員的支持下貼出一篇大字報，宣布展開造反奪權運動，但是遭遇同志的激烈抵抗。一月二十日，那名司令員寫信給林彪尋求支援，於是國家第二把交椅表態了，僅僅是這樣一個動作，就令軍方勢力失衡。一月二十五日，《人民日報》發文慶賀國家的第二場奪權成功。[3]

一月二十一日，文化革命小組又收到類似的求援訊息。在安徽省，大約二十萬名造反派即將在群眾集會中批鬥省黨委會了，但是若沒有軍方支持，他們的奪權行動勢必會失敗。幾個月前，在一九六六年九月五日那天，軍隊已經收到明確指示，不得參與文化大革命。於是毛澤東寫了一張便簽給林彪：「應派軍隊支持左派廣大群眾。」他認為，在文化大革命的早期階段，軍方的確被要求不得介入，但這種中立的態度是「假」的。林彪也同意。兩天後，即一月二十三日，軍方接獲命令，凡是無產階級左派求援時，都要派出軍隊支援。[4]

不過，在涉入文化大革命之前，軍方從毛澤東那裡爭取到了很大的讓步。部分軍事將領先前成了紅衛兵的受害者，其中幾位在批鬥大會上遭到一連數小時的羞辱，包括毆打及被迫擺出坐飛機姿勢，軍中對此普遍強烈反感。一九六六年十二月三十一日，於廬山會議時對抗毛澤東的彭德懷，在四川被一隊紅衛兵奉江青之命抓走，並送回北京。他所受的折磨可想而知。他和羅瑞卿一樣，被拖出監獄面對無止盡的批鬥大會。有一名旁觀者還記得曾經看到彭德懷在一輛敞篷貨車上被紅衛兵包圍起來，他試著不服地將頭抬高，但一名瘦小的學生不斷打他的脖子，想要逼他俯首順從。「我驚恐地看著一切。這個人終其一生都為革命奮鬥，全中國都認識他，幾乎把他當成傳奇人物。在這種無法無天的混亂中，如果就連他也沒有得到保護，那我們平凡百姓要怎麼辦？我感覺到自己哽咽了起來，我好想哭出來。」[5]

賀龍的遭遇同樣在軍中上下激起不滿情緒；他是一名特立獨行的傳奇元帥，早期游擊生涯被稱為「兩把菜刀鬧革命」。他比林彪更資深，而且在軍中受到廣泛支持。十二月時，數十名紅衛兵試圖追捕他，但周恩來設法將他收容在自己的官邸裡。[6]

包括徐向前與葉劍英在內的其他幾名將領，聯合起來要求首先恢復軍中秩序。林彪亟欲維護自己在軍中的權力基礎，於是默許了他們的要求，並且呈交了一份與這些資深將領商議後擬出的文件給毛澤東。此舉實質保護了軍方，使其免於受到造反派攻擊。文件中包含一張未來的致勝王牌，賦予軍方對證實為反革命分子及反革命組織者採取「果斷措施」的權力。[7]

毛澤東的選擇不多。到目前為止，紅衛兵和造反派都沒能讓「黨內各階層的走資派」下台。軍隊是唯一有能力貫徹革命、控制局勢的力量。然而毛澤東允許讓軍隊決定誰才是「真正的無產階級左派」之後，一連串的災難也就此展開。

＊＊＊

造反派工人襲擊上海廣播電台後不到一週，軍隊就接管了局面。他們並不受歡迎，然而一群造反派團體聚集起來的烏合之眾也做不了什麼。接下來出現了更多限制規定。一月二十二日，所有公園都遭革命政令關閉，因為它們可能成為反革命分子的聯繫地點。電影院歇業、博物館關門，當時已改名為「東方紅」的上海大世界遊樂中心也大門深鎖。民眾依然可以在南京路上走動，但一月二十四日那天，出現了超過十二輛載著士兵的卡車，緩慢而吵雜地行駛在這條主要購物大街上，車上的士兵一邊反覆呼喊口號，一邊揮動手中的紅寶書。三天後，大量傳單空投下來，傳單內容說明人民解放軍是文化大革命最重要的工具，真正的革命分子都應該支持解放軍。[8]

文化革命小組全力支持的張春橋，開始剷除此時與他爭權的昔日盟友。他宣讀林彪的指示，強調紀律與服從。他以往的支持者遭到軍隊搜捕。一隊士兵被派到復旦大學，占領一個敵對組織的辦公室。決策者下達許多指令，要革命組織的人返回工作崗位。一月二十九日，文化革命小組發出電報支持張春橋，並指控部分造反派領袖把「批鬥的矛頭」轉向他。[9]

張春橋的重大日子在二月五日到來，當天人民廣場舉辦了一場大型集會，成立新的「上海人民公社」。這個名字是仿照巴黎人民公社所取的；巴黎人民公社是一八七一年法國對德國戰敗後，曾經短暫統治過首都巴黎的革命政府，這個公社在社會主義的想像中占有非常重要的地位，並且被馬克斯譽為參與式民主的典範，毛澤東本身也極度讚賞巴黎人民公社。在那個晴朗的週日午後，天氣暖和，萬里無雲，數千面大紅色、黃色和綠色的橫幅被高高舉起。幾具迫擊砲以散彈筒發射了綁著三角旗的氣球。看見氣球升空的人，也全都注意到了，在一些可俯瞰廣場的建築物樓頂，有全副武裝的部隊駐守。[10]

「我們有強大的人民解放軍站在我們這邊。」張春橋宣告，姚文元則陪在他身邊。他下的第一道命令是指示軍方及警方「果斷鎮壓破壞偉大的文化大革命、上海人民公社及社會主義經濟的反革命分子」。半數造反派被排除在成立大會之外，他們站在會場外頭抗議。[11]

張春橋喜出望外。然而一如他不願與其他造反派共享權力，毛澤東也沒打算把上海委託給他。北京並沒有發來祝賀電報。數週後，毛澤東表示：「如各省市都叫人民公社，那中華人民共和國叫什麼？是不是要改成中華人民公社呢？……那黨怎麼辦呢？黨放在哪裡呢？那麼黨委放在哪裡呢？總得有個黨嘛！有個核心嘛！不管叫什麼。」[12]

二月二十五日凌晨，上海人民公社悄悄將名字改成了上海市革命委員會。清潔工徹夜忙碌，到了早上，「公社」二字已經幾乎徹底消失。「革命委員會」成了新潮流，並且在接下來的十八個月間於各地成立。革命委員會結合了造反派代表、黨的核心幹部和軍方官員，本應是團結的展現，但實際上卻是由軍方一手掌控。[13]

＊＊＊

在中國的許多地方，軍隊都意圖強行掌控秩序。沒有幾名軍中領袖對造反派有好感，因為他們響應「奪權」號召的方式就是攻擊政府辦公場所、搜查黨辦公室和接管報社與電台。遭到造反派指責的政府官員，通常都是軍方人員的同事或朋友，其中許多是忠誠為黨的老革命分子。在很多將官眼中，控制造反派組織的人，階級背景都很可疑，都是他們在一九四九年之前的革命中要革除的對象。他們懷疑這些人當中有許多受到了反革命分子操控，而那些反革命分子利用文化大革命為藉口來攻擊黨，以及發洩他們對社會主義的憤恨。

有幾個省發生了暴力衝突。新疆省是中國進行第一次核子試爆的地方，那裡的人口以穆斯林居多；在該省的主要交通樞紐——石河子市，軍方和舊勢力聯手攻擊造反派組織，指稱他們是國民黨及壞分子的餘孽。到了一月底，有數十人遭機關槍掃射身亡。[14]

長沙市長於一九六六年八月利用紅衛兵來打紅衛兵之後，有數萬名抗議者被打成了「反革命」和「右派」。文化大革命規定不得整學生，所以當時的受害者大多是一般人。一個名為「湘江風雷」——以流貫該省的湘江為名——的造反派組織為了他們起而反抗。這個組織在整個湖南省得到驚人的熱烈擁護，一九六七年初時便號稱有百萬成員。它是個鬆散的聯盟，作用是充當許多小組織的保護傘，而那些小組織都是在毛澤東於十月號召群眾「教育自己、解放自己」後，有如雨後春筍般湧現的。民眾爭相加入它們的行列——工人、教師、店員，甚至還有看出形勢轉變的政府雇員和地方幹部。

湘江風雷受到上海一月風暴的激勵，也試圖在長沙奪權。但是他們和上海的紅色勞動者不同，並沒有來自北京的強大權勢支持他們。一批心懷不滿、並且與湘江風雷有關的退伍老兵攻擊當地某處指揮所之後，與軍方的關係決裂了，軍方將這起事件定調為武裝反革命分子在前科犯協助下所發起的暴動。陳伯達親自下令鎮壓，當地亦宣布戒嚴。軍方組織了大規模的追緝行動，數萬名學生、教師、工人及退伍軍人都遭到緝捕。一些學校和工廠被改裝成監獄來關押受害者。一個與受害組織敵對的造反派團體積極協助軍方追拿與他們爭權的對手，而這樣的局面後來就變得司空見慣了。[15]

福建軍區司令員韓先楚此時已經接替葉飛上台，造反派與軍方過從甚密，會定期造訪司令部，在司令部打桌球和籃球，或者看電影。然而這裡也發生了分裂，一些群眾組織譴責軍隊司令部的人是「反動資產階級路線」的擁護者。他們要求韓先楚下台。流言逐漸傳開，聲稱陳伯達暗中鼓勵造反派整垮韓先楚。

在福州南邊一點的地方，毛澤東號召奪權後，凌耿和造反派成功擊垮了廈門市黨委及其擁護者。他們仿效上海，成立了廈門人民公社。不出數日，地方政府的整個部門接連垮台，把權力交給了造反派。然而保皇派有地方警察的支持，於是兩邊陣營很快就為了爭奪公安局三層樓建築的控制權而打鬥。造反派工人助了一臂之力，攻進公安局裡並襲擊警察，將他們的警徽扯下、打掉他們的帽子。勢力強大的地方幫派也不請自來，加入這場爭鬥。他們比任何人都痛恨警察，而且打鬥技術非常高明。這起事件造成一百多人受傷。當地人民都很欣喜，有些人還趕去幫忙，帶著一籃籃的柳橙，在街道兩旁為造反派歡呼。

這是策略上的錯誤，因為韓先楚和省軍區司令部都批評了這次攻擊行動。廈門軍方介入，命令造反派投降，數百人遭到逮捕，並且在工人文化宮前廣場接受公審，而工人文化宮就是造反派設立總部的地方。凌耿被列在黑名單上，於是逃出了福建省。[16]

最嚴重的一場衝突發生在青海，這個荒涼的省分位於新疆的東邊，省內多是草原和沙漠。在造反派與保皇派的小規模衝突持續數週後，軍方的代理司令員於二月二十三日派出軍隊，鎮壓一個掌控了一家大報社的組織。一開始，報社所在的那棟辦公大樓外的擴音器全部被擊落，接著是一陣槍林彈雨，殺死了所有守在大樓門口的人。軍方準備了幾具噴火器，但後來也用不上，因為造反派沒有武器。所有的抵抗都崩潰了。軍隊花不到二十分鐘便攻入了報社。一百多人在這次襲擊中被殺，包括一個在受傷父親身旁哭泣的七歲女孩，遺體都被草草掩埋在一處亂葬崗。代理司令員發電報向人在北京的葉劍英報告，而葉劍飛也稱讚了他。林彪與毛澤東想著要保護軍方，於是沒有插手。接下來的一週內有數萬人被捕，其中許多以「反革命分子」的身分受審，並且發配到勞改營。誠如一位文化大革命歷史學家的評論，這場鎮壓比民國時期由軍閥或外國勢力所犯下的任何殺戮行為都還要殘暴。17

＊＊＊

造反派在其他省分也同樣被軍方指為「反革命分子」，因而遭到暴力鎮壓，例如湖北、廣東、四川及內蒙古。徐向前與葉劍英這兩位資深將領，成功地保護了軍隊，使其免於在一月底受造反派組織攻擊，因此聲勢扶搖直上。二月中，他們又看到了另一個鞏固自身勢力、可與文化革命小組對抗的機會。

到了一月底，毛澤東對總部設在釣魚台國賓館的文化革命小組愈發不滿。他們自己也起了內訌，康生與陳伯達無法忍受對方，江青則是行事風格跋扈專橫，而且往往會搶走同事的鋒頭。雖然擁有強大的後勤支援，文化革命小組卻似乎缺乏條理，並且有私下處理問題而不向毛澤東上呈正式報告的傾向。張春橋就曾在未進行任何形式商議的狀況下，為上海人民公社舉行成立儀式，因而使自己陷入險境。

在二月十日召開的一場會議上，惱火的毛澤東認為，該是挫挫文化革命小組銳氣的時候了。毛指責他們缺乏政治歷練，還說他們傲慢。他稱陳伯達「投機分子」，過去就曾試圖利用他與劉少奇不和一事來撈好處。他也針對了自己的妻子：「你這個江青，眼高手低，志大才疏，你眼裡只有一個人。」這次會議的場面很難堪。「我看現在還同過去一樣，不向我報告，對我實行封鎖。」18

軍方領導得知毛澤東發了這頓脾氣後，意識到了一個扭轉文化大革命局勢的機會。在翌日的中央領導階層會議上，葉劍英嚴詞抨擊陳伯達，此時他還在因為被毛澤東批判而心煩意亂。「你們把黨搞亂了，把政府搞亂了，把工廠、農村搞亂了！你們還嫌不夠，還一定要把軍隊搞亂！」徐向前拍桌，說起清華大學的造反派領袖：「你們還要不要這個支柱！要蒯大富這類人來指揮軍隊嗎？」

五天後的第二場會議上，軍方將領更是變本加厲。張春橋提起群眾時，大躍進期間在農業方面曾經是毛澤東最忠誠助手的譚震林很是氣憤：「什麼群眾？老是群眾群眾，還有黨的領導嗎？不要黨的領導，一天到晚老是群眾自己解放自己，自己教育自己，自己鬧革命。這是什麼東西？這是形而上學！」他怒不可遏：「你們的目的就是要整掉所有老幹部，把老幹部一個個都打倒。」

最激烈的批評來自脾氣暴躁且直言不諱的外交部長陳毅，一九四九年時攻下上海的就是他。陳毅指出，在第二次世界大戰中的延安時期，劉少奇、鄧小平和彭真佯稱自己是最熱烈擁護毛澤東思想的人，而他及在場的其他老軍官卻受到責難。史達林還在世時，赫魯雪夫也是擁護他的。

兩派人馬爭吵的同時，周恩來極少發言，以確保自己不會與那些將官做出的激烈評論有所牽連。譚震林正準備憤而離席時，周恩來猛力拍桌，要他回到會議上。[19]

這次發難無異是軍方領導對文化大革命的一次集體攻擊。這是一個轉捩點，攸關著毛澤東的願景所面臨的命運。從來沒有一個像軍方勢力如此強大的群體，曾對毛澤東親自發起的運動直接攻擊。如果那些將領贏了，劉少奇和鄧小平可能很快就會復出，針對他們遭遇過的所有屈辱進行報復，並且摧毀毛澤東的聲望。

毛澤東審慎考慮自己的處境，了解到自己需要取得兩個人的支持，才能智取反對勢力。林彪很輕易就被拉攏了。毛澤東向他轉述陳毅關於赫魯雪夫和史達林的評語，而這些話直接打擊到林彪身為接班人的地位，並且指出他並沒有得到權力高層的廣泛支持。毛澤東還向林彪的妻子葉群招手，並邀請她加入文化革命小組，藉此鞏固他與林彪之間的關係。

不過，周恩來才是關鍵。這位總理原本大可以支持那些將官，讓權力平衡倒向他們，但周是誓言永遠不與毛澤東為敵，才成就了他到目前為止的事業。周恩來沒有插手約束那場會議，讓爭吵持續進行，但他也很高明，沒有表現出任何支持的跡象。毛澤東下令文化革命小組停止發布任何批評周恩來的文件。[20]

獲得兩名最重要的幕後參與者支持後，毛澤東在二月十九日一早便和黨領導們開會。在盛怒之下，他以激動的言詞脅迫那些將領屈從。他不停大聲責罵，表示軍方將領在那兩場會議上攻擊文化革命小組，是衝著他本人和林彪來的。由於林彪並沒有出席，他便警告林彪的妻子說：「葉群同志，你告訴林彪，他的地位也不穩當啊。有人要奪他的權哩，讓他做好準備。」毛澤東誓言與任何打擊文化革命小組的人對抗，文化革命小組犯下的錯誤總共只占了百分之一、二、三而已。情況相當令人不安，宛如一九五九年廬山會議上那些誇張的威嚇再度重演；毛澤東預告要和林彪上山打游擊：「你們說江青、陳伯達不行，那就讓你陳毅來當中央文革組長吧！把陳伯達、江青逮捕、槍斃！讓康生充軍！我也下台！」在場的人都目瞪口呆。康生事後透露，他從來沒有見過主席發這麼大脾氣。「主席發的是無產階級的震怒。」[21]

接下來舉行了譚震林、陳毅和徐向前的批鬥大會，這幾場大會都由周恩來擔任主席，地點就在中南海裡那個他們帶頭攻擊文化革命小組的房間，而那裡也是他們多年前獲頒軍階的地方。所有反對勢力都瓦解了。在黨內呼風喚雨多年、權勢極大的政治局常委會宣告癱瘓。現在掌控局面的是文化革命小組。周恩來必須順從毛夫人。「以後你們做決定，」他低聲下氣地說：「我給你們辦事。」[22]

＊＊＊

三月八日，葉劍英元帥邀請青海那名先前派出軍隊鎮壓造反派的代理司令員到北京。人民解放軍有自己的場地，可讓軍中要人閉門會面、商討重大決策，那是一家位於北京西區的蘇聯風格飯店。在這家一九六四年落成的京西賓館，該名代理司令員被譽為鎮壓反革命叛亂的典範，受到盛大款待。一連三天，他自豪地向來自其他軍區那些急於學習如何遏制造反派的軍方領導說明自己的平亂方法。但是，數週來一直贊成軍方決斷的毛澤東，卻在此時出手干涉。葉劍英和徐向前被迫寫下自我批判，承認他們處理青海造反派的方法是重大錯誤。那名代理司令員和他的夥伴都被關進監獄。青海的造反派則被奉為烈士。[23]

然而軍隊的作用並未減低。三月十九日，現在完全由林彪掌控的軍事委員會，要求軍隊行使控制權，接管政府單位的運作，下至學校和工廠，上至各大行政機構——如國家部會及整個省分。隨後數個月，大約二百八十萬名士兵離開駐紮營區，分派到全國各地，緊盯著黨和國家的結構。幾天後，康生說明了軍事控制的意義：「軍事控制就是專政。你什麼得都聽我的。你得發出公開通知，聲明你聽我的。」[24]

在三月進駐翟振華學校的軍事分隊並沒有跟紅衛兵開會。他們只是把學生集合起來，宣布紅衛兵曾經幫助過工作組推行資產階級反動路線，迫害階級背景較差的學生，而沒有將攻擊目標放在走資派身上。他們要求學生挺身對抗紅衛兵，而紅衛兵則被迫在班上坦承自己的錯誤。翟振華一夜之間從革命領袖變成了被革命的目標。一群新的學生領袖崛起，由一名總指揮領導。翟振華則被拋棄在一旁。[25]

在正定縣，三十六名士兵背著背包行軍進入高原的學校。這是從九月以來，學生第一次真正一起坐在同一個房間裡，交流彼此周遊全國的經歷。負責管理的軍官把守秩序的觀念帶進學校，軍號聲在日出前喚醒學生，他們會被帶到操場上做訓練操。多數時間都用來研讀毛澤東思想。[26]

情況看來宛如革命就要結束了。原本到處亂闖的學生都回到了學校，服從嚴格的軍紀管教。工人回到了工作崗位。在這場政治分歧中站錯邊的造反派們也被要求做出自我批評，然後回到毛主席的「無產階級革命路線」。團結受到讚賞，宣傳機器宣布軍方、革命幹部與群眾組織的偉大結盟將會聲勢大漲，除去一切的派系之爭。北京公車上的大字報及標語都拆下了，商店窗戶也擦得乾乾淨淨。時間正值春季，而少數年輕情侶甚至敢於手牽著手走在一起。民眾坐在自家門前曬太陽，也有一些人在巷道中打羽毛球。[27]

這只是脆弱的暫停。即使是由張春橋牢牢掌控的上海，要學生在半年的混亂之後回到課堂上也是件難事。學校建物遭到了大規模的破壞，僥倖逃過嚴重破壞的還不到一半，而且有五分之一必須完全拆除。許多學校的門壞了、窗戶碎了、屋頂也破了，更遑論那些被砸爛的桌椅和黑板。即便是在可以恢復上課的學校，課程也進行得斷斷續續。有幾所學校每週只開門兩、三個小時。部分學生並未現身課堂。在寧波路小學和南京東路小學，學童組成了名為「東京」或「野戰軍」這類名字的幫派，在社區裡閒晃，尋找公物來破壞。他們偷竊自己學校的電話機、電燈泡、麥克風和腳踏車，還有鎖頭、窗玻璃和電纜。少數人會抽菸、賭博。他們會打人，有時候是收錢辦事（一九六七年三月的行情是打一個人十塊錢）。教師之間瀰漫著恐懼情緒，此時他們依然會遭到一些比較叛逆的學生吐口水，也有人從樓上朝他們丟擲糞便。[28]

和平並未持久。毛澤東嘗試過抑制革命的火苗，逼迫全國所有的造反組織派系在軍方的單一指揮下團結一致。然而他也不想讓革命平息。

到了四月，毛澤東將權力平衡轉向造反派。首先，一道新指令限制了軍隊將人民指為反革命分子並任意逮捕的權力，先前因為攻擊軍區司令部而被捕的受害者都必須平反。這在青海已經實行了。現在文化革命小組想要把其他造反派從軍方手中解救出來。四川的人民解放軍曾經在造反派於二月圍攻成都的軍隊司令部達一整週之後，逮捕十萬多人，現在有大約二萬八千人獲釋出獄。[29]《人民日報》開始讚揚「革命小將」，說他們一直以來所走的都是正確的路線，而且應該堅決對抗修正主義勢力。不過，最重要的一道命令出自林彪手下的中央軍事委員會。四月六日，中央軍委明令禁止軍隊向造反派開槍、解散群眾組織，或者對攻擊軍隊司令部的人進行報復。[30]

這些文件到處被人複印、傳閱及張貼。它們在幾天內便逆轉了情勢。原先被軍方解散的造反派組織重新成立。本來被打成「右派」或「壞分子」的人燃起了希望。學生再度走上街頭，高喊「造反無罪！」一些學校的學生連夜領到臂章，隔天就上街遊行。其他造反派也跟進，當中包含了工人和政府僱員。傳聞指出，有軍隊指揮官公然包庇走資派，並且與他們共謀成立獨立王國。造反派再度成了被需要的對象，許多人都歡欣鼓舞，將毛澤東當成他們的救世主和最高指揮官來擁戴。[31]

禁止軍方對造反派使用暴力的隔天，《北京日報》抨擊了一九六六年八月失勢後就一直被軟禁在家的劉少奇。四月十日，蒯大富按照江青和周恩來的詳細指示，在清華大學集結了三十萬人，要批鬥王光美這個「中國赫魯雪夫的臭老婆」。一群女紅衛兵強迫她穿上旗袍和高跟鞋，那身衣著是她一九六三年在印尼進行親善訪問時的打扮。她又被逼著戴上一條用乒乓球串成的項鍊，用意是取笑她當年把自己變成「蘇卡諾的婊子」時戴的珍珠項鍊。她被人在台上推來推去時全身顫抖，走得跌跌撞撞，頭髮蓬亂不堪。觀眾陷入瘋狂，大家都想要爬到別人肩上看個清楚。隔天出現了大字報，上面附有漫畫，內容是王光美穿著臨時套上的旗袍和假項鍊，在台上腳步踉蹌的樣子。[32]這次行動意在聯合造反派組織，宣傳機器火力全開，不斷嚴詞指責劉少奇這位前任國家領導人。這次行動意在聯合造反派組織，並且協助將他們的怒氣轉向劉少奇和他在黨核心裡的代表。正定縣的學生都拿到了黨內雜誌《紅旗》上一篇批判劉少奇的文章，高原和同學開始撰寫大字報攻擊這個官方指定的標靶。「那是團結對抗共同敵人的一次絕佳展現。」[33]

然而這場結盟太脆弱了，無法持續。全國許多地方的受害者都沒有聽從北京的指示，反而尋求向昔日迫害他們的人進行報復。這當中有許多人都曾被關在擁擠、髒亂的監獄裡長達數週，在那裡遭到羞辱、毆打，並且被迫認罪。監獄的伙食少得可憐。他們要報仇。他們攻擊敵對派系，也與受到限制而無法對他們動手的軍隊為敵。這種情況不只是那些有軍隊支持舊秩序的省分才會發生。在山西，康生和他的傀儡劉格平曾經從上層策動一場造反，許多當時被劃為「走資派」而遭到迫害的人也亟欲來一場鬥爭。這麼做的結果，是形成了一股新的暴力浪潮。[34]

＊＊＊

各地都爆發了反軍隊暴動，造反派要求軍方釋放他們還在監禁中的同志、平反那些被劃為「反革命分子」的人，以及為鎮壓群眾組織一事道歉。文化大革命進入了新的階段，學生、工人和政府僱員分裂成兩派，一派依賴軍隊，另一派則反對他們。無論在什麼地方，兩派人馬都宣稱自己代表的才是真正的革命，但他們通常其實是天下烏鴉一般黑。

軍方本身也經常有所分歧，情勢因而變得更加複雜。在軍隊的最高層，林彪及其支持者，與資深將領之間界線分明。在毛澤東於二月下旬打擊過那些將領後，林彪這名接班人顯然取得了重大勝利。情況看來就像一場革命中的一次政變，林彪的擁護者從軍中的後續餘波得到了好處。但是毛澤東也處處提防自己的副手，並且在四月時嘗試與將領們和解。他對那些老軍人說，他們也應該成為他團結大計的一環。毛澤東允諾他們可以出席五一勞動節的閱兵儀式，在天安門廣場的司令台上現身。35

在各個省分，不同的群眾組織各自擁護不同的軍方單位，於是派系間的日常交鋒開始將一些城市變成紛亂的戰場。在廈門，凌耿和他的派系重見天日，並且支持一個福州軍區派來的防空砲兵團。他們的對手則擁護第三十一軍團及當地的軍隊司令部。每個派系都用帶刺鐵絲網鞏固自己占領的建築，這些建築都受到全天候看守，因為派系間的突襲行動都是在夜裡發動的。他們現在用的武器包括刀子、棍棒、標槍，以及將剪刀綁在木棍前端所製成的簡陋長矛。還有用消防水管噴灑的石灰、硫酸、殺蟲劑。戰鬥人員總是戴著從消防隊偷來的藤製與金屬頭盔，他們也搭建了特訓場來練習爬牆與匍匐前進。另有戰情室讓大家踴躍提供軍事策略，通常有軍事顧問或退休公安人員協助。還有負責外務、財務、交通及公安等部門，每個派系都想要統治這座城市，因而開始學習政府組織。

起初，兩方人馬的衝突並沒有直接涉及軍隊。但是許多造反派亟欲為先前遭到的迫害展開報復，於是很快就出現了直接攻擊軍隊的情形。凌耿和一千名第八中學的同學突襲了地方軍隊司令部的辦公室，砸碎了正在吃午餐的士兵所用的碗盤，搶走防護裝備和七輛車。士兵受到明文限制，不能開槍，所以並未阻止他們。

謠傳江青與陳伯達支持造反派。兩派之間的小規模戰鬥使得整個城市愈來愈兩極化，雙方成員都挨家挨戶地拜訪，慫恿民眾切斷電線、在供水系統中下毒，或者用別的方法騷擾支持敵對陣營的鄰居。市郊的社區整片整片地成了支持敵對派系的人去不得的地方。36

中國其他地區也發生了類似的事態。正定縣的衝突同樣蔓延到校園之外，整批的組織與工作組開始和其他派系結盟。高原的派系得到一所直屬於北京總參謀部轄下的導彈工程學院支持，他們的對手則有位於石家莊的地方軍隊司令部撐腰；石家莊就位於正定縣南方，是一處淳樸的現代鐵路樞紐，一九五〇年代時，在蘇聯的協助下，工廠迅速激增。高原和廈門的凌耿一樣，深深投入了城市游擊戰當中，交戰雙方占領建築、綁架敵人的領袖，也交換戰俘。夜裡在戰略要塞附近爆發小型戰鬥，經常找不到敵人的蹤影，只聽得見隱約的跑步聲和偶然出現的玻璃碎裂聲，劃破黑暗中的寂靜。每死傷一個人，血債便積得更深，造成了復仇與新一波暴力的惡性循環。

到了七月中，敵對勢力已經被迫退守到一棟由公安局控制的建築。高原和朋友架起巨大的投石器，將磚塊射進那棟大樓，同時屋頂上的擴音器也大聲播放政治宣傳的內容。他們擁有自己的軍火庫，裡頭的武器都是在一名鐵匠的幫助下，以高碳鋼鍛造而成的。幾名學生也用鋼板製作了盔甲。正當他們準備進行最後一次攻擊時，一個身影高舉著一面寫有組織名稱的紅旗，出現在敵對陣營三樓的窗前。她是高原的同學，但是投錯了陣營。她大聲喊道：「我寧死也不會向你們投降！」然後便從窗台縱身跳下。在她高喊「毛主席萬歲！」的同時，紅旗展開了。「她的身體動也不動，包在旗子裡。」隨後，一面白旗從大樓裡升起，所有的抵抗都在這時瓦解了。[37]

各省省會還發生了更殘酷的戰鬥。在四川，敵對的兩股勢力分屬李井泉與一對人稱「二挺」的夫妻。李井泉是一名熱衷於集體化的激進領導者，曾經發下豪語說：「連屎都要集體化！」在大躍進期間，他是毛澤東最忠實的支持者之一。省公安廳曾向他呈交一份報告，宣稱四川在一九五八至一九六一年間有大約八百萬人死亡，他看了之後，將大躍進拿來與只有十分之一士兵走完全程的大長征相比：「我們不弱，我們更強，我們還留著骨氣。」[38]

然而，李井泉在社會主義教育運動期間和劉少奇扯上了關係。在一九六四年主導運動，使鄰省貴州的領導階層全數垮台的人就是他。毛澤東反過來支持張西挺和她的丈夫劉結挺，這兩人都曾經效力於一個在一九五〇年時參與過入侵西藏的軍事單位，後來被派駐到宜賓——一座被竹林環繞的富裕港市，位在四川南部的長江畔。他們利用自己的地位從事無止盡的迫害與政治鬥爭，並且在縣內引發大饑荒。批評饑荒的人都遭到封口。二挺濫權的程度嚴重到使自己在一九六五年被開除黨籍，但是他們向一位北京的密友求助，那個人就是陳伯達。他把二挺介紹給江青，江青也因為志趣相投而賞識他們。二挺在一九六七年三月平反，並且獲得授權組織四川省革命委員會。[39]

四月和五月，數百人在成都兩派的激烈戰鬥中受傷。張戎看見幾萬名造反派組成的隊伍抬著渾身是血的屍體，那些人都是在衝突中被殺死的。她的父親因為觸怒了二挺而遭到逮捕、批鬥及遊街示眾。成都的戰事比其他地方更激烈，因為這座城市是軍火工業重鎮，部分工人會使用手榴彈、自動步槍、迫擊砲和火箭砲。

四川棉織廠就發生了這樣的事。李正安的十一歲女兒曾經被叫去為紅衛兵整理床鋪，而她自己現在被要求加入在棉織廠中占優勢的派系，否則她原本已經很微薄的工資就會變得更少。早上她得洗衣服，下午則必須從廢墟中把屍體拉出來，救護車會將傷者送到醫院。這就是文化大革命的第一波武裝衝突。[40]

無論在哪裡，文化革命小組都嘗試將其意志強加於各省，但是小組並不具備足夠的強制力。即便是在李井泉被趕走之後，戰鬥依然持續下去。一如劉少奇當初在權力高層安插自己人，李井泉也在重要位置上任用了自己的屬下。二挺就算有毛澤東支持，勢力依然很薄弱。宜賓發生了殘酷的戰鬥，槍、手榴彈、迫擊砲和機關槍都用上了，而這些戰鬥又更加深了軍方的分裂。

雙方人馬都不肯退讓。刺激他們的因素是對敵人的仇恨，同時還有一個信念：敵對陣營並不是毛主席最忠實的追隨者，自己才是。然而最重要的是，造反派與保皇派都是為了自己能在政治中生存下去而戰，他們在捍衛自己過去的選擇。許多參與文化大革命的學生、工人和幹部都曾經被迫在極度令人困惑的情況下迅速做出決定。局勢不斷轉變，運勢也會隨著北京反覆無常的政治情勢而出現讓人摸不著頭緒的逆轉。幾乎每個地方的民眾都朝向分裂的不同陣營靠攏，結果與自己的朋友、同事，甚至家人相爭。所有人都意識到，如果自己被揭發，那麼獲勝的一方就會把他們打成「右派」和「反革命分子」。最好的結果是被逐出工作單位，失去所有福利，被迫在社會邊緣掙扎求生；最壞的結果是被送到勞改營。他們是為了求生存而戰。誠如一位研究紅衛兵的歷史學家所言，他們陷在暴力衝突的循環當中，而在這個循環裡面，失敗者的下場是難以想像的。[41]

第十二章　武裝競賽

到了一九六七年六月，中國大多數地區都已陷入混亂。北起大連，南到廣州，全國的主要港口都不再有貨運工人和碼頭工人的蹤影。每天平均有一百三十八艘船要停泊卸貨，但半數以上的船隻在下錨後必須等上一整個月。在中國的工業重鎮東北地區，大量依賴海運的工廠都停止生產了。在上海，革命委員會不得不將學校、寺廟和其他公共場所拿來當作臨時倉庫，由數百輛貨車負責清運四十萬公噸被遺棄的貨物。在重慶，軍方也不得不介入處理堆積在這座內陸港的存貨。[1]

火車擁塞不堪。即便紅衛兵免費搭車的措施早在半年多前就已經廢止，依然有無數的造反派代表前往北京尋求翻案，或者向黨請願。綴有黃銅門鈕的國務院大門前，可以看到一排排等著面見周恩來的人裹在被褥裡睡覺。不過最重要的是，派系間的戰鬥癱瘓了鐵路系統的幹線。全國的鐵道網幾乎每天都有某些部分遭到群眾組織攻擊。五月十六日，一百多名敵對的紅衛兵在上海準備搭上一列貨運火車時互相鬥毆，使得所有交通停滯好幾個小時。第二天，另一群不同的造反派擋下了一列開往杭州的火車。全市都有「鐵道游擊隊」專門砸破車窗、攻擊乘客，並且毆打服務員。[2]

當時毆打「資本主義者」或搜掠「修正主義者」的住家都被視為革命行動，但即便以這種鬆散的標準來看，犯罪情形依然猖獗。在上海，市場、車站、商店和公園周邊都有小偷。一九六七年五月，警察在上海北站逮捕的扒手人數是前一年的六倍之多。搶劫案件不斷增加，犯人大多是年輕人，其中許多都是在「紅八月」那段光榮的日子裡學到了犯罪行為。[3]

暴民正義大行其道，從上海傳出的幾個案例說明了這一點。一九六七年五月二十八日，一名學徒因為疑似「羞辱」了一個女孩而遭一群人毆打致死。隔天造反派來到趙阿大的住家，撞開他家的門，把他、他的兒子和女兒帶走並監禁起來，還說他們是「流氓」而毆打他們。平凡的工廠工人趙阿大傷重而死。當週稍晚，一個剛出獄的囚犯在外灘靠近一名女子，結果被紅衛兵打死，還有一群旁觀者在一旁叫好。六月十一日，一群暴民殺死了被第二任妻子指控虐待她六歲女兒的男人。似乎在每個地方，民眾都開始利用文化大革命來伸張個人的正義，為過往的不公義強行報復，或者組織保安團來強制執行他們所認為的正義。[4]

與此同時，高漲的革命浪潮似乎沒有達到任何成就。運動本身並未將造反派、革命幹部和軍隊領向大團結，反而愈加分裂，製造出更多敵意與公開的暴力行為。軍方沒有協助左派為勝利做出最後一擊，只是努力抵擋過去被軍隊壓迫的群眾組織所發動的無數攻擊。最重要的是，自二月以來，只有一個地區從反動資產階級路線的掌控中解放出來，那就是北京。四月時，革命委員會盛大成立，迎接一九六六年五月寫下第一張大字報的聶元梓和其他人加入。

革命未能按照計畫推展。但既然毛澤東絕對不會錯，失敗就只能是執行缺失造成的。中央領導階層有些成員支持恢復秩序，有些人則主張使用較為強硬的方法。但這些緊張情勢尚未化解，在武漢發生的事件就改變了這場革命的界限，引發一場軍備競賽，後來更將暴力事件提高到全新的層次。

＊＊＊

武漢和南京、重慶並稱中國三大火爐。它位於兩大河流的匯流點，湖泊眾多，經常因為豪雨而出現水患，而且夏天時高溫與濕氣籠罩，悶熱異常。武漢也是一座繁忙的內陸港及交通樞紐，在一九五〇年代轉型成重工業基地。毛澤東在一九五八年九月的大躍進高峰時造訪過這座城市，為一座蘇聯協助建造的大型鋼鐵聯合企業工廠舉行啟用儀式，參觀第一次開爐後，熔鐵從熔爐中流出的情景。

武漢和其他地方一樣，兩大派系的零星打鬥已經持續好幾個月，偶有數千名戰鬥人員以長矛、鐵撬和土製武器互鬥，造成致命的暴力衝突。舊秩序那一派占了優勢，因為黨領導受到全市辦公室僱員、技工、黨內運動人士和民兵所組成的組織保護；這個組織很自以為是地取名為「百萬雄師」。造反派則是鋼鐵工人、學生及來自北京的紅衛兵組成的聯盟。六月時他們遭到圍攻，並且因為百萬雄師強行徵用卡車攻擊他們在長江大橋對岸的根據地而有全面覆滅之虞；武漢鋼鐵公司就位在那個地方。造反派總部被占領時，有數十名捍衛者喪命。

軍區司令員陳再道公開支持百萬雄師。他一心一意要消滅反對勢力，沒有多留意林彪在四月下令禁止軍方對造反派開槍或解散其組織一事。

周恩來在七月十四日飛到武漢，想要把北京針對造反派組織地位所下的命令直接傳達給地方領導。當天晚上，正在私人火車上視察南方的毛澤東也來與他會合。就在同一天，其他代表也被召集到武漢來協助談判，其中包括曾在一九六六年八月呼籲警方支持紅衛兵的公安部長謝富治，以及文質彬彬、外表看來有如銀行家的王力；他已經相當習於代表文化革命小組奔走全國談判協商。

周恩來和他的特使們在與軍區司令部的高級軍官們所開的一系列激烈會議中，聲明了他們對造反派的支持。軍方強烈反對，但毛澤東在一場私下會面中說服了陳再道，告訴他該做自我批判了。對毛澤東忠心耿耿的陳再道就此讓步。周恩來心想危機已經化解，便飛回了北京。

此舉太過草率，因為陳再道無法控制武漢的緊張情勢。謠傳百萬雄師已經被一個以謝富治和王力為首的委員會盯上了，於是憤怒的士兵在晚間來到他們位於東湖的飯店。七月二十日清晨，他們將王力拖到軍隊總部，怒不可遏的人群在那裡毆打他、一把把地扯下他的頭髮，還打斷了他的腳踝。

自內戰期間陳再道效力於徐向前麾下的時候開始，林彪長期以來一直對這位武漢司令相當憎惡。他意識到這是另一個機會，可以再度打擊二月時反對他的那些老將領。他極力渲染這次事件，並且派部下把一封危言聳聽、但有江青背書的信送給毛澤東，警告他有生命危險。毛澤東勃然大怒，懷疑林彪利用他，把他當成自己計謀中的一顆棋子，不過在和趕回武漢的周恩來談過後，他還是配合了林彪。毛澤東在空軍官兵的護送下前往上海。武漢陷入動亂，橋梁關閉、通訊管道被封鎖、戰略建築遭占領、機場被奪下。警笛聲在河上作響，廣播車大聲播送批判造反派的口號。卡車在街道上穿梭，載著百萬雄師在市內各地攻擊他們的敵人。

海軍副司令員李作鵬人已經在武漢，準備保護毛澤東。他也得到了鄰省湖北的空降部隊支援。謝富治與王力在一場造反派的行動中獲救，並且在兩天後被偷偷送出武漢。

林彪立刻將武漢事件批為「反革命動亂」。毛澤東召集武漢所有的領導到北京說明情況，他們一降落就被手持步槍的士兵包圍，步槍上還裝好了刺刀。在京西賓館一場長達六小時的馬拉松式會議中，他們接受了嚴密的審問。空軍總司令吳法憲是林彪手下的人，他負責主持審問，對陳再道大呼小叫，甚至掌摑他。陳的上司徐向前則被控是這場叛亂的幕後主謀。京西賓館外面，有一百萬人在一場盛大集會中遊行迎接被奉為革命義士的謝富治與王力。擴音器播放著如雷貫耳的口號譴責叛亂：「打倒陳再道！」七月二十七日，新一批與林彪關係密切的軍方領導接掌了武漢，並強行將曾經壓迫過群眾組織的單位解除武裝。百萬雄師就此瓦解。造反派慶祝「武漢第二次解放」，對數萬名他們的敵人加以迫害。[5]

毛澤東在造訪武漢期間，於七月十八日與周恩來和王力會面時，曾經提到要把學生和工人武裝起來。一週後，王力和江青手下的文化革命小組為《紅旗》雜誌寫了一篇社論，標題為〈無產階級必須牢牢掌握槍桿子〉。這篇於八月一日刊出的社論號召群眾組織掌握武器，引用了毛澤東說過的名言：「不抓槍桿子，不用革命的武裝去反對革命的武裝，人民就不可能翻身。」文中又繼續提到，中國的赫魯雪夫已經將其親信彭德懷與羅瑞卿安置在人民解放軍中，陰謀奪權。正如同要把黨內一小撮走資本主義道路的當權派揭露出來，現在也需要把軍內一小撮走資本主義道路的當權派揪出。[6]

就在同一天，國防部舉行了一場盛宴，慶祝人民解放軍成立四十週年。代總參謀長楊成武在晚宴上演說時，將彭德懷與羅瑞卿指為反革命修正主義分子。高層軍官的掌聲稀稀落落，他們臉上則面無表情。不過江青炒熱了氣氛，她和林彪的妻子葉群從座位上起身，拿著酒杯在年輕一代的委員間穿梭。身著筆挺軍裝、微捲短髮上戴著軍帽的江青向坐得離宴會廳中央較遠的革命造反派和年輕幹部敬酒。對於為了這場宴會而齊聚一堂的軍官和將領，連看都沒有看一眼。[7]

《紅旗》雜誌的社論讚許林彪是毛澤東最忠實的擁護者。林彪利用這次呼籲武裝一事，為吳法憲、邱會作和李作鵬這三個協助他接管武漢的人提高了軍階。他們三人在內戰期間都曾在林彪領導的第四野戰軍中服役，但是在一九六七年的頭幾個月受到基層士兵嚴厲批評。現在林彪譴責攻擊他們的人，並要求左派得到武裝，因為要讓「壞人鬥好人」。這是他針對軍中的反對者，也就是正在奪權的那「一小撮走資派」，所發動的另外一擊：「現在的革命是革我們原來革過的命的命。」吳法憲、邱會作、李作鵬和廣東的軍方領袖黃永盛，不久後便成為這個接班人的「四大護法」。[8]

那篇刊登於《紅旗》的社論形同號召群眾發動內戰。革命的任務不再是奪下政權，而是要奪下軍權。這則通知在廣播中宣讀出來後，全國各地的造反派都開始攻擊軍火庫和軍隊司令部，搜尋武器。一陣暴力的狂潮席捲全國，同時毛夫人與林彪則聯手合作，攀上權力高峰。[9]

* * *

其中一場早期的主要戰事發生在上海。毛澤東從武漢抵達上海數天後，張春橋請求他准許工人自行組成民兵團。毛澤東默許了。八月四日，曾在一月時帶頭攻入市政廳的王洪文聚集了一支由十萬名配備草帽和鐵棍的工人組成的小型軍隊。他們的目標是一個吸引對張春橋及王洪文心懷怨恨的人加入的造反派派系，那些人都是被排除在權力之外的造反派、被打為右派的學生，以及被迫解散組織的工人。他們藏在上海柴油引擎工廠，那是一個範圍廣大的廠區，十年前在蘇聯的協助下成立。一架起重機被用來破壞金屬大門，同時另有推土機夷平廠區周圍的高大磚牆。一隊隊的戰士從破壞後的缺口衝入廠區，在一場計畫縝密的軍事行動中散開來，將裡面的建築一棟接一棟地占領。所有的反對者都遭到鎮壓。許多造反派被毆打得全身瘀青，少數幾個被丟在路邊等死。共有一千多人受傷，十八人死亡。毛澤東觀看過戰鬥的片段後，對王洪文的勝利予以稱讚。[10]

這只是開始。上海的工人很快便取得了輕武器和高射砲。到了一九七〇年，他們已經成長為一支擁有八十萬民兵的軍隊，其中許多配有在當地工廠製造的半自動武器。[11]

其他地方的武裝戰鬥比在上海還要劇烈得多。一如對上海柴油引擎工廠的攻擊行動，所有戰事都是由上層策動的。在長沙，一個由湘江風雷組織屬下的造反派所組成的鬆散聯盟在數個月前被宣告為「反革命」，並且在陳伯達一聲令下遭到殘暴鎮壓。八月十日，一道北京發出的指令推翻了判決。一名人民解放軍的代表在群聚的省領導面前，鄭重宣讀一封來自文化革命小組的電報，聲明湖南軍區司令部攻擊造反派是犯下了過失。軍方應支持湘江風雷，因為只有他們才是真正左派的代表。省領導被宣告為「走資派」，文化革命小組換掉了他，以毛澤東出生地韶山的黨委書記華國鋒頂替。[12]

三年前，華國鋒在韶山興建了一座獻給毛澤東的大型紀念館。這個園區和曲阜孔廟沒什麼不同，包含了毛澤東故居、他父母的墳墓、他上過的私塾、幾座宗祠，以及必有的雕像。此舉令毛澤東大悅。一九六七年六月，他派周恩來去和一個造反派組織談判，要求對方釋放華國鋒。現在湖南省由華國鋒掌管，他上任後的第一道指示就是鎮壓反對勢力。第四十七軍也在一旁協助他。這支軍隊曾效力於林彪手下，是第四野戰軍的一部分。

權力一夜之間轉移，造反派攻擊他們昔日的迫害者。他們在進行報復，攻進敵人的據點，砸破窗戶、扯下廣播系統、焚燒文件，並且以皮帶鞭打俘虜。一般平民則是過足了癮，把他們的憤怒發洩在原先支持舊秩序而令他們的生活悲慘無比的黨內運動人士、模範工人和忠誠幹部身上。

但是，造反派很快就因為無法決定要支持哪個軍方派系而開始起內鬨了。他們為了權力分配的事爭吵，因為有些人在臨時黨委會中並未占得席位。老同志反目成仇，大家開始爭奪以毛主席之名行使政權的權利。第四十七軍所分配的槍已不敷使用。他們從地方民兵那裡偷竊，也闖入軍火庫、攻擊軍事基地。他們擁有手榴彈、刺刀、機關槍、大砲和防空飛彈。八月的悶熱高溫中，子彈在街上飛竄，警笛在遠處呼號，卡車則在路上穿梭。夜裡實施了宵禁，但即使在白天，出門買菜的一般百姓如果離一些由武裝戰士看守的戰略建築太近的話，也會有被流彈打中的危險。「大家都用膠帶交叉貼住窗戶，以免市內的爆炸和砲擊把窗戶震碎。」發射大砲的都是經驗不足的造反派。一些砲彈打歪了，在屋頂上爆炸、掉在馬路上，或是打中建築物。天空在夜裡會出現閃光，白天時則是發出橘紅色的光芒。[13]

造反派利用他們的武器來取得因為嚴重受到運輸系統癱瘓影響而愈來愈少的糧食供給。搶劫糧食商店的事件不斷發生。八月時，長沙市中心人民路旁的攀西巷有一家店就反覆遭搶，損失了好幾公噸白米。會有卡車突然停在店門口，讓持有武器的造反派從車子後方跳下來，強行搬走一袋袋的糧食去「支援戰事」。[14]

一般百姓則趁著內戰之便來追究私人恩怨，而且對象不僅限於自己的鄰居。有數萬名村民無證居住在長沙。他們會痛打負責戶籍登記系統的公務員並洗劫其辦公室，撬開抽屜櫃搜索文件。那年夏天，他們在二十起這樣的事件中亮過槍。其中一次，有一名不滿的男子揮舞著一把左輪手槍大喊道：「誰說我不能拿居住證，我就對誰開槍！」動亂的規模令人難以置信。在單單一個市內行政區，僅是十天內就估計有二千六百人參與類似事件。[15]

江青和林彪無論在哪裡，都忙著煽動革命。在中國最貧窮的省分之一甘肅，他們的目標是汪鋒，這名黨領導在大饑荒發生後將農業管理的責任從人民公社手中拿走並歸還給村民。一九六〇年時，習仲勳曾經引薦過他。汪峰的地位在他的另外兩位恩師彭真和鄧小平失勢後，便愈來愈岌岌可危。他成了文化大革命期間，最先被毛澤東歸為「反革命修正主義分子」的人之一。[16]

甘肅的情況和湖南一樣，地方軍隊和軍區司令部是分裂的。中國劃分成十三個軍區，每個軍區涵蓋二到三個省，並且以其總部所在的城市為名。另外有各省軍隊，隸屬於軍區。蘭州軍區是中國的一個戰略要地，距離新疆和西藏都很近。然而甘肅省軍隊同樣駐紮在蘭州，而軍隊效忠於汪鋒。儘管周恩來一再指示，軍隊司令員仍然不肯背叛其省領導。一九六七年五月和六月，激烈的衝突令蘭州四分五裂。和其他地方一樣，令人眼花撩亂的眾多群眾組織大致分為兩個對立的派系。兩邊都認定自己才是毛澤東的忠實追隨者，但是他們對地方領導是否忠誠，看法卻是分歧的。一方批判汪鋒、擁護掌管蘭州軍區的司令員張達志。他們的敵人則將張達志視為「蘭州陳再道」，並且支持汪鋒和省軍隊。[17]

八月三日，北京認可蘭州軍區那一邊的派系為「真左派」。《紅旗》號召無產階級「牢牢掌握槍桿子」僅僅兩天後便發生這件事，緊接著全省各地都傳出了軍火庫及兵工廠遭攻擊的事件。在天水，一群紅衛兵闖入一家炸藥工廠，搶走了數百公斤的炸藥。他們使用機關槍和大砲進行革命。在平涼，所有出入縣府所在地的道路都被封鎖。「市民無糧可吃，所有工廠停工、商店歇業。」一則報導寫道。數千人與軍隊對立，其中包括數百名持有臨時自製武器的兒童。在合水，一處勞改營的囚犯聯合起來攻擊守衛，並且徹底搜索辦公室，尋找武器。[18]

在蘭州，似乎所有人都加入了爭鬥。工人在矛尖綁上螺絲起子。一籃籃的石塊被運到市內各建築物的樓頂。就連大飯店的服務生和廚師也圍著鐵砧製作武器。敵對者甚至在光天化日下互相追逐。有一批暴徒圍住一名男子，用臨時製作的標槍戳刺他的身體，直到他倒臥在汩汩流出的血泊中。一個經營一家小店的老年男子被人用長矛刺穿腹部。街道上滿布著屍體。[19]

這段時間裡，康生一直在北京與紅衛兵代表的私下會面中提供詳細指示。八月十日，他猛烈抨擊汪鋒，吩咐他的聽眾支持蘭州軍區，而且不要理會那些把軍區領導張達志批為「蘭州陳再道」的人。

然而，文化革命小組的領導們並不僅僅是聽命於毛澤東的爪牙。他們也會利用這個運動來解決私人恩怨。在這個一黨專政國家，人際關係比意識形態重要得多。善於記仇的人不只有毛澤東一個，他們都會仔細注意每一個小疏忽，並利用宮廷政治手法，在多年後對毫無戒心的受害者進行報復。數十年前，江青曾因為一嫁給毛澤東便被迫放棄政治活動而心懷怨恨。成為文化革命小組首腦後，她瘋狂追究家族世仇與私怨。在她面前只要稍不小心說錯話，就可能會造成致命的後果。

康生同樣心懷不軌，挾怨報復，最擅長捏造對敵人不利的虛假指控。一九六六年九月，他上書毛澤東，表示他懷疑六十一名曾於一九三六年向國民黨投降、後來獲劉少奇平反的黨領導成員是反共的。劉瀾濤是其中之一，他擔任西北局第一書記時，是汪鋒的恩師。毛澤東起初並不相信，但是在一九六七年三月改變了想法，於是有了「六十一人叛徒集團案」。此後數個月裡，在康生慫恿下意欲揪出黨內叛徒的紅衛兵調查了大約五千名幹部。有好幾名幹部因此被逼死。[20]

在與蘭州紅衛兵會面時，康生將矛頭指向一名曾在一九五〇年代初期觸犯到他的舊同事。「你們要除掉沙韜。」康生說道，並且解釋沙韜是個改名換姓的特務，在劉少奇手下工作。一週後，沙韜在蘭州被紅衛兵拖到外面，打得血肉模糊。他在獄中苟延殘喘了六年，經常被盤問他與其他嫌犯之間的關連。多年後，一項追蹤調查才完全還他清白。[21]

＊＊＊

現在人民有了武器，於是文化革命小組的成員也鼓吹大家以革命之名而戰。在重慶，一些紅衛兵甚至為三艘砲艇配備了大砲，並在八月時與一支由他們敵人操控的小型艦隊發生衝突，對方以機關槍朝他們開火。[22]在廣西省，造反派會打劫從蘇聯運送軍備到越南途中的貨運列車。光是八月十九日一天，就有數千枚防空機槍子彈被搶，使得派系衝突愈發激烈。[23]

然而，登上最多外國媒體頭版的事件是英國辦事處在一九六七年八月二十二日夜裡所發生的火警。紅衛兵好幾個月來都在圍攻被批為修正主義與帝國主義國家的大使館。同年稍早，蘇聯大使館周邊開始被一道憤怒的人牆包圍，一批批自以為是的紅衛兵封鎖了大使館，將一百七十名俄國人困在裡面。東歐、甚至西方國家的外交人員每天都冒著槍火帶上伏特加、啤酒、麵包、湯等補給品給遭到圍困的同事，還要被人羞辱、吐口水和推來推去。俄國人甚至一度將大使館的泳池注滿水，因為他們擔心市方會切斷供水。在夜裡，群眾會燃起營火，投射出模擬蘇聯領袖遭私刑處死的恐怖黑影。[24] 在肯亞大使館前，有一個臉部被塗黑的稻草人被吊起來掛在大門前長達多月。印尼和蒙古大使館則長期受到圍攻。[25]

沒有表現出絕對忠誠的外國人，全都成了眾矢之的，但是英國人受到的關注比誰都多。之所以會這樣，原因在北京南方大約二千公里外的英國直轄殖民地香港。一九四九年竹幕在中國降下後，這座城市便成了外界的一個觀察站，但是在一九六七年五月，暴力蔓延出了大陸的邊界。香港情勢有了大震盪，不再只是旁觀者。九龍一座塑膠花工廠的罷工活動很快就演變成一場大型公眾騷亂，有數千名抗議的工人加入。他們當中許多人住在九龍擁擠廉價公寓的分租小房間裡，當地街道上盡是破舊不堪的高樓。革命青年走上街頭向殖民政府示威，一邊揮舞著紅寶書，一邊高呼革命口號。隨著緊張情勢升高，抗議者開始朝警察丟擲石塊和瓶罐，警察則以警棍和催淚彈還擊。很快的，群眾開始在街上架起路障，把汽車翻覆，並點火焚燒一輛雙層巴士。

動亂起初是由當地共產黨精心策劃的，但北京很快就提供幫助，宣稱英國人在香港搞「法西斯暴行」。當時的英國駐北京代辦是一名溫和沉著、軍功彪炳的二戰軍官，名叫霍普森。他被召進外交部，接下一份最後通牒，文中要求將所有被捕的嫌犯釋放，並且賠償他們坐牢期間的損失。倫敦方面拒絕答覆。

廣州和北京都舉辦了聲援示威者的群眾集會。在香港有要求「血債血償」的大字報貼出；還有其他大字報強烈要求「紅燒白皮豬」。數以萬計的學生和工人罷工、罷課。中國銀行的擴音器大聲播放政宣內容，許多親北京的報紙則刊登極具煽動性的文章。但是運動未能取得更廣泛的支持。香港這座城市是由一波波來自大陸的難民建設起來的，一百五十萬的勞動人口中，極少有人對共產主義抱著遐想。到了六月底，罷課和罷工的氣勢便開始減弱。

接著，七月八日那天，在那條將小漁村沙頭角劃分為英國和中國領土的白色分界線那一頭，跑來大約三百名中國示威者越界侵入了派出所。警察一開始遭人投擲石塊和瓶罐，但是過了一陣子之後，一挺機關槍開始越過邊境掃射，殺死了五名警察。這個事件令暴力行為死灰復燃，暴動很快就癱瘓了大半個香港。

當地實施宵禁，警察也開始搜查疑似共產黨活動中心的地方。示威者則連續以炸彈攻擊警察局和政府建築，作為還擊。到了七月底，戲院、公園、市場和其他公共場所都被安裝了炸彈和許多假冒的「詐彈」，嚴重影響日常生活。它們之中有許多是透過從爆竹中取得火藥而粗糙組裝起來的自製裝置。不過有幾個確實能致命。有一枚炸彈被包裝成禮物的樣子，炸死了七歲女童黃綺文和她二歲的弟弟。拆彈專家拆除的裝置有八千件之多。八月二十四日，批評共產黨不遺餘力的當紅廣播主持人林彬被偽裝成道路維修工人的行刑隊困在自己的車裡。他和同車的堂弟被潑汽油，活活燒死。許多其他曾經公開批評示威者的知名人物，都收到過死亡威脅。[26]

這段時間，香港一直有傳聞說北京在邊境集結軍隊，準備奪回香港。然而毛澤東對他自己發起的運動，掌控權其實非常不穩，而且無論如何，共產黨都需要香港作為金融平台和與全世界接觸的窗口。香港這個英國殖民地則極度倚賴來自大陸的供水，一年的供應量為十億加侖。中國從未切斷過供水。[27]

但是武漢事件發生後，北京對英國大使館施加了更多壓力。儘管表面上紅衛兵在香港殖民政府鎮壓示威後持續吵著要復仇，這一切真正的目標卻不是英國。文化革命小組成員針對的是周恩來，他的地位在毛澤東於二月責難過那些老將領後，便嚴重減弱。無路可退的周恩來支持了毛澤東，但也因此處於江青的陰影下。很快地，周總理的罪證開始流出。北京有人貼出大字報，批評他是「資產階級反動路線」的代表，並且極力主張推翻他。殺傷力最強的文件來自天津，當地的造反派找出了一篇一九三〇年代早期的報紙文章，宣稱他曾經退出過共產黨。

那些造反派透過江青把他們的發現呈給毛澤東。江青信心滿滿，準備揭發周恩來，要他自己全盤供認。五月十九日，周恩來上陳毛澤東，呈給他一份篇幅極長的資料來證明報紙上那篇報導是當時他的敵人陷害他的手段。毛澤東對這件事並沒有不予理會，而是把周恩來的上陳書傳給文化革命小組的每一個成員。現在，他們有了在任何時刻都可以用來擊潰周恩來的武器。然而，一向喜歡在派系間挑撥的毛澤東並不想除掉他的總理。到了五月底，他指示陳伯達傳遞一份公告給紅衛兵，禁止他們再去挑周恩來的不是。[28]

武漢事件進一步強化了文化革命小組的掌控權。八月七日，腳上打著石膏的王力現身釣魚台國賓館，呼籲外交部的激進分子奪權。當時外交部長陳毅已經在中南海家中遭到數千名紅衛兵包圍。八月十一日，他被迫出現在一場群眾集會上，當場被指控想要向帝國主義者、修正主義者和反動派投降。王力的演說也激起了一股對在港英國人更加抵制的風氣。八月二十日，也就是黃綺文和她弟弟身亡的那天，英國駐北京代辦收到一份最後通牒，要求撤銷共產書刊的出版禁令。這份周恩來不得不批准的外交照會，期限於兩天後屆滿。[29]

隨著最後通牒被公開，激進學生開始對英國大使館施壓。八月二十二日早晨，一名在外國語學院工作的外國人看見一些他的學生沿學校旁邊那條兩旁樹木林立的街道走著，「臉上掛著歡樂期待的神情，就像夏天野餐的人一樣。」他們帶在身上的是罐裝汽油。到了午餐時間，英國大使館外面的群眾多到令二十二名外交官和職員困在裡面出不來。30

傍晚時，波蘭外交官嘗試警告英國外交官，紅衛兵正滾著一桶桶的油，朝英國大使館去，但是電話線被切斷了。依然離不開大使館的英國人中，有一些橋牌愛好者和霍普森玩起了牌，其他人則觀看彼得．謝勒演出的電影《做賊抓賊》。大使館外頭，探照燈四處搖擺，照亮了使館建築。晚上十點，一枚火箭砲從外交部發射出來。一直安靜守秩序地坐在緊密行列中的人群一致起身，開始憤怒地推擠由一小批士兵在大門前手勾著手形成的單薄封鎖線。他們咆哮著衝進大使館，館內很快便擠滿了人。困在裡面的人撤到登記處一扇厚重的金屬門後方，門外有檔案櫃和一座巨大的黃銅講台擋著。那扇門設於一九〇〇年，當時有數百名外國人躲藏在英國大使館，被清朝軍隊及義和團包圍了五十五天。

登記處外燃起火焰，燒著窗外的木製遮陽板。濃煙飄進屋裡，室內陷入一片黑暗。在狂亂的呼喊聲、口哨聲和窗戶碎裂聲中，還能聽到破城槌持續猛擊的聲音。它打穿了磚結構，牆上露出一個小洞。一隻拿著手電筒的手伸出洞口。此時濃煙的味道不斷擴散，投降顯然是唯一的選項。

大使館的人從逃生門走出來，等著他們的是一陣痛毆。有些人遭到暴徒拉扯，背部和肩膀被毆打。暴徒出手還算克制：打起來是很令人痛苦，但還不會致殘。他們也拍了照片，不過拍照過程也非常注意細節規矩。受害者的頭必須被扯著頭髮抬高，或者壓低，雙臂則要由兩個人抓緊。有幾個人在混亂中逃進了對面的芬蘭大使館，也有人躲起來。士兵將他們所有人聚集到一條巷子裡，避開群眾給他們禮遇，最後將他們帶上一輛卡車，載往外交公寓。當天深夜美麗而平靜，夜空中星光燦爛。從好幾英里外都能看見燃燒著英國大使館的烈焰。使館人員被軟禁了好幾個月之久才獲得自由。[31]

這是結束的開始。文化革命小組做得太過份了。第二天，周恩來將王力的講稿傳給人還在上海的毛澤東，藉此將批判的焦點從外交部移開。毛澤東幾經思量後，將他的決定告知代總參謀長楊成武，令其傳達回北京。他表示，王力和文化革命小組的幾名其他成員是在外面破壞革命的「壞人」，「你只向總理一人報告，把他們抓起來，要總理負責處理。」權力又從文化革命小組那裡回到了周恩來手上，而文化大革命的下一個階段也即將展開。[32]

第十三章　滅火

周恩來主持了一場長達十一個小時的批鬥會，被批鬥的人是王力，包含他姻親在內的所有親屬也都被批為「一窩黑垃圾」。[1]

王力和另外兩名文化革命小組的成員，都因為火燒英國大使館事件而受到究責。毛澤東利用了這個機會，和軍方內部日漸惡化的分裂問題撇清關係。他曾在四月時對那些老將領釋出善意，邀請他們參與他偉大的團結計畫。然而武漢事件發生後，那些老將領再度備受壓力，因為軍中出現了追捕「小陳再道」這類人物的現象。八月一日，《紅旗》雜誌號召無產階級「牢牢掌握槍桿子」，說要把軍隊裡的一小撮叛徒揪出來。毛澤東發現，這句口號造成的傷害已經快要達到危險的程度了。林彪利用這個運動來鞏固自己對軍方的掌控，毛澤東對他十分提防。這個接班人趁著陳再道垮台，派自己的手下管理武漢軍區。數週後，蘭州軍區宣布支持文化革命小組。在湖南，過去曾經為林彪效力的第四十七軍則奉命協助造反派。不只是軍方內部的權力平衡面臨崩潰危機，在全國的好幾個地區，不同的派系間都有暴力衝突發生，而這些派系背後的軍事力量所擁護的對象，也各不相同。

毛澤東看見了危機。在上海，他在《紅旗》那篇極具煽動性的社論旁批示了「還我長城」四個字——「長城」是他對人民解放軍的稱呼。於是，「尊敬軍隊」成了最風行的格言。九月五日，一個月前才慫恿造反派攻擊軍方的江青，嚴詞交代他們不得偷取解放軍的武器。她警告他們，士兵已經接獲了開槍還擊的指示。她所說的話在領導階層裡廣為流傳，傳達了黨的新路線。就在同一天，毛澤東簽署了一道行政命令，授權軍方對造反派組織採取自衛措施，欲藉此終結派系鬥爭。這道命令宣告了中央明確支持「偉大的領袖毛主席所領導的舉世無雙的人民軍隊——解放軍」。[2]

當文化革命小組努力撲滅自己在一個月前所放的這場火時，一連串的社論及通知也相繼發表出來。毛澤東巡視全國，造訪那些因派系鬥爭而差點釀成內戰的地區，呼籲所有革命勢力結成偉大的同盟。他總結說：「工人階級分裂成兩個水火不同的陣營，這毫無道理。」他的宣言被當作一個偉大戰略計畫當中的一環，在全國各地反覆播送，而這個計畫則是要號召所有派系以無產階級紀律的名義，團結一致。[3]

革命處於退潮狀態。北京市的牆壁、窗戶和人行道上的大字報都被清除，準備迎接十月一日的國慶。一個居民說：「這座城市如何被那些寫大字報的人淹沒在紙海中，無論怎麼描述，都無法向沒有親眼看過的人精確形容那種程度。」經過幾天的擦洗後，牆面幾近完全清潔。現在只能張貼官方的標語和大字報，而它們所鼓吹的都是團結、生產，以及支持解放軍的重要性。在大學校園中，擴音器日復一日地大聲播放著同樣的訊息：「團結一致！」「在工人階級內部，沒有根本的利害衝突！」[4]

十月一日，在一場展現團結的盛會中，五十萬名士兵在一尊銀色的毛澤東塑膠人像帶領下，列隊走過天安門廣場。跟在他們後方的是數十萬名被迫一起行進的平民，其中有許多還和敵對派系的成員同組。講台上站滿了軍方的大人物，毛澤東身邊的重要位置都是老將領，包括陳毅、徐向前和葉劍英。[5]

原本已經成為文化革命小組喉舌的《紅旗》雜誌安靜了下來。江青退隱幕後，然後乾脆離開北京，去杭州休養。到了一九六七年底時，文化革命小組已處於黯然失色的狀態。周恩來成為焦點所在，他多數時候都在幕後進行談判，意欲讓不同的派系團結起來，形成先前大力預告的偉大聯盟。毛澤東現在為革命設下了時間表，決定各地都要在一九六八年的年底前成立革命委員會。不再透過暴力奪權來達成革命的目標，而是透過和平談判。七嘴八舌的代表們一批接著一批來到北京參與談判，每個派系都想在新的革命委員會裡取得一席之地，周恩來守在人民大會堂裡，努力從他們之間找出折衷之道。[6]

* * *

這時候出現了第三個派系，一般人稱之為「逍遙派」。這個派系由對局勢感到失望的人所組成，刻意置身於政治之外，而且無人領導。他們都是從派系鬥爭中默默退出群眾組織的人，來自政治光譜的所有部位，不過都有一個共通點，那就是對政治已經不抱任何幻想。一九六七年底，廈門的凌耿發現已經召集不到足夠的人來舉辦群眾集會了，夏天時還會有幾千人自豪地展示自己的武器，現在會響應號召的不過幾百人。「每個總部裡的人員都愈來愈少，最後整個辦公室都沒人了。」[7]大家學乖了，對政治或其他方面的鬥爭感到倦怠，甚至厭惡。情況開始變得無趣且了無生氣。文化大革命拖得太久了，刺激感早已消失，那些曾經大聲疾呼革命正義的人，不再深信所有的互相謾罵、凌虐和殺戮是有意義的，有些人甚至在夜裡難以成眠。

意興闌珊的學生把時間用於幫忙家務、看小說，或者打牌、下棋。他們過的生活相對而言自在逍遙，但也沉悶無比。公園被搗毀了、圖書館關閉，任何形式的社團都遭到禁止。「幾乎完全不能看書、不能聽音樂、不能看電影、不能去劇院、不能逛博物館、不能去茶室，簡直沒有辦法打發時間——只能打牌，這項活動雖然沒有得到官方正式批准，卻私下再度風行了起來。」[8]

那些不再與派系鬥爭有所牽連的人，開始玩起音樂或組裝電晶體收音機。被批為屬於「資產階級」的休閒活動重新復甦。西安的康正果和一些朋友，在位於市內穆斯林區的大清真寺裡發現了大量黑膠唱片，他挑了俄羅斯民謠唱片帶回家，「對我和這些朋友而言，這段時期宛如一場小規模的文藝復興，是這片文化沙漠裡的一點甘泉。」[9]

康正果也悄悄取得了許多各種書籍，包括一些中國文學經典名著。其中一本是未經刪節的完整版《金瓶梅》，這是一部情色小說，故事背景設定在北宋時期，描寫一名富家浪蕩子的情欲生活。遺憾的是，一些重要的頁數不見了。翟振華在一九六七年三月被逐出所屬的紅衛兵組織，此後便立刻成為逍遙派，她從學校圖書館取得了讀物。圖書館被人用木板封了起來，因為大部分的窗戶都被砸破了，但是有些條板是鬆動的，可以移開。文化大革命發生前，學生從來不准靠近那些書架，現在她可以從所有禁書中隨意挑選想看的。她最喜歡的是居禮夫人傳記。[10]

有些人選擇了出去走走。有人騎上了腳踏車，開始在鄉間探索。少數人在一年前那段可以免費出行的狂亂高峰期學會了開車，現在就開著車出去旅遊。然而他們都遠離與共產黨有關的歷史景點，而是往大自然走。學生宋永毅在一九六七年稍早曾經加入一個反張春橋的造反派組織，此時他搭便車從上海到了黃山，這處位於安徽南部的絕美山區有溫泉、松林，以及嚴峻崎嶇、高聳入雲的花崗岩峰。他和朋友一路上用毛澤東徽章換取搭車的機會。[11]

退出政治的不只有學生，部分造反派工人也沉浸於看似無憂無慮的安逸當中，因為工作紀律已然鬆弛，讓厭倦政治的人享有許多空閒時間。南京的方子奮加入了一群同樣是壞階級背景出身的朋友，他們喜歡談論音樂、文學和電影。和康正果一樣，他們也找到了一批紅衛兵在一年前搜掠民宅時沒收的唱片，其中他們最喜歡的是柴可夫斯基和莫札特。他們也在紫金山的一些歷史景點舉辦郊遊活動，那裡就是一九六六年陳志高服下氰化物自盡的地點。[12]

也有少數人加入了幫派。黑社會在城市中蓬勃發展，職業犯罪組織與意氣相投的年輕結拜兄弟互鬥，並且吸收孤兒、少年犯、失勢的紅衛兵、父母被送去勞改營的孩子，以及躲藏在城市中的農民。這些幫派當中有許多都仿效黨的階級組織，將總架構劃分為好幾個層級。多數幫派都非常窮困，但是至少幫派成員的生活看似是「超越政治」的，或多或少擺脫了文化大革命那些永不停歇的運動。[13]

但是，隨著派系間的暴力衝突開始減少，軍方掌握的權勢愈來愈大，那些為數極少的相對自由領域也宣告終結。武器被收繳，學生回到學校，工人也恢復了完整的工時。

政治立場有問題的幹部們，得到了改造思想和重新加入偉大革命聯盟的機會——然而是在軍方的監督之下。長沙的軍隊終結了一整個夏天的殘酷爭鬥，可疑的幹部一批接著一批被送進市內的黨校，上毛澤東思想學習班，同時他們的案件開始接受調查。許多人將此視為證明自己清白的機會，也很慶幸自己受到保護，不用再被群眾組織逼著沒完沒了地遊街示眾和接受批鬥。[14]

＊＊＊

在黨的整體威望逐漸消退之際，對毛澤東的個人崇拜則日益增強。到處都開設了毛澤東思想學習班。解放軍多年前就開始支持毛澤東思想，現在他們利用這種「領袖崇拜」來施行命令與紀律。依照林彪的說法，這種個人崇拜將會團結「整個黨、整個軍隊，以及全體人民」。

一個名為「三忠於四無限」的運動在一九六八年三月展開。這個運動把毛澤東崇拜提升到新的境界，要求對毛主席、他的思想和無產階級革命路線絕對忠誠。在學校、辦公室和工廠，都設有敬拜毛主席的聖壇。用大紅色紙張剪成的「我們心中的紅太陽」幾個大字，在他的肖像上方排成拱形，他的頭部綻放出太陽的光芒。一名辦公室員工回憶起當時：「每天早上，我們都會拿著紅寶書站在聖壇前，大聲朗讀幾段。然後我們會一邊揮舞紅寶書，一邊說三次『祝偉大的領袖、導師、舵手毛主席萬壽無疆！』以及『祝林彪副主席永遠健康！』我覺得那很愚蠢，幾乎就像是種宗教。文化大革命結束後，我發現我們多數人都那麼認為。然而，在當時，沒有一個頭腦清楚的人膽敢像這樣公開說出來，討論就更不用提了。」[15]

在新開設的教室裡也一樣，除了紅寶書以外，什麼都缺。高原和同學每天早晚都必須在毛澤東肖像前集合，高喊口號、唱歌，並且揮舞紅寶書。正定縣在夏天經歷過派系間的血腥戰鬥後，人民很歡迎這種暫時的安定，而且有些學生很快就開始把這個運動帶往了新的方向。毛語錄比賽變得相當流行。那些學會了占領建築、綁架敵人、凌虐俘虜、打造武器、發射槍砲的學生，現在則試圖在精通紅寶書方面勝過對方。有一名學生可以將全書二百七十頁一字不漏地背誦出來，另一名學生則能正確說出任何指定頁數上的語錄。高原在這方面的表現不太好，但他可以毫無瑕疵地背誦毛澤東的詩作，讓他的同伴佩服不已。不久後，人民在日常情況下都引用語錄交談，以毛主席的智慧箴言取代了閒聊。[16]

北京有人販賣小型聖壇，打開來是相連的三折。中間是一幅毛澤東肖像，左右兩邊則寫有毛語錄。這種崇拜用的物品取代了家裡的舊式神龕，大家每天一起床就會先與毛主席面對面，晚上也會向他彙報一切。

甚至還有一種「忠字舞」，由幾個把手從胸口伸向前方毛主席肖像的動作組成。這種舞的伴奏歌曲是〈敬愛的毛主席〉。電視上會整晚播放儀式性的歌舞，舞台中央通常有一座巨大的半身像，發出隨著電流切換而跳動閃爍的光線，宛如光芒與能量從神的頭部放射出來。[17]

毛澤東的雕像無所不在。教室、辦公室大廳和會議室裡都有他的半身像，通常是顏色慘白的石膏像。每個玄關和迴廊都立起了等身大小的雕像。戶外的大學校園和市區公園裡則矗立著以他為形象的紀念碑，將他塑造成伸出右手接受群眾崇敬的模樣。成都在四月分爆發第一場武裝衝突事件，市中心的一座古代宮門被炸毀，以騰出空間來放置一座巨大雕像。出現了一種稱為「忠誠車」的卡車，像遊行用的花車一般裝飾著紅絲帶，專門運送山上開採出來的白色大理石。在採石場，一批批汗流浹背的工人拋開所有機械不用，徒手工作以展現對領袖的忠誠。[18]

政府單位爭相展示更好、更高大、更昂貴的雕像。一九六八年，上海的公家單位設置了六十萬座以上的雕像，其中許多是石膏像，不過也有用鋼筋混凝土、鋁和馬口鐵製作的。有些宏偉的雕像聳立在行人上方，高達十五公尺，也有一些規模較小，只有三公尺高。稀有的資源被大量投入這種非正式的競爭，這座城市在一九六八年時，光是馬口鐵就用掉了九百公噸。上海鋼鐵研究所不出所料，改為生產不鏽鋼以設置自己所內的紀念碑，耗資十萬元。另一個單位為了製作自己的雕像，挪用了將近四十公噸原本要用來建設倉庫的混凝土。[19]

對領袖海報、肖像、聖壇與雕像的需求彷彿永無止盡。然而製作崇拜用具其實是有危險的，只要畫錯了一筆、製作石膏像時手抖了一下，任何看似無害的小過失都可能招致長久的政治後果。藝術家和其他人一樣，都是國家的僱員，而他們應當把自己當成不帶個人意識的媒介，透過忠實複製領袖的形象來連結人民與領袖。有許多探子和告密者隨時等著告發藝術家或者有意、或者無意地在描繪領袖時摻入個人風格。在上海，一般百姓都會寫信投訴，認為製作不夠精良的毛澤東肖像會給他們帶來「不良的政治影響」。跟從群眾明哲保身的陳素真，便寫了一份由她在衛生局的同事簽署的請願書，投訴有產品將全民的領袖表現得「不夠莊嚴及誠懇」，顯然這樣的作品「讓人民在看見它們時，深感受到冒犯」。[20]

這種投訴引發了嚴重的後果。有一位著名的肖像畫家張振仕，在複製量最大的毛澤東肖像中，有一幅就是他畫的。在他畫的其中一幅肖像裡，毛澤東的臉稍微偏向了錯誤的方向，他因此被毒打。畫家石魯出身於富有的地主家庭，同時也是版畫大師及書法家，他在一九五九年的一幅作品，將毛澤東畫在一座前方沒有去路的懸崖之前，因而遭到責難。一九六七年，石魯入獄，被監禁了三年。[21]

因為這樣，沒有幾個專業藝術家願意冒著賠上自己事業的風險來大量創作需求居高不下的肖像。供需之間的落差於是被有事業心的個人利用，他們通常出身於政治不正確的階級背景。南京那位把空閒時間用來和朋友討論古典音樂的方子奮，便拿起筆刷，為沒有能力聘請知名畫家的政府單位繪製大型壁畫。他從來沒有收過現金，但是雇主都會提供他食宿。一幅大壁畫耗時多達二十天，小幅的則要一整個星期。這份工作讓他有很多時間閱讀。[22]

蕭牧也是階級背景不佳的邊緣人，卻因為毛崇拜而獲得成功。他十年前曾在百花齊放運動期間發言，因而被劃為「右派」，現在和他的團隊靠著在政府機關的牆面漆大型標語，一個月可以賺上一千元。他們按字數計費，而且可說是把一整座城鎮都漆成了紅色。蕭牧曾經短暫嘗試製作雕像，但是做這行的風險太多了，被退貨的產品必須藏在麻布袋中，趁夜丟進湖裡。由於擔心被控污衊毛澤東，他只做幾天就放棄了這個計畫。[23]

＊＊＊

這波運動在一九六八年三月平緩下來。一九六七年八月英國大使館被縱火後，毛澤東便下令收手。文化革命小組在那之前的幾週裡做得太過火，不但呼籲軍隊要肅清內部，還煽動造反派奪取武器。他們為此付出了代價，毛澤東處分了數名小組成員。最近垮台的一名成員是戚本禹，他是激進派理論家，也經常為《紅旗》撰文。他被逮捕、審判，並且於一九六八年一月送進監獄。然而，毛澤東雖然打算保護軍方並抑制派系暴力，他並無意全然放棄文化大革命。軍方接掌權勢的速度相當快，這讓他提高了警惕，也擔憂軍方藉著宣揚毛澤東思想來掩飾自己的權威。各地成立的革命委員會主要由軍官掌控，它們看起來令人不安，就有如軍政府似地，將實權集中在軍方手上。

這些委員會中，許多都是由效忠老將領的軍區軍官所把持。雖然林彪在夏天時取得一場重大勝利，將一些黨羽安插在幾個軍區的重要職位上，但他在軍中的威信其實一點也不牢靠。羅瑞卿失勢後，林彪親自拔擢了九月時曾經在周恩來和毛澤東之間來回奔走的代總參謀長楊成武。但是一九六七年二月過後，林彪對楊成武起了疑心，因為他開始支持周恩來，想要保護一些老將領。楊成武陪伴毛澤東在全國各地進行長途巡遊，但是林彪要他報告毛澤東說了哪些話時，楊都含糊其詞。[24]

另一個可能的威脅來自北京衛戍區司令員傅崇碧。他和楊成武一樣，都效忠於那些老將領，而且，在文化大革命期間，他曾經動用北京的軍隊保護軍中將領，讓他們免於被造反派攻擊。他的手下負責高層領導的人身安全，包括守衛林彪官邸，以及文化革命小組辦公室所在的釣魚台國賓館。如果老將領們發動政變，那麼傅崇碧就是取得權力的關鍵之一。[25]

一九六七年十一月，楊成武寫了一篇社論，號召全國「大樹特樹偉大的毛澤東思想的絕對權威」。毛澤東在十二月十七日發了一封短箋給林彪、周恩來和文化革命小組，表達警告之意。他在短箋中表示，所有的權威都是一貫相關的。他這麼做是為了挽回文化革命小組的威信。到了一月底，江青復出並接見來自全國各地的造反派代表。三月十五日，她陰沉地暗示「右派主義」潛藏的危險，她視其為「主要的危機」。數日後，她在林彪的妻子葉群、康生、陳伯達及吳法憲的陪同下，向來自浙江的代表團說：「去年冬天以來，全國有一股右傾翻案風。」[26]

一週後的三月二十二日，傅崇碧、楊成武以及一名空軍政治委員遭到逮捕與整肅。江青指控北京衛戍區司令員傅崇碧在代總參謀長楊成武的指示下，密謀以武裝軍力攻擊她的總部。廣東的軍方領袖黃永勝接替了楊成武的職位，他是林彪的「四大護法」之一。北京衛戍區的指揮權顯然是由林彪這位接班人的另一個忠實追隨者接下了。

兩天後，林彪和周恩來都熱烈吹捧江青，說她有「很大很大的作用」、她有「很大的創造性」、她能「發現很多問題」、她樹立了「很多的功勳」、她是「偉大的無產階級戰士」。周恩來在人民大會堂的一場高層領導會議上慷慨激昂地高呼：「向江青同志學習！」其他領導也跟隨他致上崇高的敬意。報紙上也刊出了歌功頌德的長篇文章，四月七日，《人民日報》將林彪和江青形容為毛澤東「最親密的戰友」，書店顯然也開始接受預訂《江青同志講話選集》，不過這本書從未出版過。[27]

＊＊＊

楊成武被逮捕的那一刻，造反派的希望便又重新燃起。高層的權力轉移，引起了各地方的迴響。

在正定縣，高原開始夢想情勢逆轉，他的敵人長久以來不停誇耀自己所支持的地方軍隊與楊成武有直接關聯，現在他們失去最重要的代言人了。然而他的夢想很快就宣告破滅，縣裡的革命委員會主要都是地方軍隊司令部的軍官。高原有一個同學是敵對勢力的領袖，他當上了副主任。28

傅、楊被捕事件在全國各地引發了反響，原本跟隨楊成武的「反革命兩面派」，在山東、遼寧和陝西這些省分都遭到追捕。原本只剩下部分地區還會零星發生派系鬥爭，現在重新大規模席捲湖南、四川、廣東和廣西。但是，毛澤東開始在國家裡培植對立的軍方派系，讓情勢變得更加令人困惑了。毛澤東需要接班人林彪來推動文化大革命，但對於林彪的勢力坐大也極度當心。林彪的忠誠追隨者中，許多出身於第四野戰軍，毛澤東卻支持由徐向前元帥領導的第四方面軍，以及曾經為鄧小平效力的第二野戰軍。他正在利用來自地方軍隊的將領牽制林彪。

許世友是這些將領之一。身材魁梧、露出金牙的他被稱為「和尚將軍」，因為他在一九二〇年代中期加入共產黨之前，曾經在少林寺當過學徒。他原本在第四方面軍服役，效力於張國燾手下。毛澤東在大長征期間與張國燾起過衝突，到了延安之後，就對第四方面軍進行了嚴苛的肅清。許世友被控領導一個「反革命集團」，但是毛澤東解救了他，親自解開他的鐐銬。許世友批判自己昔日的領導是「機會主義者」和「投機分子」，並且將自己往後的軍旅生涯全部奉獻給毛澤東，就像被收養的狗那般忠心。一九五四年，許世友當上了南京軍區司令員。他鄙視紅衛兵，稱他們為破壞社會秩序的土匪，也對聚集在江青身旁那些激進的思想理論者表現出蔑視的態度。他在一九六七年成為造反派的目標，不得不躲藏起來。這次毛澤東再度出手干預了，他很清楚，有了許世友，戰略地位極其重要的長江下游就會處於他的掌控之下；而一九六七年十月一日在北京舉行的國慶閱兵大典上，許世友就站在他身邊。經過幾個月漫長的派系協商後，南京終於成立了一個省級革命委員會，毛澤東也安排許世友當主任。許世友上任後，立刻著手打擊以前的對手和可能成為政敵的人，藉此收緊他的控制權。[29]

就軍事角度而言，廣西省是比南京更加重要的地區，因為該省與越南接壤，邊境長達六百公里。廣西的鄰省廣東有強大的空軍與海軍基地，由身為林彪「四大護法」之一的黃永勝掌控，只要能同時控制這兩省，就可以在南方建立足以挑戰北京的權力基礎。廣西和其他每一個省分一樣，有兩大主要派系，其中一方支持出身當地的廣西省省長韋國清。他出生於一個壯族家庭，壯族是在廣西分布廣泛的一支少數民族。韋國清十六歲加入共產黨，曾經在鄧小平手下一路高升，而且與第二野戰軍有密切往來。與他對立的是一個鬆散的造反派聯盟。韋國清有省軍方的支持，但是軍區司令部卻掌控在廣州的黃永勝手中。一九六七年二月，一個屬於第五十五軍且與林彪的第四野戰軍關係密切的單位，遵從毛澤東「支持左派」的命令，被派到廣西幫助造反派，很快就與廣西省委副書記伍晉南聯手了。兩個派系在不同的軍隊支持下，打得非常激烈。周恩來站在韋國清這邊，而康生甚至在一九六七年六月斥責伍晉南是叛徒。然而，七月發生武漢事件之後，輪到了韋國清被指為廣西省的「陳再道」。此時雙方都公然奪取軍隊的武器，並為此襲擊運送軍備去越南的貨運列車。夏季期間發生了不少血腥戰鬥，一九六七年七月二十二日，省會南寧爆發了一場數萬人參與的大規模武鬥，三百人喪生。[30]

在高層干預之下，派系衝突變成了激烈的內戰。周恩來與林彪都在利用代理人為自己打仗，雙方都想把自己的人馬安插在即將掌管廣西的革命委員會當中。到了一九六七年底，爭奪省內重要城市控制權的戰鬥中已經用上了迫擊砲、機關槍和汽油彈。然而，權力平衡開始偏向韋國清。毛澤東數次脫口說出了對他有利的話。韋國清在十一月自願進行自我批判後，毛澤東表示韋國清只是犯了「幾個錯誤」，可以輕易改正。幾個月後，周恩來提議派遣一個營的軍隊去協助韋國清鎮壓造反派。來自第五十五軍的部隊開始悄悄撤退，留下造反派自生自滅。一九六八年三月發生了大規模屠殺，最終奪去了數千名造反派受害者的性命。[31]

一九六八年七月三日，毛澤東終於親自介入，譴責廣西的派系鬥爭是「一小撮階級敵人破壞無產階級專政」，並且下令立刻停止暴力衝突。韋國清趁這個機會迫害反對他的人，命令手下「向階級敵人刮十二級颱風」來除掉他們。造反派在南寧的解放路上有幾處據點，結果整片區域不斷遭到砲火攻擊。經過迫擊砲和大砲一連兩週的劇烈轟炸後，該區有兩千多棟房屋變成瓦礫堆。幾千名造反派被關押在臨時牢獄裡，其中許多人受到嚴刑逼供。後來有二千多人遭到處決。一批為數二十六人的囚犯，在當地一家攝影工作室前被士兵當場射殺。軍方無法將數千名造反派從他們藏身的混凝土防空洞逐出，便打開附近一條河流的水門，用洪水把他們逼出來。散落在市內各處的屍體太多，只能把它們丟進煤礦坑和壕溝裡。一大群火葬人員分成八組，忙了好幾個星期才將六百多具遺體焚化完畢。清潔防空洞時用了大量的甲醛及其他消毒劑，但是屍體腐敗發出的惡臭在炎熱、潮濕的夏天裡持續了好幾個星期。[32]

季風帶來雨水，使流經廣西的幾條主要河流水位暴漲，數千具屍體也被一併沖走，流過稻田和石灰岩山區，最後流入離香港不遠、位於南寧下游大約五百公里處的珠江。在這裡加入它們的是廣州受害者的遺體；那年夏天，廣州也爆發了激烈的派系鬥爭。香港警方在港口裡撈起了數十具屍體，其中有許多遭到綑綁及肢解，模樣慘不忍睹。搭乘渡輪前往澳門的乘客，可以看見從大陸漂到下游來的浮木和殘骸中夾雜著屍體。[33]

那個夏天，廣西省全境有八萬人遭到殺害。地方民兵與軍方聯手，在各地追殺疑為造反派和政治棄卒的人。在柳江，部分受害者當眾被斬首，砍下的頭顱會被拿來展示，並且附上一張註記，上面寫著「反革命」。在一處人民公社裡，謠傳指出地主即將發動反革命陰謀，奪回自己的土地，結果有大約六十人被反綁雙手，送往一處荒野，然後被強押著跪下，任人拿鎚子重擊他們的頭。34

然而，最黑暗的慘劇發生在武宣，這個座落在高聳石灰岩山間的古老市集城鎮有一條河流經過，還有一道長長的石階通往河岸，岸邊又大又平坦的岩石被當成了屠宰台。周石安便是受害者之一。他是個「壞分子」，曾經因為在大饑荒期間偷了一袋白米而被判服刑七年。他在文革進行得如火如荼之際，從一個勞改營返家，在此之前，他弟弟曾經領導過一個造反派組織。「這是周偉安的哥哥。他是來幫他弟弟報仇的！」一名迫害者高喊道。當時他弟弟已經被切塊分食，頭和一條腿被放在市集裡展示。現在輪到周石安了，一把五英寸長的刀切開了他的胸膛。此時他還活著。一名地方領袖挖出他的心和肝，其他村民也有樣學樣，把受害者分食到只剩下骨頭。武宣總共有七十多名受害者被吃下肚。

分食階級敵人的儀式裡也有階級之分。領導人才能享用與豬肉和少許香料混在一起的心和肝，而一般村民只能分食受害者的手和腳。幾名教師在一所中學被分屍後，一群人把肉塊裝在袋子裡拿走，袋子還滴著血。學生在臨時以磚塊搭成的爐台上用砂鍋煮肉。監督宰殺過程的學校革委會副主任後來被開除黨籍，但是對自己的行徑卻相當自豪：「吃人？那可是地主的肉！漢奸的肉！」後來的一項調查列出了武宣受害者的所有死法，包括「打死、溺死、槍殺致死、捅死、砍死、拖死、活活切碎、砸死，以及吊死」。35

一九六八年八月二十六日，廣西省終於成立了新的革命委員會。成立儀式非常盛大，包括為一座巨大的毛澤東大理石像揭幕。北京也發來了賀電。

＊＊＊

在毛澤東將廣西的派系衝突歸咎於「階級敵人」與「反革命」，並於一九六八年七月三日發布的指示中要求暴力行為即刻停止時，他其實是在對全國各地的造反派喊話。他所說的話廣為傳播，但在中國的某些地區，暴力事件依然持續發生，未見衰退。七月二十四日又有新的命令發布，要所有造反派遵從七月三日公布的指示，放下他們的武器。接下來那段時間裡，毛澤東為了宣揚黨的新路線，便派出大批由工人組成的毛澤東思想宣傳隊，深入大學。

七月二十七日那天，來自六十多家工廠的大約三萬名工人朝清華大學前進，一邊揮舞著七月三日指示的副本，一邊高喊「要文鬥，不要武鬥」。他們遭遇死硬派的殘存紅衛兵激烈抵抗，對方擁有衝鋒槍、步槍，甚至還有一輛臨時自製的坦克車。這些學生開火殺死了五名工人，另有許多人受傷。到了此時，大多數的學生都離棄了他們的校園。還在堅持抵抗的人早已迷失在一個看似永無休止、並且已經失控的派系鬥爭輪迴中。不過，他們的隊伍因為數百名其他省分的造反派到來，而有了復甦跡象。這些造反派中，有部分是在韋國清不斷攻擊南寧的解放路時設法逃出來的。兩年前挺身反抗工作組的火爆領袖蒯大富，現在則宣稱有一隻「黑手」派了那批工人來摧毀他的革命。36

蒯大富和其他四名紅衛兵領袖被召去人民大會堂開會。數天前的七月二十五日，周恩來與康生才分別接見來自廣西的造反派，指責他們為階級敵人工作。康生盤問道：「你要老實交代在北京造了些什麼謠言？參加了些什麼黑會？搞了些什麼黑活動？哪個黑司令部指示你的？」陳伯達也插話：「清華能解決你們的問題嗎？蒯大富不要狂妄自大。什麼叫馬列主義，什麼叫毛澤東思想，他們懂得多少？」[37]

在人民大會堂，毛澤東由江青、林彪、周恩來、葉群、康生、謝富治和其他文化革命小組的成員陪同。與他們面對面的是最具影響力的紅衛兵領袖當中的五名，其中包括現已成為市革委副主任的聶元梓。蒯大富因為還身陷清華大學的衝突中而來晚了。於是毛澤東先聲奪人，對蒯大富聲稱在進駐他學校的宣傳隊背後有黑手一事譏諷了一番：「黑手就是我嘛！他又不來抓，抓我就好，來抓我嘛！」

毛澤東指控造反派刻意無視他七月三日的公告：「有人講，廣西布告只適用於廣西，陝西布告只適用於陝西，在我這裡不適用。那現在再發一個全國性的布告，如果誰繼續違反，打解放軍，破壞交通，殺人放火，就是犯罪。如果有少數人不聽勸阻，堅持不改，就是土匪，就是國民黨，就要包圍起來，還繼續頑抗，就要實行殲滅。」[38]

八月五日，也就是毛澤東用自己親自寫的大字報宣告「砲打司令部」後兩週年，他送了一籃芒果給清華大學毛澤東思想宣傳隊裡的工人，那些芒果是巴基斯坦外交部長在北京進行正式訪問時送他的禮物。隔天，宣傳機器便加足馬力使勁宣傳，各地報紙都報導了工人們的歡欣雀躍。他們開心歡呼，感動落淚，高喊著毛澤東的語錄，誓言對主席效忠。所有人都明白了此舉的含意，曾經屢次遭紅衛兵劫掠的前殼牌公司總經理的遺孀鄭念亦然。她在上海市第一看守所的牢房中讀了《人民日報》的報導後，便明白芒果是一記清楚明瞭且意味深長的警告，要學生們不得反抗宣傳隊的懲戒行動。這表示工人又重新掌權了。如果這樣的訊息還不夠清楚，那麼姚文元還寫了一篇文章，提供了革命最後一個階段的立論基礎。文章的標題是〈工人階級必須領導一切〉。[39]

這是紅衛兵的末日。最後一輪憤慨激昂的指控和反控結束後，大學校園中擴音器持續不斷的喧鬧聲終於停止了。北京一片寧靜，令人欣喜。學生們看起來死氣沉沉，他們跟在毛主席的肖像後方行進是因為習慣了，而不是出於信念。毛澤東暫時擱置了文化大革命。[40]

接下來的幾週，宣傳隊進入了全國的大學和中小學。他們的正式名稱是「工農毛澤東思想宣傳隊」，不過隊伍中並沒有農民，也只有幾個工人。這些宣傳隊都是由打扮成平民的軍人及忠誠的黨幹部所組成的。

宣傳隊掀起了芒果熱潮。在清華大學，那些毛澤東贈送的神聖芒果中，有一顆被保存在裝了甲醛的瓶罐裡，供所有人瞻仰。很快地，到處都出現了塑膠和蠟質的複製品，同時有數百萬名工人排隊，就為了一睹神聖的芒果。在靠近西伯利亞邊境的大慶油田規定每個人都要去看芒果，於是工人全數在零下三十度的隆冬時節，搭著沒有暖氣的巴士去觀賞這顆國寶。大家都知道他們看到的是蠟製的山寨品，但是無人吭聲。芒果的圖像出現在徽章、鉛筆盒、糖果包裝紙、被套、水盆、杯子和餐盤上。十一國慶的遊行上還有巨大芒果花車。還有一部名為《芒果之歌》的電影推出。[41]

一九六八年九月七日，周恩來站在天安門廣場的講台上，宣布全面勝利，所有省分和主要城市都成立了革命委員會。周恩來說：「現在是全國山河一片紅……這可以說，我們終於在這二十個月反覆的鬥爭中，粉碎了以中國赫魯雪夫為首的黨內一小撮最大的走資本主義道路當權派的反革命修正主義分子、叛徒、特務、內奸企圖復辟資本主義的陰謀，實現了我們偉大領袖毛主席發出的偉大號召。」一個月後，劉少奇被正式開除黨籍，並且宣告為「一個埋藏在黨內的叛徒、內奸、工賊，是罪惡累累的帝國主義、現代修正主義和國民黨反動派的走狗。」[42]

第三部

黑色年代（一九六八—一九七一）

第十四章　全面肅清

一九六八年九月七日那天，周恩來宣告全國山河都被染成勝利的紅色之時，他也號召全民進行一場階級大肅清。把帳算清楚的時候到了，揪出叛徒的運動已經進行了好幾個月，現在成了舉國注目的中心。它將會主宰平民百姓和黨員的命運，一九六八年夏天到一九六九年秋天，有數百萬人遭到迫害。

這場運動源自康生於一九六七年三月時一手策畫的六十一人叛徒集團案，他藉此說服毛澤東，黨內有數十名最高層黨員都是在一九三〇年代時曾向國民黨投降的叛徒。毛澤東利用這個案件指控劉少奇叛國，這個罪名是要判死刑的。接下來幾個月，有超過五千名幹部受到調查，其中數百人最後落得死亡的下場。

案情在一九六八年二月五日升高，領導階層中流傳著一份報告，聲稱僅僅在黑龍江省就揭發了一百多人與六十一人叛徒集團有關，或者是兩面派：「劉少奇、鄧小平、陶鑄及其同夥彭德懷、賀龍、彭真、羅瑞卿、陸定一、楊尚昆、安子文、蕭華等叛徒和反革命修正主義分子，長期隱藏在黨內，竊據了黨政領導機關的重要職位，結成了叛徒集團。」這份報告同時指示，要審閱解放前敵人及傀儡政府的檔案，如此才能將隱藏的敵人、特務、與外國勢力有聯繫的人，以及反革命分子揭發出來，並且逐出黨外。[1]

一個月後，江青和文化革命小組的成員在一九六八年三月十八日現身人民大會堂，說明「右派」是革命的新敵人，康生更進一步闡述：「文化大革命重大事件是把暗藏在黨內的叛徒特務揪出來。」他宣布劉少奇是曾經向國民黨和日本投降的大叛徒，劉少奇的妻子王光美是美國特務，也是日本特務和國民黨特務。「彭真是特務叛徒，彭德懷裡通外國，羅瑞卿從來也沒有加入過黨，是個特務分子。」賀龍是土匪、陸定一是蔣介石雇用的特務、譚震林（「現在有了確實的證據！」）是叛徒。正當康生即將結束他對一干前共產黨領導的驚人指控之際，江青把身子往前探，高呼：「打倒鄧小平！」康生立即又說鄧小平是個逃兵。文化大革命針對的目標已經不再是「走資派」甚或「修正主義分子」，而是變成了為敵人工作的特務。[2]

一九六八年五月，毛澤東正式批准運動進行。他閱讀了一份關於北京一家印刷廠的報告；中央警衛局的軍隊依照二月五日的通知內容，在這家印刷廠找到了二十多個在解放後潛入黨內的敵方特務。

毛澤東把找出敵方特務的工作交給新成立的革命委員會，革委會則利用這場運動來除掉他們自己的敵人。他們在學校、工廠和政府辦公室設置監牢，並且成立自己的起訴委員會，扮演法官、陪審團和劊子手。

一如所有一黨專政的國家一樣，黨內必須週期性地清除敵人，無論是真實的敵人或是假想敵，畢竟共產主義的歷史就是一段無止盡的肅清史。然而，這次運動的性質與以往的運動不同。文化大革命讓黨、政、軍皆元氣大傷，毛澤東向來不滿意毫無秩序雜亂擴張的一黨專政機制，因為權責重疊、利益衝突。他想要一個回應更積極的指揮系統，能讓他的命令迅速執行且不受質疑。革命委員會於是誕生。他們將前所未有的龐大權力集中在少數幾人手上，並且受到軍方支配。所有省級的革命委員會中，大約有半數都是以軍方將領為首。這個人民共和國從一九六八年夏天起，開始變得像軍事獨裁國家。

＊＊＊

清黨運動在每個地方展開的確切時間不同，但在一九六八年夏天到一九六九年秋天期間進行得如火如荼，到處都查出了漢奸。上海的地下組織從一九二〇年代起便蓬勃發展，當地有數千名在解放前祕密入黨的黨員受到調查。由於共產黨員和他們的敵人以往都曾經使用欺詐和雙面交易的手段，特務經常變換效忠對象、捏造證據或使用假名達二十年以上，所以羅織叛黨罪名的機會很多。被揭發的敵方組織共有三十九個，三千六百多人遭到關押、訊問和迫害。然而，在共產黨占領上海後才入黨或為政府工作的人也受到調查，總計一共有將近十七萬人受盡折騰。這些人當中，有五千四百人因為自殺、遭毆打或處決身亡。[4]

高層中也有受害者。在文化大革命開始之前掌控市黨委的二十名領導官員中，只有三個人沒被指責為「叛徒、漢奸和走資派」。但是受害者絕大多數都是平民百姓，任何以往與國外有聯繫的人都成了可疑分子。在一九四九年之前，上海這個大都會的外國人數量僅次於紐約，外資也比倫敦或巴黎還要龐大，所以只要是三十歲以上的人，幾乎都被牽連。舉例來說，一位日內瓦音樂學院的畢業生在一九二九年創立了上海音樂學院，不到十年，它就發展成了世界級的學術機構，吸引而來的國際人才都是像俄羅斯作曲家暨鋼琴家亞歷山大．齊爾品這樣的水準。陳又新擔任這所學院的管弦系主任，同時也是上海市管弦樂團頭幾名中國籍成員之一，他從一棟摩天樓的屋頂跳樓自殺，民族音樂系主任沈知白同樣自殺身亡。到了一九六八年底，這所音樂學院有超過十二人被逼得結束了自己的生命。[5]

任何從事過國際貿易的人看來都很可疑。鄭念被拖出上海市第一看守所，在黨領導精心設計的批鬥大會上，接受以往在她手下的員工質問。她的舊識被指為「外國情報員」，她以前的祕書是一九一七年布爾什維克革命後逃到上海的諸多俄國人之一，這名女子也被揭發是為英國和蘇聯工作的雙面間諜。大家都受到殘酷無情的威脅、壓迫、審問、羞辱，最後被迫對以往的同事做出最荒唐的指控。「所有指控加在一起，就是一齣拙劣的諜報戲，沒有令人信服的主題、開頭或結局。」鄭念譏諷地寫道。一名前會計主管明顯情緒失控，以顫抖的聲音承認自己是間諜，鄭念承諾只要他不說出來，就會給他一大筆錢。鄭念回到獄中後，接著就受到無止盡的審問，地點都在一間掛有毛澤東肖像的房間。漫長的審問過程中，鄭念在俯視著她的毛澤東臉上看見了一抹志得意滿的笑容。她在獄中最慘烈的日子才剛開始。[6]

一九六八年夏天，北京大約有六萬八千人被告發，超過四百名受害者遭毆打致死。[7] 在中學和大學裡，迫害教師的人不再是紅衛兵，而是換成了毛澤東思想宣傳隊。問題是，在文化大革命期間那麼多被劃為「黑幫分子」或「反革命」的人當中，誰能獲准重回教職？而誰又是真正的敵人？為了清黨和分出敵友，教師、幹部和學生被迫搬進宿舍，持續在互相監視下共同生活。具有影響力的知識分子最先被挑出來接受公開批評，接著其他人也受到調查。

用來辨別階級敵人的標準相當模糊。在學習班上誤解一句出自紅寶書的語錄，就足以被控犯下反革命罪行。不過，這場運動真正的目標很快就顯現了。在聶元梓於一九六六年六月時以大字報批判校方領導階層的北京大學，那些與失勢的校長曾經關係密切的人都被挑了出來。「事情愈來愈清楚，宣傳隊沒有說出來的目標，就是要將原本受到陸平重用的教師和幹部一舉永久消滅。」陸平校長被指與彭真往來密切。有一次，一名沉默低調的實驗語音學專家在學習班課堂上被指為反革命分子，每個人都為之震驚。宣傳隊長利用這個機會得意洋洋地宣告，一個人即使從來不談政治，骨子裡也有可能是敵人，而這種內在的罪行在無產階級面前是無法掩飾的。[8]

這樣的壓力對某些人而言太過沉重，難以承受。北京大學有二十三人自殺，其中一人喝殺蟲劑，一人跳樓，多數受害者都是上吊。歷史系有一位馬克思主義歷史學家是畢生奉獻給革命的忠貞黨員，他和妻子一起服下過量的安眠藥。他們被發現時一起躺在床上，衣著整齊，面容安詳。一位古代史講師被指控為間諜，其遺體在一間辦公室被人發現，渾身是傷。系上還有一名行政人員自殺。北京和其他地方大專院校裡的許多科系都傳出了類似事件。[9]

到了一九六九年春天，北京的受害者總數已經達到十萬人。他們當中有「死忠資本家」、「反動資本家」、「間諜」、「叛徒」、「反革命」以及「反動知識分子」，但絕大多數都是社會邊緣人，也就是那些因為階級背景差而被貶到社會底層的人。[10]

每個省的革命委員會都進行了清算，有時以虛構的罪名指控他們的敵人，偶爾也找代罪羔羊來補滿定額，總是藉著這次運動打壓地方人民。雖然大多數被懷疑是階級敵人的人都是在城市中被告發的，但各地縣城也不落人後。河北省有七萬六千多人在當局破獲敵對組織後遭到關押，邱縣有超過一千名受害者被囚禁，人數約占該縣人口的百分之一，縣城有四十棟房屋被強制徵收，因為當地監獄無法關押所有的嫌犯。有些人被拘禁了一週，有些人則一待就是好幾個月。許多人被指控隸屬於由台北控制的「新國民黨」。縣內各地都出現了刑訊室，受害者被迫招供，因此牽連了更多人。數百戶人家遭到突擊搜索以找出罪證，屋裡的地板被掀開，一些牆壁也被打掉。革命委員會主任有一句簡單的名言：「殺一把、抓一把，再處理一把。」有七百多人被逼死，一千三百一十六人終身傷殘。與此同時，農事荒廢、產量驟降，使得半數當地人口生活在赤貧中。一項後來的調查揭露，整個事件完全是虛構出來的。[11]

河北還查獲了其他「新國民黨」的分支。單單是在威縣的一個村落，就有一百多名嫌犯被吊在梁柱上毒打。一些村民還被人以鐵絲穿刺耳朵，綁在一起。柏各莊國營農場成立於一九五六年，位於該省港市唐山市郊，是收容十萬名囚犯的勞改營，這裡有數百名受害者被拖到一間訊問室，遭人以「七十酷刑」逼供。超過一百三十人死亡。即便此案在數年後翻案，部分遺體也未能找回。[12]

儘管運動是由上層指引的，各行各業的人卻都趁這個機會復仇或「替天行道」。在位於正定縣南方，市容簡樸的鐵路樞紐石家莊，占優勢的一方是高原的敵人。一九六九年五月，革委會每天平均收到三十八封告發信，是平時的兩倍之多。新樂縣革委會除了每天收到信件以外，還有大批人潮親自登門告發自己的鄰居或同事。在同樣位於河北的滄州，有一個由二十名老婦組成的治安維持小組會有系統地檢查勝利路所有居民的身分。她們表示，這麼做的目的是要查出「是否有可疑的人」。她們最後只查到一個獨居男子隱瞞了自己以往的地主身分。[13]

* * *

全中國共有兩千多個縣，而絕大多數的縣都有超過一百人在這場階級清理運動中被打死，或者被逼得自殺。有些縣裡死去的受害者多達四、五百人。一項估計指出，全廣東省有四萬人因為非自然因素而死亡。[14]

像廣東這樣的邊境區域，比其他地方更容易產生暴力事件。不只是因為當地鄰近被視為敵國的國家，多了很多不穩定因素，這些地區也住有許多少數民族，而他們被懷疑對共產黨有二心。在與越南、寮國和緬甸接壤的副熱帶省分雲南，政府將三分之一的人口劃為「少數民族」，其中不少民族在歷史上都經常跨越國界，往來於中國和其他國家之間。康生對這個地區的猜忌很深，並且指控省黨委書記趙建民是「暗藏的叛徒」和「國民黨的間諜」。公安部長謝富治曾經管理雲南省直到一九五九年，因此他在這裡有許多私人恩怨要解決，於是也支持康生。

一九六八年一月，在京西賓館的一場會議上，康生指著趙建民說：「憑我革命四十多年的經驗，有這個敏感，你對毛主席和黨領導有深刻的階級仇恨。」這句話說完後，一場運動就此展開，目的是查出趙建民在雲南的間諜網。數萬人被牽連，其中有部分是少數民族。距離越南相當近的重要伊斯蘭城鎮沙甸被指為反革命據點，數百人遭到逮捕、羞辱、凌虐以及關押。到一九六九年為止，這場政治迫害在全省共造成一萬七千人死亡，六萬一千人終生傷殘。[15]

內蒙古也籠罩在一片猜忌的疑雲之下。該省占有全中國十分之一以上的面積，與蒙古和蘇聯相鄰。省內主要是一片黃土、沉積沙土和草原覆蓋的高原。一九四七年，共產黨在史達林與紅軍的戰略支援下奪得了這個地區的控制權，宣布成立內蒙古自治區。中國共產黨吸收了內蒙古人民黨的黨員，這個黨是由蘇聯訓練出來的蒙古人烏蘭夫在一九三〇年代創立的。

有「蒙古王」之稱的烏蘭夫在當時成了省領導。然而，在大饑荒之後，極端集體化所引發的破壞程度顯現出來，於是他開始疏遠毛澤東，並且在一九六二年一月的七千人大會上嚴詞批判大躍進。在內蒙古，他放鬆對人民公社的控制，也盡可能地避開了由劉少奇帶頭進行的社會主義教育運動。在「勿忘階級鬥爭」的口號瘋狂盛行之際，烏蘭夫則對階級差異的存在表示質疑：「大多數牧民的腦子裡，是沒有階級的，強行劃分階級太主觀了。」一九六六年六月，他被召到北京出席多場會議，為期六週，令人筋疲力盡。七月二日，劉少奇和鄧小平輪流痛斥烏蘭夫，把所有想得到的罪名都加諸在他身上，從「利用生產取代階級鬥爭」、「鼓吹民族分裂主義」、「搞獨立王國」到「修正主義」和「反對毛主席」都有。烏蘭夫的身影從此消失於眾人眼前。[16]

康生和謝富治在一九六八年初舊事重提，又針對內蒙古人民黨的前成員發動了一場恐怖活動，那些前成員遭疑為間諜及叛徒。內蒙古人民黨員大多是一般的蒙古農民與牧民，而他們卻得承擔這場運動帶來的衝擊。全省各地都出現了刑訊室，有將近八十萬人遭到監禁、審訊，並在群眾大會上接受批鬥。對受害者的刑求手段，即便以文革的標準來看也極其恐怖，包括拔舌頭、以鉗子拔牙、挖掉眼睛、以燒熱的鐵在身體上烙印。婦女遭到性侵，她們的胸部、腹部和下體被人以用火燒紅的手杖燙傷。男性則被人以皮鞭抽打背部，打得皮開肉綻，有時甚至深可見骨。還有幾個人被活活燒死。[17]

雖然蒙古族占全省人口不到百分之十，卻占了受害人數的百分之七十五以上。在部分地區，幾乎每個蒙古人都被拘捕。呼和浩特鐵路局的四百四十六名蒙古族員工裡，只有兩人沒有遭到迫害。蒙古族的菁英——幹部、管理人員、學者、技師——被大舉消滅，蒙古語也禁止出現在任何出版物上。估計死亡總數從一萬六千人到二萬三千人都有，這場運動看來宛如種族滅絕。屠殺的主要煽動者是擔任內蒙古革命委員會主任的將軍滕海清。一九六九年五月，毛澤東下令要他收手，但他從未受到制裁。內蒙古進入軍事控制狀態，該省後來遭到分割，大部分土地被併入了鄰近省分。[18]

第十五章　上山下鄉

清黨運動的目標是肅清在文化大革命前混入黨內的間諜和叛徒，整體來說對年輕人沒有影響。一九六八年九月七日，周恩來現身在天安門廣場的講台上盛讚各地革命委員會時，他心中的願景是另一個截然不同的目標：學生應該「面向基層、面向群眾，到工廠、礦山、農村裡去勞動。」[1]

在學校和校園中，學生整個秋天都在毛澤東思想宣傳隊的協助下認真唸書。但是一九六八年十二月二十二日，傳來了一份政令：「我們也有兩隻手，不在城市裡吃閒飯！」《人民日報》寫道。毛澤東下令學生到鄉下去接受農民的再教育。[2]

這就是紅衛兵的末日。接下來幾個月，鄉鎮和城市中都沒有年輕人了。隨後的十年中，有數百萬名學生被送到鄉間的偏遠地區。在北京，可以見到學生列隊走向火車站，隊伍長得看不到盡頭；現場有人揮舞橫幅，管樂隊賣力演奏，人人笑容滿面、全心期待。車站中擠滿了學生、家長和朋友，「有的人拿著手提袋和臉盆走上火車，有的人則緊抓著窗緣，和窗裡的人說話。」擴音器播放著革命歌曲，其中一首的歌詞出自毛主席的紅寶書：「世界是你們的，也是我們的，但是歸根結底是你們的。你們青年人朝氣蓬勃，正在興旺時期，好像早晨八九點鐘的太陽。希望寄託在你們身上。」在此之前，翟振華已經聽過這段話上百次了，以往她的內心會為此充滿驕傲，但是在前往延安那天，她覺得這話聽來其實很諷刺。「世界是我們的？」她自問：「放屁！」[3]

周恩來在九月號召學生向群眾學習後，許多人就已經自動離開了。他們都是毛主席的堅貞信徒與忠實擁護者，有些人認為上山下鄉對他們這個世代是一場真正的考驗，因為他們是革命的紅色繼承人，是明日的領袖：他們可以在鄉下磨練自己，為革命做出貢獻。

被派到新疆、內蒙古和滿洲等地軍隊農場的學生，對於能加入人民解放軍都相當自豪。高原被徵召入伍時，他覺得自己終於在履行自己的使命了。他的冬季軍裝是用最好的棉布製作的。「我對著大鏡子欣賞自己。我從來沒有穿過這麼好的衣服。現在，只差一顆紅星，我就是真正的軍人了。」[4]

其他志願者則受到田園式的描繪所吸引，在這種描繪中，鄉間被美化成美不勝收、生活富足的地方。曾經試圖把自己的貓咪從紅衛兵同伴手中救出的北京學生楊瑞，就對人稱北大荒的滿洲充滿了期望：「在我想像中，這是一方遙遠、神祕而令人神往的水土。遼闊的處女地，一望無邊的雪山松林，小木屋，篝火，狩獵和滑雪，野獸出沒，暗藏的敵人，夜間蘇修特務偷越國界。」[5]

有些學生非常嚮往直接和身為革命支柱的農民接觸，甚至在運動開始進行之前，就先自己實行了。徐小棣和同是十六歲的朋友們，在一九六八年夏天從北京騎腳踏車到大興縣去做工，一天賺三毛錢。這個實驗一個月後就結束了，因為村裡開始出現資本主義勞工關係復辟的傳聞。[6]

有些人並沒有抱著那麼多幻想，純粹是太無聊了，因為他們一連數月都被關在宿舍裡，也渴望有點新鮮的事做。

不過，反抗的人也不少。按照規定，流放下鄉是永久的，學生必須把戶口卡繳交到警察局，從此不能在城市中合法居住。他們失去了城市居民通常享有的補貼與優待，更遑論會因為與家人朋友永久分離而出現創傷。

在湖南，收到下鄉命令的全部學生中，有四分之一到二分之一假裝不知情，希望運動會停止。許多家長拒絕把自己的孩子送到鄉下，便懇求地方幹部，或者運用關係向他們的長官說情。他們急著在孩子被送下鄉之前，幫他們在地方政府單位或工廠中尋找工作機會。在襄陽縣，每十個學生當中就有四個有這種情形。也有家長篡改身分文件，或者謊報孩子的名字。少數幾個家長則是公然反抗：「我女兒是因為我的政治爭議而受迫害，要被送到鄉下去。但我並不是反革命，如果你們要我女兒下鄉，就得還我清白，否則她一天都不會離開家，就算我得花大錢從黑市買糧食來養她也一樣，我看你們要怎麼辦！」

學生的家人並不孤單。許多文化大革命時組成的群眾組織和他們以前的成員還有聯繫，現在也幫忙將一些學生藏在城裡，部分幹部甚至斷然拒絕服從上山下鄉政策：「我寧願做徵兵工作十次，也不要把學生送到鄉下一次！」

學生自己也挺身反抗，尤其是在第一批下放的學生走漏鄉間生活的實情，並且傳回城裡之後。「只要我活著，我就不下鄉，死了用擔架抬去倒是可以。」一個反抗的學生是這麼說的。[7]

＊＊＊

楊瑞一抵達滿洲，她的幻想就破滅了。她被派去的地方沒有什麼白雪皚皚的高山和原始森林，只看見一片滿是蚊子的大沼澤。那些蚊子又大又嗜血，輕輕鬆鬆地就能刺穿工裝叮咬她。早上六點在田裡開始工作，一週要作七天，而食物僅能勉強餬口。她必須走在一英尺深的泥濘中，用鐮刀割大豆，整條田壟割完要走一、二英里。楊瑞還得向自己的身體開戰，把體力用到極限，再突破極限。「這是考驗，是審判，是戰鬥前線。」她這麼想，生怕自己在田間被壓垮。一開始她並不洗澡，因為當地沒有公共澡堂，也沒有私人浴室。發現頭髮上有蝨子後，她學會在宿舍裡赤身裸體，當著眾人的面用鐵盆洗澡。就連洗衣服都是苦差事，因為必須從井裡打水，再用扁擔挑回去。水冰冷得刺骨。[8]

她算是幸運的。許多學生連一片遮風避雨的屋頂都沒有。在湖北，下鄉的學生中大約有一半是這樣，很多人住在洞穴、破廟、豬舍或臨時架起的棚屋裡。在湖南省，每四個學生當中就有多達三人沒有固定住所，比例驚人。有些人每隔幾週就必須到別的地方落腳，有些人則只能住在無法擋風遮雨的棚屋裡。理論上他們在分派到的農村裡有居住津貼，但是地方幹部通常會私吞這筆津貼。而政府透過提供購買木材的資金來彌補住屋短缺時，村莊的領導又把錢挪來製造棺材。有一次，某戶人家埋葬了一名親戚，但是幾天後又把棺材挖出來，將木板還給原本的補助對象。[9]

家具也極度缺乏。在大躍進時期，為了增加鋼鐵產量，各地農民到處將樹砍光，把木頭放進自家的熔爐燃燒。湖南茂盛的森林被砍盡，只剩下光禿裸露的山頭。長沙附近一座曾經蒼翠茂密的森林，變成了一大片泥濘地。到了文化大革命時，這個省完全尚未從濫伐造成的後果中恢復過來，而木材一直是稀有商品。要買一張床，就連在城市裡都是個挑戰，人民僅能將一些木板釘在一起充當床板。在湖北省天門縣，有些學生沒有床也沒有蚊帳，「有的甚至連鍋和碗都沒有。」[10]

在鄉下，幫火堆添柴都是問題了，更別說製作家具。村民時時刻刻都在留意木材和草，打穀後剩餘的穀殼也被拿來當作燃料。丘陵區的山丘因為在大躍進時遭到猛烈攻擊而被稱為「禿山」，當地村民得從家裡走上五英里去採集樹枝。[11]

湖南並非特例。文化大革命發動後，加劇了山東省燃料短缺的情況，原本供平民使用的煤炭量被削減了三分之一。一九六八年跨一九六九年的冬天，年輕學生被派下鄉時，有些村民必須燒自己的家具，後來變成燒屋頂上的乾草才能取暖。在萊西，甚至有木造的小橋被拆掉，劈成木柴丟進火堆裡。

也有豬隻因為草料被拿去當作燃料而餓死。[12]

無論在何種情況下，食物都相當缺乏，村民已經自身難保，更別提還要餵飽多出來的人。大饑荒本身在一九六二年已經大致結束，但是仍然持續令數千萬人處於吃不飽的狀態。就連城市中的食物也不夠。一九六六年春天是大饑荒之後復甦的高峰期，此後的生活條件就因為文化大革命而再度惡化；當時南京的肉類仍然是配給的，而市場中找得到的蔬菜不是發霉，就是腐爛。浩瀚的長江流經南京的西門，附近有很多湖泊，但是人民依然必須排隊買魚。常有人為了爭奪水果而互毆，因為每天只送三、四公噸的水果到市場，平均每人只分得到幾公克。[13]

大部分鄉下地區的狀況更是惡劣得多。凌耿和他的同學在一九六六年秋天遊歷安徽與山東時，到處都看得見乞丐和遊民，田野荒蕪，樹皮都被剝光了。「鐵軌旁不時會看到屍體。」精確數字難以取得，但僅就山東省而言，一九六六年春季就有一千萬人缺乏糧食。滄州有數千人因為因為饑荒而出現水腫現象——某些身體部位因為積水而腫脹。許多人賣掉了所有家產，包括衣服，最後只能在路上行乞。鄄城有些飢餓的災民賣掉了自己的孩子。一年後，該省有一千四百萬人挨餓。整個文化大革命期間，許多村民從來沒有擺脫過飢餓。[14]

多數學生在鄉下看到窮困無比的景象，都大吃一驚。家住上海徐家匯藏書樓附近的文貫中被派到位於滿洲的四平，這裡在內戰期間發生過非常慘烈的戰事。在此之前，他的家人被迫拿出所有家產來換取食物，曾經一起瑟縮在空無一物的地板上吃飯，但鄉下的赤貧仍然出乎他的意料之外。村民住在用草、麥桿和泥巴糊起來的小屋裡。下雨時，這些小屋會慢慢崩解，融化在泥地裡。一整個家庭只有一套衣服，只能赤身裸體地在村子裡走動。僅有的食物，全都伴隨著蒼蠅和蛆。[15]

數字可能很冰冷直接，但它們能表現出通常在個人訪談或回憶錄中所缺少的比例概念。在湖南許多地方，最多有四分之三的下鄉學生缺乏食物。在整個衡陽地區，有一萬七千個年輕人被派到農村裡，其中百分之八十三都在挨餓。[16]

翟振華被發配到延安的一座窯洞裡，延安這個革命搖籃，僅僅兩年前還有熱切的紅衛兵排隊參觀毛澤東的舊居。此時她每天吃的是粟米包、一盤馬鈴薯和醃包心菜。肉類非常稀有，油則用得非常省。[17]

一名被派到滿洲的學生靠著吃燙包心菜、水煮馬鈴薯和甜菜根撐了下來。她抵達滿洲後，有五個月的時間都沒嘗到油。冬季來襲，溫度一下降到零下四十度，食堂供應的卻只有湯，而且只是幾片菜葉漂浮在有鹹味的清湯裡，每天供應三次。在整個北大荒，粗重的工作加上惡劣的飲食，造成每十名女學生當中就有九個人月經失調。[18]

其他疾病也很常見。在江西和雲南這兩個大概是情況最差的下鄉省分，來自上海的學生中每六人就有一人得到慢性病，從肝癌到心臟病都有。發配到中國北部的學生則因為長期缺碘而患有甲狀腺腫大。有些疾病令人疲憊不堪，無法工作，生病、營養不良和工作表現不佳的情況不斷加劇。[19]

患病率的數據難以取得，但是，知識青年在湖南早逝的案例被形容為「不斷發生」。死因據報有中毒、溺水和其他意外，更遑論還有自殺。暴力事件在鄉下層出不窮，有些學生也捲入了村莊政治裡，他們的屍體在路邊被人發現。在由軍方管理的生產隊裡，紀律非常嚴格，但是體罰相當常見，光是在雲南就有超過一千名年輕學生被士兵毆打，其中兩人死亡。[20]

有少數人上書抗議他們所處的狀態。湖南的一個年輕人還記得他在一九六九年被選出來下鄉工作時的那份自豪。「現在呢？我只是在混日子罷了。我對書和報紙已經興趣全無，對祖國的前途或人類的理想毫不關心。我只是機械式地做著吃飯、工作、再吃飯的動作，好像我變成了區區一頭為了生活而工作的畜生。」另一個年輕學生覺得自己遭到村民嚴重排斥，於是反覆要求家鄉的主管機關改判他終生在勞改營裡服刑（他顯然對牢獄生活完全沒概念）。翟振華痛恨生命，形容自己是「多餘而無意義的存在」。她說：「我的國家找不到更好的事讓我們做，就把我們全都像糞土一樣丟到鄉下。農民不需要我們；我們是他們的負擔，只會帶給他們麻煩。」[21]

起初，工作令人痛苦至極，對那些派到軍方生產單位的學生來說更是如此，但是日常生活那種全然的無聊乏味也同樣折磨人。楊瑞描述她在滿洲所住的沼澤地時寫道：「村裡沒有電視，沒有電影，沒有圖書館，沒有乒乓球桌，連棋和撲克牌都沒有。」有些學生設法拿到了書，有些則將電晶體組裝成收音機，收聽敵國的廣播。有幾個人出去獵食野狗或採集植物、莓果和堅果。也有一些人成群結隊，夜晚時到田裡去偷取食物。[22]

女生很容易遇到危險。進入軍方生產單位或者被成批派到鄉下的，還能集體行動以策安全，但有許多人是單獨成行，無人幫助，完全不知所措，而且經常任由村莊的領導擺布。在這個男性霸凌還能得到獎賞的一黨專政國家，性侵早已是家常便飯，而離鄉背井的學生現在就處在鄉間權勢階層的最底端，在家鄉得到的層層保護全數被剝奪。在安徽阜陽縣的一個生產隊裡，有六名年輕女性遭到性侵，其中兩名受害者自殺，一人發瘋。[23]

一些受害者或者單獨、或者集體向更高層級的主管單位報案。有一封從湖北黃崗寄出的信，署名的是十個年輕女性，她們指出自己一到鄉下，就被人調戲和性侵。有幾個人懷了孕，被迫嫁給侵犯她們的人。但是總體而言，很少有女孩會投訴，就算有也無人理會，還有很多人更加遭到村民排斥，甚至有幾個人被指控「行為不檢」，誘使人性侵她們。[24]

任何投訴頂多只能獲得些許回應。一九七一年，湖南有幾個加害者被槍斃，但是一如主管單位所言：「在某些地方，性侵和逼婚被當成一般男女關係的一部分。」當然，歸咎於地方文化是一種規避責任的方式。實情是：權力高層沒有人想要質疑毛澤東指派城市學生接受「群眾再教育」的智慧。[25]

一九六八年決定派數百萬年輕人下鄉的是毛澤東，而一九七三年解救年輕人的行動，他也有份。福建的中學教師李慶霖寫信給毛澤東，陳述他兒子在鄉下承受的可怕狀態，而毛澤東也在他的私人回函中表達了關切之意。他還慷慨地隨信附贈三百元：「李慶霖同志，寄上三百元，聊補無米之炊。全國此類事甚多，容當統籌解決。毛澤東。」[26]

接下來便出現了一連串匆忙的動作。中南海召開緊急會議，由周恩來主持，而毛澤東表現出來的姿態是含蓄地將事態怪罪給周。各地的性侵案件突然都重見天日了。在位於湖北、距離武漢西邊只有六公里的天門縣，一項徹底調查揭發了從一九六九年至一九七三年間，有兩百多名年輕女性遭到猥褻、性侵，或者如調查報告中的用詞：被以其他方式「糟蹋」。有些受害者年僅十四歲。曾經擔任湖北省委書記多年的副總理李先念親自在報告的頁邊寫下：「湖北省恐怕不是一個天門，其他縣有沒有？」湖北共有四十幾個縣，若以報告的數字推算，光是在該省便有至少八千名女性受害。[27]

類似的報告也從中國其他地方呈到了北京。遼寧省揭發了三千四百件施暴或性侵案件，領導階層怒不可遏，周恩來叫嚷道：「公安部要有動作！不能心軟！」李先念大聲疾呼：「殺了那些禽獸，否則我們無法安撫人民！」接下來的一年，湖北有超過五百人因為對年輕學生猥褻、施暴或性侵而被判刑，其中七人被判死刑。[28]

情況有些許改善，但是上山下鄉運動並未廢除。每年仍有一百萬名年輕學生被發配到鄉下。就連毛澤東死後，仍然有許多人被困在鄉間。有些人結了婚，有些人則無法取得城市居住證。一九六二至一九七八年間，總計約有一千八百萬至二千萬名學生被逐出城市。

＊＊＊

被流放到鄉間的不只是學生。一九四九年竹幕降下之後，新政權就開始挑出幾類「可能威脅社會秩序和浪費公共資源的人」，整批逐出城市。娼妓、窮人和竊賊，還有數百萬的難民和退伍軍人，都被成批送到鄉下，鄉間因此成了不良分子的集中地。接下來這些年，戶口登記制度嚴格控管了人民的遷徙狀況，於是產生了一種貓捉老鼠的現象，有時還會賠上人命。在鄉間，最有效的生存之道就是離開農村，移居到城市裡。當局需要廉價勞力，所以經常睜一隻眼閉一隻眼。一個龐大的下層階級就此形成，這些人被交付骯髒、困難、有時也很危險的工作。移工的狀態不穩定，隨時都有被驅逐回鄉的危險。偶爾會有掃蕩行動，清除城市中沒有正式身分文件的人。被抓到的人會被送回他們的村子，嚴重的累犯則會被發派到勞改營。

一九五八年正值大躍進的高峰期，工業生產量的目標數字持續上修，當時有超過一千五百萬名村民移居城市。但是三年後國家破產，被遣送回鄉下的有二千萬人。[29]

一九六八年九月七日，周恩來宣布學生應該上山下鄉、向偉大的無產階級群眾學習的時候，也敦促黨要清理階級隊伍，並且「要精簡我們各單位的機構」，將精簡出來的人員下放到鄉間去加入生產。在此之前，有數百萬人利用文化大革命的混亂局勢，找到方法進入城市，現在總理則暗示，驅逐他們的時候到了。[30]

這次流放的規模非常驚人，遠超出一九六六年夏天紅衛兵當權時的現象，當時全中國有大約四十萬個家庭背景不佳的人被逐出城市。到一九七五年為止，僅僅是從上海遷走的就有大約三十三萬人，這還不包括九十五萬名學生。在一些比較小的城市，下放到鄉間的平民人數其實比學生還多，比例是二比一。光是位於湖南南部丘陵地帶、有數條河流匯流的零陵，就有三萬五千名城市居民被驅逐到鄉下，而學生則是一萬七千名。在洞庭湖畔的衡陽，有三萬個平民遭流放，人數是學生的兩倍。每十人中就有九人在飢餓邊緣徘徊不定，每月僅能靠十二公斤帶殼的穀糧勉強度日，相當於一天不到一千卡路里，遠低於國際救援組織認定生存所需的最低量——一千七百到一千九百卡路里，也就是每個月二十三到二十六公斤。[31]

也有全家人都被放逐的案例，不管他們是否有能力生存。六十一歲的黃英被劃為「反革命」，和他的岳母、妻子及女兒一起被送走。駝背的劉素材由於妻子有學習障礙，便由他負責照料年齡四歲到十四歲不等的四個小孩。他在鄉下無法維持生活，大多數村民做苦工所掙得的食物都僅能勉強讓自己糊口，更遑論要養活全家。劉素材不是個案，在湖南被下放的家庭中，大約有五分之一，負責養家的人無法賺得足夠的工作點數來照顧其他成員，無論是孩童、病人、殘障者或老人。在許多案例中，沒有務農經驗的人——小販、工匠、機工、文書職員、教師——都直接被丟到鄉下，任由他們和依靠他們生活的人自生自滅。[32]

階級背景在這個社會主義國家非常重要，然而，無法養活自己是個遠比背景不良還要嚴重得多的污名。換言之，在這個社會中，貧困的人是被當成賤民看待的。國家經濟處於蕭條狀態，於是政府便想把會造成資源消耗的人數減少。在中國許多地方，遭到流放的都是最弱勢的族群，在河北的港市唐山，有數萬名失業者及遊民被遷出。[33]

上海市當局甚至預設要減少三分之一的人口。早在一九六八年四月，所有退休和因病休假的工人都被下令，若沒有正式的階級證明，就必須回到鄉下，而且沒有任何退休金或醫療支援。一年半之後，被遣返的人數已經超過六十萬，當中包括學生和其他不良分子；這時又出現了一項新計畫，提議將等待遣送的人數增加到三百五十萬，數字非常驚人。所有醫療人員中有半數要被遣走，還有全部的失業者和退休人士，慢性病患也被列入名單。就連監獄都要遷到城市邊界以外。這項計畫並沒有全面執行，但是上海的人口此後很多年都停滯在一千萬人左右。34

＊＊＊

走上歧途的幹部也要下鄉接受再教育，而他們被送去的地方是「五七幹校」。文化大革命有一大部分的刺激來自一個二戰時期便已經在延安開始萌發的願景，當時每個人無論在戰場上或工作上，都要與集體同進退，同時身兼軍人、工人及學生。一九六六年五月七日，毛澤東寫信給林彪稱讚延安模式，鼓勵人民學習不同的技能、為生產做出貢獻。恰恰兩年之後，為了紀念此事，黑龍江省成立了一座名為「五七幹校」的勞動農場，「走資派」、「修正主義者」和其他不守規定的官員要在這裡勞動、生活，以及改過自新。一九六八年九月三十日，毛澤東正式認可這項實驗，並表示「廣大幹部下放勞動，這對幹部是一種重新學習的極好機會」。不到一週，《人民日報》便發文吹捧五七幹校，呼籲全國效法黑龍江的榜樣。35

各處都成立了幹部學校。曾經強迫教師和幹部搬入宿舍，並且在毛澤東思想宣傳隊監視下一起學習的北京大學也加入這股風潮，挑選了江西省鄱陽湖附近一片泥濘的狹長土地來成立幹校。這個地方荒涼無比，與世隔絕，舉目所見只有無邊無際的野草地，上面均勻地覆蓋著黃沙。在這個位於北京南方一千多公里的地方，宣傳隊可以在嚴密控管的環境下監視麻煩的知識分子和可疑幹部。表現出對毛主席忠心不二的人就能被召回城市裡，而冥頑不靈的就會被判永久流放。只有那些在清黨運動中存留下來的教師和幹部最可靠，可以留在校園中。

這所幹校什麼都沒有，只有四座在荒地中搭起的臨時棚屋。包括比較堅固的房屋在內，一切都要從頭建起。工人用鐵絲綑綁竹竿，嵌進以竹篾編織並塗上灰泥的牆壁。衣服披在繩索上晾乾。屋頂會漏水，漏得最嚴重的地方必須放臉盆來接水。為了在暴風雨中保持身上乾燥，大家都睡在綁在竹架上的塑膠布下方。較為堅固的磚造建築漸漸完成，每一塊磚頭都是用鏟子將硬黏土切下，再與水混合、壓入木造長方體模型後在窯裡燒成的。

幹校由軍方管理，每個人都被編入為數十人的班裡，十個班便組成一個連。這裡的紀律嚴格，工作嚴苛，一天的工時為九到十個小時，一週工作七天。連長總會找出新方法來考驗大家，在下雨時指派戶外工作，或者毫無理由地叫人把磚塊搬來搬去。他們認為，讓大家的日子儘可能難過是他們的職責，否則就無法達到透過勞動進行再教育的目標。幹校中也有軍事演習，有時候是在半夜進行。也有強迫參加的學習班，教師和幹部會在早上集合起來學習毛澤東思想。

這裡的人包含了一些全國最卓越的科學家、醫師、工程師和哲學家，他們在遠離自己辦公室與實驗室的地方，被迫做粗重的苦工、鏟泥土、背磚頭、採集樹枝或搬運糞肥。有一次還動用了一位劍橋大學培養出來的數學家和一位在莫斯科大學寫過博士論文的物理學家來殺一隻豬。他們搞砸了工作，被那隻憤怒的豬逃掉了，鮮血噴得到處都是。不過也不缺真心信仰毛澤東思想的人，某些受害者具有同一個信念，那就是他們必須成為社會上更具有生產力的一分子。樂黛雲認同宣傳隊的目標，所以她「很少對我們所受的待遇感到憤慨」。有些人則認為這種單純的生活可以脫離文化大革命的各種苦難，因此欣然接受。

並非所有人都如此鎮定。面色蠟黃、呆若木雞，已經不再被當成造反派英雄來崇拜的聶元梓，每天早上負責把笨重的尿桶拿去倒掉。與她誓不兩立的敵人彭佩雲，曾經是北京大學校長手下大權在握的黨委副書記，也被派去做同樣的苦工。宣傳隊亟欲摧毀她們的權力，凡是文化大革命期間出現過的派系，其領袖在全國各地的幹校裡都遭到迫害。[36]

大多數的幹校都完全與社會隔絕。幹校的工人偶爾可以去地方上的市場，或者短暫到城裡採買食品和領取郵件，但是他們從沒見過自己應該要仿效的模範工農兵。他們做的所有粗重工作也沒有多大的用處，連養活自己都做不到，幹校必須依靠大量補助才能維持運作，包括定期配給的穀糧、食用油、蔬菜和肉。

最重要的是，和被發配到鄉下且返鄉無望的大量平民與學生比較，被送到幹校的政府官員是相對受到保障的。而且他們的人數也少得多。以甘肅省為例，一九七〇年春天時住在幹校裡的人數不到二萬，占黨內官員總數約百分之五；相較之下，被放逐到鄉下的學生有五十萬人。河北省下鄉接受再教育的幹部只有略多於三萬二千人，他們大多和全國各地的其他官員一樣，在一九七〇年秋天獲准重返自己的職位。[37]

第十六章　預備開戰

稀稀疏疏地長著樺木與濃密矮樹叢的達曼斯基島，長度不到兩公里，最寬的地方僅有八百公尺。這座島位於中國與蘇聯的界河烏蘇里江下游，中國人稱她為「珍寶島」。冬季時，她只高出結冰的江面頂多一公尺。褪去夏季紅色皮毛、換上厚重灰棕色皮毛的東北馬鹿，有時候會從家鄉越過結冰的界河。這座島嶼是一處領土爭議的焦點，因此該區域不斷爆發衝突事件，中俄雙方身著白色冬季制服的邊界巡守員會拿船鉤、獵熊矛和狼牙棒互相打鬥。有幾次，中國這一側的河岸邊停了一排卡車，幾百名士兵下車暖身準備開打，同時擴音器還播放著軍樂。[1]

過去的衝突都沒有用過重型武器，但一切在一九六九年三月改變了，長期積累的緊張局勢當時來到了爆發點。三月二日那天，覆滿白雪的島嶼燃起一片火海，數十名中國武裝士兵在清晨越過江面的冰，占領了小島，並且近距離朝對岸的蘇俄邊界哨站開火，人民解放軍同時以迫擊砲轟擊敵方所在位置。這場交火持續了數小時，直到蘇聯援軍抵達，並部署飛彈發射器以摧毀敵方，才宣告停火。

兩週後的三月十五日，數千名士兵再度於達曼斯基島上交戰。然而這次蘇聯準備得更周全，出動了數十輛坦克車和裝甲車來擊退敵人。有數百人在戰鬥中陣亡。

中國從幾個月前就開始策畫達曼斯基島戰鬥，目的是在邊界衝突中重新取得主控權。整個行動都是從北京的京西賓館指揮的，有一條專屬電話線路聯繫賓館與烏蘇里江的軍隊，所有重要決策都由周恩來做主。但是，三月十五日的戰鬥過後，毛澤東介入了：「到此為止。不要再打了！」他已經達到了他的目的，那就是警告蘇聯，以及利用這場衝突，讓國內的緊張局勢升高。[2]

這場邊境衝突一結束，宣傳機關便開始擊起戰鼓：「備戰！」成了最常聽到的口號。向來不避諱誇大的毛澤東宣布全國應該準備好「早打、大打、打核戰爭」。[3]

兩週後，毛澤東期待已久的第九次全國代表大會在北京召開，他終於有機會推翻第八屆大會在一九五六年九月所做的決定了。十三年前，黨代表們低調地刻意不提及「社會主義高潮」，也就是毛澤東在一九五五年時的冒進，企圖實現全國集體化的失敗嘗試。那次會議的召開時間恰好在赫魯雪夫於一九五六年二月批判史達林的半年後，所以他們也刪去了憲法上所有提及毛澤東思想的部分，並且批判個人崇拜。

毛澤東利用邊境衝突所營造出來的好戰氛圍，嚴格規定在夜間搭乘軍方專機到北京的與會代表必須保密。他們被指示不得跟任何人討論這次大會。[4]

林彪發表了政治綜合情況報告，內容是由張春橋與姚文元在毛澤東的嚴謹指示下擬好的。這份報告讚揚文化大革命，也承諾會嚴加提防階級敵人，絕不懈怠。周恩來則盛讚林彪這位「無產階級司令部的副司令」，要求正式提名他為毛澤東的接班人。新憲法明文規範「馬列毛思想是指導黨內思想的理論基礎」。毛澤東思想再度成為引導中國的意識形態。

大會的最後一天，一千五百名與會代表要選出新的中央委員會。選舉過程經過精心操縱，候選名單上的人數和必須選出的人數一致，所以他們全部都保證當選——除非超過半數代表在某個候選人的名字上打叉。邊境衝突大大增加了軍方人士出線掌權的機會，而候選人中有超過三分之一來自陸海空三軍。江青，還有康生、林彪及周恩來三人的妻子也都當選了新一屆中央委員，不過後來她進行了一項祕密調查，想找出是哪十個代表沒有投票給她。雖然江青順利當選，但她所屬的文化革命小組卻開始逐漸停止運作，並於一九六九年九月完全停擺。[5]

＊＊＊

隨著林彪的權勢達到高峰，中國也更加軍事化。達曼斯基島衝突之後的數個月，中國全民都動員備戰。但是一九六九年八月中，發生了反擊行動。在中蘇兩國七千公里長的邊境另一端的新疆，有三百多名蘇聯士兵在兩架直升機和數十輛裝甲車的支援下，發動了一場突襲，深入打擊敵人的領土，也殲滅了一個中國駐紮在邊境的中隊。

三月的達曼斯基島衝突使莫斯科的領導階層很不安，他們相當擔心人民解放軍會大規模入侵蘇聯領土。蘇聯的一些強硬派人士甚至主張有必要消除「中國的威脅」。蘇聯軍隊的官方媒體《紅星報》刊登了一篇文章，承諾以毀滅性的核爆來對付那些「現代野心家」。蘇聯在新疆執行了精準攻擊而重新取得優勢，接著開始加速為一場全面戰爭做準備。五天後，蘇聯大使在華府詢問美國人，如果俄羅斯攻擊中國的核能設施，美方會如何反應。整個過程中，蘇聯官方喉舌《真理報》一直呼籲全球必須了解，中國已經變得很危險。此時這兩大核武強權之間似乎即將爆發一場全面戰爭。[6]

毛澤東非常震驚。他從來沒想過蘇聯會考慮發動戰爭。滿洲的爭議邊界有烏蘇里江與黑龍江作為天然界線，但沿著新疆乾旱沙漠延伸的廣大邊境則不同，並沒有明確的分界，羅布泊核子試驗場離邊界並不遠。此外，儘管有一項屯墾計畫使數百萬名漢族移民遷入這個區域，當地人絕大多數仍屬於維吾爾、哈薩克、吉爾吉斯、塔吉克及其他少數民族；國家意圖將其畜群集體化的政策已經嚴重引發他們的不滿，而且渴望實質獨立。一九六二年大饑荒告終時，已經有六萬四千多人越過邊界進入蘇聯，其中包括帶著小孩與少量家當的家庭。[7]

該區域的蘇聯軍隊不但遠比中方強大，而且還有中程飛彈支援。在短短幾年前的一九六六年一月，蘇聯便已經和直接鄰接新疆的蒙古人民共和國訂下聯防協定，並派駐了一支軍隊。詭譎的戰雲籠罩著北京。儘管高喊「備戰」口號，但中國受到文化大革命造成的多年混亂嚴重衝擊，根本無法打仗。林彪現在要求軍費加倍。八月二十八日，中央委員會下令在與蘇聯及蒙古接壤的省分進行軍事動員，並且宣布中國進入紅色警戒狀態，要人民為蘇聯大舉入侵做好準備。

在一切的背後，北京一反過去的強硬，大動作讓步，同意與蘇聯商討邊界問題。但是即使蘇聯總理柯西金多次做出妥協以降低緊張情勢，林彪和毛澤東仍然極度多疑。莫斯科的善意表現，被他們視為掩飾未來攻擊的煙幕彈。他們驚慌到什麼程度呢？一支蘇聯代表團預定在十月二十日抵達北京商討邊界問題，中共下令要黨和軍方的所有領導當天都離開北京，毛澤東自己則走避武漢，只有周恩來留下，與軍方總參謀部的人員一起進駐市郊的地下指揮中心。早在十月十七日，林彪就從蘇州某處地下碉堡發出「一號命令」，要所有軍事單位高度戒備。一百萬名士兵、四千架飛機和六百艘船艦在全國各地就定位。到了十月二十日，什麼事都沒有發生。[8]

＊＊＊

流放整個族群的行動早在一九六八年九月就已經開始了，遭到流放的包括階級背景不好的家庭、沒有資格在城市居住的農民、臨時工、退休人士、殘障者、年輕人以及大量幹部。儘管如此，對第三次世界大戰的恐懼此時仍然被利用來加快將數百萬人撤往鄉下的速度。政府進行了一場運動，要把非法從鄉下回到城市的人抓出來；同時，被送去五七幹校的員工的家眷，以及被指派要到鄉下永久定居的整個家庭，現在都被趕出城市了。廣東和福建到處可以見到難民大排長龍，手中提著裝有蚊帳、臉盆及廚具的籃子和袋子。[9]

留在城市中的人則要準備開戰。上海和其他城市都向民眾派發了小冊子，說明飛機投炸彈是向前拋而不是垂直往下丟、核爆時該如何尋找掩蔽、如何挖掘戰壕、如何用步槍射擊飛機、建築物中哪些部分可以避難、如何進行急救、如何滅火以及如何分辨敵機。城裡也架起了大看板，上面畫著蘇聯和美國戰機、運輸機與直昇機的標誌及剪影。[10]

每個城市都很快就貼滿了反蘇及反美的海報。上海外灘有幅漫畫的內容是布里茲涅夫從碎花簾幕後面探頭出來參與和平談判，但手裡卻偷偷捏著一根火柴，隨時準備引爆一枚緊緊夾在他赤裸腳趾間的火箭。另一幅漫畫描繪尼克森總統一邊慫恿蘇聯領導人開戰，一邊憐愛地撫摸著一個地球儀。[11]

並非每個人都相信那些政治宣傳。很多人都明白，邊境衝突被利用來升高國內情勢，以及嚴密管控地方人口。在河北邯鄲進行的一項隨機意見調查指出，有些居民還會公開質疑這一切動作的意義何在？因為雙方軍隊只不過是彼此開了幾槍而已。但是有些人真的陷入恐慌。那些擔憂會爆發第三次世界大戰的人當中，有部分逃往鄉下，有的則完全相反，他們留在城市中，將所有家產變賣換錢，在世界末日的倒數時刻享用最後一頓美酒佳餚。在城市之外的地區，有些農民害怕自己養的牲口又遭強徵，於是把所有的豬都宰了。在某幾個地方，預期會開戰的心理激發了瘋狂搶購潮，商店裡的電池和蠟燭被一掃而空。

還有少數人極度興奮。有人貼出反革命標語，預言共產黨會滅亡。某個縣裡的地下組織向當地人民發出武裝動員令，主張「我們攻擊北京的行動要與美、蘇一致！」到處都有人搧風點火，大概是為了幫助敵軍入侵。有些狂熱分子甚至自願為敵軍效力。馮貴淵便是其中之一，他大膽宣告：「等蘇聯軍隊來了，我會去歡迎他們。」有些人則開始盤算擺脫共產主義之後的生活。在萬全縣，丈夫是地主的馬玉娥便把她的孩子帶去看那棟二十年前實施土地改革時，共產黨從他們手中強行奪走的房子。[12]

徹底的絕望也發揮了作用。曾經充滿理想、效法雷鋒的學生翟振華，此時住在延安的窯洞裡，她暗自希望戰爭爆發。「戰爭帶來災難，但也帶來機會。我寧願轟轟烈烈地死在戰場上，也不要過他們給我的絕望生活。如果我死不了，中國的一切一定會在戰後變得更好，我是這樣想的。這無疑是很瘋狂，但當時我就活在一個瘋狂的時代。」[13]

不過多數人還是確確實實地按照規定行動。工廠工人、政府雇員，甚至學童都接受了民防訓練。在上海，可以見到孩童列隊行進，一聲哨音令下，立刻仆倒並遮住雙眼；領隊發出另一個信號，便起身繼續行進，通常還樂在其中。其他人則拿著假的步槍加入。北京年輕人拿著木槍上演模擬街頭槍戰，每個戰士胸前都別著幫助分辨敵友的紙片。士兵教導剛徵召入伍的新兵如何使用槍械。晚間打開探照燈搜索則成了常態。[14]

政府呼籲人民踴躍捐血。但最重要的是貢獻力量挖掘戰壕及防空洞。毛澤東號召大家「深挖洞、廣積糧」。早在一九六五年六月，他就已經表示過：「我看還是房子地下挖洞，大約一丈左右深……所有房子都挖通，各家搞各家的，也不要國家出錢。」德軍在史達林格勒戰役中逐街與俄軍短兵相接，進行激烈的肉搏戰；毛澤東受此啟發，希望每座城市都為打巷戰做好準備。他在一九七〇年與一位外國訪客談話時，也說明了所有建築都會經由地道網絡連結成一體，人民可以撤到防空洞中躲藏、學習、練習射擊和騷擾敵軍。[15]

在北京，毛澤東得到了他所想要的。一年多來，北京不斷進行建築工程，城裡到處是一堆堆的泥土和「多得令人無法置信」的磚塊。百貨公司和政府辦公室裡都挖掘了很深的地道，可以通往一個由複雜蔓延的狹窄通道和碉堡組成的地下世界，還有電梯可以搭乘。天安門廣場立起了大型圍板，遮蔽起重機和打樁機，因為軍隊被交付了一項重大任務，那就是將人民大會堂和這個地道迷宮連結起來。[16]有工程師及軍方監督的建設工程，進度都相當快，最後北京有了一座面積八十五平方公里的地下城市，裡面有餐廳、診所、學校、劇院和工廠，而且似乎還有一座輪鞋溜冰場。部分防空洞擁有能隔絕毒氣的艙門和厚達三十公分的防輻射鋼門。地下也儲存了糧食和油，另有特殊農場種植只需少量光線便能存活的蕈類。

部分挖掘工程是與數年前開始的地鐵工程一併進行的。一九六九年十月一日當天，為了慶祝中國人民共和國建國二十週年，第一條地鐵開始試營運；起點是郊區的軍營，終點則在北京車站。[17]

但是，各處都有意外發生；當毫無工程知識，甚或不懂基本物理學的地方幹部做出指令，而狀況外的市民又盲目聽從時，災情更是嚴重。畢竟，延安精神稱頌的是群眾的集體智慧，而專業知識則被鄙視為資產階級的產物。在許多小型工程中，挖掘出來的沙土都只用獨輪手推車運往街上倒掉。下大雨時，沙土就變成爛泥，導致腳踏車打滑、手推車翻倒、排水溝阻塞溢流。在上海的浦西，僅僅八條幹道組成的區域就沿路被倒了超過一百堆挖出來的泥土、沙、淤泥、瓦礫和腐壞的垃圾，總重量估計有三萬公噸。每樣東西都濺上泥巴，場面就像強大颱風肆虐後進行清理的樣子。全國各地許多街道上都能見到類似的景象。[18]

只有重大的工程計畫才會進行地質探勘，所以住宅遭到破壞的案例相當多。黃埔區在一九四三年歸還給國民政府之前，一直由上海公共租界管轄，那裡有數十棟房屋的地基因挖掘地道而嚴重受損，造成坍塌或龜裂。鞏固工程沒有做好的防空洞塌陷時，也會釀成致命事故，使一些工人被活埋，這種事情經常發生。學童也必須參與挖掘工作，當工地崩塌時，有些學童便窒息而死。[19]

人民也必須捐獻磚塊。這種詭異的情況令人想起大躍進，當時全國各地的民宅都搭起了臨時熔爐，以響應加倍產鋼的號召。現在每個城鎮都出現了臨時磚窯，這麼作是為了將挖掘出來的廢土燒成磚塊，用來鞏固地下的防空洞。在北京，大堆的廢土旁都搭起了泥磚窯，規定每個人都要上繳三十塊磚。那些磚塊上都印著反蘇口號，這大概也是意料之中的事情。在上海，有一篇報導熱切地指出，人民「主動拆掉了雞舍和魚池，有的把家裡用來支撐床頭櫃腳、加固牆壁、墊高灶頭、鋪地坪的磚頭都獻了出來」。許多人也自願提供煤炭供臨時磚窯燃燒，而這些磚窯總共生產了七百萬塊磚頭——還不包括從既有建築回收或清理時取得的數量。[20]

政府對清點傷亡人數這件事，並不若紀錄磚塊數量來得熱切，但是傷亡必定時常發生，因為有些以沙、石塊、耐火土或磚塊搭建的磚窯倒塌或爆炸了。在上海嘗試於一九七一年國慶日來臨之際創下新的磚塊產量紀錄時，普陀區一座這樣的設施發生內爆，有十二人遭到活埋或受傷。直到一九七五年，都還有人死於這類為鞏固防空洞而搭的臨時磚窯。[21]

北京在這場鼴鼠大賽中領先，建成了全中國最龐大的地下網絡。上海緊追在後，有如蜂巢般的地洞據說可容納二百五十萬人。河北省六座主要城市所挖掘的地道也足以庇護一百萬人。到了一九七〇年代末，中國七十五座大城市中的地下防空洞，都能容納各自人口的百分之六十。這些地道大多是人工挖掘的。[22]

具有戰略價值的山丘內部也挖了許多隧道，有些寬得足以容下幾輛巴士。郎茂山位於山東省省會濟南市郊外，這座山裡的隧道寬八公尺，高七公尺，通往一個可以容納超過一萬公噸穀糧的地下儲存設施。附近的萬靈山深處有一座地下停車場，可以停放二百輛軍用車。就連荒蕪的甘肅省內陸深處，在一九七〇年末時也挖好了將近一百萬平方公尺的地下網絡。在地處偏遠、與中國其他地區隔絕，數十年前被毛澤東相中且用來作為對日抗戰根據地的延安，翟振華和一些村裡最優秀的工人就得不停地挖土，打通一座黃土山。[23]

這些工程耗費了巨大的資源，而大部分都徒勞無功。一九七〇年十一月，埃德加．斯諾在一次精心安排下造訪了北京的防空洞。他被人帶領著走過狹窄的廊道，來到一座全新的碉堡，還在那裡接聽了一通西哈努克親王打來的電話，當時西哈努克由於在祖國柬埔寨被軍事政變推翻而流亡北京。可是，戰爭一直沒有爆發。這個錯綜複雜的地道網完工後，很快就被眾人淡忘，還長滿了真菌和害蟲，最後，許多地道都封閉了。這個網絡被視為軍事機密，所以那些靠自己雙手挖出地道的人是不得進入的。[24]

幾乎全中國的每一個大人小孩，都參與了防空洞的建設。對戰爭的恐懼促成了全國的團結；經過文化大革命的內鬥之後，國家非常需要這種情緒。這項工作讓人民保持忙碌，疏散市民、挖掘戰壕和囤積食物幫助大家超越了派系之爭。

＊＊＊

在史達林的學生當中，毛澤東向來是心思很敏銳的一個；他領悟到昔日導師所犯下其中一個最嚴重的錯誤——除了沒能發現赫魯雪夫後來會反咬他一口之外——就是沒有一個可以應付敵人大規模入侵的全面疏散計畫。直到德軍在一九四一年六月執行巴巴羅薩計畫，在這場戰爭史上最大型的軍事行動中派遣一百個師越過邊界後，史達林才任命了一個疏散委員會。在一項史無前例的後撤計畫中，蘇聯有一千五百多家大型工廠被拆解並運往東方。那個夏天，火車將二百五十萬名士兵送到西邊的前線，回程時則將工業器械運到東邊。想要在烏拉山脈、中亞及西伯利亞找到足夠的建築物來安置這些撤走的工廠，又是另一道考驗，於是大量的機具一直在倉庫裡存放到一九四二年春天。這場工程極為浩大，但與德軍占領的三萬二千家工廠相較之下，撤走的數量其實非常少。儘管蘇俄努力彌補，還是失去了百分之四十的人力和很大一部分的工業。[25]

毛澤東決意不重蹈覆轍。赫魯雪夫於一九六四年垮台前，中蘇之間的緊張情勢升到高峰，雙方都不斷發出挑釁聲明。這時毛澤東口頭問起莫斯科會不會攻打他的國家：「蘇聯有沒有可能派軍隊占領新疆、黑龍江，甚至內蒙古？」與此同時，美國正提高投入越戰的規模。毛澤東的解決之道，是在內陸——遠離最有可能於戰爭時遭到攻擊的海陸邊界之處——進行「三線建設」。[26]

三線建設的目標是在中國內陸建造完整的工業基礎設施。一九六四至一九八〇年間，中國政府進行了一項大型計畫，把一部分工廠遷到內陸最偏遠、最不宜人居的地點，遠離北部和沿海那些人口密集的平原。四川省是個富饒的盆地，四周圍繞著綿延不絕的高聳山脈，因此經常被稱為天然堡壘，這裡就是三線建設的中心。不過，還有另一些多山區域也被選為開發地點，從山西、湖北一路延伸到橫跨雲南和貴州的高原地帶。有些工廠整座拆遷，但多數時候只有一部分的機械和員工被遷到內陸，[27]其他設施則從頭開始建設。

攀枝花位於四川南端，這片險惡貧脊的土地下蘊藏著大量礦產資源，在一九六五年之後建起了一座大鋼鐵廠。數萬名建設工人從全國各地調派過來挖掘煤礦、鋪設鐵軌以及建造發電廠。從這座新鋼鐵城鋪設鐵路通往成都和昆明，必須鑿穿一些隧道，光是這些鐵路就耗資三十三億元。有一名共青團員是一九六五年首批向攀枝花報到的人員之一，他說：「當時我們什麼都沒有，連煮飯用的煤炭也沒，山上只有不適合拿來燒的灌木叢……我們穿著僅有的一套衣服遊蕩，戴著一頂寬邊帽遮陽，還帶了一個水壺。至於交通，我們只有自己的兩條腿。」然而，再多的困難也無法阻礙三線建設。急切的毛澤東對冶金工業部長說：「不把攀枝花鋼鐵廠建設好，我就睡不著。」他為建設資金不足而擔心，便捐出了紅寶書和其他著作的版稅來支持這個計畫。[28]

一九六五年，國家重劃了這座新城市的邊界，將周圍幾座人民公社的八萬多個農民納入其行政管轄之下。那些農民備受壓榨，當地的死亡率攀升至百分之十三，高得驚人。嚴峻的環境、軍隊般的紀律和執行計畫的急迫程度，都只是問題的一部分。一位研究三線建設的歷史學家曾經指出，攀枝花和其他地方的建設都缺乏籌備階段，從選址、規劃到建設都是臨時決定的，這種做法會產生損失龐大的錯誤，需要不斷進行改正措施來補救。[29]

一九六六至一九六八年，三線建設的許多工程都因為文化大革命而停擺，交通中斷也導致攀枝花的工程斷斷續續。但是一九六九年爆發達曼斯基島衝突之後，又湧入了新一波的投資，還動用了數十萬名臨時工進行人海戰術，透過鐵路網將內陸的其他部分連結起來。在運動的高峰期，政府利用對戰爭的恐懼驅策勞動人民賣力工作，每一公尺鐵軌最多動用到兩名工人來鋪設。

幾百家工廠在內陸各處的高山上建立起來。位於湖北西部深處的十堰第二汽車製造廠，有超過一百四十家工廠和研究機構協助生產。許多與第二汽車製造廠有關的工廠遍布在該區，製造輪胎、橡膠、塗料和汽車零件。有些工廠位於狹窄的谷地，有些則在山上挖出來的巨大洞窟裡，即使有了新的鐵路，也經常難以進行交通運輸。[30]

三線建設把大約六十萬名工人帶到了這個區域，將當地的總人口提升到四百萬，隨之而來的壓力讓地方難以承受。十堰本身僅有五百名店員，卻要服務二十萬人。他們的工作程序反覆無常，每天賣的物品都有限制。舉例來說，某個週一早上他們賣膠鞋，但是只有三十八號，想買大一號的顧客，只能隔天再光顧。能買到鞋的人都算幸運。這裡嚴重短缺物資，有些新工廠的工人根本沒鞋子可穿。燈泡、熱水瓶、毛巾、襪子、罐頭和臉盆的供應量也不足，電話線只夠接通百分之六的電話。在遠安縣城，一段一百公尺長的大街道路上，只有一個燈泡淒涼地掛在那兒。不過，三線建設的工人仍然享有優於當地農民的特權。住在新工廠附近的農民，發現自己原本就已經很惡劣的生活條件變得更差了，因為一切都被挪用去支援戰備計畫。一些小村子連火柴都沒有，有些則缺少修繕簡易水車所需要的鐵釘。[31]

食物也是問題，而且因為許多三線建設的工廠刻意選在偏遠的地方而更形惡化。有些食堂——例如第二汽車製造廠附近的那些——提供的餐點只有煮水餃和蘿蔔湯。蔬菜供應短缺，工人通常只有一點點醬油可以沾包子或水餃。肉類是奢侈品，除了慶祝農曆新年之外，鮮少能見到。[32]

湖北西部是偏遠內陸的一部分，但是就連中國較為先進的地區也備受類似的問題所困擾。一線建設位於邊境和沿海地區，從滿洲的工業帶延伸到天津、上海等等東岸主要沿海城市。二線建設則是在國內其他地區，而這些地區同樣也被迫進入戰備模式，城市的工廠往內陸遷移了數百公里。邯鄲位於河北南部，距離天津不到五百公里，在那裡的某些區域，新工廠的所有工人都只吃得到清湯配幾條醃瓜，有些工人談起食堂中的食物價錢時說道：「我們掙的是社會主義的錢，吃的是資本主義的食物。」當地沒有商店，因為工廠是策略性地設置在偏遠鄉間。工人必須以物易物，向村民換取香菸。若要購買更實用的物品——譬如鞋子——就必須遠道前往大約三十公里外的縣城。[33]

三線建設的規模非常驚人，內陸設立了大約一千八百家工廠來進行戰備作業。一位學者曾指出，在一九六四至一九七一年之間，中國的工業投資約有三分之二投入了這個計畫，文化大革命的主要經濟政策就是以它為主體。這項計畫充其量只為內陸的交通運輸系統打下了基礎，但是如此大規模的計畫，即便規劃良好、執行周全，也仍需要耗費鉅資，因為地點偏遠分散，而且高山上和狹窄谷地裡的地形都很崎嶇。計畫匆促執行、瘋狂趕工，而且是在大災難即將來臨的氛圍中進行的。一位研究三線建設的專家寫道：「我們手上的資料顯示，幾乎每一項計畫都不斷追加成本和延期完工，因為沒有做好充分的事前準備。」一九七〇年七月，第一座鑄鋼熔爐終於在攀枝花開工冶煉，但是其他三座煉鋼廠到了一九八〇年代都還在興建。位於甘肅省酒泉的煉鋼廠，廠房設計更改了六次；然而，儘管投入了超過十億元，它也是到了二十七年後才開始產鋼。其他計畫同樣浪費了巨大的金額。有幾名經濟學家計算出，光是因為支援三線建設而損失的生產力，就耗費了國家數千億元，因為它的優先地位占用了其他地方亟需的投資經費。這可能是整個二十世紀以來，一黨專政國家在資金分配上造成最大損耗的案例。就經濟發展而言，三線建設是僅次於大躍進的一場災難。[34]

第十七章　學大寨

一九六九年四月，當第九屆全國黨代表大會進行到最後一天時，必須選出新一屆的中央委員會。其中一位當選者是不識字的農民，他的皮膚黝黑粗糙，鬍渣多日未剃，名字叫做陳永貴。所有委員後來都認得了他的註冊商標——他總是緊緊包著一條白麻頭巾，用來擋陽光。六年前，陳永貴的村子毀於一場洪水，但是他不願意接受政府任何援助，他號召村子裡的人，全憑意志力讓村子搖身一變，成為一個大糧倉。「大寨」，這個位於中國北方貧瘠黃土高原上的小地方，很快便引起了毛澤東的注意。一九六四年十二月二十六日——這天是毛澤東的壽誕——陳永貴獲邀到北京與毛主席共餐，毛澤東同時還提出了「農業學大寨」的口號。這句話決定了未來十五年間的農業政策，就像工業政策被定調為「三線建設」一樣。

大寨表現的是「人定勝天」這個毛澤東一直引為圭臬的想法。它最重要的意思是要靠自己、自力更生。陳永貴堅持「三不要」的原則——不要救濟糧、不要救濟款、不要救濟物資。

自力更生並不是什麼新念頭，早在大躍進時期，毛澤東就看到了快速工業化的關鍵，就是要用勞力取代資本。他曾經宣稱：這個國家最偉大的資產就是數以上千萬計的勞動人口。畢竟，人民才是推動歷史的唯一動力。當時的政治宣傳裡早就寫明了：「集體力量大，祖先要用幾千年做的，他們花幾個月就可以達成。」村民一變成為龐大軍隊中的士卒，他們列隊走進人民公社，接受軍訓一樣的生活，並聽從地方幹部的指揮。

大躍進這場實驗帶來的只是災難，但是自力更生的概念還是遍地開花、深植人民的腦中，尤其是在蘇聯取消許多大型建設項目，又凍結了轉移精良尖端軍事技術之後。一九六四年時，中國的盟友已經很少，而兩年之後，又因為推展文化大革命，在國際間被孤立的情況更加嚴重。自力更生變成一個很方便的藉口，叫人民自生自滅。人民被教導要自食其力、靠自己的力量。大量勞動力再一次被用來填補資本的不足。「大寨」成了典範，因為國家現在要求農民把荒蕪的土地變成肥沃的田野——而且不能靠國家的幫助。

＊＊＊

大寨位於北京的西南面約三百五十公里外，就在赤貧的山西省一個偏僻的角落裡，四周都是乾涸的河谷和陡峭的高山，但就是這個地方成為毛主席心目中的模範公社。這個村子在一年內吸引了數十萬名訪客，很多人都是來吸取革命經驗，學習自力更生、如何與大自然對抗以及完全平等的理念。這裡有數不盡的海報，畫著陳永貴和村民們一起在田野間勞動，把荒涼的山區變成梯田。還有報紙、雜誌記者和電影製作團隊，跟著村民、報導他們的日常工作——種蘋果、胡桃和桑椹，養蠶、養蜂、照顧雞和把豬養肥——而這些全部都不靠政府的補助。在政治宣傳裡，大寨的所有村民都享有免費的教育和醫療服務。到了一九六八年，已經大約有一百三十萬人到訪過大寨，那裡現在有一個演講廳、一個專供訪客用餐的餐廳和旅館，可以安頓所有的遊客——包括外國貴賓和友邦國家的高階外交官員。[1]

其實大寨就是重新回到大躍進的路線。大寨裡的所有東西都被公社化了。在一九六四年二月，

《人民日報》刊登了一篇社論，號召人民跟隨大寨路線，內容就重提了大躍進的口號——「又多、又快、又好、又省」。大躍進時的狂熱再一次出現在大寨模式裡，農民不僅白天要工作，夜晚也不得停歇，不管刮風、下雨或是下雪。若是以物質作為誘因，會遭到唾棄，因為那是資本主義的東西，取而代之的是政治上的熱誠和無盡的政治宣傳，工作場所都裝了喇叭，在村民休息時播放音樂和歌曲。和大躍進時一樣，人民要完成一個接著一個的基礎建設，大躍進時是冬天要挖蓄水池、夏天產鋼，大寨模式則是移山、挖隧道、開運河，無私奉獻為大家。一九五八年時的口號是「三年困難艱苦奮鬥，改變中國面貌」；而一九六四年的口號則是「苦幹三年鼓勁幹，定叫瓦瓷變大寨」。全國各地的上千個土坡上，都有用石頭砌成的「學大寨」幾個字，和大躍進時山上刻著稱讚大躍進的大型標語一樣。陳永貴自己也走在大躍進的旗幟下，要確保所有的私有財產都收歸公社化。即使在一九六一年之後，全國重新引入了自留地，大寨裡卻沒有任何一塊私有的土地。

但是在文革的頭兩年，大寨還不過只是紙上談兵。一九五八年，毛澤東確保了全黨團結一心支持大躍進，一九六六年，他忙於鬥垮黨內的其他人，利用人民打擊黨內一切真實或者憑空想像出來的政敵。

這並不是因為紅衛兵裡沒有人真心相信這個理念。畢竟，文革在一開始時就主張這是一個打倒「赫魯雪夫之類的走資派修正主義者」的運動。紅色八月時，紅衛兵遍布在各大城市，甚至還有些激進的學生前進到周圍的鄉下，去攻擊一切「資本主義」的遺害。例如在一九六六年八月十八日——也就是是林彪在天安門廣場上號召打倒舊世界的同一天——南京的學生們就強行將屬於市郊農民的所有自留地公社化了。[2]

隨後的幾個月雖然事件頻仍，但是，鄉間的暴力事件一般還是侷限於主要城鎮附近的村子裡。例如高原和他的朋友前往正定市的幾個小村莊——離主要公路大概要走一小時——只是為了看到地方領導已經開始揪出所有的壞分子。舊地主、富農和其他階級敵人都要比其他人早起，上街掃地。「他們都戴著黑臂章，上面用白字寫著他們的身分，所以一眼就能夠認出他們。」[3]

在鄉下的其他地方，也有些紅衛兵會破壞廟宇、砍伐風水樹和銷毀黃曆，以及其他和迷信有關的東西。不過大部分受害的村子都離城市不遠、在鐵路線上或是主要道路旁邊。大部分鄉下地方都只被城鎮的騷亂掃到一點點。

毛澤東心知，革命若要成功，城市的糧食供應一定要穩定，所以並不打算把鄉下也搞得天翻地覆。一九六六年九月十四日，政府規定文化大革命只限於縣城和大城市，學生和紅衛兵均不得在村子裡作亂。周恩來就曾經在紅衛兵的代表面前說過：「我們既要革命，也要生產……不然我們吃什麼？」[4]

不過，到了一九六七年，當全國大部分地區都已經陷入內戰時，各派系都試著要從附近的鄉下招募更多人加入戰鬥。在湖南的雙峰，就有人叫來一些農民，聚集在縣城裡批鬥保皇黨，除了平時的工分之外，這些農民還可以領取額外的兩毛錢。很多村民都異常雀躍，穿上他們最好的衣服，就像要去赴盛會一樣。他們還帶了自己的積蓄，批鬥完黨委之後，就一哄而散，去買新毛巾和小鏡子。[5]

在湖南的其他地方，如果派系鬥爭擴散到鄉下，通常結局都相當悲慘。前面已經提到過，在一九六七年八月十日，文革小組推翻了對於長沙造反派的判決。長沙造反派是一群叫作「湘江風雷」的烏合之眾，在全省都有支持者。幾天之後，他們的支持者獲得了北京的肯定，因而受到鼓舞，計畫在道縣重重地打擊敵人——一群受到地方官員和民兵支持的強大組織。被打敗的派系散播謠言說：大報復即將來臨，一場腥風血雨便在鄉間展開。他們宣稱「湘江風雷」都是一群壞分子，包括舊地主、富農和反革命分子的兒子或女兒，這些人都和蔣介石裡應外合，打算和蔣的國民黨軍隊一起反攻大陸。在接下來的幾個星期裡，將近五千人因為出身於錯誤的階級背景而遭到屠殺，甚至有些被害者還只是嬰兒。道縣事件只是個特例，但是根據一位專家的說法（他是鄉間大屠殺事件的專家），在中國鄉下，光是文革期間就有超過四十萬人被有計畫地殺害了。凶手不是紅衛兵，而是鄰居之間互相殘殺。[6]

許多這類暴行都只限於少數幾省，主要是廣東、廣西和湖南。而且即使是在這些地方，也有很多村莊只是開開批鬥會、鬥鬥壞分子，要他們戴著高帽子遊街之類文革時期的家常便飯，絕少有民兵之間爆發大規模屠殺。比起大躍進時有上千萬的人被打、過勞和餓死，文革的頭幾年大概都避開了鄉間。

但是，村民們也不是只會坐山觀虎鬥，旁觀城裡亂得像翻了鍋。他們也有許多不滿。其中最大的不滿，大概就是大躍進時的極端公社化了。磚塊、傢俱和工具都被徵收去趕建大飯堂。在一些人民公社裡，幾乎是所有私有財產都被廢除了，連人民身上的衣服都要收歸公社。鍋碗瓢盆全部充公，防範村民在食堂外自己開伙。一整排房子都被拆了，空地被用來堆肥、建宿舍、重新安置村民、修直道路，或只是留著，以待將來有更好的用途，或甚至只是為了找原本住在這裡的人的麻煩。為了提升國家的鋼鐵產量，家用工具和農具都被丟進熔爐裡，但產出的卻只是無用的鐵渣。牲口數量大跌，除了動物都被宰殺後出口之外，也因為牠們都染病、或是餓死了。祖墳被夷平，空地被清出來耕作，墓碑則被拿來供灌溉系統之用。為了讓已經極度疲乏的勞動力還要繼續服從，地方幹部只好用強迫、恐怖和暴力的統治方式，迫使他們工作。

其實，在大躍進的饑荒過後，人民公社對於農民的權威已經大減，但是農民依然怨恨國家壟斷糧食銷售。他們想要重新掌握對於自己農作物的控制權。他們想要擁有土地，也想要重新享有遷徙和居住的自由，自從一九五五年引入戶籍登記制度之後，他們就失去了這個權利。他們還想要做貿易。

在某些鄉下地方，文革的混亂讓農民有機會重獲一些在共產主義下失去的自由。因為很多政府官員受到北京所發起的政治鬥爭的牽連，有些人還在掙扎求生。鄉間過去很少進行有系統的調查，不過黨的檔案庫裡還是保存了一些重要的資料。一項對於陝西省三十個縣的全面調查指出，有超過三分之二的地方市場，開辦時完全沒有受到任何官方的監管。國家就這樣失權了。在鄉間，有一些地方交易的規模甚至大到令人吃驚的程度。在引鎮和三橋——兩者都是離省會並不遠的村莊——光是木材的黑市交易量，一天就有約三萬元。窗、門和棺木的交易活絡，利潤也不容小覷，等待交易的人龍長得阻塞了交通。還有多達一百名農民組成的小組上山砍樹，完全不依照國家的計畫行事。這樣的情勢早在一九六六年的夏天便已開始，因為文革使地方政府部門一直疲於奔命。[7]

在耀縣的縣城裡，每天都有超過一萬人上市場，街上擠滿熙來攘往的小販。有時候這是獲得許可的，但是他們也賣許多配給物品，這就完全違反國家的壟斷糧食政策了。依照估計，一天下來，這裡就賣了二．五噸地瓜和幾百公斤花生。一個市場裡可能有多達八十輛單車易手，有數十個流動小販或者零售商人根本沒有許可證。在富平縣，有些市場完全沒有受到管制，無照醫生、牙醫和私宰屠戶都在這些地方做生意。這裡賣紙錢、電池、燈泡、染料和煤塊，而且市場相當蓬勃，直到一九六六年才遭到取締。[8]

富平和其他地方一樣，黑市貿易在大躍進的饑荒期間非常興盛，不過，隨著饑荒過後經濟慢慢復甦，黑市就跟著消失了。到了文革期間，因為紅衛兵癱瘓了交通運輸，妨礙到地方經濟，於是黑市再度出現，但是這次不再是鬼鬼祟祟的、一見到警察便四處逃散了，現在許多黑市小販的膽子都大了，會公然拒捕。市場稽查員也無力干涉，因為只要他們多問了這些小販兩句，立刻就會有一堆同情小販的旁觀者聚集過來、包圍住他們。有些小販還聯合起來，不讓任何政府官員妨礙他們做生意。在寶雞市，甚至有一位稽查員被憤怒的民眾打死。[9]

不只是像陝西省這樣貧困的內陸省分會出現黑市，在文革水深火熱的當下，沿海城市的黑市也大行其道。在廣州，所有地下工廠都是為了供給黑市需求而出現的。商人賣的不只是糧食或是香燭這類配給物品或者違禁物品，任何人只要付得出現金，都可以買到汽油、黃金、武器、彈藥、爆裂物和炸藥。[10]

鄉村民眾也利用政治鬥爭來爭取更多的自留地。我們很難找到證據，不過在一九六七年的春天，陝西省定邊縣的某些農民，手上的自留地已經多了一倍。正常來說，每家其實只可以養幾頭牲口，但是也有農民鋌而走險，買了多達五十頭羊。在安康縣，有些村民完全脫離了人民公社，他們決定自食其力，或是到城裡碰碰運氣。這種趨勢十分明顯，甚至可以說某些村子實際上已經是去公社化了（decollectivisation）。[11]

去公社化的不是只有幾個偏遠的地方。甘肅也有幾個人民公社瓦解了，村民利用他們新得到的自由讓自留地翻倍，並增加牲口數量；江蘇省也有些農民要求返還他們被政府沒收的廟宇和祖祠；山西省則有些地方的人分掉了所有公社財產，並屠宰牲口，帶到私有市場上賣掉。中央政府十分擔心，只好在一九六七年二月透過《人民日報》號召人民提防鄉間的反革命勢力，因為他們試圖「破壞我國社會主義經濟……從革命人民手裡奪權」。當務之急是鄉下地方最重要的活動之一——春耕，有些地方根本是全部的人都無心播種。在關中地區，地方幹部根本對於渭河下游河谷的肥沃地帶毫無實權，只好要求軍隊介入。甚至還印了六百萬份傳單，用飛機在陝西四處散播，號召當地人民返回公社耕種。[12]

但是黨並沒有打算對農民開戰。大躍進期間，曾有一份一九五九年三月的報告指出，鄉間有人囤積糧食，毛澤東為此曾下令徵收三分之一的糧食，遠多於從前徵糧的比例。他還要求舉報那些無法達標的地區。甚至還額外騰出了一萬六千輛貨車來應付這項工作。幹部們紛紛趕在村民把糧食吃掉之前收走糧食，「先發制人，後發制於人」成了當時的口號。接下來之所以會發生饑荒，強徵糧食便是原因之一。[13]

八年後——一九六七年五月，又有一份報告舉發村民私藏口糧。不過毛主席不打算再重蹈覆轍了。他把弱點轉化為優勢，要求鄉間廣積糧食，加強村民自食其力的能力。他說：「農民以多報少，是藏富於民。」周恩來甚至跟著說：「農民總是農民，」因為「只要情況好一點，他們總是向資本主義發展；個體經濟幾千年了，集體才幾年，個體經濟習慣勢力大。」這次政府沒有再提高徵收額，反而減少了要賣回鄉間的糧食總量。大寨的自食其力精神，意味著國家不會有多餘的糧食來接濟任何人。[14]

＊＊＊

文化大革命要到一九六八年才擴展到鄉間。革命委員會掌權後，很快就恢復了秩序。在浙江，掌權的是吳法憲支持的第二十路軍，他是空軍總司令，也是林彪的擁護者。軍方於一九六八年一月開始統領全省，不計其數與反對勢力有關的人遭到肅清。[15]

他們所做的第一件事，就是強制實行大寨模式。為了「徹底粉碎中國赫魯雪夫在農村復辟資本主義的陰謀」，第二十路軍派了一支由一百名幹部所組成的代表團，去山西向陳永貴學習。他們逐一向省裡的每個人民公社推廣自食其力的精神。首先是貼出了無數海報，然後是報紙報導、電台廣播和紀錄片。鄉村也正式向資本主義宣戰了。[16]

在接下來的兩年裡，浙江省用公費陸續再派遣三萬名幹部和農民去大寨。很多人回來後全然信服「大寨模式」。到了一九六九年底，已經有超過兩百個村莊被封為模範公社。浙江和其他省分一樣，都有自己的「大寨」，浙江的大寨叫作「南堡」。這個村莊在一九六九年七月被洪水夷平，但是南堡農民沒有依靠國家的援助，在黨書記李金榮的領導下重新振作起來。他們重建房屋、復墾稻田，傾盡一切努力達到經濟獨立。一九七〇年六月三日的《人民日報》盛讚南堡是「人定勝天」的典範。也有超過一百六十萬人從浙江各地來南堡參訪。

有些地方卻有點失控了。一些幹部急著要重新回歸集體經濟，於是廢除了自留地，甚至殺掉私有牲畜。整個省裡有四分之一的生產小隊又回到了大躍進時的極端公社化，他們把管帳的責任交給生產大隊（也就是介於人民公社和生產小隊之間，屬於鄉村第二層組織）。這個情況意味著農民們失去了控制分配收入的權力。在某些縣裡，竟然有高達百分之八十的生產小隊都是這種情形，光是撿些柴火或是養隻水牛，都會被批評為資本主義。[17]

類似的情形在中國其他地方也都可以看到，因為軍方從一九六八年便開始向各地強制推銷大寨模式。在甘肅省——也就是汪鋒和劉瀾濤被指控為「走資本主義道路」的地方——有超過七萬七千公頃的自留地必須交回給公社，這大約是所有自留地的約三分之一。在某些縣分——例如林肇、玉門和蘇北——「所有自留地全部收回」。還有一些村莊，每棵樹和牲口都重新回到公社手中。[18]

這股浪潮（重新收歸公社所有）自然引發了民眾的反抗，例如農民就趁著東西還在自己手中時，搶著屠宰牲口或是砍伐樹木。當人民公社要打擊「資本主義歪風」的消息傳出之後，村民們趕忙去追逐在泥磚屋之間亂竄的豬隻，殺豬的哀鳴響徹街道。湖南的「每個園子都變成屠房，每個人的手都沾滿血」，因為村民們都偷偷把肉煙燻醃製，藏在陶罐裡，免得被別人看到。[19]

其他省分也有這樣的例子。在河北隆堯縣，自留地只占所有土地的百分之六，但是，在一九六九年之前，連最後的一丁點地也被公社收回了。在正定縣——高原和他的朋友們曾在文革時並肩作戰的地方——到了一九六八年夏天，整個鄉下似乎都恢復成大躍進時的狀況。養豬養羊的農民被批評為「資本家」，所有製作堆肥的誘因都被廢除了，連一棵樹都被視為公有財產。在省裡某些地方，大部分重要決策現在都必須由公社決定，不再是由農民作主。以前農民們在農閒時會做些副業，現在都被禁止了。有些幹部甚至還沒收了所有對集體經濟沒有直接貢獻的用具。[20]

重新公社化之後，糧食對國家的重要性也開始重新獲得重視，當時流行的口號是「拿糧食當命根」。就像大躍進時一樣，國家呼籲鄉間的每個人都要生產糧食，其他農作物——不論是否比較適合當地水土——一律禁止種植。果樹、茶樹和草藥都要砍掉，連蔬菜都被棄耕。比較適合放牧的草原也拿來改成糧田，有時候連牲口也要宰殺。如果是表土層單薄的土地，就下很重的肥料。不管土地多麼貧瘠荒涼，人定勝天，死土裡也能拉扯出口糧來。[21]

每個地方都出現了梯田，就像陳永貴在大寨闢建了無數的灌溉河道和梯田，所以能夠增加糧食產量。每個縣也都要能夠「從山上產糧，從湖裡產糧」，不管氣候，也不管地形，湖泊一律填平，森林就砍光，沙漠也要開墾，從蒙古草原到滿洲沼澤地，都拚了命要效法大寨。全國上下都遵從教條般的一致性，在此可以舉出盲目跟從的極端案例：有些地方幹部甚至決定要在平原上堆出小山——只因為這樣就可以像大寨一樣開闢梯田了。[22]

陳永貴當選為中央委員之後，「學大寨」運動更是加快了步伐，並在一九六九年八月到一九七一年九月之間達到顛峰。學大寨模式現在等同於為戰爭作準備，每個區域都感受到提升糧食產量的壓力，還要把多的存起來。

在延安，翟振華得幫忙在黃土山上闢出梯田。除了冬天土壤凍結的時期之外，這件事讓村民忙上了一整年。在重慶，有一名婦女記得自己和其他農民被迫去開墾山上的荒地。大家都害怕被批評，所以沒有人敢違抗。「我們在山上開闢梯田，搬來泥土和肥料。每寸空著的地面都要種種看。但是山上本來就不適合種田，那裡只能長樹。」[23]

陡坡上都建了梯田——不顧因此會讓大雨或是洪水造成水土流失。有些地方從山腰直接切到岩床。還有些地方只因一點小雨就會崩塌，而且全年都要維護，反而耗掉更多泥土。

連草地都變成農田。但是，如果硬要灌溉乾燥的土地，其實會出現鹽鹼化現象，因為缺少雨水去溶解灌溉水裡含有的鹽分，最後會積在土裡，大大降低地力。一位被送到勞改營開墾荒地的「國家敵人」，如此形容寧夏省的土地：

> 曠野上到處是一塊塊廢棄的田地。上面覆蓋著厚厚的硝鹼，像是骯髒的雪原，或像是披麻戴孝的孤兒。雖然經過多少次風吹雨淋，但是仍然能看到一條條如傷疤般、犁田後留下的痕跡，橫七豎八的劃在曠野的肌膚上。在這裡，人類和自然一樣受到了鞭笞：「學大寨」的結果是造出了更多的不毛之地，硝鹼之地上，連一株草都不長。[24]

還有其他地方的草地也變成一方方廢土。張家口附近的壩上草原，原本是一片連綿無際的草地，風吹草低美景無限，但是卻因大風沙而變成一大片焦黃的沙地。青海省約有六十七萬公頃的綠草場被轉作為糧田，但是很快也變成沙漠化，整個環境遭受了無法逆轉的損傷。[25]

湖水被抽乾，河的上游都建了水壩，濕地被填平，一切都是為了學大寨。在湖北，有上百個湖泊消失了。最大的一個湖位於湖北和湖南之間，它原本有五十六萬公頃，現在只剩下二十八萬二千公頃。中國的第六大湖——雲南的滇池——位於群山環抱之中，四周建有廟宇、佛塔和涼亭。十九世紀時，道士們從山岩中鑿出走廊和洞穴，而在一九七〇年春天，軍方動員了數十萬人力想把這裡的濕地填平。山被炸開、取出大石，然後把大石丟進湖裡，用這種方式把湖變成稻田。這個工程是在省級革委會——也就是林彪的親信——的領導、監督下進行。每天日出時分，軍人就會叫農民列隊到湖邊，要他們挖坑、堆泥、搬石和開田，這些工作大部分都是以人工進行。像是快要開戰的氣氛為人民帶來了壓力，不同的工作隊之間也要競爭，大家都要達到最高的工作目標。最後，湖雖然填平了，但是填平後的泥土根本太軟、太濕，不適合耕種。人民只好再填上更多泥土，但是產量依然無法提高。生態平衡遭受永久性的傷害，清澈湛藍的湖水也變成了一池濁泥，淹死了不少動物。一九六九年時的漁獲量超過六百萬噸，但是在十年後，只剩下十萬噸出頭。[26]

全國各地都有軍方積極介入推行大寨模式。他們極力鞭策可工作的勞動人口，把農民當作步兵一樣對待，尋求提升產量。滿洲某個由軍方經營的國家農場裡，所有人都必須在每天清晨三點半的哨聲中起床，沒有人敢稍顯怠慢，否則就會被指控為不支持毛主席。每個人的表現都被記錄下來，墊底的人會被公開批鬥。年輕的上海學生南楚（音譯）拿著裝滿堆肥的籐籃走向田間時，都要催促自己盡最大可能走快一點。汗水浸濕了她的衣服，寒冬中，鹹鹹的汗水在她的嘴角結成了冰，但是她並沒有慢下來。濕透的衣服吹在寒風裡很快就凍成了冰結的硬甲，隨著她每走一步就喀喀作響。每個人最關心的事情就是如何捱過這場運動：「我們的腰酸、腿疼、骨頭都快散了，但是幾個月來，我們還是咬緊牙關堅持下去。」[27]

地方幹部也盡全力要將勞力做最大的利用，矢志要在自己的轄區創造奇蹟。他們都希望自己的村子變成下一個大寨，這樣就可以獲邀到北京見毛主席。如同一位農民所說的：「學大寨就是大躍進的延續。」[28]

就像大躍進一樣，「學大寨」也是一場欺上瞞下的偉大表演。大寨本身就是個騙局，裡面的模範農民都只是毛主席筆下的一些不情願的表演者而已。奇蹟般的大豐收是假的，靠的是誇大了數字、再向別的村子借糧。灌溉系統也大多是人民解放軍建造的。大寨非但不是自食其力，甚至還接受了巨額的補助，以及國家各種形式的援助。大寨所發生的事也在全國各地上演，大量人力、物力和資金都浪費在示範工程上，從攀枝花的煉鋼廠到滇池重墾的濕地都是如此。一位研究這場運動的著名學者曾說：「在歷史上，這是罕見的『政治壓迫』和『理念錯置』的同時發生，甚至還以專制的方式決定事情的優先順序和正確方式，於是造成了對於大自然的密集破壞、對環境的摧殘，以及對人類的折磨。」[29]

第十八章 大肅清捲土重來

在一九六八年夏天到一九六九年秋天之間，剛成立的革命委員會開始為共產黨清理門戶，用他們的權力肅清敵人。套句官方的說法是：「敵方特務、叛徒內奸已經滲透到黨所設立的所有單位裡面，假意遵循無產階級革命路線，將他們昔日的錯誤遮掩起來。」這次運動要打擊的是黨員以往的叛黨行為，整體而言，對於解放之前年齡還小的人不會有什麼影響，因為他們當時都還沒有受到資本主義的荼毒。這些現在還只是學生的人，只不過是被送到鄉下接受農民的再教育。

但是，這些解放後才出生的人，在政治上到底是不是真的可靠？人們還是十分存疑，尤其是文革以來出現的派系鬥爭那麼複雜，群眾組織又多得讓人眼花撩亂。肅清黨內敵人的運動在一九六九年底接近尾聲，此時，又有一波新的運動開始了——這次是要揪出現在藏身於年輕人當中的敵人。北京當局宣稱出現了一個叫作「五一六」的反革命組織——這讓人想起一九六六年的五月十六日，毛主席發出了一項通知，揭發彭真把首都變成修正主義的大本營一事。

「五一六通知」是促使文革發動的黨內文件，但是它在一年之後（一九六七年五月十七日）才公諸於世，在此之前一直是機密文件。在原始的通知中，毛主席指出，除了彭真之外還有其他修正主義分子「正在受到我們信用，被培養為我們的接班人」。一些紅衛兵把這句話解讀成周恩來正要失勢，於是開始出現了把周恩來總理打成「反革命雙重間諜」的大字報，說他是「資產階級反動路線」的代表，江青更帶頭試著要揭發周恩來。[1]

毛主席插手保住了這位忠心的手下。幾個月之後，八月上旬，對於總理的攻擊再次遭到駁斥，並且展開了對五一六分子的獵巫行動，這些人現在被指為反革命組織的成員。八月二十三日火燒英國使館之後，出現了一些詳盡的行動綱領，鉅細靡遺地指出各層面都存在有組織的陰謀，他們的地下黨成員也幾乎滲透到政府和軍隊的每個部門裡了，使得獵巫行動愈形擴大。周恩來利用這次肅清的機會，打擊了一些文革小組中他自己的政敵，打倒了幾個江青的得力手下，包括鼓吹紅衛兵到外交部奪權的王力。周恩來機警地讓姚登山——他在外交部裡挑起事端——成了火燒使館一案的代罪羔羊，姚登山被打為「五一六集團」的「核心成員」。另外還有幾十個人因受到打擊而下台。[2]

但是運動的高峰要到三年之後才出現。一九七〇年一月二十四日，周恩來現身人民大會堂，要演說地下組織帶來的危機。他解釋道：「五一六」只是一個名字，背後是個複雜無比的祕密組織，裡面「既有國外的帝（國主義）、修（正主義）、反（革命分子），又有暗藏的反革命、國民黨特務、黨內叛徒、內奸、走資派、修正主義分子，以及沒有改造好的地主、富農、右派和壞分子。」就在兩個月之後（一九七〇年三月二十七日），又發出了一份通知，將搜查對象擴大到所有犯下「左傾」或「右傾」錯誤、有違黨路線的人。與周恩來關係最密切的外交部裡，有超過一千個人在一九七〇年春天被揭發是五一六陰謀的支持者，占整個部門大概一半的職員。[3]

這樣看來，似乎到處都是反革命組織的成員。革命委員會利用這場陰謀來解決曾經在文革期間出言反抗的人，總共有上百萬人受到牽連。在「僧將」許世友掌權的南京，一百萬名居民中就有二萬七千人成為運動的目標。許世友非常憎惡造反派，因此用反革命的名義竭力迫害他們。他會親自審問重要的疑犯，為了取得口供，還曾經掌摑一名重要將領。南京大學有超過三分之一的教職員受到迫害，數百人遭到監禁，其中二十一人受迫害致死。南京林學院的每十位教師中，就有九人受害。曾經響應加入文革行列的人，現在的處境都很危險了，包括曾經到北京串聯的學生、曾經批鬥黨幹部的紅衛兵、參加奪權的造反派，不過，最重要的還是曾經反對過許世友的人。[4]

宋爾力（音譯）便是曾經反對過許世友的其中一人，他在文革的高峰期還是個學生，曾經寫過反對許世友的大字報。他的大學受到軍方操控，而他畢業後被分派去的國家農場也歸軍方管理。他被迫寫了一篇又一篇的自我批評。但是，在一九七〇年初，他又被送往一個「學習班」，該學習班的目的是為了查出五一六分子，也歸軍方管理。學習班不過是個監牢，軍隊裡的長官給了他一份長長的名單，裡面全都是被懷疑謀反的老師和學生。「一開始，我覺得這場運動非常奇怪。我從來沒有聽過什麼五一六集團。我告訴他們我沒有聽過這件事。但更奇怪的是，我的同志一個接著一個地招供了。每個招供的人都要在整個學習班的群眾大會上招一遍。」最後，嫌疑犯的名單包括了所有曾經公開發表反軍方言論的人。看起來像是命運的大逆轉似的，連支持許世友的造反派最後也被指為叛徒。「因為他們是造反派。軍方不喜歡造反派。」[5]

運動範圍也不限於南京。整個江蘇省都有人被打成反革命分子，並因此受到迫害。有一個說法是，和一九五七年百花齊放時被打為「右派」的人數比起來，這次的受害者是當時的二十倍之多。當時流行一句俗語：「五一六無處不在，親戚朋友裡都是。」在無錫，剛開始有三十位嫌疑人自白招認，最後擴大並牽連了至少一萬一千人。這裡跟其他的地方一樣，被告都被迫要供出其他成員的名字。受了酷刑之後，他們便會招出自己捏造的嫌疑人名單，使得被告人數直線上升，甚至某些政府單位裡所有的職員都被逮捕了。

江蘇全省有超過二十五萬人遭到運動所累，超過六千人在審問時受傷或甚至被打死。有些遭到指控的人寧願自殺，也不願意牽連其他人。有一名女子把床單的一端綁在窗框上，另一端繞著自己的脖子，跳出窗外自殺。但是即使她死了，都還是被批評背叛了黨。她的同僚則被迫參加批鬥大會，一個接一個上台，承認是她引薦他們進入地下組織的。[6]

江蘇的情勢十分險惡，不過軍方在其他一些省分還是有遇到反對勢力，他們也利用這場運動來根除敵人——不論是真實存在的還是假想敵。廣西的韋國清縱容軍隊對付造反派，使得無數人遭到追捕。在上海，任何反對過張春橋的人，現在都被關到牢裡了。對於曾經在文革中站出來的人，這場運動稱得上是對他們的最後一場迫害。我們很難得到確實的統計數據，不過全國的受害者人數可能高達三百五十萬人。[7]

＊＊＊

在一九六九年十一月十二日——被驅逐出黨的一個月之後，劉少奇在單獨監禁的囚室中死去。當時他已經虛弱得下不了床，但是沒有人替他梳洗、更衣或如廁。他滿身褥瘡、形容枯槁、一頭長髮又髒又亂。他的雙腿肌肉都萎縮了，但是看守的人還是用約束帶綁著他，防止他自殺。[8]

劉少奇在一九六七年遭到逮捕，此後就不斷被拉到群眾批鬥會上遭受毆打，他的糖尿病也無法得到醫治，還罹患了肺炎。但是，直到第九次全國代表大會，黨都一直試著保他不死。毛主席讓周恩來負責劉少奇一案，而周總理把這個舊日同僚斥為「叛徒、內奸、工賊，是罪惡累累的帝國主義、現代修正主義和國民黨反動派的走狗」。劉的屍體火化以後，周恩來在一場小型宴會上為自己「圓滿完成任務」舉杯慶賀。[9]

但是還有很多會危害到黨的修正主義分子和反革命分子。於是周總理上書毛主席，指出必須果斷行事，才能對付一小撮企圖破壞國家戰備的反革命分子。毛主席也同意了。於是，中央委員會在一九七〇年一月三十一日發出呼籲，要打擊所有的「反革命活動」——所謂的反革命活動幾乎包含所有「破壞性」的活動。一週之後的二月五日，委員會再發出指令，表示所有「貪污」、「投機」和「浪費」一律要斷然清除。這個指令非常含糊，裡面的用詞沒有法律上的定義，也就是說，幾乎所有的經濟活動——只要在計畫經濟以外，從在黑市上賣一顆蛋，到在食堂裡用太多油——都可以構成犯罪。這兩場運動一直從由一九七〇年二月延續到十一月，而且時間大致上是重疊的，統稱「一打三反」。這些共產黨的話語，背後都有一個共通的目的，就是要不留餘地打擊那些無法被納入五一六陰謀的一般民眾。

上百萬人的生活因而遭到破壞。光是湖北就有十七萬三千人被指為有嫌疑，並受到「反革命活動」的調查，另外還有二十萬七千人被指控瀆職、投機或是浪費。雖然這運動應該只維持了十個月，不過革命委員會在一九七一年又迫害了十萬七千名「反革命分子」，另外還有二十四萬人被控以經濟犯罪。直到林彪死亡——一九七一年九月——時，個案已經累積到七十三萬六千宗，相當驚人。雖然有些疑犯最後洗脫了嫌疑，但是這依然表示，在省裡的每個村莊中，大約每五十個人就有一個人在這場運動中受害。[10]

跟五一六陰謀一樣，很多被控的罪名都是憑空捏造的，其中一個好例子是《揚子江評論》。這份期刊創立於一九六七年，創刊者是一些造反派，都是激進的共產主義者，還有一些人以年輕時的毛澤東為典範。他們渴望重返大躍進時期，在文革的高峰時期，還曾在武漢近郊推行嚴格的共產主義實驗。他們廢止了所有生產小隊，確保所有和生產有關的事情都是由人民公社裡的上級單位操控。所有私有牲口都要上繳，也再度恢復了大躍進之後廢除的人民公社食堂。私有房屋都拆掉了，農民都被迫住進集體宿舍裡。這個實驗遭到了強烈的抵抗，地方上的軍隊也很快就出面制止。

毛主席在一九六八年七月下令停止派系鬥爭，受到《揚子江評論》牽連的一千造反派，也在當時命運底定。幾週之內，武漢的省級革委會宣布這份刊物「反動至極」，有幾名成員立刻遭到逮捕。不過，北京在一年之後——一九六九年九月——宣布《揚子江評論》是「一小撮內奸、間諜和反革命在背後操縱的大雜燴」，接著才加大了迫害的力度。原本的小組成員只有十幾人，但是現在全省卻有幾千人受到追捕。到了一九七一年，在嚴打反革命的運動中，至少揪出了一萬五千名《揚子江評論》的支持者，大部分人甚至連這個刊物的名字都沒有聽過。[11]

不過大部分的受害人其實和文革裡的派系政治都沒有關係。在湖北，大約有八萬九千名階級背景欠佳者被指控為反革命分子（這只是一九七一年的統計）。和其他地方一樣，受運動波及的總是這群人，只要說他們曾經表示對黨有所不滿——也不管真偽——就足以使這些被社會遺棄的人陷入水深火熱之中了。他們之中有些人被指控在毛澤東的海報上戳了一個洞，有些人則是寫了反動標語，還有人因為聽了外國電台的廣播而被逮捕。甚至有幾百個子虛烏有的「通敵」地下組織被人識破。另外還有一些心懷不滿的人與香港或澳門的親戚聯絡，或是曾經寫信給《真理報》——克里姆林宮的對外窗口。[12]

其實只有很少數的罪犯被槍決，大部分人都被分派到「學習班」接受再教育，並且受到宣傳隊的嚴密監視，至於堅不悔改的人則送去勞改營。即使在這樣的情況下，還是有些人願意與權力對抗。曾經有一名男子被送到學習班再教育時說：「你辦三年，我頑固三年，你辦六年，我頑固六年。」[13]

並非所有的人都這麼有韌性。不論是因為無盡的騷擾、無情的審問或是當局所捏造出來的無稽指控，總有一些受害者會覺得生無可戀。單只在運動的頭六週，全湖北省就有超過六百人自殺。[14]

湖北或許是個特例，但其實甘肅的人數也差不多。在運動的前三個月，有超過二十二萬五千人被批鬥，相當於總人口的百分之一．五。到了一九七〇年底，總人數不斷增加，直到三十二萬人，也就是每五十人中就有一人。有些城鎮還發起有組織的搜捕行動，一次出動就會抓走幾百人。平涼就發生過這樣的事，曾經在一天內就清查了三百九十三人。[15]

就像在湖北一樣，甘肅的自殺率非常高。關於自殺的報案系統非常混亂，而且地方部門也經常把事件淡化，所以我們得不到完整的數字。但是直到一九七〇年十月，自殺人數已經超過二千四百人了。光是在涇川這個縣，不到一個月的時間裡，就有四十五人自殺了。[16]

和其他地方一樣，也一直不斷的有「反革命」組織被揭發出來。成縣查出了十六名「民主黨」成員，和政縣則有九個「救國黨」的主要發起人被捕。當局誇口說，在一九七〇年五月之前，已經識破了超過兩千個反革命組織、幫派和陰謀。到了這個階段，連省級的革命委員會領導都不得不出聲了，他們提出勸告，在指控這些組織時要謹慎，因為有些真的完全是捏造出來的。[17]

不過，所有地方都一樣，地方上的領導都熱中於彼此較勁，揭發出更多的案子，以示自己對文化大革命的忠誠。在位於舊絲路線上的武威（這是個內蒙邊界的城市），因為抓了太多醫生，連主要醫院都快要面臨關閉了。有五位藥學專家被控「反革命」，其中一人是因為「喜歡自由」而被定罪。另一人的罪名是在一九六三年收聽過一家外國電台廣播。第三個人則在一九六六年被人偷聽到在唱反動歌曲。連小孩都受到批鬥和遊街，因為他們在牆上塗鴉口號。要達成政績的壓力太大，就算下了判決，也可能在三週之內又被推翻不下十數次。官員動輒就把人關押、上鐐銬或是動刑，用這些手段幫他們取得結果、達到定額。[18]

對於鄉下地方那些在土地上集體勞動的人來說，「學大寨」運動曾經承諾他們會變得豐盈和富足。這場運動打擊貪污、投機和浪費，這是革命委員會用來實現這個遠景的工具。「三反」是針對全國上下數以百萬計的一般人民，針對他們曾經在文革期間利用混亂的局勢謀取私利的行為，包括擴大自留地的貧窮村民，以及去黑市買了點菜的平民百姓，這個運動要完全摧毀那些被指控為走資本主義道路的人。

一九七〇年二月至一九七一年十月間，被湖北省當局騷擾的受害者共有七十三萬六千人，上述那些人就占了其中的四十四萬七千人。在甘肅，頭三個月被揪出來接受批鬥的二十二萬五千名疑犯中，他們占了十六萬九千人。在巫山縣一個超過四千人的鎮裡，每四個人裡就有一個人被當局懷疑參與黑市活動——不論是在固定的地方擺攤，或是沿街叫賣的小販。當然，抓走四分之一的人口是不可能的，不過嚴打幾個明顯的目標殺雞儆猴，就足以讓當地民眾屈服了。[19]

嚴打的目標仍然是那些出身階級背景不佳的人。他們不是被指為「反革命」，就是被打成農村資本主義復辟的幕後黑手。在巫山縣，有許多人涉及黑市交易，當局特別對準五十個「地主」、「富農」和其他階級敵人。這並不是特例。據當局統計，全甘肅可以精確地統計出十二萬二千二百二十三個階級成分不好的人，他們許多人都在破壞集體經濟。省會蘭州的官方媒體厲聲指責他們顛覆社會主義道路：「在一些地方，一小撮還未經重新改造的地主、富農、反革命、壞分子和右派，瘋狂的反對和破壞人民公社的集體經濟，走回資本主義的道路。農村裡的資本主義傾向和經濟掛帥的反革命歪風，還

＊＊＊

在嚴重地破壞社會主義生產。」[20]

在其他省分，也一樣有號召肅清壞分子的呼籲。雲南省當局指責那些只為了一己之利，隱身在貪污、挪用公款、投機、怠忽農作等罪行幕後的所有牛鬼蛇神。[21]社會邊緣分子會因為違反計畫經濟而遭受處罰，即使罪行非常輕微。不過官員也會因為「奉行資本主義路線」而被革除。在甘肅省的和政、廣和兩縣，這樣的人占所有政府職員的十分之一。其他省分也有類似的肅清行動。河北省有四萬五千名幹部因為受到懷疑而接受全面調查，在管理貿易和商業行為的官僚中，這占了六分之一。有數千人遭到逮捕、革職或是降級。[22]

＊＊＊

一九六九年四月的「九大」之後，隨即發生肅清行動，這次肅清到底牽連了多少人，沒有人知道。光是搜捕五一六分子，已經波及了三百五十萬人之多。不過，最凶險的運動顯然是「一打三反」，因為它要打擊的目標太含糊不清，所以任何一個革委會都可以用它來排除異己。如果湖北和甘肅的數字可以代表全國，那麼表示每五十人之中就有一人曾經受過批鬥，換算起來，就是八億多人的總人口中，有一千六百萬人受過批鬥。並非所有被正式調查的個案都會被指為「反革命」，有很多案子只有一部分人被定罪，其中又只有極少數人被槍決。一九四九年解放後，經歷了多次腥風血雨，也執行了數以十萬計的死刑。在一九五〇年十月至一九五一年十月之間，國家處決的人數介於一百五十萬至二百萬人之間。雖然死刑名額的上限定在總人口的千分之一，但是南方有很多地方是這個數額的兩倍。然而，經過二十年之後，革命委員會判決死刑時的確比較有節制，大約只有數萬宗。在甘肅，一九七〇年四月之前被槍決的人數大概只略多於二百人，還不到被定罪（不管罪名為何）人數的百分之一。大部分嫌疑犯是自殺的，自殺的人數是被處刑者的七倍。[23]這些肅清運動的目的不是真的要清除政權的敵人——不論是真實存在的敵人或是假想敵——而是要儘可能的恐嚇最多的人。最終的目標是要讓人民被馴服得不知反抗，因為他們的一言一行都可能被安上一個罪名。

第十九章　繼任人之死

劉少奇的遺體在深夜裡偷偷的被火化了，用的還是假名。因為對外說這是一具「帶有高度傳染性病人的屍體」，所以只有兩個工人處理他的火化過程。[1]毛澤東生前從來不曾對外公開過劉少奇的死訊，但是很快的，大家就開始爭議是誰要取代他、接任國家的領導。

林彪身為國家的第二把交椅，自然心想這個位置除了他之外應該不作第二人想。但是為了避免冒犯毛主席，他必須謹防自己顯出野心勃勃的樣子，甚至必須裝作對這個位置無欲無求。在中國，不論是黨或是國家的領導人，正式的職銜都是「主席」。林彪知道只能有一個「主席」。

毛澤東擔任國家主席時必須肩負起許多象徵性的儀式責任，毛主席對此甚為不喜，甚至不想再承擔這個職位，所以他在一九五九年便卸下國家主席一職，交給劉少奇。一九四九年時——也就是十年前——掌管外交禮節的首長曾經勸毛主席遵從國際慣例，穿著深色西裝和黑皮鞋，他因此而被革職。最後在文革期間以自殺收場。毛主席喜愛自由，絕不受到時間表、慣例或是儀式的束縛。[2]

另一方面，毛主席開始對林彪起了疑心。在一九六九年十月，領導階層曾經倉皇疏散，撤離北京以防止蘇聯突襲，林彪緊接著在蘇州的某個碉堡發布「第一號命令」，將軍隊的戒備狀態提升為紅色警戒。他調動了一百萬名士兵駐守全國的戰略重地，還有數千台坦克、戰機和戰艦在後方支援。這道軍令很快就被撤銷了，因為這件事清楚顯示了指揮階層中有人越俎代庖，完全未向毛主席稟報，而毛主席也因權力遭到僭越而大為震怒。其實從來沒有人搞清楚到底是哪一個環節出了錯，但是毛澤東一定發覺到他的第二把交椅竟然可以如此輕易地接掌軍隊，所以如果有一天林彪要背叛他的話，根本易如反掌。

毛澤東需要林彪，但是也要壓制他多年來在軍中扶植派系、黨同伐異而日益增長的勢力。但是林彪在「九大」上大獲全勝，在即將向蘇聯或是美國開戰的緊張氣氛下，整個國家全面軍事化了，軍隊不僅接管了政府，還掌控著經濟。林彪帶領全國學習毛澤東思想，但其實這也代表人人要向軍隊學習。毛澤東自己的周圍總是不乏士兵圍繞，但他其實也懷疑士兵們是不是真的對上級毫無隱瞞。他憎惡軍隊掌握他的生活，而這種憎惡，逐漸演變成對林彪和他的將領們的怨恨。[3]

毛澤東小心地操弄國家主席的議題，好對付這位他自己挑選的後繼者。他故意含糊其詞地婉拒自己重回這個職位，讓大家猜測他其實是想要下屬卑下地求他接受。同時毛也想用這個位置當誘餌，測試他的第二把交椅有何反應。而林彪堅持這個位置必須由毛主席來擔任。[4]

很快的便出現兩派陣營。林彪在手下李作鵬和吳法憲的力拱之下——這兩位將領曾在一九六七年夏天幫林彪奪得武漢的控制權——堅持應該保留國家主席這個職位，由主席來領導國家。而且他們還一貫諂媚地不忘要求把「毛澤東同志天才地、創造性地、全面地繼承、捍衛和發展了馬克思列寧主義」寫進憲法裡。張春橋和康生這兩位文革小組的資深成員，則並未堅持繼續設置國家主席一職，也反對用「天才」一詞，因為這個詞是林彪在「紅寶書」（《毛主席語錄》）的序裡所用的字眼。兩邊都相信只有他們才知道毛主席真正的心意。

到了中央委員會在一九七〇年夏天召開會議時，這個問題面臨了重要的轉折。在會議開始時，林彪請求毛澤東允許處理「天才」一詞的爭議。毛澤東看到有機會陷害林彪，便鼓勵他這麼做，還針對張春橋和江青說了幾句不贊同的話，林彪接著用了足足一小時來盛讚毛主席。

第二天，與會者討論了由陳伯達署名的一篇〈天才論〉。陳伯達在名義上是文革小組的領導人，不過他其實很討厭康生，而且因為康生和江青長期維持著良好關係，也使他倍感威脅。其實他的大權已經旁落，因此當林彪在九大上被正式宣布為毛澤東的繼任人之後，他便轉投林彪陣營。[5]

從延安時期開始，陳伯達就是毛主席的文膽，很多黨內領導幹部也假設這篇文章反映了黨的路線。他們認為張春橋是頭號目標，於是開始含沙射影地攻擊他，要求將否認毛主席是天才的「野心家」和「反革命分子」驅逐出黨。毛主席一直保持著距離，靜靜觀察此事發展，很快的，就有人熱切地籲請毛澤東和林彪出任國家的正、副主席。

毛澤東現在可以收回他布的網了。毛澤東在一場特別會議中，批評陳伯達是假馬克思主義者，而且長久而來是敵方的間諜，但是他放過了林彪。毛主席終結了對於他是天才的討論，還命令林彪的手下——那些曾經帶頭攻擊張春橋的將領們——自我批評。但是他們的自我批評都不符合毛主席的要求，還被毛主席多番指責，於是顯得這些將領的命運堪慮。

此後的幾個月裡，毛澤東在軍隊最高層中安插了自己的心腹，以便監視林彪的將領。他也重整了北京軍區，將兩名領導人停職。陳伯達又進一步被批評為「叛徒、間諜、野心家」。林彪的勢力正在下滑，此消彼長，江青則開始得勢。

＊＊＊

陳伯達的失勢雖然在幾個月之後才被公開，但是，能讀出言外之意的人都早已感覺到事有蹊蹺。

陳伯達以前在領導階層中名列第四位，現在報紙上平常會出現的重要領導人名單裡卻少了他。而且還冒出了若有所指的「假馬克思主義者」這類字眼，這一定是指某一個位高權重的中共領導幹部。

一九七〇年十月一日，出現了一個非常明顯的信號，暗示政策將有巨變。每一年的國慶，所有的主要城市都會舉辦遊行慶祝，數十萬工人、農民和學生會一隊隊出場，喊口號、揮舞紅旗並高舉毛主席的肖像。毛澤東自己也會在黨內高官的簇擁下，登上天安門上方的指揮台，在那裡觀看每一年的遊行隊伍。外國政要和外交官也有特設保留席，他們會和其他人一樣，留意毛主席身旁站的是誰。在這一年，這份殊榮首度由一個美國人享有。陳伯達則不見蹤影。

幾個月之後——十二月二十五日——每一份主要報紙的頭版都刊登了埃德加·斯諾站在毛澤東身旁的相片。在文革前夕的一九六五年一月，毛主席就曾經利用這位資深記者讓外面的世界知道：只要美方不犯中方，中國就不會派兵到越南。現在他又釋出了另一個訊息，也就是他們跟美帝的關係正在醞釀重大的改變。

在一九六九年四月的「九大」之後，毛澤東一面保持模糊的態度，一面詢問了一群專家，有什麼方法可以取代林彪提出的「全民參戰」模式的外交政策。這項任務是祕密，只有陳毅、葉劍英、徐向前和聶榮臻知道，這些人都是曾在一九六七年二月反對過文革的老將領。他們得到很大的自由，可以不受限制地提出想法。因為在一九六九年八月蘇聯突襲新疆之後，中蘇戰爭似乎一觸即發，所以這群將領們想到了一個很大膽的想法：打美國牌。他們贊成對美國開放，再利用美蘇這兩大強權之間的嫌隙。他們的評估和林彪及其將領完全不同，林彪這邊認為美國和蘇聯都是敵人，沒有什麼區別。[6]

類似的思維改變也發生在太平洋的另一邊。美國剛選出的尼克森總統並不信任莫斯科，而且不信任的程度遠超過北京，尼克森也了解，應該把中國拉進國際秩序之中。他在一九六九年一月寫下了一則備忘：「中國共產黨：短期——不變。長期——我們不能排擠八億人，讓他們自己在小圈子裡生氣。我們要靠近他們。」[7]

美國還有其他的考慮。一九七〇年四月，中國在廣州主辦了「支援印度支那人民會議」，會議主席是柬埔寨的施亞努親王，他剛在一個月前被一個親美的柬埔寨軍官推翻了。越南、寮國和柬埔寨的共產勢力在會中締結同盟，建立了一個新的印度支那革命戰線。五天後，尼克森總統決定將越戰擴大，戰線延伸到越南邊境之外，進入柬埔寨境內，這個行動的名稱叫作「全面勝利（Total Victory）」。但是，美軍並沒有一舉消滅包圍邊境的共產黨分子，反而把越戰擴大成第二次印度支那大戰。很快的，美國便向中國尋求協助，希望中國能協助美國從這場混戰中脫身。美國也希望挑起中蘇這兩個共產主義大國的不和，好把北越的主要靠山（蘇聯）孤立起來。[8]

中美雙方曾有好一段時間試著在外交大使層級上重啟對話。但都因為展開「全面勝利」行動而告吹了，不過，緊張的局面終於在一九七〇年底有所緩和。就在報紙於十二月二十五日刊出毛主席和斯諾合照的一週之前，毛澤東告訴斯諾，他非常樂意與尼克森會面：「不管是以總統的身分，還是以遊客的身分。」

雙方進行了祕密協商以商定議程，卻因為台灣問題而使事情複雜化，因為蔣介石是美國的盟友。但是雙方還是決定彼此讓步。一九七一年四月初，中國乒乓球隊被派到日本參加一場國際比賽。中國有三名最優秀的球員已經在一九六八年黨內大肅清運動時自殺了，但是這次周恩來指示隊伍要「友誼第一，比賽第二」。他們還在名古屋邀請美國球隊訪問中國。幾天之後，九位美國球員和幾位官員取道香港，跨過大橋來到中國境內，停留一星期進行友誼賽，還參觀了萬里長城和頤和園。[9]

球員並沒能走進紫禁城——雖然它就在人民大會堂的對面，但是，一週之後就有幾個外國人獲准入內了，這還是一九六七年以來的第一次。而且也是一九六七年以來第一次有多達七十位外國外交官搭乘專用火車到全國各地進行正式參訪——參觀大鋼鐵廠、水力發電站、拖拉機工廠和模範生產組。[10]

還有其他跡象顯示：中國的對外態度有所紓緩。以往外國人和黨內官員交涉時會遇到的不屑和蠻橫態度，都明顯消失了，有些幹部好像還相當好溝通。幾年前，越境去香港的人還會被開槍射擊，但是現在卻親切得不太尋常。在廣州的一場展銷會上——這是國家官員和外面世界的主要商業接觸管道之一——暫停了毛澤東思想班的宣傳。酒店房間也不再懸掛毛主席的肖像，反美標語也撤掉了。全城都收拾過了。[11]

當然，當地居民是不被允許進入展銷會的，裡面展示著專供外銷的食物和衣服，種類之繁多，和平常店裡可以買到的寥寥數種商品簡直有著天壤之別。但是一般人民還是可以感受到風向變了。斯諾站在毛主席身旁這一幕燃起了一線希望。鄭念雖然還身陷第一看守所中，但是也私下感到歡喜和一絲盼望，同時也有一點擔憂：「共產中國要漸漸向西方世界靠攏了，這好像太美好了，美好得不像真的。」在監獄的牆外——廣州、上海和天津——街頭把徽章別在衣服上的人愈來愈少了。一些跨省的火車上，毛主席的肖像也被悄悄拿下來了。[12]

乒乓外交結束之後不久，尼克森的國家安全顧問亨利．季辛吉（Henry Kissinger）就受邀出訪北京。美方對於這個可與中國當面晤談的機會喜出望外，於是準備了一份大禮讓季辛吉帶去中國。其實美國還有對台條約的限制，但是華盛頓方面已經準備好隨時背棄盟友，改為在外交上全面承認中華人民共和國。季辛吉表示：美國可以幫助北京在聯合國裡取得中國的席位。他還盛讚中國領導人，甚至願意提供高度機密的資料，包括美國與蘇聯雙邊會談的細節。「我們會告訴你和蘇聯談了什麼；但是不會把我們和你的對話內容告訴蘇聯。」季辛吉過於敬畏中國，以至於美方並未要求中方作出對等的讓步，以達成真正的雙方互惠。[13]

這趟行程全面保密，不過尼克森在一九七一年七月十五日上了國家電視台，透露他的國家安全顧問已經作好準備工作，並公告自己即將出訪中國。這個消息震驚了全世界，因為這表示冷戰的局勢已經不再偏向蘇聯了。毛澤東在北京自鳴得意地說：「（美國）從猴子變成人了，但還不算是人，尾巴還在。」[14]全世界最強大國家的領導人，在毛澤東面前自貶身價，自居為覲見帝皇的使節。

＊＊＊

在美中祕密會談期間，毛主席和他的繼任者（林彪）之間的嫌隙還在日益擴大。毛澤東在一九七〇年夏天露了一手，借林彪的天才論打擊他，但在那之後，毛澤東便得了肺炎。醫生開了抗生素，但是毛澤東懷疑是林彪要毒害他。毛主席抱怨說：「林彪想要我的肺爛掉。」情況相持不下，但是他們的關係已經破裂，還演變成政治僵局。

除了個人的不信任之外，其他地方也有問題。林彪的生活像是隱居般，老是遮遮掩掩的，從不招惹人注意。他還常常告病，病情疑假似真。毛澤東有一次語帶嘲諷地說這位將軍確實「永遠健康」。從一九七〇年夏天開始，林彪變得更不積極了，全靠他的妻子批閱黨內文件和代替他工作，還缺席重要會議。毛澤東非常失望，認為林彪似乎有辱繼任人的地位。[15]

一直到一九七一年八月，毛澤東的猜忌心日重，他甚至會去猜想如果林彪叛亂的話，有哪些地區的司令會效忠林彪。林彪的支持者大多在北京。於是毛澤東啟程南下，取得武漢、長沙、杭州和上海等地軍方領導的支持。他沒有直接指出林彪的名字，但是散播消息，說有人在一年前急著要奪取國家領導的位置，現在則試圖要分裂黨和奪權。毛澤東像是開玩笑地說：「有人說天才在世界上是幾百年一遇，在中國則是幾千年一遇。」「有人說他要支持我、提升我的地位，但其實他心裡想的是支持自己、為自己抬轎。」

一個月之後，毛主席搭的火車在九月十二日黃昏回到北京。幾小時之後——隔天的凌晨兩點半左右，一架英製三叉戟戰機在蒙古人民共和國上空墜毀。飛機殘骸散落在大草原上，不過當地警方很快就找出八男一女的焦屍。其中一名最先到達失事現場的警官——圖瓦尼·久米得（Tuvany Jurmed）——回憶後說：「他們大部分燒得只剩下槍套和皮帶。」[16]

到底發生了什麼事，一直到今天都還是個謎，但是很快就有謠言傳出，說林彪是在陰謀行刺毛主席失敗之後，嘗試出走蘇聯。

這件密謀除掉毛澤東的行刺事件背後，真正的黑手其實是林彪的兒子林立果——他當年二十五歲，因為得到空軍總司令吳法憲的庇護，在軍中有著與年齡頗不相稱的影響力。林立果知道父親的地位正面臨威脅，他也懂政治，明白毛主席對於敵人是絕不會手軟的：

> 有哪個政治勢力可以從頭到尾留在他的身邊，並保持安然無恙？他以前的書記不是自殺、就是被逮捕。他少有的同志和心腹也都是被他一手送進監牢……他有妄想病和虐待狂。他解決別人的方法是一不做二不休。每次他要解決一個人，不弄死他，絕對不會罷休。他一開始傷害你就會做到底，再把所有罪名安到其他人頭上。[17]

林立果和幾個親近的黨羽策劃了一個不成熟的計畫，要除去毛澤東，包括用火焰噴射器襲擊毛澤東專列、派飛機從空中轟炸專列，或者把有重要戰略價值的橋梁炸掉。林立果把他的計畫告訴姊姊豆豆（林立衡），但是她不同意這件事，豆豆認為試圖挑戰毛主席只會為父親帶來嚴重的後果。她在九月八日把消息洩漏給兩個負責林彪安全的保鑣。[18]

沒有任何行刺計畫曾經付諸實行。我們不清楚毛澤東本人是不是聽到了一點風聲，不過在九月八日的子夜左右，他突然決定縮短南下的行程，命令火車返回北京，途中曾經短暫停在南京，接見他的忠實部屬許世友，接著便在四天後返抵北京。火車一進到京城近郊的車站，毛主席立刻接見了幾位北京軍區的領導將領，其中兩個人是他在不到一年之前安插在軍方高層以監視林彪及屬下將領的。北京開始加強戒備，毛主席自己也藏身在人民大會堂裡。

就在同一天，林立果因為怕毛澤東會對他的父親不利，所以飛回了北戴河，他與全家人都待在一棟可以眺望渤海的豪宅裡。他希望父母都逃走。豆豆問：「逃到哪裡去？」「大連或者廣州，或是香港。哪兒都行，看情況。」但是他們的父親動都不願意動。林彪臉色蒼白，形銷骨立，眼窩凹陷，滿臉鬍渣，幾個月以來，他很清楚什麼事在等著他，也似乎預備好靜待他的命運。[19]

豆豆心知潛逃計畫根本無望，便召來中央保安隊，試著保護父親。她愛父親，但是和母親葉群的關係不太好。那天傍晚，周恩來接到電話、知道了這件事，但是沒有阻止林家上飛機。林立果和母親幫林彪穿好衣服，並在晚上十一點半左右把他拖上車，衝到當地的機場，車程大約是四十分鐘。持槍士兵讓他們通過了。有軍隊被派往機場，但是他們也沒有攔截這行人。車子開到了三叉戟戰機前，這時恐懼到達了頂點。林彪一家和隨行人員慌忙登機之後，葉群堅持馬上起飛，雖然飛機根本還沒有加滿油。機上也沒有領航員、電訊操作員或是副機師。

飛機升空之後不久，整個區域都陷入一片漆黑。留守北京的周恩來要求全國飛機著陸，並且命令所有的跑道熄燈。林彪的飛機向北飛，但是因為燃料不足，它沒有飛多遠就在蒙古墜毀了。[20]

＊＊＊

飛機才剛墜毀，林彪的「四大護法」就立刻著手銷毀他們與這家人有關聯的一切證據，他們燒掉所有照片、信件、筆記本和電話記錄。黃永勝、吳法憲、邱會作和李作鵬也在九月二十四日被革職，周恩來成立了一個特別調查小組，負責調查林彪事件。肅清他軍中黨羽的行動一直持續到一九七三年五月，有幾百人丟了官，這些受害者包括重要的政府官員和軍隊的領導，幾乎遍布各省。[21]

曾經在一九六七年二月批評過林彪和文革的老將領們，現在自然洋洋得意。他們毫不浪費時間，馬上開始批評這位昔日的同志。有話直說的陳毅譴責了他的「卑劣所為、雙重間諜、培植黨羽和長久的計畫」。[22]

在一九七一年十月一日的遊行取消之後，就有流言說林彪已經垮台。鄭念在上海的牢裡，發現國慶日的早晨廣播並未提到向來都有的慶祝活動，還覺得非常驚訝。就在同一天，一名守衛來逐一收回所有囚犯的紅寶書。書在當天晚上就還給鄭念了，但是林彪的序已經被撕走。[23]

很快的，每個人都聽說有行刺陰謀這回事了。聽外國電台的人可以從外面收到消息。丹棱在一九四九年時只有十六歲，他曾經帶著橫幅布條到北京，歡迎人民解放軍入城，但是他在文革期間被打為反革命分子，並流放到滿洲的鄉下。一個村中的會計請他到自己家裡，轉了好幾個電台頻道。一則日本新聞報導清楚地提到了林彪的死訊。[24]

不管是偷聽外國電台，或是在黨內會議上收到消息，大家都感到非常震驚。毛主席理應是不會錯的，多年以來，林彪都是以他的親密戰友和欽點繼任人的身分示人。對於像丹棱這樣年輕時大力擁護黨的人來說，這則日本的新聞報導是他受過最好的政治教育了。因為這徹底摧毀了他對於體制懷抱的一切信心。被送到滿洲國家農場的年輕姑娘南楚也想：如果連毛澤東最親密的追隨者都不相信毛澤東了，為什麼她還要相信？「在我心裡那根精神上的支柱完全瓦解了。我對於共產主義的信仰和對於毛澤東堅定不移的擁護也崩潰了。」[25]

很多人都覺得鬆了一口氣。林彪不是什麼受歡迎的人物。不過最重要的是，人們知道林彪之死象徵文革即將進入尾聲了。一位翻譯員在參加會議時聽到官方的公告，他當時覺得「幾乎可以聽到大家鬆了一口氣的聲音」。不過，每個人的反應很不一樣。有些人覺得反感，也有人覺得受到背叛。一位下鄉的年輕女性回憶起她聽到這個消息時，覺得整個世界都崩潰了：「我不停發抖。不知道接下來會發生什麼事。」但是她最親近的朋友（和她同樣是被流放的學生），卻因為看到了希望而感到欣喜。[26]

毛主席也動搖了。他的健康急轉直下。那個容光煥發、精神飽滿、熱愛政治鬥爭的領袖人物不見了，他陷入抑鬱之中，臥病好幾個星期。毛澤東一直苦於慢性感冒、雙腳浮腫和心律不整。他走路時有點跛，事發後兩個月左右，他與北越總理會面時，這個情況在鎂光燈下表露無遺。

但是周恩來則大感快慰。他告訴毛澤東的醫生說：「這樣收場是最好的。」「解決了一個大問題。」[27]

林彪和葉群兩人的屍體從來沒有歸還給中國。他們葬在蒙古，但是一隊來自莫斯科的法醫專家又把他們和其他罹難者的遺體挖了出來。林彪也和其他中國高階領導人一樣，曾經長期在蘇聯就醫。俄羅斯想要核實他們的身分，於是把其中兩具屍體的頭切了下來（這兩具屍體鑲有金牙），放進大汽鍋裡煮，煮去他們的肌肉和毛髮。其中一具的骨頭構造和林彪的醫療記錄完全吻合。兩個顱骨最後一起被帶到莫斯科，存放在國家安全委員會（KGB）的檔案庫裡。[28]

第四部
灰色年代（一九七一—一九七六）

第二十章 修復河山

毛主席在病榻上躺了將近兩個月，終日鬱鬱寡歡，籌算著自己所有的選擇，最後終於準備好了下一步棋。他打算和在文革中備受冷落、一直處於失勢狀態的舊將領來一次大和解。陳毅——他曾在一九六七年二月暗示過林彪不過和赫魯雪夫同等貨色——在一九七二年一月六日死於結腸癌。在他喪禮的當天，毛澤東睡到日上三竿才起床，但是起床後突然決定要出席奔喪。毛澤東來到殯儀館時，身上還穿著絲質睡袍和皮涼鞋。他安慰了陳毅的遺孀，使力地眨眼睛，擠出一點眼淚來。很快的，房間裡所有人都哭了出來。

喪禮過後，其他將領也都官復原職。過去曾被林彪指斥為「反革命兵變」的武漢將領陳再道，也獲准重新主持官方的活動。楊成武在一九六八年三月的大肅清之前，曾經是代總參謀長，現在也恢復原職。毛澤東說楊是受到林彪所害，還寫下：「楊成武，我了解你。」此外，在一九六五年因為受不了批鬥大會逼供而跳樓的總參謀長羅瑞卿也獲得平反。毛主席說：「在上海，是我聽了林彪的話，整了羅瑞卿。有許多問題我聽了一面之詞，就是不好，我要做自我批評。」毛澤東利用了一個已死之人，裝作自己一直都被奸佞之徒矇騙。[1]

除了最高層大洗牌之外，也有其他跡象顯示新的改變即將到來。在一九七一年春天的乒乓外交之後，情況已經有漸趨緩和的傾向，到了一九七二年初的幾個星期，整個北京城更是煥然一新，理由很簡單：尼克森要來中國了。

為了準備尼克森來訪，整座北京城都刷洗了一番，大字報拆走了，反美標語也大大減少。一些從文革時期一直留下來的路牌也漆上了新名字，例如把「紅衛兵道」改回「馬驃道」（這是它本來的名字）。在通往中南海、釣魚台和天安門廣場的大街上，兩旁房子的門窗都被漆得閃閃發亮。還用吊臂車把一排排的樹種在天壇入口的公園裡，有些樹甚至有三公尺高。但主要建築物都還是有軍人把守。[2]

上海也是一番新氣象。有人觀察到，上海在那幾個星期用掉的油漆，比這座城市二十二年來用過的還要多。豫園——十六世紀時由一位富甲一方的官員所建的庭園——那龐大的庭園裡盡是亭閣和長廊，而幾百道門都塗上了新漆。很多店鋪都改回文革前的名字。紅色以外的顏色重新出現了，標示牌上現在會有天空藍、乳白色和蘋果綠。政府還鼓勵大家用不同風格的書法字體，一改以往毛體字當道的風氣。

文革以來張貼的標語和海報都拆除了——拆除運動經過仔細的協調，一條街接著一條街、一個區接著一個區。一群儼如小型軍隊的婦女，把和平飯店門前的三公尺高巨型標語——「戰無不勝的毛澤東思想萬歲」——撤走了。換上了新的標語——「擁護全世界人民團結起來」。櫥窗裡擺的所有毛澤東的形象物也都拿掉了。[3]

雕像是個問題。它們的數量太多，而且石膏常常剝落，會對路人構成危險。光在一個小區裡，就有大約兩千座雕像，這對於大眾是潛在的危機。上海展覽中心前有一座毛主席伸臂向前敬禮的立像，手臂都已經塌下來了。幾千座雕像必須移走，謹慎地送到石膏工廠回收。[4]

一般大眾也不那麼熱衷於小型的毛主席像了。很快的，百貨公司的地下倉庫就堆滿了上萬尊石膏像和琺瑯像，瞪著空無一物的半空。[5]

公園也翻新了。上海原本有超過三百公頃的綠地，從一九六六年起便改為工業用途，現在《解放日報》宣布：公園才是社會主義的新面貌。幾百個在文革中遭到嚴重損害的公園和花園，現在都重新整修了。復興公園在一九〇九年啟用時，原本有花圃、噴水池和塔樓點綴，紅衛兵把裡面的燈都砸破，而現在這些破燈全修好了。中山公園的入口大門原本被視為帝國主義的象徵，所以被拆走了，而現在至少也恢復了一半昔日光輝。中國共產黨召開第一屆全國代表大會的場地位於舊法國租界，通往會場的大路也被重新整頓了一番，有些長得不太好或是生病的楓楊樹，都被砍掉或是換掉了。[6]

毛澤東也換了一番面貌示人。在臨時起意為陳毅奔喪之後，他的身體再度變差，發生一次短暫的昏迷之後，便開始接受抗生素、強心劑和利尿劑的治療。不過情況很快又好轉了。他開始練習坐起、站立，並且在時隔五個月之後，剪了第一次頭髮。緊急醫護隊藏身在盆栽後面待命，一有情況便能夠在幾秒鐘內集結應變。[7]

一九七二年二月二十一日與尼克森的會面相當成功。原定十五分鐘的會談，最後持續了超過一小時。一週之後，上海發出一則公報，內容是兩國承諾會共同合作、尋求確立彼此的外交地位。

經歷林彪事件之後，尼克森的訪華具有很大的政治宣傳價值。因為大家都將之理解為：美國承認孤立中國是失敗的。據說北韓領袖金日成欣喜異常，更說這是「尼克森到北京舉白旗了！」政治宣傳詞是：人們以前害怕帝國主義，現在他們看穿了美國的本質，也不過就是紙老虎罷了。[8]

蘇聯的威勢也受到打擊，尼克森訪華觸發了一連串的反應。歐洲、拉丁美洲、非洲和亞洲各國領導人都到北京來爭取承認。日本首相田中角榮的來訪，又是毛澤東的一次勝仗。雖然日本是美國在亞洲最重要的盟友，但是美中雙方在上海發表公報之前十五分鐘才告知日本。這次事件打擊了美日兩國的互信，影響延續了好幾年。

兩國領袖對談之後，美方並沒有獲得多少好處。[9]雖然在上海得到了一些承諾，但是真正在外交上的承認，卻要等到六年之後了。尼克森原以為這次示好可以讓中國在越南問題上做出一些讓步，但是中國甚至更下定決心要幫助他們在印度支那的盟友。中國支持赤柬（Khmer Rouge）這個殺人政權的方針從來沒有改變過。在接下來的幾年，美國在印度支那的困境只有更糟，沒有更好。

＊＊＊

雖然一些老將領在事過境遷後恢復了名聲，但是林彪事件確實大大削弱了軍方的地位。就在幾年前——一九六七年初的幾個月，還有超過二百八十萬名軍人被號召起來支持革命，緊緊追隨黨國路線。但是在一九七二年八月，人民解放軍已經退回了他們的軍營。

毛澤東只好找回在文革時被打為「走資派」的黨內幹部。這些黨內幹部取代了軍方，而軍方官員則悄悄退出了民政。曾經一度被指為內蒙古修正主義領袖的烏蘭夫，被重新委以重任，雖然他的省分已經縮小了不少。曾經敗在四川「二挺」手上的李井泉也得到平反。其他還有二十六個省分的首長，也都恢復原職。《人民日報》寫道：「我們要有信心，百分之九十五以上的幹部都是很好、或者是挺好的，大部分犯過過錯的，也都是能夠改過的。」[10]到了一九七二年底，大多數還留在五七幹校裡的政府官員和黨幹部都回復原職了。

但是這些人昔日的權力和威望已然消逝。他們之中有很多人都在文革的政治內鬥中飽受摧殘，遑論在此之後，還有革委會出現，在軍方的監視下，肅清運動也不計其數。這些舊將領受夠了政治的險惡，他們心知政治風向隨時可能大變，也時刻提防別又犯下什麼政治錯誤。很多人急著要展示自己已經過完全的再教育，而且「能夠改過」。他們不打算再提出什麼偏離共黨綱領的想法了。

這場復甦受到一些限制，這點在經濟方面體現無遺。經濟方面毫無進展，三線建設不再那麼重要，因為和美國親善之後，顯然不會有立即交戰的威脅，但還是有大量資源被投入重工業。鋼產量要向上調整，所以常常導致電力短缺，也必須實施能源配給。在一九七三年二月時，湖北只有黨的最高領導和外國專家可以獲得正常供電。武漢有一半的街燈要定時關掉。[11]

許多國有企業的生產力仍然低落。「工人毛澤東思想宣傳隊」的士兵已經走了，但是，取代他們的舊幹部，無論是地位或是威信都已經被文革摧毀了。他們最多只能維持收發公文的職責，但是這些人生怕又來個什麼政治運動，所以處理業務時也會自縛手腳。工人間瀰漫著散漫和事不關己的情緒，他們多年來已經學會了一套抵抗上層壓力的技倆。他們都知道怎樣偷閒、避重就輕和推卸工作。紀律十分鬆散，有些人用工廠設備洗自己的衣服，一等到主管轉身，就有人開始打撲克牌，還有人偷走工廠的產品，私相授受給親朋好友，或是在黑市倒賣。[12]

工人毫無熱誠，產品素質自然低劣。在廣東的一些工廠，只有三分之一的產品（不論是電風扇、照相機或是拖拉機）符合生產標準。在陝西的一些工廠，瑕疵品的比率達到一半。有鑑於瓷器的品質實在太差了，甚至有些百貨公司的店員會拿湯匙把每個碗都敲一敲，檢查有沒有瑕疵。[13]

國有財產也因為人為疏忽或是瀆職而蒙受損害。漢口是華中最重要的交通樞紐之一，但是運貨工人卻常從三公尺高的地方把紙箱包裹丟下來，因此把裡面的貨物摔個稀巴爛。如果有新來的工人質疑為什麼要這樣做，他們會說：「管理階層才不在乎，我們也不管。」[14]

我們很難知道問題到底有多嚴重，因為計畫經濟體系從來就不重視透明度和會計稽核。在一九七二年，甘肅的國有企業中每六家就有一家是虧損的。林彪死後的那一年，因為生產力降低，以及所謂的「管理混亂」，工業部門的總虧損攀升了三分之一以上。接下來的情況也毫無改善，三年之後的一九七五年，每四家就有一家是虧損的。[15]

在陝西省，每三家工廠就有一家呈現赤字。沒有幾個國有企業幹部關心產品的成本問題，他們只關心如何達到國家訂下的產量目標。在一九六六年，每一百元的固定資產可以生產出比一百六十元多一點價值的產品。而到了一九七四年，生產價值跌到只有八十四元，絕大部分都被浪費了。光只是西安電線公司，就有一千七百噸產品被退貨，總價值四百萬元，在後院裡堆得半天高。[16]

由於國家還是把重工業視為最優先產業，所以忽視了民生消費品。在林彪軍政獨裁的年代，計畫經濟就連人民最基本的生活需求也無法滿足，甚至已經到了一種十分離奇的地步，追究其原因，是因為過於嚴厲地要求人民自食其力，讓原本就存在的資本分配不當問題更加惡化。「學大寨」運動迫使整個省中斷許多舊有的貿易往來，讓經濟陷入封閉，就連生產鈕扣這麼簡單的東西都成了問題。在文化大革命之前，新疆生產的衣物都會運到浙江加工，那裡有些村落是整個村專門在生產鈕扣。這種國內網絡現在都中斷了，因為紡織廠被迫要在本地生產所有東西，結果所有人都活在物資短缺中。[17]

新疆面臨的問題不只是沒有鈕扣。在這個人煙稀少的省分，四處都是乾草原、連綿的山脈和遍布流沙的沙漠，長久以來，一般人民都是靠貿易來維持居家所需。但是到了一九七〇年，就連要橫越戈壁沙漠的貨車司機想買個保暖壺，都要等上好幾年。婚禮上要用的酒杯也嚴重缺貨。吐魯番位於一個肥沃綠洲的中央，紅衛兵曾經將這裡的回教尖塔和清真寺都改成工廠——現在這裡連一條肥皂都要分給三個人用一整季。省會烏魯木齊昔日曾是絲路上的主要樞紐，但是現在每人每四個月才能分到一包洗衣粉。火柴和打火機是奢侈品，就連買打火石也要有配給證。[18]

新疆固然位處帝國邊陲，但是就連香港附近（珠江沿岸）的貿易城市也搖搖欲墜。佛山缺乏火柴、肥皂、牙膏、電池和棉布。往北走到南京城郊外，牙刷在那裡是奢侈品，大部分人要到一九七六年毛澤東死後才有牙刷可用。[19]

政府也了解問題所在，並且作出了一些調整。雖然「學大寨」運動要到毛澤東死後數年才被慢慢放棄，卻早就不再堅持嚴格的自食其力經濟了。國有企業再次派遣業務代表和採購人員出差，一九七一年起，國內各地的商業、貿易聯繫逐漸恢復。廣州商貿展就是一個很好的指標，參加人數節節高升。在一九七三年春天，商展一天會吸引十二萬七千名訪客，遠多於前一年的人數。每家酒店都訂滿了。客房還要另外加床位，變成團體寢室，但是依然不夠，還有數百名代表得在旅館的大廳過夜。上海也是如此，貿易重啟之後，採購人員的數量不斷刷新記錄，在一九七三年的頭幾個月，來到這裡的人數大約是六萬五千人，每家酒店都擠滿了人。光是華山飯店就有四百個客人得睡在走廊上，新華酒店的客人必須在接待處坐上三晚，才能夠拿到一張墊子睡在走廊上。還有幾百人睡在理髮店地上。[20]

政府鼓勵人民與西方國家做生意。美國有一群很感興趣的商人，非常想到北京來探路。中國銀行裡掛了一張照片，照片裡的銀行家大衛．洛克斐勒（David Rockefeller）穿著花運動衫，笑臉盈盈，與一群面帶微笑的官員合照。中國也從國外引進了新設備和新技術，並淘汰了一些國有企業的老舊機器。[21]

文革高峰時期對於文藝和工藝的管制，現在也放寬了。雖然輕工業部門還是禁止「反動、色情、令人反感的產品」，但是過去被指為「封建」或是「迷信」的工藝品，則重新獲得了製造許可，每年還帶來數百萬美元的出口量。少數民族也獲准恢復一些一九六六年以來被禁的工藝品，從朝鮮鑊到藏族碗都有。整體來說，輕工業產品得到的注意比以前多了。[22]

鄉村也可以引進更多種類的產業和成立小工廠了，這項政策是由周總理在一九七〇年八月所舉辦的北方地區農業會議中宣布的。這個政策希望讓中國「用兩條腿走路」，農村企業要支持農業發展，例如生產農具、化學肥料和水泥。但是這其實不是什麼新鮮事。在大寨，陳永貴手下的農民也經營磚窯、麵廠和鋁土礦，工農融合，拓展集體事業。「用兩條腿走路」的理念早在大躍進時就已經有了，當時毛澤東認為，只要把工業搬到農村，釋出每個農民的生產潛力，投入大型人民公社中，中國要超越對手就不是問題了。受到國家鼓勵的農村企業仍然確實在集體領導的制度下運作。[23]

雖然官方說法有所軟化，政策也有鬆動，不過計畫經濟仍然無法改善大多數普通老百姓的生活。到了一九七四年，很多城市仍然僅能生產民眾所需的基本日用品的一半。[24]

＊＊＊

紫陽縣位於瑰麗的自然景致環抱之中，這裡是漢江（長江支流之一）流經之地，一邊有長江之水浩浩湯湯流過，另一邊圍繞著連綿群山高聳入天。這裡土壤肥沃，氣候適中，雨水充沛，正是陝西省頂級茶葉的出產地——茶樹翠綠的葉子都富含硒。一九七三年十二月，在這裡查訪的共產黨官員看到路邊的一間小屋裡住了一家七口，小屋僅用茅草和木板搭建，這一家七口只能睡在地上，用一層薄薄的石板和一點點棉絮隔開冰冷的泥土地。他們沒有衣服穿，只能裹在稻草裡取暖。稻草很難兜在一起，那位四十歲的母親根本衣不蔽體，只能任她乾癟的乳頭裸露在外。全家人的財產就只有幾個破碗和一個鍍錫的浪板罐。一位老人坐在角落靜靜地啜泣著，重複說著同一個絕望的請求：「請政府關心關心我們吧！」查訪官員原本想把自己的大衣留給他們，但是想到自己還有十天的行程，必須在零下十度的寒冬中趕路。他事後回想道：「我為自己當時沒有脫下那件衣服去幫助他們感到很難受。」當他詢問地區首長時，地區首長告訴他，有五分之一農民的狀況都是類似的。光是一個公社，過完春天就有五十個人餓死，冬天的狀況應該更糟。[25]

接下來兩年的狀況還是差不多。在一九七五年十二月，紫陽縣有大約七成人口每天可吃的口糧不足五百公克。縣內山區的貧窮情況更加嚴重，有多達三分之一的農民連買鹽或是點油燈的錢都沒有，很多人沒有被子、碗或是務農的工具。[26]

全省有超過五百萬人正在挨餓。一名官員說：「有的農民一整年只有一百二十五至一百三十公斤的口糧，如果再加上他們要清償的債，在未來的幾個月，他們每個人每月都連十公斤的口糧都吃不到。」餓死的人多達數千。飢餓所引發的水腫和重度衰弱相當普遍。沒有餓死的人就想逃離鄉下，沿路行乞。在陝西省南方，也就是紫陽縣這裡，人民餓到吃泥土。[27]

陝西省不是唯一一個有數百萬人挨餓的省分。在一九七六年之前，許多鄉下地方都飽受饑荒之苦。整個河北省——除了北京和天津之外——在一九七五年有超過五百萬名農民缺乏糧食。只以青縣為例，全村人平均起來每天只有四百公克糧食可吃。[28]

越過河北省境，東南面的山東省在一九七三年也受到饑荒侵襲。到最後，東明縣有一半農民連預留下季播種的種子都吃掉了。他們也吃光了用來餵犁田牲口的糧草（當然那些牲口早就沒了），又賣掉了屋頂的瓦片、床鋪，有時候連衣服也賣掉了。數千人流落街頭，聚成一隊隊乞丐在鄉間遊蕩。數字非常驚人：濟寧區有一百六十萬人缺乏食物，而臨清縣則有二百二十萬人處於飢餓之中。[29]

再往內陸——即使在林彪事件之後的幾年，湖北省依然普遍鬧饑荒。在一九七二年，許多縣裡有高達三分之一的人口每個月只用十三公斤口糧勉強維持生命。湖北省的第二大城宜昌——它近郊的廣闊區域在司法管轄權上都屬於宜昌轄區——有一份官方報告指出：「因為營養不足，人民開始出現水腫、衰弱、子宮脫垂、閉經等症狀。」[30]

兩年後——一九七四年——通山縣的許多農民每月還是只有不足八公斤的食物，也就是大約每天兩顆小地瓜。有一位調查員注意到，有些村莊從三月到五月「每人每月平均只有一・五公斤（口糧）」。饑荒不限於通山縣，在長江北岸的監利縣，有數萬人得靠乞討過活。皮漢賓就是其中一人，他一個月只有不到十公斤的口糧，還得和妻子及五個小孩分食。不是所有人都撐得過去，到城市裡試著找點食物。皮漢賓鄰村的陳正先，因為受不了孩子一直喊餓，就服老鼠藥自殺了。類似的資源缺乏在全省隨處都可見。31

這只是鄉間的幾個例子，其他省分的資料也絕對不乏這類案例，不過，就連昔日繁榮城市鄰近郊區的村落也一樣面臨饑荒問題。上海市郊的人民公社，就有整整三分之一在一九七三年陷入貧困之中。溫州在第二次世界大戰之前是個繁榮的通商口岸，但是，在一九七六年也有一群群村民必須變賣家產來逃避大饑荒。32

城市裡沒有人餓死，因為鄉村出產的糧食大多是留給城市居民的。不過，就算是在首都北京，食物也只是剛好夠吃而已。根據一名中美友好後首批獲准進入北京大學就讀的外籍學生所說，北京大學的餐廳是「木板凳和簡陋桌子所組成的黑暗汪洋」——活脫脫就像是索忍尼辛筆下的《伊凡・傑尼索維奇的一天》（*One Day in the Life of Ivan Denisovich*）裡的囚犯食堂。職員和學生都要拿著自己的瓷碗在一扇小窗下排隊，等著領取那麼一小勺稀稀的液體。這種食物對於饑荒中的村民來說應該是盛宴了，但是它每天都一樣：「無味的麥片糊，再加一匙難以下嚥的鹹菜。午餐是我的同學唯一吃到肉的機會，但那也只是一兩片肥豬肉，和無味的白菜混在一起。米飯又乾又沒味道，全是碎米，灰灰的，不太像白飯，裡面還會稍微摻進一點小石頭和煤灰。我學會了要小心地嚼，才不會把自己的牙給咬崩了。」在國家首屈一指的大學裡，學生從來沒有得到過充足的營養。33

舊官僚既沒能挽救頹敗的工業，他們也改變不了人民公社的農產基礎。

領導階層並不是不知道農村裡這樣持續經年的危機。中國在一九七〇年進口了六百五十萬噸化學肥料，還買了五百三十六萬噸口糧——這是文革開始以來的最高記錄。為了提高糧食生產量，政府自一九七〇年八月開始引進了不少農業改革，從國外輸入先進科技改善國有企業，同樣的，部分農村也開始有改良過的種子、殺蟲藥、肥料和農耕機器可用了。[34]

放棄了極端的公社化之後，也開始鼓勵村民在工餘時間耕作自留地，前提是公社的工作要先做好。農村現在容許地區性市集，但是必須在計畫經濟的限制之下，這表示有不少種類的產品仍然在禁止之列，包括所有國家壟斷的物資——從棉花、食用油、肉類、穀物到煙草和木材。這些措施的作用不大，和大躍進釀成災難之後推行的一些政策相比，並沒有高明到哪裡去。

不過，些許的政策改變對於破產的經濟還是有影響的，尤其是這個經濟體系已經受到軍政獨裁統治多年了。糧食的產量增加了。但是大多數農民的收入並沒有增加。有幾位經濟學家用官方數據計算，發現農村人口的人均開支在一九七〇年代其實是下跌的。原因很簡單：國家奪取了一切的剩餘。在一九七一年，全國的農作物生產量有二億四千萬噸，比以往都多，但是如同北京的領導所說的，這只不過表示在政府抽走四千五百萬噸之前，理論上每人每月會有微不足道的二十五公斤加工前口糧。[35]

除了糧食之外，其他農業生產項目也有類似的情況。領導階層依然著重生產口糧，但同時鼓勵經濟的多元化，甚至讓人民公社種點經濟作物在地方市場上銷售，以達成經濟上的自給自足。但是在這方面的改變也是很有限的。豬隻數量在一九七〇年代初期上升了，但是豬肉還是由國家壟斷，所以人民沒有太多的動機去改善所有人的蛋白質攝取量。例如：在一九七一年，甘肅省比前一年多了一百萬頭豬，比起一九六六年更是多出差不多兩百萬頭，但是每頭牲口的平均體重卻比五年前減少了三分之一。所以，省會蘭州在一九七一年每個月消耗一百五十五噸豬肉，也就是每人略少於半公斤。而在一九六五年，雖然蘭州的人口比較少，但是這個數字卻是二百四十噸。就跟日用品一樣，在口糧和豬肉方面，這個政權還是無法趕上日益增長的人口。[36]

＊＊＊

毛澤東在一九七六年死去時，全國至少有兩成人口活在長期的營養不良中，大約相當於兩億人。[37]半飢餓的狀態也很普遍，而且影響到人民的健康狀態。全國各市鎮的醫院都在文革高峰期受到批鬥大會和派系鬥爭的衝擊，在一九六七年春天，武漢大部分醫院都陷入混亂，即使沒有被造反派批鬥的醫生，也都因為怕被指控有資產階級的行為，只好不眠不休地工作，所以開始因過勞而昏厥。一個醫護站的調查發現：因為衛生條件不佳，十名員工中有九個都感染了肝病。武漢並不是特例。我們很難得到可靠的統計數字，不過河北省的醫護人員人數在一九六五年是八萬八千四百名，但是在五年後減至六萬六千九百名。醫護人員與總人口的比例，甚至比二十年前的一九五二年還要低。[38]

林彪死後的幾年，人員耗損的狀況慢慢緩和下來，但是檔案庫的資料顯示許多人開始患上各式各樣的慢性病。一九七三年時，位於廣州南方大約二十公里的佛山，有三分之一的勞動人口每個月賺不到二十元。一戶人家平均每個月要花十至十一元在食物上，連一個月要多花二到三元的小病都足以令他們入不敷出，更嚴重的病一個月要多花十元，而佛山的人還比廣東省其他城市的人都算過得好了。一九七四年時，肇興縣有四分之一的勞動人口一個月只能賺十二元。[39]每五個佛山工人中，就有一個人罹患慢性病。廣東全省都差不多。在某些化工廠，有三分之二以上的工人都生病了。肺結核、肝感染和精神病很常見。文化大革命之前，有一些醫療機構專治這些病，但是它們後來都合併到一般醫院裡，少了幾千個床位。[40]

農村的情況比這還差得多。毛主席在一九六五年六月二十六日親自批評衛生部，指控它是城市老爺的衛生部，只服務上層社會，忽略廣大的普通民眾，尤其是農村的民眾。兩年後，「打倒城市老爺衛生部」成為當時的口號，毛澤東甚至開出了神奇的藥方。他認為教育的力量太言過其實了，任何人都可以成為醫生。一般村民在上過一些短期課程後，就足以肩負起照顧群眾醫療的責任。毛主席還稱他們為「赤腳醫生」。

四川的張戎便是其中一位，他是被派到鄉下的學生，後來被選為醫生。她在上工前「完全沒有受過訓練」。其他地方還有些醫生是幾乎不識字的農民，連簡單的醫藥課程都沒上過，只受過短短十天的訓練。其中一個受過這種訓的人記得：「課堂開始了二十分鐘，就有些學生睏了，他們的頭愈來愈低，頭點得像雞啄米一樣，每過一分鐘就有更多學生打瞌睡。之後，還有幾個睡到流口水、打起鼾來，叫也叫不醒。」[41]

這又是場騙局，偷天換日把國家的責任推到公社頭上。在講求自食其力的原則下，除了預防疫苗之外，赤腳醫生並沒有從國家那兒得到一點援助。許多赤腳醫生甚至連簡單的急救步驟都做不來。[42]不過，赤腳醫生的人數還是很多，而且其中許多人對於行醫也毫不懈怠，或許只是因為這項工作讓他們免於下田勞動。另一個正面的效果是基本醫療變便宜了，有些診療器材是赤腳醫生都必須配備的，例如聽診器、體溫計和血壓計，這些工具變得比以往普及多了。[43]

許多藥物治療也變得比較便宜了。其中的一個例子是「呆小病」（先天性碘缺乏症候群）不再那麼普及了，這個疾病的成因是飲食中缺乏碘，導致生理和心智發展遲緩。例如紫陽縣的山區，有許多村民因為買不起鹽，讓很多小孩得了這種病。現在因為有便宜的碘片可以發放，陝西全省的呆小病病例從文革開始時的四百萬人，到一九七四年只剩下一半。[44]

但是就連含碘鹽這種基本的民生必需品依然供應短缺，像是在陝西、湖北和其他省分，國家政府還是無法接觸到數以百萬計的民眾。雖然有一些很容易預防的疾病減少了，但是其他疾病卻增加了。例如湖北罹患瘧疾的人數在一九六六年之後多了五倍，到了一九七四年，仍然奪去了二百六十萬名農民的生命。[45]

從現實情況來看，赤腳醫生所代表的集體醫療，只在一九六八年政府推動政策的高峰期短暫地發展起來。短短幾年之後，許多鄉下地方便已無以為繼。只舉阜陽鎮這個地方當作例子，直到一九七一年，已經有三分之二的人民公社摒棄了赤腳醫生。村民們又和許多城市的工人一樣，必須付錢才能夠得到醫療服務，而要價二至十元的醫藥服務，幾乎沒有人負擔得起。[46]

所以，在大部分鄉下地區，健康欠佳是常態。因為文革期間接踵而來的政治運動，讓有關部門總是得面對許多緊迫釘人的要求，所以不曾進行過細緻的研究。但最根本的是他們沒有資金應付鄉間的慢性病，更不可能進行深入的醫療檢查。不過，一九七二年有工作隊被派到山東的農村（遍布幾十個縣），檢查屆生育年齡婦女的健康狀況，他們發現，在接受檢查的婦女中有百分之三十到三十八有婦科疾病。有些人因為工作過勞和營養不良而子宮脫垂，也有人骨盆腔發炎或是子宮頸糜爛，許多人病得下不了床。因為得不到醫療照顧，嬰兒的死亡率也很高，村民們被迫依賴傳統醫學，向沒有受過醫療訓練的當地接生婆求助。傳統接生婆如果在一個村裡接生了三十個嬰兒，其中會有十個夭折。產褥熱和孕產婦死亡也十分普遍。一九七一年時，光是在高唐縣的一個公社裡，便有三十六名婦女在生產時死亡。大部分村落裡直到很久以後才出現真正的醫療進步——也就是一九八二年人民公社廢除之後。[47]

第二十一章　寧靜革命

在共產黨的宣傳裡，延安是一個很神聖的地方，座落在陝西省北部的滾滾黃沙之間，連周圍的山巒也是黃沙的顏色。中共經歷兩萬五千里長征之後，於一九三六年開始盤據在此處，在第二次大戰期間，延安是共產黨的臨時首都。數十年後，延安成為共產主義模範人格的標誌，象徵個人在戰爭和工作中都與群體密不可分的特質。「延安精神」提倡無私奉獻、我為人人的原則，人人都融入群體裡，才能匯聚成開山移海的力量。

不過，延安雖然在共產主義的想像中意義重大，其實它只是一個非常貧窮的地方，在文革中也完全不受重視，但這無礙於當地人在沒有當權者的幫助下嘗試自己擺脫貧窮。宣傳隊在一九七四年十二月到達延安時，發現當地的黑市已經發展得十分蓬勃而且成熟了。有一個村莊早就不再花心思在乾旱貧瘠的泥土上種植食物，而是改以賣豬肉為主。為了應付國家上繳口糧的要求，他們用賣豬肉賺來的錢，從市場上買回玉米。整個行動都由地方幹部推動，村裡沒有一個人對政治有興趣。林彪死後三年，這裡還有這位前任接班人的海報隨風飄動。外牆上漆的政治標語已經褪色，而且大多是一九六九年就貼在這裡的。[1]

採行市場制度的並不只有延安一處。從西安坐公車不到兩小時路程的洛南縣，一個個人民公社都已經分了家，把公有財產和生產責任都還給各家各戶。雖然政府二十年來都規定農民只能種單一作物，好增加口糧生產量，以應付城市的需要，以及販賣到國際市場上，但是許多村民已經拋棄了這種做法，只種黑市裡賣得好的作物。也有人把農地租出去，自己到城市裡打工（譬如在地下工廠工作），再把收入寄回村裡。也不乏其他種形式的經濟自由。連生產大隊的主任也在前門貼著唐朝皇帝撰的對聯，而不是歌頌毛主席的標語。風水之說在解放之後一直被視為迷信思想，但在這裡還是十分盛行，甚至比黨的指示還重要（黨的指示根本無人理會）。靈媒和算命師到處都是。[2]

比西安再北一點的蒲城，甚至還有些幹部對於村民忙自己的事情根本不聞不問、暗地默許。這裡的門上貼的同樣是傳統書法寫成的吉祥話對聯，而不是用大紅字寫的響亮口號，黨幹部也沒什麼興趣讀報，更不要談跟上黨的路線了。一份報告甚至抱怨說：「這裡一次都沒開過黨的會議，規定的馬克思、列寧和毛主席的著作，也一本都沒學過。」有些生產大隊還把電話線剪了，讓村民拿去曬甘薯，所以根本不可能開電話會議。人民也不會為公社工作，任何有專長的人都只為出得起最高價錢的人工作。醫生要收診金才給私人看診，也有個體經營的工匠。被打為「富農」及「反革命」的陳鴻儒便在黑市裡當木匠，旺季的時候，如果他幫生產隊的忙，一天可以賺至少二十五個工分，就算一個男性工人在公社裡勤勞工作，也只能賺到他的一半。[3]

這一切都發生在陝西——有上百萬人挨餓、有人吃泥巴剝樹皮維生的陝西。紫陽縣的一位巡查員發現，有一家七口在寒冬中餓著肚子、住在路邊的小屋裡，當地政府部門卻不予理會。但是在這個省裡的其他地方，有些幹部寧可把地交給村民，要他們試著自己耕種過活，而不想看著他們餓死或者直接到田裡去偷。

窮則變，變則通，極端的貧窮和企業家的冒險精神通常是一起出現的。最明顯的例子就是安徽。安徽是一九五九年首批鬧饑荒的省分之一，也是首先擺脫大躍進饑荒的省分之一，因為他們在一九六一年時准許農夫租用土地。在一九六二年夏天，毛澤東抨擊省長曾希聖是「走資派」，在接下來的幾年，土地又重新收歸公社所有。

但是因為林彪的軍政獨裁瓦解，士兵都撤回軍營，所以很多鄉下地方的農民都試著重新奪回土地的控制權，並且讓國家釋出一點權力。某些地方幹部也的確帶頭把土地分給農民。有時候，政府代表會和種地的農民商量好，把一定比例的作物上繳給黨幹部，來製造公社還存在的假象。農民還私下買通幹部，讓他們睜一隻眼閉一隻眼，賄賂也助長了企業的自由化。

上層的分裂加速了市場法則的回歸。在整個文革期間，領導階層之間的黨爭和派系鬥爭，使得政府的政策朝令夕改。因此，村民經常受到政治動蕩波及，集體經濟的內容不斷變更——不論是自留地的大小或是一戶人家要飼養幾頭牲口，在這場運動是這樣，到了下一場運動又不同了。這也變成了地方幹部可以施予的恩惠，因為既然規則經常變更，幹部們就有詮釋或是談判的空間了。

在一九七〇年夏天的北方地區農業會議之後，因為周恩來想要修復極端公社化所帶來的破壞，這趨勢變得更加明顯。在接下來的幾個月，報紙上發表了多篇文章，都強調農民有權利耕作自己的自留地、地區性的農民市場相當重要，以及經濟作物可以幫助集體經濟。這些措施並沒有推翻大躍進釀成災難之後採行的政策，但是相較於「學大寨」運動時所採用的一些極端手法，這些政策確實軟化了許多。一九七一年十二月二十六日——剛好在陳永貴與毛主席共進午餐、推行「農業學大寨」口號的七年之後——《人民日報》甚至勸導大家要慎防「盲目學大寨」。[4]

林彪死後的肅清運動也有助於比較溫和的農業方針。支持極端公社化的六位省級領導遭到撤換。但是陳永貴並沒有在一九七一年之後銷聲匿跡。在整場文化大革命裡，毛澤東使每個派系互相爭鬥，陳永貴在一九七三年獲選為位高權重的政治局委員，調到北京，而在兩年之後，他又獲任命為國務院副總理。他一直具有影響力，甚至在毛澤東死後，他還繼續批評自留地是「資本主義露出的尾巴」，也曾經建議整個甘肅省都要學習大寨模式。

因為領導階層的訊息充滿矛盾，所以不同農村的做法也各自不同——某些地方由過度狂熱的幹部繼續推行激進的公社化，禁止自留地，也有些地方的農民可以有較大的空間追求個人的動力。不過最重要的是，因為林彪事件使黨的地位受挫，有些幹部就開始故意扭曲國家的命令，讓它們大大偏離了領導階層的原意。一名村莊幹部曾說：「（農村幹部）因為政府的政策一直搖擺不定，又常常在批鬥大會上受辱。」他們現在已經對政治生厭了，反而將精神放在生產上。他們之中還有些人會開放公社財產的每一部分讓大家商量，從豬隻、漁塘和樹林的控制權到自留地最後確實的面積。他們也容許黑市發展，因為他們知道人民的生計——包括他們自己吃的東西——都有賴自由貿易。他們甚至還鼓勵村民離開公社，自己闖一闖。[5]

鳳凰縣就是一個好例子。鳳凰是湖南的古城，當地一直用大木輪來汲取河水灌溉梯田、種植稻米。和其他地方一樣，村民抓緊了三個機會擴大自留地：第一次是在大躍進造成饑荒時，他們得盡力讓自己擺脫飢餓；接著，他們利用文革初期的混亂，從政府手上拿回了更多土地；「學大寨」運動時，他們被迫上繳所有收穫，但是到了一九七二年，他們的自留地已經擴張了超過百分之五十。

自留地只占土地的百分之五，而且人們也只准在完成公社每天的工作後才可以耕作自己的土地。但是在鳳凰——和其他許多地方一樣——有一些農民在幹部的許可下，把放寬了的農業政策解釋成容許大家脫離人民公社，一整天只幹自己的活。有許多人走上了自營的道路，以種菜或者捕蝦為生。譬如吳庭忠就放棄了加入生產隊後可以獲得的基本食物補給，只憑在自己土地上種的馬鈴薯、蔬菜和煙草過活，除了養活自己之外，如果賣掉多餘的，一年還可以賺上四百元。整個生產隊很快就開始學他，集中資源一起種植經濟作物。這變成了一個完全顛倒的社會主義社會，追隨市場路線的人得利，而公社成員則深陷在貧窮的泥沼之中。吳慶華是個一直謹遵人民公社命令的忠誠分子，但是只能賺到剛好夠生活的工分。他住的地方是用茅廁改建的，穿得破破爛爛，一貧如洗，歉收時還要向公社借錢才能熬得過去。鳳凰縣一分為二，而幹部們則比較傾向吳庭忠。6

全國還是對貿易有所限制。即使地方官員和生產隊領導可以睜一隻眼閉一隻眼，或是乾脆扭曲規則，但是像吳庭忠這樣的人還是得避開稅務官或是其他政府官員。北方地區農業會議之後，地區性農民市場再次受到鼓勵，但是國家壟斷的商品——例如口糧、肉類、棉花、茶葉、煙草及以花生——還是禁止買賣。不過，在林彪事件之後，國家對這方面的掌控也大大削弱了。

其中一個例子是村民唐皇道，他會在晚上炒點花生和糕點，白天就出來在路邊擺攤，賣給過路人。和其他很多人一樣，他也把大部分貨物藏在田裡，只把一小部分帶在身上賣。如果被抓到，他所有的東西都要充公，但是除此之外也沒有其他懲罰了。河南（唐住的村莊就在這個省）在大躍進期間的饑荒情況非常嚴重，除了唐的村莊之外，河南的其他地方有時會有禁令，嚴禁口糧買賣——通常都是從一九五三年初以來，近幾十年都由政府壟斷的口糧。一進入初夏——要收割小麥的前後幾個月——主要道路上都會有檢查站，阻止人民用自行車運走一袋袋的玉米或是小麥。不過村民們都知道怎樣可以避開民兵，他們會趁著黑夜帶上比較少的數量，或是分裝在藏起來的容器裡，來回好幾趟，以避開檢查。無論如何，人民經過多年的艱困，都已經磨練好技術了，個人下定決心的話，積弱的政府根本敵不過。能從大躍進的恐怖饑荒裡存活下來的村民，即使看到路障裡明顯站著一個穿制服的稅務官，也根本不可能會心生膽怯。7

＊＊＊

正如同「需求」決定了國家大部分的政策，同樣的，村民也要自己動腦筋來擺脫赤貧。機會有時候也很重要，有些村莊就是過得比較好，他們利用自己的優勢來改善集體的命運——不論他們的優勢是鄰近交通道路、漁獲野味豐富、水源穩定、土地肥沃、地勢平坦可供農作，或者是有煤或木炭等能源。

富裕的地區與貧困的地區一起進行了一場無聲的革命，最後推翻了計畫經濟。在華南沿岸的一些村落，人們開始養鴨、養蜂、養魚、燒磚和伐木，但還是都以公社的名義行事。在一九七一年底，浙江的新昌縣（人口大約有二十五萬人）已經有大約三分之二的村民是獨立的「單幹戶」。這大多數是地方部門默許的，他們把土地租給個體戶，並且得到一部分的作物作為回報。在毛澤東死去前一年，如果一個人離開公社，在自己的自留地上試試運氣，或者是到地下工廠去工作，這在省裡被認為是「很普遍的」作法。溫州更是把這股潮流實踐到極致，不管在市區內或是郊區的三角洲地帶，私有資本主義都蓬勃發展，即使政府多番騷擾，也都阻止不了。[8]

不過這股趨勢最明顯的還是在廣東——廣東省地處亞熱帶，不乏陽光、熱能和水源，河道密集，又有長長的海岸線，十分利於經濟發展。這裡市場林立。以清遠為例，幾乎每一種由國家壟斷（因而被禁）的貨物，都可以在這裡公開售賣，包括口糧、花生、油和煙草。業務蒸蒸日上。二百公斤的糧食，只須村中長老派五個年青人出去賣，不出半個小時就賣光了。[9]

在更內陸的普寧縣，有大約三十個市集提供超過一百萬人所需的物資。這些市集招來了地方農民、工匠和小販，每個人都用提著、背著或是用推車載來要賣的貨物。小販帶來傳統戲曲的彩色繪圖、帝制和民國時期的書本，以及沒有毀在紅衛兵手上的古詩集。還有行走江湖的醫生會替人治病。說書人說到精采之處，會打響他的木頭拍板。只要給一點打賞，盲人會為你演唱民俗歌謠。有人在茶樓外兜售配給票。每天都有幾百人從省裡的其他地方騎腳踏車到來，某些市集裡還有專跑沿海路線的幫派，甚至會到上海去交易違禁品。因為當地農村想要機器化，還有幾個人遠從江西帶了拖拉機來賣。[10]

這裡的地方幹部也不太願意干涉。甚至有些人還鼓勵農民不要管政府規定的口糧生產，改種更賺錢的作物。政府官員也無力杜絕非法買賣，據寫調查報告的人說，他們「只管收費，不管政策」。報告上還說，他們可以查禁小販，但是這樣的話，「幹部、群眾都要沒菜可吃」。[11]

計畫經濟裡的農產品價格是固定的，但是一般人往往願意付更多的錢，所以市集就可以賺到當中的差價。差上一倍是司空見慣的事，不過有些貨品——例如黃豆——甚至可以差到百分之五百，也就是說，國家以每公斤〇．四四元採購，但是在市場上可以賣到二．二元。[12]

普寧的市集之所以發展得起來，和其他地方一樣，都是因為計畫經濟裡的貨品無法滿足一般人民的需要。普遍性的貨品短缺迫使價格上升，造就了私營企業。木材便是一例。在一九七三年時，松木的價錢是一九六六年文革開始時的十倍。整個縣裡有上千間房子因為缺木材而無法完工，只能荒廢在那裡。有些人願意在黑市裡付更高的價錢買到，省裡北部的山區裡就有人隨意地伐木。這種買賣不只是幾個農民騎自行車、拉車帶著木板來賣。樂昌、清遠和懷集有數百家工廠非法買賣木材，有人估計：光是一九七三年的交易量就高達七萬立方公尺。[13]

廣東還有另一項優勢可以幫助人民們逃離計畫經濟。離珠江三角不遠的地方，是連綿不斷、像是地毯般伸展開來的翠綠蕉林，在這些蕉林之間，零星散布著一些向來是海外移民聚居的縣市，例如開平和台山。在解放之前，整個地區都分布著海外歸來的移民建造的巨大別墅，其中還包括上千座西洋風格的大型塔樓，還有抽水馬桶、大理石地板、哥德式的塔頂和碉樓。這些從海外回來的移民社群和共產黨之間的關係惡劣，而且在他們之中的許多人在一九五二年都受到土地改革的血腥運動所累。多年後——在文革的高峰時期——又有很多人因為階級背景的緣故，被指為「間諜」、「叛徒」和「反革命分子」，更使這些海外歸國的移民不滿。不過在一九七〇年之後，貨物和外匯又一次從境外湧入了。到了一九七四年，這些海外歸國移民手上握有的錢是一九六五年的兩倍。有海外關係的家庭在文革時是最早受害的，但他們現在是最先擺脫整體貧窮的人。多年來因為放任不管和反帝國主義象徵而造成的住屋問題，由他們用外匯解決了。在台山市和區內的其他地方，是他們買來了鋼鐵、木材和水泥。陳季金（音譯）一家八口都住在簡陋的泥屋裡，他們在等一筆兩萬元的匯款來重建新家——這筆錢相當於三十個熟練工廠工人一年的薪水。[14]

從海外寄來的包裹與日俱增。省會廣州在一九七二年便累積了超過二十萬件，不過在年終前都清掉了。包裹裡主要寄的是衣物和食油，這反映出地方市場的匱乏。其他物品還包括豆類、燈泡、火柴和藥物。其中有些最後會流入黑市。[15]

＊＊＊

其他省分也同樣有去公社化的措施。在大躍進的饑荒時期，四川這個占地遼闊的內陸省分可算慘絕人寰，後來又有所謂的「二挺」之亂，革命委員會完全受到劉結挺、張西挺夫婦的把持，到了一九七〇年代初期，才終於開始將土地租給農民。擁有土地本來就是下層人民的願望，只是很久以後，才得到地方部門的承認。[16]

耕者有其地，只是鄉村寧靜革命的其中一環。有一些比較富裕的村子，不只會針對市場種植一些利潤較高的作物，甚至開始興建地方的工廠，這種做法在廣東許多地方都很常見。座落於汕頭外的潮安，因為刺繡在文革高峰時期被打為「封建」，所以整個村子都陷入貧困之中，直到輕工業部在一九七二年取消貿易禁令之後，潮安村才恢復以往與海外社群的聯繫。[17]兩年之後，在某些村裡，有多達一半的婦女重拾針線刺繡，她們的產品在海外市場有高達一百三十萬元的價值。也有人轉投入五金和工具製造。不過，雖然有些農村的企業歸集體所有，但是很多人都只是用集體的表象來經營完全私人的生意。東里大隊便是一個很好的例子，當地有四百二十戶，除了四十戶之外，全部都是一家釘子工廠的成員。他們在家裡工作，按件計酬，所有利潤都直接進到每個工人手中。工人也要自己想辦法找到原料，有些人向街頭小販買原料，有些人可以從黑市得到回收的廢鐵，也有些人會到汕頭大批進貨。賺得多的工人一天可以賺五到十元，這等同於一般農民在公社做上一整個月賺到的錢。[18]

農村企業對市場的貢獻不止這樣而已，他們不僅靠中間人賣產品，也把賺到的錢用來買糧草、養豬，或是買計畫經濟下沒有的進口貨品——包括魚油和阿斯匹靈。他們會派出採購人員與政府單位爭奪生意需要用到的稀有資源，例如煤、鋼和鐵。[19]

這些都是廣東的例子，不過不是只有南部地方有農村企業。江蘇一帶有些地方的生產大隊早在一九六九年便與個體戶簽訂契約，公然違反當時的激進政策。這種作法通常是從土地不宜耕種的地區開始的，例如在沿岸地帶，有些村民早就不在那裡的沙地上白費氣力，改成養魚，然後再慢慢把心思轉到工業上。國家原本規定川沙村民必須種棉花，但是川沙村的總產量中，工業產出的比例從一九七〇年的百分之五十四，在五年後提高到百分之七十四，這個增長率遠比一九七八年之後還要高得多——雖然一九七八年之後提倡「經濟改革」。相較之下，松江縣的地方領導則只是繼續遵從政府要求的糧食上繳規定。[20]

家庭式的工廠（這是長江三角洲一帶在解放前原有的生產習慣和商貿路線）也有所成長。政府一鬆手，這些舊作法和路線便重見天日。例如汕頭的刺繡長久以來都外銷，上海附近的村莊專門生產家用品、陶瓷、布、絲綢和其他手工藝品，也有幾百年的歷史了。機械化從十九世紀後期開始愈來愈普及，村裡的紡織廠已經有了生產絲（繞線）的簡單機器，讓產品更加多樣化。上海已經有成熟的行會、商貿會和銀行（當中有許多都與海外有聯繫），合力匯聚成日漸茁壯的貿易樞紐。像是上海市的繅絲工業同業工會，在一九四九年被共產黨下令解散之前，對上海、江蘇、安徽和浙江等地的絲業生產和貿易都有助長。

農村工業在一九七〇年代初重拾昔日光輝的程度，從數據上可略窺一二：江蘇全省的工業在一九七〇年只占鄉村總生產量的百分之十三，但是在一九七六年，竟已達到百分之四十。工廠通常都屬於公社，雖然有時只是名義上的。塘橋村在地方幹部的協助下，在一九七〇年成立了一家金工廠，擁有二十五名員工。一年之後，這家工廠又建了一座發電廠和紙箱工廠，以及幾家五金店和一座飼料加工廠。接著又在一九七二年蓋了一家製磚廠。這一切發展，都等於將政府要鄉村種植口糧和「學大寨」的要求完全置之不顧。村級領導此時在政治上獲得舉足輕重的地位，還開始在「綜合工廠」的名義之下，成立更多新企業。一九七六年毛澤東死去時，他們就馬上脫下了計畫經濟集體制的外衣。[21]

其實還有地下工廠，它們會假裝是公社所擁有的。這些工廠也是由村領導經營，它們在大躍進時就出現了，但是之後發生的災難讓很多工廠都倒閉了。社會學家費孝通在談及這些地下企業時說：

「農民並不關心所有權的性質為何，他們只關心如何維持生計。」這些工廠中有一些是由個人經營的，他們通常只使用公社的名義和會計，也就是說，它們會併入生產大隊中，甚至依賴政府官員的保護。

面對這種形勢，高階官員可以做的事不多。張春橋曾經在上海嚴厲指責農村裡「資本主義的苗頭」。也有其他人抗議過這類事情對「無產階級專政」的打擊，不時就有運動要「割資本主義的尾巴」，不過通常都效果不彰，因為村民們會屠宰自己的牲口，並瓜分公社資源，作為己用。私人企業轉入地下，至少是暫時避避鋒頭。更重要的是，雖然有些激進分子依然擁護毛主席，但是他們的勢力無法及於某些城市的外圍部分，他們在那裡並沒有影響力。[22]

＊＊＊

從自留地和租地上發展出來的菜園經濟，只要有多餘的產出，農民們便會騎單車進城銷售，貨品包括蔬菜、水果、雞鴨魚肉等。有些人會逐家逐戶登門叫賣，有些人則聚集在百貨店外、火車站或是工廠前面，坐在路邊把貨攤在地上，或是擺張小桌子。公安常常驅趕他們，但是他們總會回來。有時候，地方部門也會睜一隻眼閉一隻眼，人們會在約定的時間聚集起來，在這臨時的市集進行買賣。[23]

農民不只恢復了城鄉之間的聯繫。他們展開大規模遷徙，完全不理會戶籍登記制度的限制。在大躍進期間，有數以百萬計的農民移居到城內，在地下工廠打工或是在工地裡做工。在饑荒時期，有很多人被送回家鄉，但他們還是會回到城裡，做一些城市人不願意做的苦工、骯髒活兒和危險的差事。到了一九七〇年代早期，已經有許多村莊發展出遷徙的傳統，他們知道如何避開政府的糾察、怎樣在城裡找到工作、怎麼照顧留在鄉下的家人。有時候，甚至是因為幹部答應照顧留守的老人和幼童，讓大人們出城，才促成了一連串的遷徙。因為，在城裡打工後匯回來的錢，構成了整個村子的命脈。遷到城裡的人會繼續透過親戚上繳口糧，或是直接繳給村裡的領導。

林彪事件後，數百萬人想要規避政府的控制，鑽戶籍登記制度的漏洞，定居在城市中心或是外圍。城市周圍出現了一圈圈相對有錢的人，因為小販和農民都移入邊緣地區種菜或做些小手工，賣給城市居民。也有些人甚至不再耕種，直接在市集旁邊開起小吃攤或是小餐館。

很多人都處於模糊地帶，他們必須一直逃避政府的監控，又要冒著被送回鄉下的風險，但是，也有很多人計畫著要拿到城市的居留權。他們不全是農民，有些是想得到城市居留權的農村幹部、三線建設的工人，或是一九六八年之後被禁止回城的原城市居民。他們會想盡辦法動用私人關係、行賄或是向當局求情，這裡頭有許多人都受僱於國有企業，這讓工廠領導可以減少勞工成本。如果成為可以正式居留的人，他們就會把村裡的親戚朋友也帶來。

這些民工的數字令人吃驚，政府曾經在一九六八至一九六九年間試圖減少城市的人口，但是當時達到的效果，至此已經完全被抵消了。陝西全省的主要城市在一九七〇年都增加了二十五萬人，隔年更增加了約三十三萬人，總計達到三百六十萬人口。如果考慮到自然的人口增長和計畫經濟所造成的變更，我們可以知道，增加的人口中，有很多都是避過了戶籍登記限制的農民、士兵和幹部。[24]

在別處的情況也是一樣的。湖北的城市人口在一九六五年至一九七〇年間只增加了約三十三萬人，但在之後的兩年，便增加了五十萬人。光是一九七二年，就有超過三十萬人計畫取得城市的居留權，其中的五分之一是靠欺詐取得的。還有數以萬計的人並沒有居留權，包括嫁給城市居民的婦女和他們的孩子。除此之外，在一九七一年和一九七二年，還有五十萬個農民定居在城市外圍的城鄉交界處，他們之中有很多人會在城市進進出出，輪日班或是值夜班。[25]

北京當局也發現人民的流動情況很難管制。到了一九七三年，已經有一群群的無業人士公然在街上遊蕩，有些人是在找工作，有些則是被趕到鄉下後又悄悄回來。也有一整群民工只是在去黑龍江的途中路過此地。一項估計指出：每天大約有二十至三十萬人會經過北京。這造成的負擔太大，逼使公安部在一年之後，要僱用一萬名以上的人手，日夜不休的清除北京裡的不速之客。[26]

不僅愈來愈多人不理會戶籍登記制度對自由遷徙的禁令，他們還樂得可以免費旅遊。根據黑龍江省會哈爾濱的當局估計，在一九七三年，大約有一百三十萬人在坐車時逃票。甘肅省的省會蘭州有一個比較明確的例子：蘭州在一九七三年十月十四日進行了一次突擊檢查，查票時，發現每三個旅客中就有兩個沒有票。同年在蘭州，還有大約三十三萬人偷偷爬上運貨的火車。另外，從上海開往烏魯木齊的快車也「常常」遭到一整群人攔截，他們逼使火車慢下來，然後這些沒買票的人就會爬上車。在國內的某些地方，坐霸王車簡直是種習慣，因為人民會說：「人民火車」自然是讓人民坐的。在鄭州（河南的主要鐵路樞紐）的車站裡，每天都有上千名乘客沒有買票就衝上了火車。[27]

市內的交通也一樣，人們上公車都不肯買票。有時候收票員——甚至連司機——還會被蠻橫的乘客或是流氓毆打。光只是在一九七三年十月，山東省省會濟南就有數十位收票員（或是司機）遭到當眾毆打，有的甚至傷勢嚴重到無法再回去上班。[28]

積弱的政府沒有什麼辦法阻止數百萬人民在各處移動，不過還是有個安全閥。政府在一九七〇年五月正式容許一些民工定居在黑龍江。當地多山，又全是未開發的原野、紫椴樹和東北樺木，充足的天然資源早已吸引了許多在大躍進時陷入饑荒的人來此避禍，不過黑龍江省大部分地區依然是無人居住的原野，政府也希望自願前來的移民可以開發出更多資源——而不是只有大型的勞改營。大部分民工來自山東和河北，而且他們之中的許多人都沒有等到政府的政策開放就已經來了。光只是肇源縣，在一九六九年七月就有兩千人遠道而來，並且留下來在黑龍江討生活。有些村子幾乎成了空城，有多達三分之一的本地人用腳投了票——包括會計和所有的黨領導。[29]

前文提到的丹棱——從日本廣播中聽到林彪死訊的年輕人——也在一九七三年一月獲得釋放之後決定去試試運氣，和其他民工一起前往當時被認為是豐饒之地的黑龍江。在地方政府同意讓他們合法化之前，他和其他旅伴一直睡在火車站的長椅上。他在全省轉了一圈之後，終於找到一個朝鮮社區，讓他的工科技術在那裡有用武之地。他們都很窮，只吃得起小米，但是他們很滿足，因為至少在這裡是個自由人，「沒有人會因為政治的原因而覺得低下或受辱」。他們不必共用工具。[30]

＊＊＊

無論是專心搞經濟的地方領導，或是重建民間市集（這在解放前早就有了）的農民，全國老百姓都默默地在和過往重新建立聯繫。有時候，農民只是帶點玉米上市集，或是多花點時間在耕作自留地，一點一點地試著越過計畫經濟的界線。也有些時候，他們會大膽起來，開設地下工廠，或是做些投機買賣（而商品通常是政府管制的物資）。但是不管在哪兒，文革的失敗都讓人民的膽子變大，用各種方法、靠自己的力量解決問題。一位敏銳的觀察家便注意到：「人民決意不想再過他們之前過的生活，他們想出不同的方法來擺脫困境。」這是一場由下層人民發起的革命，它以各式各樣的形式、無所不在地發生於全國各地，並沒有大聲張揚，但是最終卻席捲了整個國家。[31]

第二十二章 第二社會

中央的計畫經濟把國家搞得慘不堪言，只有民間自發的「第二經濟」在默默地尋找解決辦法，同時，在那些不再對共產主義教條抱有希望的人民裡頭，也有一個「第二社會」正在慢慢浮現。和東歐與蘇聯的情況一樣，在常規的政治系統中，藏著一股不能見光的第二社會力量。

這並不是什麼新鮮事。當共產黨在一九五〇年開始壓制基本的經濟自由時，就出現了黑市，同樣的，新政權所不容許的社會活動，也設法以避免引人注目的方式繼續存活下去。解放後的頭幾年，廟會節慶受到箝制，宗教領袖也被送去勞改營，就在這時，宗教活動已經轉到地下了——何謂「地下」？正如字面所示，華北地區真的挖了地下室還有隧道以連通整個村莊裡的重要地點，河北省有幾位宗教領袖甚至藏身在地面下幾公尺深的洞穴裡長達四年之久。基督教和佛教還是保留了很大的力量，雖然信徒已經不再佩戴顯眼的標誌，但是都沒有放棄自己的信仰。一九五〇年代早期發動過一場文字審查，大批藏書淪為廢紙漿，根本無害的書籍也被下架了，但是在那之後許多年下來，人們還是繼續偷看禁書，而且也不見得會遇上很多的阻力。[1]

雖然領導階層在解放之後一直力圖摧毀舊思想和舊習俗，但是他們最後意識到：這實在難以根除。文化大革命的核心就是讓他們知道：雖然經過了十七年的共產黨領導，但是舊社會依然存在於許多人的情感和思想裡。雖然表面上大家的意識形態都是一致的，但是，在肉眼不可見的世界裡則充滿了次文化和反文化，而且這些有別於表象的文化體系對共產黨產生了威脅。在官方的話語裡，社會主義生產方式的改革完成以後，還需要另一場革命來清除封建資產階級思想的殘餘，不然修正主義思想可能復辟，危害到共產主義的霸業。

但是，經過抄家、焚書、批鬥大會、肅清和無止境的再教育運動（無論是毛澤東思想學習班或是五七幹校）之後，舊習俗依然難以杜絕。文化大革命想要改造每個人的生活的每個面向，包括他最內在的思想和個人的感受，但是往往人們實際上只維持表面的服從。人們互相欺瞞，用謊言和空洞的口號對抗謊言和空洞的口號。很多人變成了最佳演員，假裝服從，完全明白什麼時候該說什麼話。

第二社會並不是一個隔絕開來的領域，而是某些人還保留著的自由範圍。拜永無止盡的思想改造運動之賜，很多人已經學會怎樣陽奉陰違，嘴巴上說愛黨，但是心裡想的卻是另外一套。所有人都膜拜毛主席的神壇，但是有些人卻保留了自己相信的價值——無論是政治上或是宗教上的。當官方的意識形態每次出現轉彎時，當然也有真誠的信徒或投機主義者會選擇熱切地跟隨黨，但是更多的其他一般人民卻只是屈服於必須從眾的壓力。有些人便發展出兩套精神或是兩套思想，一套用來表現給別人看，另一套則純為己用，只在可信的朋友和家人面前流露。有些人能夠輕鬆自在地在兩套想法之間遊走，但是也有些人因為無法順利地調和他們周遭的思想和自己的信念，所以只能夠顯得冷漠，或是抑鬱。[2]

* * *

整場文革的政治口號都極力宣導社會主義教育的重要性，對象不分老幼——無論是沒有經歷過舊世界的年輕一代，或是經過修正主義洗禮的老一輩。但是到了一九七〇年代，教育制度變得殘破不堪，高等學府都關閉了，國家最優秀的人才也困在五七幹校裡。學生一唸完中學就要下鄉接受貧下中農再教育。黃明珍（Jan Wong）在一九七二年來到北京大學——她是當年錄取的兩位外籍學生之一——迎接她的是一所幾乎荒廢的學校。學生大約只有幾百人（一般大學通常一次會錄取幾千人）。「很多大樓都用掛鎖鎖上了，大講堂都是空的。我們住的二十五號大樓是一棟灰黑色的磚樓，屋頂上鋪著弧形屋瓦，在我們來之前，已經空了六年都沒有人住。」[3]

紅衛兵在文革的高峰期占領了很多初中和小學，這些學校後來又被恣意擴張的官僚體系占用。一直到一九七二年之前，江蘇省已經損失了七十萬平方公尺的學校用地，相當於幾萬間教室的大小。工廠進占小學，政府單位也把學校的大講堂拿來當辦公室用。[4]

數據可以騙人，因為絕大多數可得的數據都是政府編造出來應付大眾的，不過我們還是可以從資料裡看出些端倪。河北省在一九六五年有大約八百萬學生，但是在五年之後只剩下六百萬，也就是大約減少了四分之一。不過減少最多的還是高等教育單位，學生人數從文革前夕的二萬七千人，銳減到不足五千人（一九七〇年）。[5]

學校裡最主要的還是講授意識形態，連大學也不例外。一九七五年時，山東省有將近三分之一的語文課幾乎都忙著頌揚文革的功績，還有百分之十七在教最新的政治運動。到了一九七二年，江蘇省的語文課本裡有一半的課文是馬列毛語錄，還有三分之一選自《紅旗》和《人民日報》之類的政治宣傳刊物。[6]

在這樣的教育下，孩子們或許可以不假思索地背出紅寶書中的段落，但是文革時的亂局其實對他們長期的學業發展毫無幫助。在長江出海口附近的南通，有些孩子說不出中華人民共和國是在何年何月成立的。同樣地，在江蘇省的江寧，甚至有些孩子連自己的名字也不會寫。在東台縣的三倉公社，一個班裡有五十四個孩子，其中有二十個不會寫自己的名字。還有四十個不會寫阿拉伯數字。

中學學生對於基本地理的知識也程度不一，有些學生甚至沒有辦法在地圖上標出北京在哪裡。富寧縣有些學生要費很大的勁才能夠從世界地圖上找到自己的國家。南通和徐州的許多學生沒有學過加減運算。一項測驗的結果顯示：並非每個中學生都知道一小時有幾分鐘。

有些老師的知識程度也不高。針對江寧縣各學校的一項詳細調查，發現有大約一半的教員寫不出許多省會的名字。而且，即使到了一九七四年，還是有很多老師害怕受到批鬥或是迫害，「所以非常寬鬆，不敢糾正學生寫的錯別字」。[7]

這些都不是特例。山東省有三分之一的青少年和百分之六十的成年人是半文盲或全文盲，省裡的某些地方（例如臨清區）有一半的青少年和三分之二的成年人寫不出自己的名字，或是讀不了《人民日報》上的一篇小文章。這些數字反映出的是全國性狀態。國務院也承認，到了一九七八年——因為文化大革命的緣故——在全中國不同年齡層的兒童和青少年之中，文盲和半文盲的比率已經攀升到百分之三十至四十，某些地方更超過百分之五十。黨員也不例外，河北有一百四十五萬名幹部，其中的三分之一是文盲，只有少數幾個是高中畢業。[8]

不過，雖然整體而言識字率在下降，但是讀禁書的機會卻反而愈來愈多。即使是在文革的高峰時期，紅衛兵當道，試著要清除一切封建過去的標誌，但是他們之中也有某些人悄悄收起了吸引他們注意的書本。很多書被搗成紙漿或是被燒掉，但是也有不少被賣到黑市，因此得以重見天日。張戎就寫過：成都有各式各樣的人在買賣書本，有「想從抄家得到的書裡賺一筆的紅衛兵；想要錢的失意生意人；不願意書本被燒掉、但又不敢自己收藏的學者；還有愛書人。」她的弟弟每天都到黑市去，賣掉他從回收紙廠撿回來的書，以交換其他的書。他的閱讀量很大，每天都會讀個一兩本，但是他不敢同時保有太多書，通常不過十幾本，全都好好地藏著。[9]

這些地下讀者很快就愈來愈多，因為人民對於政治愈來愈失望。在一九六七年三月之後，有些學生開始退出派系鬥爭，加入了所謂的「逍遙派」。他們用來打發時間的方法就是讀各種類型的書籍，而且都是文革前無法取得的書。這樣的地下閱讀活動在一九六八年夏天之後變得更加普及，因為有數百萬年輕人下鄉，他們靠著傳閱書本度過漫長的冬天。張戎被派到四川的一個小村莊時，她的弟弟就給了她一整疊書本。她每天下田時都想著這些書想得心癢癢的：「村裡的生活很平淡，在我潮濕的住處裡，每個寧靜的深夜都是我開卷沉思的時候。」從長沙流放而來的梁恆比較幸運，他被安插到一所初中，並且在那裡發現了一整庫書本被塵封在儲藏室裡，發霉褪色。他的心躍動了起來，一個全新的、充滿想像的世界在他面前開啟：「我的生命完全改變了。」[10]

林彪死後，對於意識形態的管制比較寬鬆了，禁書的世界也進一步發展起來。雖然書店裡賣的書沒有太大的不同，還是一排排擺著毛澤東、馬克思、恩格斯、列寧和史達林的著作，但是檯面下流通的書本種類卻增加了許多。除了從私人藏書或是公眾圖書館裡救回來的禁書之外，還有現代和當代作家的譯本，這些譯本的數量約有一千種，都由國家印發，發行的數量有限，原本僅限黨員閱讀，現在都流通到了民間。有一名高級領導的女兒回憶起：她的父親會把禁書鎖在抽屜裡，卻忘了把鑰匙藏好，於是她便有機會拜讀蘇聯的小說，其中尤以伊凡．沙米亞金（Ivan Shamiakin）的《多雪的冬天》（*Snowy Winters*）最令她印象深刻，這本書講述蘇聯幹部含冤受屈的故事。張戎最為津津樂道的，則是尼克森總統的《六次危機》（*Six Crises*）——雖然譯本經過刪改。另外，大衛．哈伯斯坦（David Halberstam）的《出類拔萃的一群》（*The Best and the Brightest*）描述甘迺迪時期的美國，也讓她對美國開明的政治氣氛感到驚奇。[11]

最具影響力的譯本之一，當屬威廉．夏伊勒（William Shirer）的《第三帝國興亡史》（*The Rise and Fall of the Third Reich*），因為其中好些內容都與文革如出一轍。哈瑞．杜魯門總統的《回憶錄》（*Memoirs*）、米洛凡．吉拉斯（Milovan Djilas）的《新階級：對共產主義制度的分析》（*The New Class: An Analysis of the Communist System*）和索忍尼辛的《伊凡．傑尼索維奇的一天》都廣受歡迎，並有助於讀者對共產革命產生批判的觀點。在這個托洛斯基主義者（Trotskyist）都必須被槍斃的國家裡，托洛斯基（Trotsky）的著作也有不小的影響力，最權威的當屬《被背叛的革命：蘇聯的現狀及其前途》（*The Revolution Betrayed: What Is the Soviet Union and Where Is It Going*）和《史達林評傳》（*Stalin: An Appraisal of the Man and his Influence*）。也有重要的文學著作，包括阿爾貝．卡繆（Albert Camus）的《異鄉人》（*The Stranger*）、傑克．凱魯亞克（Jack Kerouac）的《旅途上》（*On the Road*）、薩繆爾．貝克特（Samuel Beckett）的《等待果陀》（*Waiting For Godot*）和傑洛姆．大衛．沙林傑（J.D. Salinger）的《麥田捕手》（*The Catcher in the Rye*）。[12]

禁書有時候是手抄本，甚至還有專門交流禁書的讀書會，大家聚在一起討論共同感興趣的課題。北京有一個讀者交流網絡，成員遍及全國，大家都以通訊方式交流，他們還大膽地稱自己是「第四國際反革命集團」。雖然政府會打壓，但是這些沙龍小組的成員還是愈來愈多，因為有愈來愈多讀者開始以批判性視角看待文革。[13]

不是所有流傳的文學作品都那麼高深，黑市裡也有情色小說，因為這種書會惹來更大的政治麻煩，所以它們的售價最高。在這個清規戒律的社會裡，就連司湯達爾（Stendhal）的十九世紀經典著作《紅與黑》（*Le Rouge et le Noir*）也被認為是情色小說，每本叫價相當於普通工人兩星期的工資。情色小說多半是手抄的，也有用簡單的模板或是手壓設備製作的粗糙油印本。在文革最高峰的時候，許多單位開始自己印發傳單或是刊物，有些器材沒有落到文宣隊（毛澤東思想文藝宣傳隊）的手裡，現在就派上用場了，它們被拿來印刷情色小說或是猥褻的歌謠，在工廠、學校甚至政府單位裡傳閱。[14]

其中一本最廣為傳閱的小說，是《少女之心》（*The Heart of Maiden*），它的故事是說一個大學女生和表哥以及其他男子的愛情（色情）故事，文章很短又露骨，所以非常受歡迎。到底流傳了多少本？恐怕不會有人知道，不過，除了紅寶書之外，說不定這是最多人讀過的書了。[15]

* * *

在整個文革期間，人們都甘冒著被鄰居舉報、被判反革命罪的危險，一直偷偷收聽外國電台廣播。在一九七〇年的「一打三反」運動期間，清楚顯現出這個情況的普及度，當時有數以百萬計的人民，哪怕只是流露出一丁點對於黨的不滿（無論是真的或是冤枉的），都寧枉毋縱地受到迫害。即使是位處內陸的甘肅省，省裡的一家工廠每五十名工人中就有一個人在收聽蘇聯、美國、台灣、香港、日本或是印度的電台廣播節目。當時也有「四川地下電台」和「解放軍之聲」這樣的電台。[16]

在文革高峰期，一般人民眾學會了怎樣使用印刷設備，也有不少學生學會了無線電廣播技術。正定縣的高原擔任學校裡的廣播社社長，他會架設各種設備，從最簡單的二極管接收器到晶體七級管收音機都難不倒他。最厲害的收音機可以接收到遠至莫斯科的訊號。[17]

廣播社很快便惹人懷疑，不過黑市裡的收音機晶體管和半導體倒是賣得火熱。在上海，熱衷於這種興趣的年輕人可以到福州路去，會有工人從工廠偷出零件拿到那裡賣。當局一直試著打壓這種交易，不過並不成功。[18]

當局一直試圖干擾美國之音和從台灣來的電台訊號，但是也都失敗了。在訊號戰上，只要訊號夠強、夠穩定，就沒有任何技術能夠阻止大部分聽眾接收。政府還把收音機的價錢壓低，這其實讓人民反而更容易收聽到海外來的短波節目。文革未爆發時，一台收音機在鄉下相當於一整頭豬的價錢，沒幾戶人家花得起，當時收音機的接收範圍大約是三百到五百公里不等，也就是說，像伊寧這樣的城市，因為離省會烏魯木齊太遠，在白天是收不到訊號的。接下來的幾年，為了傳播毛澤東思想，收音機價格調降了三分之一以上，到了一九七〇年，國內的許多地方，一台四管收音機的售價甚至比生產成本還要低。[19]

經過幾年之後，廣播網絡已經可以延伸到各省的大部分人口，因為各地縣城都有廣播電台，人民公社裡也有廣播擴音站。連很窮的村民，都絕對接觸得到政治宣傳。在一九七四年的時候，湖北省全省有超過四百八十萬支喇叭（在文革前只有十八萬支），相當於幾乎每戶人家都分配到一支。[20]

不過，就算宣傳機器從不休止，也淹沒不了來自國內外的不同聲音。就連海南島（廣東省海面上的一個亞熱帶外島）這樣的窮地方，人們也會偶爾聽聽「解放軍之聲」這樣的反毛澤東電台。還有一個電台叫作「共青之聲」，它會整天不定時播放反動口號，一般認為這個電台是廣州中山大學的畢業生成立的。廣州的計程車司機會公開收聽香港電台，不是只有他們這麼做，即使到了現在，最忠誠的共黨官員還是不敵外國電台的誘惑，只因為他們想要知道自己的國家發生了什麼事。前文說到那位在家中抽屜發現《多雪的冬天》的女孩，有一天走進父母房間時忘了敲門，就聽到一個響亮的聲音說：「這是莫斯科電台！」[21]

被國家禁止的其他社會活動也蓬勃發展起來。例如：有地下的歌唱社，人民會以唱革命歌曲的名義聚集起來，但其實是要演出被禁的戲劇、唱被禁的歌曲。在一九六九跨一九七〇年的冬天，上海第二機床廠有一百個年輕工人每週五都聚在一起玩違禁音樂，還吸引了其他工廠的人來聽。[22]

舊世界悄然回歸，幾年前，紅衛兵將昔日的休閒活動貶為封建或是資產階級的品味，但是現在這些東西又回到人民的生活中了。林彪死亡時，兒童之間唯一流行的遊戲是跳繩，不過北京街頭很快又出現了打陀螺、跳房子和扯鈴等玩意兒。雖然有傳統花紋的絲綢風箏還是只能賣給外國人，不過有些孩子已經懂得撕開《人民日報》貼在木頭骨架上弄成風箏來玩了。京城那些曲折狹窄的巷弄裡，會有人躲著打撲克牌；天上有賽鴿在飛，牠們的尾羽上綁著小竹管，飛起來會發出哨子一樣奇妙的聲音。人們重新開始養鳥，有時候還會在大清早到公園裡遛鳥。[23]

普通人成了地下藝術家，他們會在藝術中尋找逃離政治桎梏的出口——他們的畫作故意偏離當時什麼都據以為本的「社會現實主義」，完全不像當時牆上所貼的宣傳海報和黨官方贊助的「人民藝術」。許多畫作都故意與政治脫勾，希望闢出個人空間，讓他們可以和內在的自我對話。他們的藝術都見不得光，就像地下文學沙龍和歌唱社一樣，是一群由業餘藝術家所組成的非正式團體，大家一起從事共同的興趣。他們會利用廢棄的工廠、公園或是私人土地，選擇的建築物又通常有黑暗的走廊和獨立的樓梯間。他們會傳閱藝術書籍和展覽的目錄，人民重新開始接觸西方的東西了，例如米開朗基羅、畢卡索，同時還有傳統中國水墨畫。

在北京，這類背景各異的新進藝術家組成了一個團體，並且在日後被取了一個名稱，叫作「無名」。「在這個時代，自由結社就是犯罪，所以這個團體必須無名、無形，同時是自發的。他們沒有規章、沒有成員、沒有統一的藝術原則和風格。」他們很多都來自階級敵人的家庭，經歷過家庭破碎、校園關閉和社區崩壞之類的文革經驗。他們拿起畫筆，最初都是畫政治宣傳畫和毛主席肖像來磨練自己的功夫，而且這樣才可以拿到珍貴的油彩和畫布，讓他們在閒暇時間，用這些來作練習。大自然是他們喜愛的題材，無論是植物園裡的桃花和丁香，或是北京市郊外明十三陵的日落，都是他們取材的對象。有一次，幾個成員偽造介紹信，騙過了公安，在國慶日去了北戴河海邊一遊。但是他們也憑記憶作畫，剖析自己內心深處的真實。「無名」的成員之一——知名畫家王愛和——便記得曾經有一個工廠工人在窗前凝視良久，想著該怎麼畫下他看見的遠方那棵樹。[24]

＊＊＊

宗教也轉入地下，讓人可以偷偷的保持自己的信仰，無論是像基督教、佛教、道教或伊斯蘭教這樣有組織的信仰，或者是地方神靈、祖先的民間信仰。

在文化大革命期間，甚至偶爾會爆發民眾抗議。以河北省為例，在一九六九年就曾經有基督教徒公開叫喊：「我不信毛澤東，我信上帝！」省裡的其他地方也曾經在五一（勞動節）當天出現口號，寫著：「敬拜創造天地的上帝。」不過這都是個別事例，很快就被無所不在的軍方壓制下去了。在大多數時候（尤其是在鄉下），一般村民都是默默地，以不公然對抗的間接方法，維持著自己的信仰。[25]

此時的宗教領袖大致已經起不了什麼作用，但是一般村民還是沒有放棄自己的信仰。諷刺的是，曾經在一九五〇年代領教過迫害之苦的教派，在文革期間卻比較能熬得過去。倪柝聲和「小群教會」就是如此，他們在一九四九年之前是中國擴大得最快的新教教派之一，當時信眾有七萬人之多。解放之後的頭五年，小群的很多領導者都遭到了逮捕，聚會也經常受到打壓，倪柝聲則於一九七二年在獄中逝世。不過，一般信眾將打壓視為對信仰的考驗，在文革開始的多年前，他們便已經學會組織小組和家庭聚會了。識時務的非法敬拜傳統，讓他們得以存活下來。[26]

有些宗教組織也採用類似的方法——沒有中央組織，只是讓一群群的信眾分布在鄉間。喇嘛、阿訇（伊斯蘭教的宗教領袖）和神父雖然都在勞改營裡，但是會有一般信徒站出來維持社群的團結。他們也繼續招募新的成員，這些人歷經文革之痛，都需要慰藉、希望，尋求救贖和內心的平靜。最重要的是，負責宗教事務的政府部門也是泥菩薩過江，外有造反派打擊，內有派系鬥爭，不同的教派都重新浮出水面，並組織起來，為毛澤東死後的宗教復興奠定了紮實的基礎。

地方神明也同樣頑強，雖然政府多次試圖以毛澤東崇拜取代地方信仰，但是地方上的神祇依然屹立不搖。有些村莊停辦了地方慶典和公開儀式，廟宇也被關閉，不過許多村民還是照樣在家裡安放小神龕或是神壇，供奉這些神祇。他們會在別人看不到的時候上香、還願、招靈或是供養神明。家家戶戶供奉的神祇中，各方神聖都有，包括祖先神靈、保佑地方的神祇、雨神和送子觀音。最顛覆性的作法莫過於把毛主席當作地方神靈來拜。雖然廟宇大多被拆了，或是改建為糧倉，但是較大的神像仍然保存了下來。有些神像不斷地從一處搬到另一處，直到一九七二年，當地人才覺得讓祂們安定下來是安全的。也有些公社假借修建學校的名目來動用資金建廟，這種作法在甘肅省平涼縣可以見到，相信國內的其他地方也一定有這種情況。[27]

民俗文化和民間信仰一向密不可分，即使在文革的高峰時期，也同樣地位穩固。江青頭幾次的公開露面，其中一次便是在一九六四年夏天的京劇節，那時她還決意要改革當時在農村廣受歡迎的傳統戲曲。不久之後，她便嚴禁所有的戲曲表演——除了八套歌頌人民解放軍和毛澤東思想的樣板戲之外。八套樣板戲出現在海報、明信片、郵票、餐盤、茶壺、花瓶和日曆上。特定的劇團會到學校和工廠演出。被送到延安種田的翟振華幸運地被一隊巡迴演出的劇團選上，他們在野外搭起粗製的舞台，表演給工人和公社農民看。「觀眾很多，但通常沒有什麼人拍手。這些戲到哪兒都沒什麼人想看，只除了一個地方——你想都想不到——延安大學。」[28]

雖然國家的政治宣傳鋪天蓋地，不過有些群體還是堅守他們自己的傳統。在一九六八年，浙江的幾個農村聯手舉辦了大型集會，集會上表演了傳統戲曲，還有幾百張桌子排開來，以煙酒奉客，列席者包括有頭有臉的賓客，也有當地的人家。江西雖然比浙江窮得多，但是有些集會也會有幾千人公開聚集在一起觀賞傳統戲曲。在某些鄉下地方，公社成員會定期慶祝傳統節日，並且向地方神靈祈求。有些村莊成立了公基金籌辦龍舟賽，除了通常會有許多觀眾之外，還會殺豬，並在供桌上擺一大堆食物，相當鋪張。到了一九七〇年代早期，除了唱戲的戲班子之外，也有其他傳統技藝的師傅在農村地區討生活，包括樂師、風水師、靈媒和占卦人。[29]

＊＊＊

地下教會有時候叫作「家庭教會」，因為都是一小批信眾祕密在家裡聚會、分享信仰。雖然宗教不再是光明正大維繫整個社群的黏著劑，不過它轉變成比較個別、私人經驗的形式，遠離教堂、廟宇和清真寺，走進家裡繼續存在。弔詭的是，雖然文革攻擊私人領域，將它視為資產階級思想，但是各式各樣不同生活背景的人，還是都退回家中尋求一點孤島式的個人自由。這並不容易，尤其是在城市裡，公寓和住屋都是幾個家庭共用，好管閒事的鄰居和七嘴八舌的人們都是麻煩的根源。文藝沙龍、讀書會和地下藝術家就跟宗教信徒一樣，有時候會偷偷摸摸地密謀在私人家中聚會——雖然他們必須不斷改變地點以避過偵查。

但是，真正堅守家裡的相對私密性的，不是什麼宗教組織或是地下沙龍，而是家庭本身。雖然學校教育制度的確崩壞了，不過家庭教育還是讓一些父母把他們珍視的信念灌輸給兒女。全國有數百萬兒童受到階級背景影響，只能讀到小學，他們不僅因此免受國家政治宣傳之害，有些還由家人在家中教養長大。在家庭教育的豐富文化中，母親的角色特別吃重，而且她們在傳統家庭中的地位經常是由子女的學業成就所決定。劉文忠就是出身於這樣一個上海的反革命家庭，他在家裡自學，學習人權和民主價值。[30]

在解放之前，很多傳統技藝也是由家庭的紐帶來培育和傳遞的。某些村裡的幾戶人家——甚至是整個村子——會專門製造紙傘、布鞋、絲帽、籐椅、柳條魚簍或竹籃，以供市場販賣。即使在文革時期，還是有些家庭堅守家業，其中有做平安符、印黃曆或是黏燈籠的，還有其他許多技藝都是依靠家庭傳承，例如武術、傳統戲劇或戲曲唱腔。

家庭在文革期間當然一直受到攻擊。有些家庭一分為二，因為不同的家人隸屬於不同的派系，或是受到地方政治浪潮的影響。人民常常因為這種毫無道理又不知何時會發生的獵巫行動擔驚受怕，使得整個社群分崩離析，只剩下馴服、落單的個人，並且只能效忠毛主席。家人都要在批鬥大會上互相指責，如果夫妻中的其中一人被送到勞改營，另一個就要和他／她離婚。而且——特別是在城市中——因為家庭成員會被送到不同的鄉下地方，所以很多家庭都被無情地拆散。孩子剛從中學畢業就要被送走，有時候則是父母必須分開下放到不同的勞改營。一般工人最後會流落到三線建設的貧困工廠裡，而政府員工則在毛澤東學習班或是五七幹校裡接受農民再教育。以四川的張戎為例，她的父母就分別被送到兩個不同的勞改營（勞改營由二挺直接控制），而她的四個兄弟姊妹則必須到成都的偏遠村落去種田。

但是，中國有著世界上數一數二的複雜親屬制度，經過幾個世紀的調節，發展出一套複雜的詞彙，根據性別、長幼、堂表和輩分，幾乎每個家族成員都有不同的稱謂。孝悌是儒家倫理的基礎，氏族和家系組成的大家族是一九一一年才瓦解的天朝帝國的骨幹，因此，家族即使受了打擊，也很快就會恢復了。有時候，他們甚至會變得更加密切。張戎和她的兄弟姐妹就學會了如何互相照顧，而且經常到營裡探望父母，變得更加團結。[31]

真正會批鬥自己父母的子女只占少數，這點也顯示出親族的聯繫力量。政治宣傳中的確有很多例子，說年輕的標兵會選擇為國家盡忠，優於對父母盡孝。蘇聯的帕夫利克・莫羅佐夫（Pavlik Morozov）在一九三二年因為告發自己的父親而遭到親人殺害，這個故事變得家喻戶曉。故事雖然是假的，但是政府無所不用其極地利用它。在崇拜莫羅佐夫的背後，其實是鼓勵孩子們對史達林效忠，藉此來取代家庭的團結。[32]

中國的政治宣傳同樣不遺餘力。在社會主義教育運動裡，「爹親娘親不及毛主席親」的口號已經深植在每個孩子的腦海裡。正如一個學生所說的：「我們被灌輸要把每個不全心擁戴毛澤東的人視為敵人，就連父母也不例外。」父母也教導子女要順從官方的意識，因為他們知道唯有這樣才能夠保障他們的將來。[33]

但是，在蘇聯真正狂熱批鬥自己父母的人其實不多，文革裡記錄在案的例子甚至更少。這些為數不多的孩子告發自己的親人後，往往會眾叛親離。馬定安告發他的父親在黑市買賣糧票之後，先是被逐出家門，被村民唾棄，還被困在一座廢棄的寺廟裡，連黨幹部都拒絕和他有任何關係。[34]

更令人吃驚的案例是張紅兵，他十五歲時出賣了自己的母親，主張她應該因為反革命罪名而被槍斃。黨遂了他的心願。他母親唯一的罪名只是燒了毛主席的肖像，卻必須被槍斃。這個孩子受到大家的崇拜，當地黨委大力稱讚他的革命情懷，但是不久之後，反而因為他是反革命分子的兒子因而遭到迫害。幾十年來，張紅兵倍受良心譴責，最後他選擇在二〇一三年公開懺悔，希望能夠減輕一些痛苦。公開之後，他才發現自己是唯一一個要求將至親處死的人。在中國（也和蘇聯一樣），年輕人通常只會和家人斷絕往來，但是沒有批鬥他們。[35]

即使是在家庭以外，舊有的忠誠倫理偶爾還是得以保留，因為人們會和朋友及同事站在一起。張戎被允許定期去見她的父親，就是因為一位二十幾歲（將近三十）的隊長，一直盡力想要（不張揚地）幫他認識的人改善生活。一位在北京工作的翻譯員也記得，她在一九六九年成為肅清運動的目標之後，同事都背棄了她。不過這些同事的家人雖然住在同一棟公寓，但是都好像沒發生過什麼事似的，私下送給她一些配給品。回憶錄和訪談裡也證明：有時候就算是完全陌生的人，也會表現善舉。[36]

在使社會瓦解的過程中，政權用盡一切手段想斬斷傳統社會的聯繫，但還是無法摧毀家庭。家庭的紐帶仍然存在，甚至還產生了新的聯結。這個政權蔑視戀愛關係，在文革期間，夫妻很少公開表達愛意。愛情被視為頹廢的資產階級情緒，性愛更是禁忌。許多學生長大後連基本的生理常識都不懂。例如：濯非在和一個年輕男子共騎一輛單車之後，很怕自己會懷上孩子，但是她害怕得不敢問別人，甚至包括自己的親戚。楊瑞——前文提到一心嚮往滿洲的北京紅衛兵姑娘——便言簡意骸地說：「我們沒有性，想都沒有想過。性是資產階級的玩意兒，這不用說！在我的腦子裡，它是污穢的、醜惡的，也是很危險的。在我讀的書和看的電影裡，只有壞蛋想幹這回事。革命家都不幹的。革命家戀愛時是用心去愛的，連手都不碰。」[37]

但是和很多下鄉的學生一樣，看到農場裡的動物之後，楊瑞很快的就學會了。她被分派到的工作是公豬育種，要引導那些公豬將正在抖動的生殖器插進母豬的陰道裡。「就像一天到晚在看色情電影一樣。」也有人是看《少女之心》學會的。林彪消失後，年輕人立刻開始互相見面，悄悄地走在一塊兒，遠離集體宿舍和擁擠的飯堂，到外面尋找一點自己的小天地。滿洲有時候只有零下三十度，但是在國家農莊裡，年輕的愛侶們也只能待在外面。雖然他們想要對抗寒冷，但還是不到二十分鐘後就跑回宿舍裡抱著暖爐。[38]

另一方面，沒有去軍方農業公社、而是跟農民一起生活的學生，接觸到性的機會就多得多了。有些年輕人甚至會同居，這在城市裡是無法想像的。有些人未婚便有了孩子，但是他們害怕會被困在鄉下，所以不願意結婚。

不過，除了從城市來的學生以外，絕大部分的鄉下人都不忌諱性事。有些年輕學生第一次到農民主人家裡時，就被他們不避諱的表達愛慕之情嚇壞了。十六歲就被送到內蒙古的姑娘王媛媛，有天看到一對男女在水溝邊作愛，她把事情告訴隊長。「但那些老農沒當一回事，只是笑。」和許多其他的民間風俗一樣，文革觸及到的都只是皮毛。[39]

第二十三章　情勢逆轉

冰雪開始融化之後反而是最冷的。早在一九七二年十二月，毛澤東就已經擔憂，如果打擊林彪的聲望，會使整個文化大革命功虧一簣。在一九七三年八月於北京舉行的第十次全國代表大會上，重新檢討了《中國共產黨黨章》，決議將林彪和林的主要「反黨」黨羽剔除。毛澤東改為推舉王洪文——上海第十七棉紡織廠的保安主管，曾帶頭掀起文革。並由王洪文代替毛澤東將主席的一票投進新一屆中央委員會的票箱中，這樣的政治表演，無非是要顯示王洪文是毛澤東親自挑選的繼任人。為了小心平衡各方勢力，一些舊人又重新回到委員會裡，包括鄧小平、李井泉、烏蘭夫和譚震林。但是他們在黨內的位階還是比不上張春橋、姚文元和康生等人，這些文革的核心人物都放在重要的位置上，用來制衡周恩來。

周總理愈發被孤立。因為他一直在謀求老幹部的復職、振興經濟，毛澤東對此相當忌憚，怕自己死後周恩來就會反撲，全面推翻文革，破壞他的政治遺產。周恩來一向相當忠心，但這只不過是出於政治上的謀略計算，而不是因為他在意識形態上真正信奉毛主義。就像是一位為周立傳的人所寫的：「周恩來總是文質彬彬、處處忍讓、甘願退讓，他考慮周全又面面俱到，性情溫和但又深不可測，對於毛澤東來說，周恩來是個不折不扣的偽君子。」[1]

在一九七四年一月，毛澤東指使江青一派對付周總理，指桑罵槐地說他是現代的孔子。批判林彪的運動最後演變成批林批孔。《紅旗》、《人民日報》和《解放軍日報》聯合發表了一篇社論，指出：「在政治思想戰線中，無產階級和資產階級的鬥爭是長期的、曲折的，有時甚至是很激烈的……中外反動派和歷次機會主義路線的頭子都是尊孔的。」黨的宣傳機器從來沒有指名道姓說是周恩來，反而用盡尖酸言詞批評孔子，譴責他代表一個古老、封建的社會，並且把時間花在「復辟奴隸制的反動綱領」上。[2]

也出現了一些批評總理政策（要開放國家）的標語。周恩來曾經在一九七二年邀請義大利導演米開朗基羅·安東尼奧尼（Michelangelo Antonioni）來訪中國，遊歷全國之後，他拍成《中國》這部記錄片，在這場反外來文化的運動中，這部片首當其衝。安東尼奧尼在一九七四年一月被批為「反華」、「反共」，但事實上，當時的中國並沒有人聽過他的名字，或是看過這部片子。當時（尤其是在上海）也對於盲目崇拜外國勢力大加批評，這就是針對周恩來。江青本人也曾經嘲弄過一些人，說他們覺得「外國人放個屁都是香的」。[3]

和江青過從甚密、現在成為政治新星的王洪文，把這場運動叫作「第二次文化大革命」，甚至還把舊口號「造反有理」重新拿出來。也再次上演常見的群眾大會、大字報和用報紙社論批評修正主義勢力。有一些北京學童再次打壞了教室的窗戶和桌椅，某些省裡也有些原本的造反派認為機會來了，可以挑戰當權者、奪權、重啟文革早期的狂亂時光。杭州的舊造反派組織了一場群眾集會，吸引了數以千計的學校和工廠的人參加。他們都受到王洪文的鼓舞，宣稱「造反有理」，並集中火力攻擊當地政府的官員、癱瘓經濟和黨政機關。一些有領袖魅力的人還想要革除當權的政敵，成為實際掌權的省領導。他們檢閱地方的軍營，打擊被認為會阻礙他們奪權的軍方領導。

武漢的舊造反勢力也利用他們廣受支持這一點來對抗地方上的領導，躋身於掌權者之列。另一方面，在南京，利用這場運動來對抗軍方領導的卻不是造反派，而是曾經因為是五一六分子而受到打擊的受害者。數萬名曾被流放下鄉的人湧回市內要求平反，用阻礙鐵路交通的手段抗爭了好幾個星期。[4]

這場運動成功迫使周恩來從第一線上退下來，削弱了他在黨內日益壯大的影響力。但是江青野心過大，做過了頭，妄圖染指黨和軍隊。毛澤東在一九七四年七月介入，歸咎他妻子讓事態失控。

為了進一步制衡黨內的兩個陣營，毛澤東讓鄧小平官復原職，重新擔任國務院副總理。再耍了一點手腕之後，一九七四年四月率領中國代表團到聯合國去的人就變成了鄧小平，而不是一直以來規劃國家對外關係、促成中美兩國修好的周恩來。半年前，季辛吉再次來訪時，周恩來處理中美事務的方式受到非議，鄧小平也加入江青、姚文元的陣營，一起批判周總理。他表現得如此惡毒，足以使外交部的許多幹部相信：毛主席這次特意挑鄧小平來制衡周恩來。[5]

周恩來在一九七二年被確診為膀胱癌，不過醫護團隊一直沒有將病況告訴他，毛澤東也不讓他得到適當的治療。一九七四年五月，癌症擴散到身體其他地方，但他還是不被允許動手術。雖然他一直在失血，但是靠著每天輸血還是繼續工作。周恩來第一次真正的手術是在六月進行的，但是為時已晚，沒過幾個月，就出現癌細胞轉移到其他重要器官的跡象。他最後一次公開露面是一九七四年九月三十日，時值國慶前夕的政府晚宴。他瘦得弱不禁風，但還是硬著頭皮在四千五百人面前亮相，其中還包括超過兩千位外國賓客。出席那次晚宴的人之中，也有幾十個在文革後首次露面的黨官員。[6]

這次事件透露出真正的政治變革已經在醞釀中了。批林批孔運動的確讓幾個省會鬧得天翻地覆，不過大部分地方都還是有所保留，沒有多少人希望文革再來一次。在許多人眼中，周恩來代表的是與江青（和她的黨羽）對抗的一股清流。不過現在大家都知道，這個大家眼裡唯一有能力阻止另一波文革的人已經住院了。「每個地方的人都流露出焦慮，對周總理只有尊敬和祝福。」在晚宴那天，真正的英雄不是毛主席，而是周總理，在他現身會場時，賓客都起身對他報以掌聲，全體高呼：「周總理！周總理！」[7]

毛澤東以身體不適為由，沒有現身接待賓客，而是隔了一段距離在觀察周恩來。因為大家對周讚譽有加，使得毛澤東不得不收斂一下對這位總理的攻勢。於是毛澤東重新安排了中央領導的席位，改由鄧小平擔任副總理來抗衡周恩來。但是江青卻覺得自己沒有得到應有的回報。長久以來，她都自比是萬中無一的女皇帝武則天，還在報章媒體上刊出文章，頌揚武則天在六世紀統一了全國，有不可磨滅之功——雖然在一般人民眼裡，都認為武則天不過是個打壓異己毫不手軟的暴君。這位毛夫人還收藏了幾套根據武則天的帝服所縫製的古裝，雖然從未穿來示人。她主持會議、接見外來訪客時，還用帝王紅在自己的照片上簽名。

她也很害怕朝中生變，甚至幾近於妄想。為了防範有人從空中狙擊，她在中南海的住所屋頂上架了幾把槍和旋轉射擊台。她吃很多不同種類的藥，但是一直覺得醫護隊裡有人要殺她。[8]

江青憎恨鄧小平，並試圖破壞新的權力架構。毛澤東一直在充當仲裁人，最後更警告她不可以和上海幫的王洪文、張春橋和姚文元等人結成一黨。他們最後還是成了「四人幫」。

周恩來在一九七五年一月離開醫院，到人民代表大會上作了演講（這是他最後的幾次演講之一）。當時他呼籲國人要針對落後於世界其他國家的幾個領域推動現代化，尤其是農業、工業、國防和科技。在毛主席的首肯下，他稱之為「四個現代化」。

鄧小平負責的事務日益增多，實際上日常事務已由他主理。他的工作風格和周恩來截然不同。在文化大革命期間，他和家人受到諸多刁難，一個兒子甚至還被紅衛兵弄成跛腳，不過這些文革經驗並沒有嚇倒他，依然邁步向前，不怕招惹政敵。他的手段大刀闊斧，也不留情面地頂撞江青。

鄧小平馬上就要求交通系統恢復正常，並以嚴厲的懲罰來威脅那些無法讓火車準時到站的鐵路官員。在一九七五年初，便有數以千計的人因為涉嫌搶劫、或是妨礙運貨火車而被判刑，其中有八十五個人甚至因此而被處死。下一個目標是工業，他警告鋼鐵業的領導階層，說他們「軟弱、疏懶又放縱」。並要求他們應付好罷工和政治爭鬥問題，集中心力達成最新的鋼產目標，期限也訂得很嚴格，還派了權力非常大的工作小隊來，迫使人人只得遵從。對於龐大的遼寧省鞍山鋼鐵集團公司，鄧小平裁減了他們的管理階層，此舉讓指揮結構變得更為精簡，和文革前相似。

鄧小平也干涉了一些還在第二次文革的影響中掙扎的省分，對還在癱瘓浙江省的杭州造反派採取了無情鎮壓。因為派系鬥爭的關係，光是在一九七五年的第一季，工業產量就下降了百分之二十，全省可以獲得的收入也差不多減半。鄧小平派出一支工作隊突襲造反派總部，逮捕了幾個首謀。浙江省也在夏天進行了盛大的反黨爭運動，杭州的主要造反者的命運是毛主席親自拍板決定的，毛澤東還形容他是一個「邪惡的人」。[9]

鄧小平身為人民解放軍參謀長，也下令軍方進攻雲南省的回教重鎮——沙甸，當地農民主張，除非他們得到憲法上賦予的宗教自由，否則拒絕上繳更多口糧，於是爆發了種族衝突。大陣仗的武裝部隊進駐，將一些村莊夷為平地。有超過一千六百人被殺，包括數以百計逃跑中的兒童和老人。[10]

不過，即使鄧小平表面上有毛主席撐腰——無論是平息民眾動亂、逮捕主要造反派和革除有所拖延、辦事不力的幹部，然而江青又針對「經驗主義」發起了新運動。這場運動擺明了就是要打擊鄧小平，瞄準了他偏重經濟發展、忽視共產主義意識形態的作法。江青再一次登上人民大會堂的講台，在集會的工人面前宣布「經驗主義」是最大的敵人，是修正主義的同謀，必須清除。四人幫控制了出版界和大多數的主要刊物，他們安排黨內親信發表了一連串攻訐文章。鄧小平只得向毛主席求助，於是毛澤東介入，並宣布反修路線同時代表反經驗主義和反教條主義——而「教條主義」所指的正是江青和其他三位上海幫的人物，現在毛主席開始稱他們為「四人幫」。毛澤東煽起派系鬥爭，讓一派去打另一派，以確保沒有人會坐大到能夠挑戰他。[11]

但是毛澤東也不是沒有改變過心意。在鄧小平的強硬作風下，其中一個遭難的是毛主席的侄子毛遠新——他當時還很年輕，氣勢凌人，在遼寧省革委會擔任黨委書記。毛遠新對於鄧小平插手鞍山鋼鐵一事很不以為然，在一九七五年九月成為毛澤東的個人聯絡官之後，他就不時向伯父進讒言。他對毛主席說，反文革的新風氣已經興起：「我一直注意著小平同志的講話，看到一個問題，他很少提起偉大的文化大革命的功績，或是批評劉少奇的反動路線。」他宣稱鄧小平副總理造成的危害其實比周總理更深。他暗示黨內正有一個新的資產階級正在出現，鄧小平就是他們的代言人。[12]

毛澤東有點驚慌失措，但還是覺得可以留下鄧小平。毛澤東現在罹患了沒有被診斷出來的葛雷克氏症，他的心智仍然健全，不過控制肌肉——包括喉嚨、聲帶、舌頭、橫隔膜和肋骨肌肉等——的神經細胞都慢慢退化了。他現在必須要別人的幫助才能夠站起來，也要戴著氧氣罩才能呼吸。還要用鼻胃管餵食雞湯等流質食物。他已經口齒不清，只能夠透過唯一聽得懂他說話的張玉鳳和外界溝通（張玉鳳就是二十年前被他勾引的列車服務員）。

毛澤東知道大限將至，所以力圖穩守自己身後的影響力，尤其是關於文革的一切。他自己認為這場革命的成功和失敗是七三開，不過他希望可以作出一個正式的決議案，免得這一切在他死後都被推翻。毛澤東決定測試鄧小平是否忠心，於是要他主持一場黨內元老聚會，決定對於文革的最終論斷。但是，在十一月二十日的會議上，鄧小平表示不願意接受這個任務，甚至連毛澤東要他監督決議的草案作成，他也拒絕了。這等於是公然對抗毛主席。

就在同一天，清華大學貼出幾百份大字報，都在指責膽敢「否定文革」、「在教育上攻擊無產階級」的人。打壓鄧小平的運動持續了一年，而此時堪稱是高潮。被四人幫牢牢掌控的上海，報紙標題和擴音器廣播每天都在說：「打倒右傾翻案歪風！」激進派指控有些人試圖「否定文革」，這句話成了當時的口號。人們再一次「低頭踮步走路，害怕誤入雷池，務必表現得畢恭畢敬。」矛盾日深，北京也召開了無數次政治局會議，目的就是為了批評鄧小平。鄧小平並沒有出面說什麼，只是在十二月作出了有限的自我批評，另外一次則是在一九七六年一月，不過毛主席還是認為不夠。[13]

＊＊＊

周恩來在一九七六年一月八日逝世，他身染三種癌症，身形消瘦，但是外表並沒有太大的改變。毛澤東沒有把王洪文升為總理，或者委任鄧小平身邊的親信老幹部，反而選了一個不屬於這兩個陣營中的人，這個人就是華國鋒。華國鋒身材修長、斯文而清瘦，幾年前曾經在韶山建了一個巨大的毛主席紀念堂。

毛主席也用盡一切努力防止周恩來的鋒頭蓋過他，即使在周死後也是如此。這位總理的死訊只用一則簡短的電台廣播宣布，也沒有讓公眾瞻仰他的遺體。江青（及其黨羽）試圖禁止人民配戴黑臂章或是白菊花，還宣布除了官方的儀式之外不用其他任何紀念活動。人們在排隊領糧食或是等公車時，都表達出不滿和憤怒的情緒，有幾個勇敢的人還出面——大聲而憤恨地——投訴這種禁令。[14]

雖然四人幫使盡全力，但是大眾的情緒還是找到了宣洩的出口。周恩來早已成了溫和派的象徵，許多人認為，在中國共產黨的領導階層之中，唯有他試圖減輕文革帶來的災難，代表了一線曙光。雖然送葬隊伍的路線並沒有公開，還是有數以萬計的人上街，頂著寒風送總理最後一程。當靈車經過時，許多人早已淚水盈眶。一名北京大學的外國學生也因為大家對於總理逝世的反應而動容：「這種萬眾同心的悲哀，我從來沒有見過，似乎所有人都在哭泣，不分男女老幼。有些人更是失了常性。公車司機、清道夫和店鋪店員在幹活時，眼睛都是紅紅腫腫的。」鄧小平發了一篇悼詞，這成了他一年來唯一的一次公開露面。他在幾天之後就被革除了所有職務。[15]

大眾開始厭倦江青（及其黨羽）得勢，尤其是得勢後還升高對鄧小平的攻勢。毛澤東老邁又有病，無力阻止江青。周恩來已死，鄧小平再次遭到整肅，人們開始不安起來，對未來感到擔驚受怕。

在清明節的前幾天，人們造反了。清明節是掃墓的日子，是傳統中憑弔先人的日子，家人們會聚在一起，為祖先的墓地拔除雜草、清掃乾淨、為死者獻花。清明節是四月四日，但是在幾個星期之前，人們就已經開始為周恩來獻上花圈。南京的革命先烈祠更是出現了一副紀念周恩來的輓聯，被拆除後，隔天反而又有學生放上了另一幅標語，大膽地宣告他們願意「誓死追隨周恩來！」。

但是真正惹怒一般民眾的，是一則上海在三月二十五日發表的社論，社論指控周恩來是「黨內走資派」，意圖讓鄧小平等「至今不肯悔改的走資派」重奪權力。抗議該篇文章的信件、電報和電話對報館進行了疲勞轟炸。在南京，學生們不理會地方當局的禁令，手持總理遺照到革命先烈祠遊行。很快的，整個城市都貼滿了攻擊四人幫的大字報，有人高喊「打倒江青！」也有人要求張春橋下台。示威者還把口號貼在火車和長途公車上，用這個方法把訊息傳遍全國。無錫（南京東邊約兩百公里外的工業城市）的廣場上擠得人山人海，大家都揮舞著總理的肖像，並大聲播放鄧小平為周撰寫的悼詞。[16]

從南京開往北京的火車在天津被攔截下來，重新被漆上綠色。即使在北京，也有民眾前往天安門廣場向人民英雄紀念碑獻上花圈。雖然公安部門把這些花圈都沒收了，但是悼念的人還是帶著詩、花和花圈湧向廣場，有些人用鐵鍊把這些致敬的貢品綁在碑旁的白色大理石圍欄上，免得被公安拆掉。也有人志願留守在那裡站哨。到了三月三十一日，開始出現「江青老巫婆」的詩句。兩天後，有大約四千名警察和民工被派到現場，市黨委也禁止政府單位致送花圈，但是此舉只是激發更多人參與抗爭，詩詞和花變成拿來對付四人幫的武器。[17]

星期日就是清明節了。數十萬人湧往廣場，在旗竿上貼起海報，又在碑前放滿花圈。有些人還拿了一捆捆顏色鮮豔的氣球來放，下面綁著獻給周恩來的橫額，希望毛主席可以從中南海的官邸裡看到。一個年輕人故意穿著傳統喪服，站在台上帶領數千人慢慢吟唱輓詩。在那個雨絲紛紛的日子裡，他拿著傳統的油紙傘，用古老的裝扮提醒群眾：在一九一九年五月四日，學生們也是這樣抗議當時的統治者——一樣是在天安門廣場上。其他人比較直接，拿起擴音器攻擊「新慈禧」。有個學生高舉一面白緞，上面用血書寫了為總理辯護的誓詞。但是整體而言，氣氛是肅穆的，不同階層的人——不論是身穿昂貴羊毛大衣的高官或是身著破爛棉衣的普通農民——一起無聲地反抗著他們的最高領導的意志。[18]

同日召開的政治局會議指責這件事是反革命。毛遠新將這個決議告訴伯父，毛澤東也同意了。在四月五日清晨，警察開始清理廣場，調來兩百輛貨車把所有花圈載走，並且用消防水管噴水，清掉所有漆在牆上的口號。不出幾個小時，便有憤怒的示威者與警方發生衝突。兩邊都召來人手增援。當日稍晚，便有車輛被縱火，一個指揮所遭到劫掠。

到了晚上，多達一萬名警察和五支公安隊嚴陣以待。從下午六點半開始，擴音器就一直播出警告訊息，指責這件事是「反動陰謀」，要求群眾散去。幾個小時之後，帶著警棍和鐵棒等配備的民兵移動到廣場附近的重要位置。到了晚間九點半，忽然有人打開探照燈。廣場被封鎖，被困在裡面的兩百多個人遭到毆打，並被強行拖離之後遭到拘捕。江青從人民大會堂用望遠鏡看到了整起事件。當晚稍後，她出席了慶祝晚宴，席上端出花生和燒肉。他們以米酒乾杯，江青宣布「我們勝利了」。就在午夜之前，一百名公安排成一列走過廣場，用水清洗掉上面的血跡。[19]

這時候，毛澤東的身體雖然走下坡，不過神志依然清醒，他深信鄧小平是幕後黑手。雖然鄧小平被革除了所有職務，但還是保留了黨籍。隨後，全國展開了肅清運動，數千人因為反革命的罪名而遭到逮捕。還有更多人被帶去問話。在河北的省會石家莊，每個被紀錄下曾經到過北京的人，都要接受調查。北京全市學校、工廠和辦公室的人，都要回答他們有沒有參與過天安門事件。超過十萬人被要求配戴指責鄧小平的紅臂章在北京街道上遊行。一個參與過的人說：「我們遊行時，其實心裡是抗拒的。」[20]

全國人民都被要求批評這位前任副總理，不過他們都用行動表示反抗，在大會上閒聊、讀書、編織、甚至打瞌睡。那些被迫在公眾大會上站起來發言的人，都只是朗讀他們事先準備好的講詞，聲音平板、不帶感情。沒有人真心這麼想，所以運動的火苗也很快就滅了。人民都在等待一切趕快結束。在成都，常有群眾因為聽說毛澤東快要死了而聚集在街上。[21]

第二十四章　其後

中國的天朝傳統相信天災往往預告著朝代的更替。在一九七六年七月二十八日清晨，北京東面一百五十公里外渤海邊的煤礦城鎮唐山發生了大地震。死傷不計其數。最少有五十萬人喪命，甚至有一些估計認為死亡人數高達七十萬人。[1]

其實，在一九七四年的夏天就有地震學家預測過，這個區域有可能在兩年內發生極大的地震，但是因為文革的緣故，他們極度缺乏現代儀器和受過訓練的人員。[2]

因此，地震發生前幾乎毫無防備。唐山城本來就蓋得馬馬虎虎，礦坑口的結構、起重機塔和輸送帶都只是搭在像是快要倒塌的一層樓高的房子上，地面下就是大範圍的地道和深井。在那個可怕的瞬間，地層被扯開了一條長達一百五十公里的裂縫，造成的損害比投在廣島或是長崎的原子彈還要大。柏油路斷成兩截，鐵路扭曲變形，大地以閃電般的速度錯動，其速度之快，甚至於在裂縫兩側的樹木都燒焦了。一些房屋向內坍塌，另一些則被大地吞沒。整座城市原本有一千一百萬平方公尺的居住空間，其中大約有百分之九十五都倒塌了。

地震大致平靜下來之後，茫然的生還者餘悸猶存之際，天上又降下一場冷雨，濃霧和倒塌建築物所揚起的灰塵籠罩了整座城市。在地震發生後的一個小時內，除了倒塌房屋的瓦礫堆中竄出點點火星之外，整個唐山陷入一片黑暗之中。有些生還者接著被燒死了，但更多的是窒息而死。一名災民當時只有十二歲，他記得：「我當時呼吸到的都是死人的灰燼。」[3]

四周都是死亡。「有些人試著從窗戶逃出外面不成，屍體最後都掛在窗邊。一個老婦臥在街上，頭被飛來的瓦礫砸個稀巴爛。在火車站裡，一根水泥柱把一個年輕姑娘刺穿，把她插在牆上。在巴士廠裡，有個廚子被一整鍋熱水燙死。」[4]

地震來襲的時間壞得不能再壞。毛主席陷於彌留之際，中南海到處都是醫生和護士，北京陷入了癱瘓。地震發生時，毛澤東在病床上也感受得到，也一定明白發生了什麼事。北京的很多建築物都劇烈搖晃，一些盆子、花瓶翻倒了，掛在牆上的畫也在晃，玻璃窗都裂了。很多人不敢回家，只敢睡在路邊臨時鋪的一些塑膠布上，等待餘震結束。在這種時候，有些臨近的公社還用擴音器大聲廣播著「批判鄧小平，將文革進行到底」，而不是用來播送消息。當局不察民情疾苦，終於激起了廣大的民憤。[5]

因為缺乏計畫、通訊不便，又要事事先問過北京的領導，所以軍方部門的行動在震後頭幾個星期裡缺乏效率。救援也要講求謀略，唐山是礦業重鎮，萬不可失，但是附近村莊的農民就只能自生自滅了。華國鋒想藉此機會宣示領導權力，並展示國家的自信，所以斷然拒絕了一切外國提出的救助，包括搜索隊、直升機、救援儀器、毛毯和食物等。沒有專業知識和足夠裝備的年輕軍人只好靠人力去救出埋在廢墟底下的一萬六千人，當中有一部分還是災民先前自己營救的。人民解放軍也在城外劃設亂葬崗，數以萬計的屍體被撒點漂白粉之後，就草草埋葬了。政府並沒有訂下某一天讓全國哀悼。大概也不怎麼承認有人死掉。[6]

＊＊＊

一九七六年九月九日凌晨剛過幾分鐘，北京市有一台心電圖的訊號變成了一條直線。那天正是中秋月圓後的第二天，按照傳統，家家戶戶都在中秋節聚在一起祈求平安。

一九七二年來到北京大學的外國學生黃明珍，那天踏著腳踏車上學時聽到廣播裡播放著熟悉的國葬曲。中央廣播電台以往雄渾的聲線，今天卻充滿哀傷，悽聲宣告毛主席辭世的消息：「我們懷著深切的悲傷宣布，我們尊敬愛護的偉大領袖毛澤東，在午夜零時十分逝世。」其他也騎著單車的人看起來都很驚訝，卻不怎麼傷心。在課堂上，她的同學眼眶都不曾紅過，只是忙著摺紙白菊、弄黑臂章和紙花圈。「沒有人歎息，也沒有淚水，大家只覺得鬆了一口氣。」這個場面和九個月前周總理去世時眾人難禁悽愴的情景截然不同。[7]

在學校、工廠和辦公室裡，人人都聚集起來聽官方的宣布。雖然有人覺得放下了心頭的一塊大石，但是也只能把感情隱藏起來。張戎正是其中的一個例子，她聽到消息時，心中盡是狂喜，一時間還反應不過來。但是她周圍的人都哭了。所以她也只能表現出正確的情緒，不能顯得與眾不同。她一頭埋進前面一個女子的肩膀，那個女子那時在啜泣落淚。[8]

假裝悲傷的不是只有張戎一個人。在中國傳統上，表現孝道的方式就是要當眾為亡者哭泣，甚至還要在棺木前哭倒在地，如果沒有淚水的話，家族是會蒙羞的。有名望的人有時還會僱用孝女白琴在喪禮上高聲嚎哭，好讓其他守喪者放下矜持、盡情大哭。這時候的人們已然經歷過多場批鬥大會，對於表現無產階級的憤怒已是身經百戰，眼淚自然是說來就來。

人們在私底下就較少流露悲傷了。在雲南省的省會昆明，酒一個晚上就賣完了。一位年輕女子記得她的父親當晚把最要好的朋友請到家裡，鎖起門來，開了他們唯一的一瓶酒。第二天，他們照樣去參加公共追思會，和其他人一起哭得死去活來。「我當時只是個小女孩，不明白大人在做什麼，每個人在大家面前都好像很傷心，但是我爸昨晚明明那麼高興。」[9]

不過，還是有人真心覺得悲痛，尤其是在文革中受惠的人。而且當時也不乏真心相信毛主義的人，尤其是年輕人。當時二十二歲、一心想要入黨為社會主義作出貢獻的艾曉明，就傷心得幾乎哭到要昏厥。[10]

不過，在農村就沒有什麼人哭了。安徽的一位貧窮的農夫記得：「當時沒有一個人哭。」[11]不管有沒有流淚，在九月十八日天安門廣場舉行國葬時，大部分人都已經收拾好心情了。領導階層（除了被軟禁的鄧小平之外）全都出席。羅瑞卿——他是第一批在文革中遭到批鬥的領導階層之一——更是坐在輪椅上堅持要去奔喪，他仍然崇敬這個曾經迫害過他的人，願意為他哭泣。華國鋒利用這個機會，呼籲民眾繼續批判鄧小平。在下午三點整的時候，他宣布全體保持肅靜三分鐘。頓時，全國上下一片鴉雀無聲，火車站停擺，公車停靠在路旁，工人停下手上的工具，腳踏車上的人下車，行人也止步。然後王洪文高喊：「一鞠躬！再鞠躬！三鞠躬！」廣場上的一百萬人便面對台上的毛澤東肖像行鞠躬禮。[12]

這是領導階層在大風暴之前最後一次公開展示團結。毛主席的遺體被打了防腐劑，保存在北京市的一個地下冷凍室裡，但是在此同時，不同派系已經在蠢蠢欲動、覬覦權位了。四人幫掌控了宣傳機器，展開反走資派運動。不過他們在黨內的權力不大，在軍中更是毫無影響力。他們唯一的靠山已經死了，民意也不站在他們這邊。除了江青之外，他們的權力基地都在上海，離舞弄權力的核心——北京——相當遠。

最重要的是，他們低估了華國鋒。就在毛澤東死後短短兩天，華總理便悄悄接洽現在掌管國防部的葉劍英。他也聯絡了汪東興——毛澤東生前的保鑣，現在負責領導軍隊，保障領導人的安全。在十月六日——毛澤東死後不到一個月——政治局便召開會議，商討《毛澤東選集》第五輯。當四人幫踏進會議廳之際，就一個接一個遭到拘捕。江青事前感到苗頭不對，沒有前往，但是她還是在自己的住處被抓了。

官方在十月十四日宣布了四人幫被捕的訊息，城裡徹夜燃放煙火爆竹，商店裡的酒全賣光了，其他貨品也被一掃而空，普通罐頭也不放過，人們迫不及待地慶祝四人幫倒台。有一位居民事後回憶：「我看到到處的人走路時都是笑的，而且全都宿醉未醒。」[13]

連官方也在慶祝，「跟文革時的集會完全一樣。」在北京，有數以十萬計的人結隊揮舞著長布條，大聲批判「反黨四人幫」。十月二十四日，天安門舉行了一場群眾集會，會上的領袖都是政變後第一次公開露面，此時已坐上黨主席之位的華國鋒在指揮台上走來走去接受群眾歡呼時，他會輕輕地拍拍手、或是和藹地微笑，和毛澤東生前如出一轍。[14]

上海外灘沿岸的建築物上，貼滿了幾層樓高的海報，街上擠滿慶祝四人幫倒台的人。鄭念被迫帶著「江青去死」的標語參加遊行，她感到極度厭惡，但是許多示威者都非常高興地帶著布條、敲鑼打鼓遊行。[15]

政治運動從未停止。「我們現在不打鄧小平了，改鬥四人幫。」江青和她的三名狂熱黨羽成了代罪羔羊，扛起過去十年來所有災禍的責任。有些人不太能把毛澤東和他的夫人分開來看，但是這個策略還是有好處。一個以前信奉毛主義的人說：「這樣比較舒服，要放棄自己的信念和幻想畢竟並不容易。」[16]

＊＊＊

鄧小平在一九七七年夏天重新掌權，這點令華國鋒大失所望。在天安門廣場上，毛主席的肖像旁現在掛著華主席的肖像。他把頭髮梳得跟這位偉大的舵手一樣，無論是拍照的姿勢、引經據典的習慣，也都沿襲已逝領袖的風格。不過，雖然宣傳機器印發大量的海報，呼籲民眾要「緊緊追隨我們傑出的領袖」，但是這位新任黨主席卻欠缺實權，也沒有足夠的威望可鞏固權力。他對於毛澤東個人崇拜的拙劣模仿，讓很多黨內元老心生不滿。他不願意放棄文革路線，這一點也不符合民眾求變的心。卻有很多在文革時吃過苦頭的老黨員支持鄧小平，他輕而易舉就得到比華國鋒更多的擁戴。

一般人民也都視鄧小平為救星。許多人在文革時蒙受了各種不白之冤，他們都冀望於這位曾歷經三次整肅還沒倒下的人。上百萬的下鄉學生（他們大部分本來都是紅衛兵）現在接連回到城裡，也擔心自己的前途。除了他們之外，還有數以萬計因為文革而陷入冤獄、現在從勞改營裡放出來的囚犯。各種不同的人——從控訴地方領導姦淫擄掠的窮困村民到位高權重的政治鬥爭受害者——現在都要求政府為他們平反。上訪者在國務院外紮營，北京頓時出現了小貧民窟。[17]

在天安門廣場西邊一公里處，西單一個老公車站附近的一面長形磚牆，現在變成了民眾不滿現狀的發洩場所。在一九七八年十月——一場黨內重要集會的幾個月之前，有人在牆上貼了一些手寫海報，吸引了許多不畏寒風的人圍觀。一些抗議者細訴自己的苦楚，要求實現公義。還有一些人大聲疾呼，要求讓鄧小平以及其他曾經在大躍進時對抗毛澤東，因而受到肅清的高級官員（例如彭德懷）

復權。甚至有傳言說：人民的背後是鄧副總理在主導，是他向外國記者說：「西單的民主牆是件好事！」鄧小平自己的口號「實事求是」似乎也令人期待。還有民眾要求普及化的選舉，北京動物園一位叫作魏京生的電工，更在周恩來的四個現代化上，要求加上「第五個現代化：民主」。[18]

鄧小平利用民主牆，在兩個月後——一九七八年十二月——舉行的第十一屆三中全會上，鞏固了自己的勢力。華國鋒還是保留了許多頭銜，不過黨的實際控制權卻落到了鄧小平手上。鄧小平在一九七九年二月親自訪美，還在德州的馬場上戴著牛仔帽，讓美國民眾沸騰起來。他坐在馬車上繞了比賽場一圈，向人群揮手，而且在訪問期間吸引了不少商界領袖和政治家。

鄧小平回國後，發現民眾鼓躁的情緒日增。民主牆已經成為異議的溫床，一名曾被黨委書記強暴的工人，在周恩來的忌日帶領了一群示威者，選擇在天安門廣場進行有組織的抗議遊行，最後遭到逮捕。不過他們膽敢公然對抗共產黨的行為，引發了不少人仿效。魏京生便寫了一張「要民主還是要新的獨裁」的大字報，裡面將鄧小平評為「法西斯獨裁者」。

民主並不存在，魏京生和其他數十名異議人士遭到拘禁，還有的人刑期長達二十年。一個不再心存冀望的觀察者說：「這些舊人只是用舊的方法在管理國家。」一年後，曾是文革第一波批鬥對象的北京市長彭真，提議將憲法的四項基本權利（這是在毛澤東死後寫入憲法的）再次撤回。公民「自由發聲、自由表達意見、大鳴大放和寫大字報」的權利，被認為是造成文革之亂的禍根。罷工權在一年之後也廢除了。[19]

不過，每個獨裁者都還是必須和前任劃清界線，鄧小平也一直試圖和文革保持距離。從一九六六年以來，大約一半的人口都加入了共產黨，大多數的前紅衛兵們也在文革中因為不同的原因而有了污點，萬一必須將犯事的人都徹底查出來伏法，勢必會釀成巨大的肅清行動。所以，平反的案例很多，但是受到控訴的人很少。劉少奇和他的追隨者也在一九八〇年二月正式獲得平反。

在政治上，最方便抓出來追究責任但是又不會拖累到共產黨或是創黨之父的作法，就是公審四人幫。江青、張春橋、王洪文和姚文元於是在一九八〇年十一月走進天安門廣場旁正義路上的法院，被控策劃這十年的陰謀詭計。江青表現得非常不服，向指控她的人口出惡言。她甚至曾經說：「我是主席的一條狗，主席要我咬誰就咬誰。」這齣公堂戲是由彭真率領的特別小組在幕後指揮的。江青和張春橋被判死刑，再改為終生監禁。十年後——一九九一年——江青在囚室裡用襪子和手帕捆成的繩索上吊自盡。隔年，王洪文也死在獄中。不過姚文元和張春橋在服刑二十年後獲釋，餘生在嚴密的警察監視下度過。

其他文革小組的重要成員也都被判刑，包括陳伯達。他本來就在一九七〇年被毛主席判刑入獄，直到一九八八年才獲釋。

因為沒有獨立的司法制度，一向都是黨的各級官員在決定誰該受罰，誰又可以倖免。「一些造反派是罪有應得的。一些人受到嚴懲，另一些則從輕發落。」[20]

共產黨在一九八一年七月歡度六十週年黨慶，同時也頒布了關於黨史的正式決議——《關於建國以來黨的若干歷史問題的決議》。這份文件中幾乎沒有提到大躍進造成的饑荒，文革的責任也都被推給林彪和四人幫，而大致放過了毛澤東。毛澤東曾說自己對於文革的功過是七分成功三分失敗，鄧小平就用這個說法來評量毛澤東在黨史上的地位。毛澤東也是這麼評價史達林的——七分成功三分失敗。

訂出決議案，是想要平息公眾對於黨的過往歷史的爭議。如果想要針對大躍進和文革之類的重要議題進行學術研究，政府一律會大力阻撓，只要是與官方版本不符的解讀，就會被以懷疑猜忌的眼光看待。[21]

但是這份文件還有其他目的，它與當時的政治局勢密切相關，而非真正取決於歷史事實。鄧小平用這份決議案來批評華國鋒，建立自己身為最高統帥的威望。華主席的統治被拿來和文革合為一談，而一九七八年十二月的三中全會則被讚揚為「歷史的偉大轉捩點」，在鄧小平的帶領之下，共產黨終於在此時走上「社會主義現代化的正確道路」。

這條道路所包含的計畫是以周恩來的四個現代化為基礎，它最明顯的特色就是推動經濟改革時顯得十分勉強。直到一九七六年，國內大部分地方還陷在三十年來經濟管理不善和多年的政治亂局中。但是領導階層的改變卻姍姍來遲。三中全會算不上真的是「歷史的偉大轉捩點」，因為它試圖將計畫經濟回復到文革前的樣子。鄧小平和其追隨者看的是過去，而不是未來。在農業政策方面，他們恢復了多項一九六二年的措施，保護農村不再陷入大躍進時的極端公社化。現在重新獲准保留小範圍的自留地，但是嚴禁分地，一九七九年四月甚至還要求退出公社的農民重新加入公社。不過同時還是有些讓步：在毛澤東死後三年，黨終於將國家徵糧的價格提高了百分之二十。農業機具、肥料和殺蟲劑的價格也降低了百分之十至十五。[22]

真正的改變來自下層。在持續了至少十年以上的寧靜革命中，幹部和農民都開始重拾舊習，幫助自己脫離貧窮。有些鄉村會私下將土地出租，成立黑市和經營地下工廠。這些自由的作法大多是偷偷進行的，所以很難評估它們的規模，但是可以知道的是，在毛澤東死後，這些作法更加活躍了。直到一九七九年，許多安徽省的縣級領導只好同意各家可以自己耕種土地。如同一位地方領導所說的：「承包制就如一股浪，擋也擋不來，自己就超過了我們設立的限制，打也打不下，轉也轉不來。」四川的情況也是一樣的，地方領導很難制止人民分地。趙紫陽在一九七五年到四川接手省黨委書記，當時他也決定順應這股潮流。[23]

到了一九八〇年，地方幹部們已經做出上萬條決策，安徽生產大隊的百分之四十、貴州大隊的百分之五十和甘肅大隊的百分之六十都已經改行承包制，鄧小平既無意願也沒有能力與這股趨勢逆向而行。就如同周曉所說的：「政府取消限制，不過是承認了事實，不受組織管制的農民多得讓這些限制變得多餘。」[24]

在一九八二跨一九八三年的冬天，人民公社正式取消了，代表了一個時代的終結。農村中——從文革晚期開始——在檯面下盛行的做法，現在變得益發流行了，農民們又回到自家耕種，種植可以拿到市場上賣錢的作物，成立自家商店，或是選擇跑到城市裡的工廠打工。農村的去公社化反而釋放出更多的農村生產力，讓農村企業出現小陽春。全國出現了兩位數的經濟成長，其中農村工業的貢獻不少，抵消了國有企業表現不彰的情況。在這場大轉型裡，農民占有核心位置。快速的經濟成長並不是先由城市開始，然後再擴及到農村的（trickle-down effect），反而是由農村起頭後，再進入城市。改造經濟的私人企業家是千千萬萬的普通農民，他們其實比國家做得更好。要是問起經濟改革的偉大建築師是誰，其實必須說是人民。[25]

鄧小平用經濟成長鞏固了共產黨，維繫了黨的高壓統治。但這是有代價的。除了大多數的農民會要求更多的經濟機會之外，他們也逃出了毛主義數十年來的意識形態桎梏。文化大革命實質摧毀了馬列主義以及毛澤東思想的一切殘餘。無止盡的思想改造運動造就了愈來愈多的對抗，甚至於在黨員之間也是如此。黨的核心意識形態已經不復存在，合法性也危在旦夕。領導階層害怕自己的人民，不斷打壓他們的政治訴求。在一九八九年六月，鄧小平親自命令軍隊鎮壓北京的民主示威運動，坦克車開進天安門廣場。這場屠城展現了國家的野蠻力量，表現出國家的旨意不可違逆，它想要傳達的訊息只有一個——即使在今天也無所不在：一黨專政不可違抗。

後記

我要特別感謝香港研究資助局 A-HKU701/12 項目以及法國國家研究部的聯合贊助，讓我能夠完成這本書。這個聯合贊助是設計來鼓勵香港大學文革研究中心以及法國中心研究當代中國的專家們合作。同時我也要感謝 Jean-Philippe Béja、Michel Bonnin、Sebastian Veg 和 Wang Aihe。此外，Nelson Chiu、Carol Nga Yee Lau 和 Zardas Lee 三位研究助理協助篩選已出版資料，並校訂了最終文稿的註腳，提供了很大的幫助。還有些人閱讀了草稿並提供了寶貴的意見，特別是 Gail Burrowes、Christopher Hutton、Françoise Koolen、Robert Peckham、Priscilla Roberts、Patricia Thornton、Andrew Walder 和 Lynn White。我要特別感謝香港中文大學中國研究服務中心的熊景明，她讓我注意到普通中國老百姓的記憶材料非常重要。還有許多人慷慨地與我分享故事、建議以及資料，包括 Tony Blishen、Elizabath Blishen、Thomas DuBois、Nancy Hearst、Karl Gerth、Guo Jian、Guo Zijian、Roderick MacFarquhar（馬若德）、Lynn Pan、Jennifer Ruth、Eve Song、Helen Sun、Matthew Wills、Jennifer Zhu Scott、Zhou Zehou、李小琳、凌耿、宋永毅、姚蜀平、徐澤榮、王友琴、吳一慶、常成和朱嘉明。我和其他文革研究者一樣，必須特別感謝馬若德，若沒有他先前對於文革時代菁英政治的研究——他與 Michael Schoenhals（沈邁克）合著的 *Mao's Last Revolution* ——這本書將不可能完成。

我也獲得了中國大陸一些朋友和同行的協助，但我覺得還是不宜在這裡將他們的姓名寫出來，雖然這樣似乎太過小心了，但是，以中華人民共和國最近幾年的演變看起來，我寧可失之於謹慎。從書末的參考文獻可以看出，關於毛時代最好也最勇敢的研究通常都是來自中國內部的作者——即使這些作品必須在國外出版。

我還要感謝一群人，他們耗費了巨大的時間與精力，為文化大革命數位資料庫收集材料，並維持它的運作。宋永毅和他的團隊花了很多心血整理排列這個文化大革命資料庫裡的材料。吳一慶的網站「difangwenge.org」現在也是最有價值的文革研究圖書館之一。

我還要特別感謝那些與我分享文革記憶的人們，他們來自各種行業與不同的生活背景，包括那些被專注於紅衛兵的敘述所忽略的社會邊緣人（黑五類），雖然我無法在書中放進所有的訪談，但他們的故事全都在腦海裡引導著我的寫作。

最後，我也要感謝我的出版商——倫敦的Michael Fishwick和紐約的George Gibson——以及負責這本書的編輯Peter James，還有Anna Simpson、Marigold Atkey、Laura Brook和Bloomsbury出版公司的整個團隊。還要向我的經紀人——紐約的Andrew Wylie和倫敦的Sarah Chalfant、James Pullen——表示感謝。最後要感謝我的太太Gail Burrowes：我愛妳。

二〇一五年十二月於香港

6. Palmer, *The Death of Mao*, pp. 167-171.
7. Wong, *Red China Blues*, pp. 173-174.
8. Chang, *Wild Swans*, p. 651.
9. Jean Hong, interview; Rowena Xiaoqing He, *Wall Street Journal*, 29 Dec. 2011.
10. 張鐵志訪談艾曉明，2010年12月22日，廣州。
11. 董國強訪談吳國平，2013年12月1日，安徽省樅陽縣。
12. Shan, 'Becoming Loyal', p. 346; Wong, *Red China Blues*, p. 175; Tan, *The Chinese Factor*, p. 245.
13. Wong, *Red China Blues*, p. 177.
14. PRO, 'Confidential Wire', 25 Oct. 1976, FO 21-1493.
15. Cheng, *Life and Death in Shanghai*, pp. 482-3; Garside, *Coming Alive*, p. 164.
16. Wong, *Red China Blues*, p. 181; Tan, *The Chinese Factor*, p. 251.
17. Wong, *Red China Blues*, pp. 188-189.
18. George Black and Robin Munro, *Black Hands of Beijing: Lives of Defiance in China's Democracy Movement*, London: Wiley, 1993.
19. Tan, *The Chinese Factor*, p. 257; Potter, *From Leninist Discipline to Socialist Legalism*, p. 133.
20. Chang, *Wild Swans*, p. 656.
21. MacFarquhar and Schoenhals, *Mao's Last Revolution*, p. 457.
22. Dali Yang, *Calamity and Reform in China: State, Rural Society, and Institutional Change since the Great Leap Famine*, Stanford: Stanford University Press, 1996, pp. 147-149.
23. Yang, *Calamity and Reform in China*, p. 157.
24. White, *Unstately Power*, p. 96; Zhou, *How the Farmers Changed China*, p. 8.
25. Zhou, *How the Farmers Changed China*, pp. 231-234.

8. Li, *The Private Life of Chairman Mao*, p. 586; Terrill, *Madame Mao*, p. 279.
9. 浙江省檔案館，1975年5月13日，J002-998-197509-2，頁1-6；Forster, *Rebellion and Factionalism in a Chinese Province*.
10. MacFarquhar and Schoenhals, *Mao's Last Revolution*, pp. 384-388; Dru Gladney, *Muslim Chinese: Ethnic Nationalism in the People's Republic*, Cambridge, MA: Harvard University Press, 1996, pp. 137-140.
11. MacFarquhar and Schoenhals, *Mao's Last Revolution*, pp. 393-397.
12. Li, *The Private Life of Chairman Mao*, p. 600; MacFarquhar and Schoenhals, *Mao's Last Revolution*, pp. 404-405.
13. Cheng, *Life and Death in Shanghai*, p. 459; MacFarquhar and Schoenhals, *Mao's Last Revolution*, pp. 409-411.
14. Cheng, *Life and Death in Shanghai*, p. 466; Tan, *The Chinese Factor*, p. 221.
15. MacFarquhar and Schoenhals, *Mao's Last Revolution*, p. 415; Wong, *Red China Blues*, p. 165.
16. Yan and Gao, *Turbulent Decade*, pp. 489-490.
17. Yan and Gao, *Turbulent Decade*, pp. 489-490.
18. Roger Garside, *Coming Alive: China after Mao*, London: Deutsch, 1981, pp. 115-128.
19. Li, *The Private Life of Chairman Mao*, p. 612; Yan and Gao, *Turbulent Decade*, pp. 497-499.
20. Tan, *The Chinese Factor*, p. 228; MacFarquhar and Schoenhals, *Mao's Last Revolution*, pp. 431-432.
21. Chang, *Wild Swans*, p. 647.

第二十四章

1. James Palmer, *The Death of Mao: The Tangshan Earthquake and the Birth of the New China*, London: Faber and Faber, 2012, p. 236.
2. 山東省檔案館，「中國科學院報告」，1974年6月29日，A47-2-247，頁76-79。
3. Palmer, *The Death of Mao*, p. 131.
4. Palmer, *The Death of Mao*, p. 132.
5. Tan, *The Chinese Factor*, p. 241.

29. 河北省檔案館，「糧食部報告」，1968年1月23日，919-1-185，頁24-25；山東省檔案館，「公安局報告」，1973年11月 20日，A1-8-24，頁46；陝西省檔案館，1968年4月25日，194-1-1317，頁59。
30. Liu, *Fengyu rensheng lu*, pp. 40, 65.
31. Chang, *Wild Swans*, p. 576；關於文革期間的家庭，可參見Xiaowei Zang, *Children of the Cultural Revolution: Family Life and Political Behavior in Mao's China*, Boulder: Westview Press, 2000.
32. Orlando Figes, *The Whisperers: Private Life in Stalin's Russia*, New York: Picador, 2007, p. 140.
33. Chang, *Wild Swans*, p. 330.
34. 甘肅省檔案館，1975年7月，91-7-351。
35. 對於張紅兵的案例，Philippe Grangereau, 'Une mère sur la conscience', *Libération*, 28 April 2013, pp. 5-7中有大量的訪談和最大規模的研究。
36. Chang, *Wild Swans*, p. 574; Tan, *The Chinese Factor*, p. 157.
37. 濯非，《英租界名流在文革的故事》，香港：明報出版社有限公司，2005年，頁229。
38. Yang, *Spider Eaters*, pp. 197, 248-249.
39. Emily Honig, 'Socialist Sex: The Cultural Revolution Revisited', *Modern China*, 29, no. 2 (April 2003), pp. 143-175.

第二十三章

1. 高文謙，《周恩來傳》，頁252。
2. Guo, Song and Zhou, *The A to Z of the Chinese Cultural Revolution*, p. 61; Yan and Gao, *Turbulent Decade*, p. 430.
3. PRO, 'Shanghai Attacks Blind Worship of Foreign Things', 2 Oct. 1974, FCO 21-1224.
4. Dong Guoqiang and Andrew G. Walder, 'Nanjing's "Second Cultural Revolution" of 1974', *China Quarterly*, no. 212 (Dec. 2012), pp. 893-918.
5. MacFarquhar and Schoenhals, *Mao's Last Revolution*, p. 366.
6. 高文謙，《晚年周恩來》，頁259-263；PRO, R. F. Wye, 'Appearances at the National Day Reception', 4 Oct. 1974, FCO 21-1224.
7. 高文謙，《晚年周恩來》，頁264。

16. 甘肅省檔案館，1970年5月26日，129-6-48，頁100。
17. Gao, *Born Red*, p. 29.
18. 上海市檔案館，1974年5月6日，B123-8-1044，頁4-9。
19. 河北省檔案館，「貿易部報告」，1966年2月18日，999-4-761，頁116-124; 陝西省檔案館，1970年10月27日、11月20日，215-1-1844，頁50、53-59。
20. PRO, 'China News Summary', 25 Sept. 1974, FCO 21-1223.
21. PRO, 'Overt Intelligence Reports, January to April 1972', 1 June 1973, FCO 21-1089; PRO, 'Letter from Embassy', 10 May 1973, FCO 21-1089; 李江琳訪談，2014年9月7日。
22. 上海市檔案館，1970年1月12日，B246-2-554，頁1。
23. Richard C. Samuel, 'Play Games not War', 17 April 1972, FO 21-969; M. J. Richardson, 'Local Colour', 3 Oct. and 6 Dec. 1972, FO 21-969.
24. Aihe Wang, '*Wuming*: Art and Solidarity in a Peculiar Historical Context' in *Wuming (No Name) Painting Catalogue*, 2010, Hong Kong: Hong Kong University Press, 2010, pp. 5-7； 也可參見Aihe Wang, 'Wuming: An Underground Art Group during the Cultural Revolution', *Journal of Modern Chinese History*, 3, no. 2 (Dec. 2009), pp. 183–199；以及Julia F. Andrews, *Painters and Politics in the People's Republic of China, 1949-1979*, Berkeley: University of California Press, 1994，和Ellen Johnston Laing, *The Winking Owl: Art in the People's Republic of China*, Berkeley: University of California Press, 1988.
25. 河北省檔案館，1969年5月31日，919-1-290，頁54-55。
26. Joseph Tse-Hei Lee, 'Watchman Nee and the Little Flock Movement in Maoist China', *Church History*, 74, no. 1 (March 2005), pp. 68-96；也請參照Chen-yang Kao, 'The Cultural Revolution and the Emergence of Pentecostal-style Protestantism in China', 24, no. 2 (May 2009), *Journal of Contemporary Religion*, pp. 171-188.
27. 甘肅省檔案館，1974年5月26日，91-7-283，頁1-7。
28. Zhai, *Red Flower of China*, pp. 226-227；也請參見Barbara Mittler, '"Eight Stage Works for 800 Million People": The Great Proletarian Cultural Revolution in Music - A View from Revolutionary Opera', *Opera Quarterly*, 26, no. 2 (Spring 2010), pp. 377-401.

第二十二章

1. Dikötter, *The Tragedy of Liberation*, pp. 190, 199-203.
2. 「第二社會」的概念由Elemér Hankiss提出，我詮釋了一些他在'The "Second Society": Is There an Alternative Social Model Emerging in Contemporary Hungary?', *Social Research*, 55, nos 1-2 (Spring 1988), pp. 13-42提出的觀點。我自己較喜歡本文的未修訂版本，此版本可以在Wilson Center, Washington DC.的網頁中找到。
3. Wong, *Red China Blues*, p. 46.
4. 江蘇省檔案館，1972年4月17日、10月13日，4013-20-122，頁51、163-4、181。
5. 河北省檔案館，1973年，942-8-55，頁60-61。
6. 山東省檔案館，「教育局報告」，1975年10月9日，A29-4-47，頁61；江蘇省檔案館，1972年6月3日，4013-20-108，頁113-114。
7. 江蘇省檔案館，1975年1月25日，4013-20-106，頁1-3、38。
8. 山東省檔案館，「教育局報告」，1975年5月15日、6月3日，A29-4-47，頁75、87、99；上海市檔案館，「國務院報告」，1978年11月6日，B1-8-11，頁14-16；河北省檔案館，1968年12月11日，919-1-148。
9. Chang, *Wild Swans*, pp. 476-477.
10. Chang, *Wild Swans*, p. 552; Liang and Shapiro, *Son of the Revolution*, pp. 201-202.
11. 李江琳訪談，2014年9月7日；Chang *Wild Swans*, pp. 593-594.
12. 關於這些譯本，可參見Jian, Song and Zhou (eds), *The A to Z of the Chinese Cultural Revolution*, p. 107; Mark Gamsa, *The Chinese Translation of Russian Literature: Three Studies*, Leiden: Brill, 2008, p. 24; 楊健，《中國知青文學史》，北京：中國工人出版社，2002年，第4-6章。
13. Jian, Song and Zhou (eds), *The A to Z of the Chinese Cultural Revolution*, p. 303.
14. 例如可參見山東省檔案館，1975年5月30日，A1-8-59，頁3。
15. 《少女之心》（*The Heart of Maiden*）又叫作《曼娜回憶錄》（*Memoirs of Manna*）；可參見楊東曉，〈禁慾年代：文革查抄第一黃書《少女之心》〉，《人物畫報》，23期（2010年）。

14. 廣東省檔案館，1975年9月26日，253-2-183，頁95-99。
15. 河北省檔案館，「貿易部報告」，1972年12月13日，919-3-100，頁37；有關海外包裹的內容，可參見廣東省檔案館，1975年9月26日，253-2-183，頁95-99。
16. Chris Bramall, 'Origins of the Agricultural "Miracle": Some Evidence from Sichuan', *China Quaterly*, 143 (Sept. 1995), pp. 731-755.
17. 河北省檔案館，「輕工業部報告」，1972年12月13日，919-3-100，頁17-21。
18. 廣東省檔案館，1974年3月20日，294-A2.13-8，頁1-28。
19. 廣東省檔案館，1974年3月20日，294-A2.13-8，頁1-28。
20. Lynn White, *Unstately Power: Local Causes of China's Economic Reforms*, Armonk, NY: M. E. Sharpe, 1998, p. 94.
21. White, *Unstately Power*, pp. 112-115.
22. White, *Unstately Power*, pp. 120-121.
23. Thaxton, *Catastrophe and Contention in Rural China*中舉了一些足供參考的例子。
24. 陝西省檔案館，1973年8月20日，123-71-70，頁1-6。
25. 湖北省檔案館，1972年10月20日，SZ75-6-77，頁12；湖北省檔案館，1973年11月26日，SZ75-6-107， 頁58-59； 也 可 參 見Bonnin *The Lost Generation: The Rustification of China's Educated Youth (1968-1980)*.
26. PRO, `Letter from Embassy`, 23 May 1973, FCO 21-1089, p. 2；山東省檔案館，「公安部報告」，1974年8月30日，A47-2-247，頁103-106。
27. 山東省檔案館，「國務院報告」，1974年3月3日，A47-2-247，頁26-29。
28. 山東省檔案館，「公安部報告」，1973年11月20日，A1-8-24，頁45-46。
29. 這類指令也曾在下列幾年被重新提出；見河北省檔案館，「國務院指令」，1973年6月5日，919-3-100，頁14-15：山東省檔案館，「國家計畫委員會報告」，1974年7月25日，A47-2-247，頁85-87；山東省檔案館，1969年8月19日，A47-21-100，頁38-39。
30. Sun and Ling, *Engineering Communist China*, pp. 191-194.
31. O. Arne Westad, 'The Great Transformation' in Niall Ferguson, Charles S. Maier, Erez Manela and Daniel J. Sargent (eds), *The Shock of the Global: The 1970s in Perspective*, Cambridge, MA: Harvard University Press, 2010, p. 79.

頁94。

46. Fang, *Barefoot Doctors and Western Medicine in China*, pp. 205-212.

47. 山東省檔案館，「衛生局報告」，1972年3月31日、6月20日，A188-1-3，頁108、149-152。

第二十一章

1. 陝西省檔案館，1975年1月24日，123-71-209，頁1-7。
2. 陝西省檔案館，1975年1月6日，123-71-209，頁8-15。
3. 陝西省檔案館，1975年1月6日，123-71-209，頁34-48。
4. David Zweig, *Agrarian Radicalism in China, 1968-1981*, Cambridge, MA: Harvard University Press, 1989, pp. 61-62；在共產黨的語言中，這些措施稱為「農業六十條」。
5. Shu-min Huang, *The Spiral Road: Change in a Chinese Village through the Eyes of a Communist Party Leader*, Boulder, CO: Westview Press, 1989, pp. 109-110；另有Zhou, *How the Farmers Changed China*, p. 55也持類似見解。也可參見Ralph Thaxton, *Catastrophe and Contention in Rural China: Mao's Great Leap Famine and the Origins of Righteous Resistance in Da Fo Village*, Cambridge: Cambridge University Press, 2008, p. 278；以及Daniel Kelliher, *Peasant Power in China: The Era of Rural Reform, 1979–1989*, New Haven, CT: Yale University Press, 1992.
6. 湖南省檔案館，1976年7月7日，146-2-61，頁81-84。
7. Thaxton, *Catastrophe and Contention in Rural China*, pp. 278-284.
8. 用詞是「借田到戶」。見浙江省檔案館，1971年9月8日，J116-25-159，頁155；Lynn T. White, *Unstately Power: Local Causes of China's Economic Reforms*, Armonk, NY: M. E. Sharpe, 1998, pp. 120-121.
9. 廣東省檔案館，1975年11月1日，294-A2.14-6，頁52。
10. 廣東省檔案館，1973年12月20日，296-A2.1-51，頁44-53；廣東省檔案館，1974年3月20日，294-A2.13-8,，頁1-28。
11. 廣東省檔案館，1973年12月20日，296-A2.1-51，頁44-53。
12. 廣東省檔案館，1973年12月20日，296-A2.1-51，頁44-53
13. 山東省檔案館，「廣東省革委會報告」，1973年11月26日，A47-2-247，頁37-39；廣東省檔案館，1973年12月20日，296-A2.1-51，頁44-53。

案館，1973年1月16日、3月3日，A131-4-37，頁12、17。

30. 湖北省檔案館，1972年1月8、18日、3月28日，SZ75-6-77，頁47、56、73。
31. 湖北省檔案館，1974年3月15日，SZ75-6-194，頁5-7、20-21。
32. 上海市檔案館，1973年2月10日，B250-1-376，頁2-5；浙江省檔案館，1976年5月21日，J002-998-197606，頁2。
33. Wong, *Red China Blues*, p. 49.
34. Chad J. Mitcham, *China's Economic Relations with the West and Japan, 1949-79: Grain, Trade and Diplomacy*, New York: Routledge, 2005, p. 207.
35. Nicholas R. Lardy, *Agriculture in China's Modern Economic Development*, Cambridge: Cambridge University Press, 2008; Carl Riskin, *China's Political Economy: The Quest for Development since 1949*, Oxford: Oxford University Press, 1987;陝西省檔案館，「北京糧食會議報告」，1971年11月10日，123-71-35，頁11-12。
36. 甘肅省檔案館，1972年3月29日，129-4-356，頁20-21。
37. Lardy, *Agriculture in China's Modern Economic Development*, pp. 166-176.
38. 湖北省檔案館，1967年5月3日，SZ115-2-826，頁47；河北省檔案館，1973年，942-8-55，頁63-64。
39. 廣東省檔案館，1973年11月24日，231-A1.3-8，頁122-129；廣東省檔案館，1974年3月1日，231-A1.3-8，頁66。
40. 廣東省檔案館，1974年3月25日，231-A1.3-8，頁64-68。
41. Chang, *Wild Swans*, p. 558; 劉鏞毅，《從赤腳醫生到美國大夫》，上海：上海人民出版社，1994年，頁25，引用來源為Xiaoping Fang, *Barefoot Doctors and Western Medicine in China*, Rochester, NY: University of Rochester Press, 2012, p. 117，格式稍作修改。
42. Kate Zhou, *How the Farmers Changed China: Power of the People*, Boulder, CO: Westview Press, 1996, p. 39.
43. Fang, *Barefoot Doctors and Western Medicine in China*, pp. 146-158.
44. 陝西省檔案館，1975年3月15日，123-71-204，頁3-9。
45. 湖北省檔案館，1974年2月20日，SZ115-5-32（對超過三十縣的調查結果顯示：每一千五百萬人中，就有兩百萬人、或是每七百萬人中就有超過一百萬人罹患甲狀腺腫）；湖北省檔案館，1974年7月19日，SZ115-5-32，

日，144-1-1225，頁234-235。

15. 甘肅省檔案館，1972年6月16日，129-4-360，頁2；甘肅省檔案館，「財政局報告」，1975年5月7日，129-2-84，頁43-44。
16. 陝西省檔案館，1975年，123-71-217，頁23。
17. 上海市檔案館，「上海調查組關於貿易的報告」，1970年10月，B123-8-344，頁17-19。
18. 上海市檔案館，「上海調查組關於貿易的報告」，1970年10月，B123-8-344，頁17-19。
19. 廣東省檔案館，1968年8月5日，229-4-2，頁68-69；張曼訪談張世明，江蘇省沭陽縣，2013年11月22日。
20. 廣東省檔案館，1973年5月2、4日，296-A2.1-25，頁151-158、166-169；河北省檔案館，1973年4月13日，919-3-100，頁44-45。
21. Milton and Milton, *The Wind Will Not Subside*, p. 366.
22. 河北省檔案館，「輕工業部報告」，1972年12月13日，919-3-100，頁17-21；河北省檔案館，「貿易部報告」，1972年8月25日，919-3-100，頁29-32。
23. 參見PRO, 'Economic Situation in China', 1971, FO 21-841；也可參見Y. Y. Kueh, 'Mao and Agriculture in China's Industrialization: Three Antitheses in a 50-Year Perspective', *China Quarterly*, no. 187 (Sept. 2006), pp. 700-723.
24. 廣東省檔案館，1974年6月26日，229-6-202，頁24-29；Kueh, 'Mao and Agriculture in China's Industrialization'中提及支援農村工業的政策，獲許多外國觀察家評為「中國式工業化道路」，並且予以盛讚，但是這些政策其實都是為了彌補1958年大躍進土法煉鋼所造成的人禍。
25. 陝西省檔案館，1973年12月，123-71-55，頁39。
26. 陝西省檔案館，1975年12月3、24日，123-71-209，頁16-19、34；陝西省檔案館，1975年4月28日，123-71-204，頁104-105。
27. 陝西省檔案館，「陝西省革委會調查組的報告」，1976年4月10日，123-71-294，頁13-14；陝西省檔案館，1976年12月10日，123-71-304，頁1-22；亦可見陝西省檔案館，「糧食局報告」，1977年1月10日，123-71-294，頁9-11。
28. 河北省檔案館，「糧食局報告」，1975年3月1日，997-7-44，頁5-8。
29. 山東省檔案館，1973年4月19、23日，A131-4-35，頁1-3、10；山東省檔

第二十章

1. Li, *The Private Life of Chairman Mao*, pp. 544-545; Milton and Milton, *The Wind Will Not Subside*, p. 348.
2. PRO, Michael J. Richardson, 'Local Colour', 10 Feb. 1972, FO 21-969; Michael J. Richardson, 'Naming of Streets', 26 Jan. 1972, FO 21-962.
3. 廣東省檔案館，「關於上海的報告」，1973年3月7日，296-A2.1-25，頁189-198；PRO, Michael J. Richardson, 'Naming of Streets', 26 Jan. 1972, FO 21-962.
4. 上海市檔案館，1969年12月9日，B98-5-100，頁10-11；上海市檔案館，1971年2月17日、1972年2月12日，B50-4-52，頁44、67。
5. 上海市檔案館，1972年12月18日，B123-8-677，頁1。
6. 上海市檔案館，1978年12月28日，B1-8-11，頁17-19；上海市檔案館，1972年1月11日，B246-2-730，頁54-55；上海市檔案館，1971年12月10日，B326-1-49，頁30。
7. Li, *The Private Life of Chairman Mao*, p. 564.
8. 湖北省檔案館，「關於政府的講話」，1972年10月，SZ91-3-143，頁44-61。
9. William Bundy, *A Tangled Web: The Making of Foreign Policy in the Nixon Presidency*, New York: Hill and Wang, 1998.
10. Milton and Milton, *The Wind Will Not Subside*, p. 348; MacFarquhar and Schoenhals, *Mao's Last Revolution*, p. 339.
11. 有關重新制定的鋼鐵生產目標，可參見湖北省檔案館，「余秋里，電話會議」，1972年9月8日，SZ91-3-143，頁1-16；湖北省檔案館，「關於燈火管制」，1973年2月1日，SZ1-4-107，頁221-223。
12. 謝聲顯，《黑與白的記憶：從文學青年到「文革犯」》，香港：三聯書店，2010年，頁202-205。
13. 廣東省檔案館，1975年9月29日，253-2-183，頁114-119；甘肅省檔案館，「財政局報告」，1975年5月7日，129-2-84，頁43-44；陝西省檔案館，1975年，123-71-217，頁23；Jan Wong, *Red China Blues: My Long March From Mao to Now*, New York: Doubleday, 1996, p. 42.
14. 陝西省檔案館，「交通運輸部首長給交通運輸部的信件」1975年9月26

10. PRO, 'Visit to the Forbidden City', 4 May 1971, 'Diplomatic Tour', 4 May 1971, FO 21-858.
11. PRO, 'The Canton Fair Trade', 1 June 1971, FO 21-842.
12. Cheng, *Life and Death in Shanghai*, p. 306.
13. Margaret Macmillan, *Nixon and Mao: The Week That Changed the World*, New York: Random House, 2007; William Burr (ed.), *The Kissinger Transcripts: The Top-Secret Talks With Beijing and Moscow*, New York: The New Press, 1999.
14. Jung Chang and Jon Halliday, *Mao: The Unknown Story*, London: Jonathan Cape, 2005, p. 605.
15. Barnouin and Yu, *Ten Years of Turbulence*, p. 229.
16. Peter Hannam and Susan V. Lawrence, 'Solving a Chinese Puzzle: Lin Biao's Final Days and Death, After Two Decades of Intrigue', *US News and World Report*, 23 Jan. 1994.
17. Qiu Jin, *The Culture of Power: The Lin Biao Incident in the Cultural Revolution*, Stanford: Stanford University Press, 1999, p. 161，引用時稍作格式上的修改。
18. 根據林豆豆在事件後的供詞；參見Jin, *The Culture of Power*, pp. 173-174。
19. Jin, *The Culture of Power*, p. 173.
20. Peter Hannam and Susan V. Lawrence, 'Solving a Chinese Puzzle: Lin Biao's Final Days and Death, After Two Decades of Intrigue', *US News and World Report*, 23 Jan. 1994.
21. 高皋和嚴家其，《文化大革命十年史》，頁334。
22. MacFarquhar and Schoenhals, *Mao's Last Revolution*, p. 353.
23. Cheng, *Life and Death in Shanghai*, p. 335.
24. Youli Sun and Dan Ling, *Engineering Communist China: One Man's Story*, New York: Algora Publishing, 2003, pp. 175-176.
25. Nanchu, *Red Sorrow*, p. 152.
26. 李江琳訪談，2014年6月26日。
27. Li, *The Private Life of Chairman Mao*, pp. 537-542
28. Peter Hannam and Susan V. Lawrence, 'Solving a Chinese Puzzle: Lin Biao's Final Days and Death, After Two Decades of Intrigue', *US News and World Report*, 23 Jan. 1994.

20. 甘肅省檔案館，28 Feb. 1970, 129-6-39, pp. 10-14; 甘肅省檔案館，March 1970, 129-4-202, p. 73; Lanzhou broadcast, 15 Oct. 1969, *BBC Summary of World Broadcasts* FE/3212；也引用於下列資料：Dennis Woodward, 'Rural Campaigns: Continuity and Change in the Chinese Countryside - The Early Post-Cultural Revolution Experience (1969-1972)', *The Australian Journal of Chinese Affairs*, no. 6 (July 1981), p. 101.
21. Woodward, 'Rural Campaigns', p. 107.
22. 甘肅省檔案館，1970年11月16日，129-6-62，頁1-3；河北省檔案館，1971年12月1日，999-7-20，頁37。
23. 甘肅省檔案館，1970年5月5日，129-6-45，頁46-47；甘肅省檔案館，1970年10月17日，129-6-48，頁105-120。

第十九章

1. 高皋和嚴家其，《文化大革命十年史》，頁163。
2. Li, *The private life of Chairman Mao*, p. 121.
3. Li, *The private life of Chairman Mao*, p. 518.
4. 下面的幾段是根據MacFarquhar and Schoenhals, *Mao's Last Revolution*, pp. 325-333與高文謙，《晚年周恩來》，頁201-206，其中有較詳細的記載。
5. MacFarquhar and Schoenhals, *Mao's Last Revolution*, p. 300.
6. Yafeng Xia, 'China's Elite Politics and Sino-American Rapprochement, January 1968-February 1972', *Journal of Cold War Studies*, 8, no. 2 (Fall 2006), pp. 3-28.
7. Jonathan Fenby, *Modern China: The Fall and Rise of a Great Power, 1850 to the Present*, New York: Ecco, 2008, p. 497.
8. Jean Lacouture, 'From the Vietnam War to an Indochina War', *Foreign Policy*, July 1970, pp. 617–628；也可參見Jian Chen, 'China, the Vietnam War and the Sino-American Rapprochement, 1968-1973' in Odd Arne Westad and Sophie Quinn-Judge (eds), *The Third Indochina War: Conflict Between China, Vietnam and Cambodia, 1972-79*, London: Routledge, 2006, pp. 48-50.
9. 高皋和嚴家其，《文化大革命十年史》，頁261；Nicholas Griffin, *Ping-Pong Diplomacy: The Secret History behind the Game that Changed the World*, New York: Scribner, 2014.

8. Yan, *Turbulent Decade*, pp. 159-163.
9. 黃崢，《劉少奇的最後歲月1966-1969》，北京：九州出版社，2012年；另參見丁抒，〈風雨如磐的歲月：1970年一打三反運動紀實〉，《黃花崗雜誌》，第5期，（2003年3月），頁69-80。
10. 湖北省檔案館，1970年11月25日，SZ139-2-290，（精確來說，是有173,000人在「一打」運動中受牽連，其中的87,000人遭到迫害；而「三反」運動牽連的人數是434,000人，其中有207,000人遭到迫害）；湖北省檔案館，1971年9月17日，SZ139-2-114，（107,000人包括2,000名五一六份子、15,000名《揚子江評論》的支持者，以及其他89,000名）；湖北省檔案館，SZ139-2-290，頁98則出現了不同的統計數字，其中認為在「一打」運動中確定被打為反革命運動的人，超過99,000件，而在1970年2月至1971年4月之間，被確認為貪污的案件超過330,000件。
11. Wang Shaoguang, *Failure of Charisma: The Cultural Revolution in Wuhan*, Oxford: Oxford University Press, 1995, pp. 209-210；15,000這個數字出自湖北省檔案館，1971年9月17日，1971, SZ139-2-114。
12. 湖北省檔案館，1970年2月16日、4月11日，SZ139-2-303；湖北省檔案館，1971年9月17日，SZ139-2-114。
13. 湖北省檔案館，1971年9月25日，SZ139-2-316。
14. 湖北省檔案館，1970年3月13日，SZ139-2-303。
15. 甘肅省檔案館，1970年5月6日，129-6-45，頁46-47；甘肅省檔案館，1970年10月17日，129-6-48，頁105-120；甘肅省檔案館，1970年3月3日，129-6-39，頁21。
16. 甘肅省檔案館，1970年10月17日，129-6-48，頁105-120；甘肅省檔案館，1970年5月18日，129-6-46，頁1。
17. 甘肅省檔案館，1970年5月6日，129-6-45，頁46-47；甘肅省檔案館，1970年3月24日，129-6-41，頁44-45；甘肅省檔案館，1970年3月4日，129-6-39，頁47-50。
18. 甘肅省檔案館，1970年5月11日，129-6-45，頁119-122；甘肅省檔案館，1970年3月4日，129-6-39，頁47-50；甘肅省檔案館，1970年9月30日，129-6-48，頁70-72。
19. 甘肅省檔案館，1970年5月6日，129-6-45，頁46-47；甘肅省檔案館，1970年2月28日，129-6-39，頁10-14。

1972年2月10日及3月5、11日，925-1-19，頁44、83-84、93-96，河北省檔案館，1971年4月6日，999-7-20，頁83-85。

21. Shapiro, *Mao's War against Nature*, p. 101; 關於大寨亦可見宋連生，《農業學大寨始末》，武漢：湖北人民出版社，2005年。
22. Shapiro, *Mao's War against Nature*, p. 101.
23. Zhai, *Red Flower of China*, p. 190; Shapiro, *Mao's War against Nature*, p. 108.
24. Xianliang Zhang, *Half of Man is Woman*, quoted in Shapiro, *Mao's War against Nature*, p. 108.
25. 河北省檔案館，1970年8月18日，940-10-1，頁54-58; Shapiro, *Mao's War against Nature*, p. 113.
26. Shapiro, *Mao's War against Nature*, pp. 116-136.
27. Nanchu, *Red Sorrow*, pp. 95-100.
28. 孫慶和，《生死一條路》，北京：北京時代弄潮文化發展公司，2012年，頁42。
29. Shapiro, *Mao's War against Nature*, p. 137.

第十八章

1. Milton and Milton, *The Wind Will Not Subside*, p. 256.
2. MacFarquhar and Schoenhals, *Mao's Last Revolution*, p. 233.
3. 「周恩來的講話」，1970年1月24日，中國文化大革命文庫；「關於清查"五一六"反革命陰謀集團的通知」，1970年3月27日，中國文化大革命文庫；Barnouin and Yu, *Ten Years of Turbulence*, p. 198；丁群，〈冤獄遍地的江蘇省清查"五一六"運動〉，《文史精華》，第1期，2009年。
4. Shan, 'Becoming Loyal', pp. 342-343認為受害者的的人數為270,000人，這個數字也出現在其他關於文化大革命的書中，不過較為可靠的資料來源應該是丁群，他估計受害者的人數是多於26,100人，可參見丁群，〈冤獄遍地的江蘇省清查"五一六"運動〉。
5. Thurston, *Enemies of the People*, pp. 202-203.
6. 丁群，〈冤獄遍地的江蘇省清查"五一六"運動〉；Thurston, *Enemies of the People*, p. 144.
7. Jian, Song and Zhou (eds), *The A to Z of the Chinese Cultural Revolution*, p. xxxi.

2011，以及譚合成，《血的神話：公元1967年湖南道縣文革大屠殺紀實》，香港：天行健出版社，2010年。
7. 陝西省檔案館，1967年4月8日、8月21日，215-1-1363，頁67-68、81-83。
8. 陝西省檔案館，1968年1月13日，215-1-1363，頁190。
9. 陝西省檔案館，19687年12月3日、1968年1月13日，215-1-1363，頁190、236-240。
10. 參見陝西省檔案館，「廣州軍委會1967年12月20日的報告」，215-1-1363，頁146-152。
11. 陝西省檔案館，1967年5月21日，194-1-1274，頁1-22；陝西省檔案館，1967年4月25日，194-1-1283，頁86。
12. 參見下列報告：甘肅省檔案館，「林業局報告」，1967年4月6日，129-4-62，頁112-117；江蘇省檔案館，1967年8月21日，4028-3-1611，頁28-29；山西省革命委員會，「Number Three Circular」,1967年2月7日，中國文化大革命文庫；《人民日報》，1967年2月11日；河北檔案館，1967年2月11日，921-5-3，頁42-43；陝西省檔案館，1967年3月31日、4月15日，194-1-1283，頁33、70。
13. Dikötter, *Mao's Great Famine*, p. 88.
14. 山東省檔案館，「周恩來在糧油徵購會議上接見十四省、市代表團的講話」，1967年5月3日，A131-2-851，頁6-10；也請參照山東省檔案館，「中央關於經濟的指示」，1967年7月1、13日，A131-2-853，頁62-63、66-67；山東省檔案館，「周恩來在全國糧食工作會議上的講話」，1967年10月28日，A131-2-851，頁51-54。
15. 有關浙江的資料，可參見Keith Forster, *Rebellion and Factionalism in a Chinese Province:* 浙江省檔案館，*1966-1976*, Armonk, NY: M. E. Sharpe, 1990.
16. 浙江省檔案館，「軍委指示」，1968年1月13日，J116-25-60，頁20-29。
17. 浙江省檔案館，1971年9月3日，J116-25-159，頁160-162; 浙江省檔案館，1972年3月17日，J116-25-250，頁73-76。
18. 甘肅省檔案館，1969年9月1日，129-4-179，頁95-104。
19. 甘肅省檔案館，1969年9月1日，129-4-179，頁95-104；Liang and Shapiro, *Son of the Revolution*, pp. 181-182.
20. 河北省檔案館，1974年9月5日，925-1-51，頁69-72；河北省檔案館，

CT: Greenwood, 1995, pp. 30-37.

26. Yang, 'The Sino-Soviet Border Clash of 1969', p. 24.
27. 關於三線建設，最好的記述請見陳東林，《三線建設：備戰時期的西部開發》，北京：中共中央黨校出版社，2003年。
28. Bryan Tilt, *The Struggle for Sustainability in Rural China Environmental Values and Civil Society*, New York: Columbia University Press, 2009, pp. 23-24，第一段節錄的字句做了些許修飾。
29. Judith Shapiro, *Mao's war against nature: Politics and the environment in revolutionary China*, New York: Cambridge University Press, 2001, p. 152; Barry Naughton, 'The Third Front: Defence Industrialization in the Chinese Interior', *China Quarterly*, no. 115 (Sept. 1988), pp. 351-386.
30. Naughton, 'The third Front', pp. 359-360.
31. 湖北省檔案館，SZ81-4-12，1970年4月25日及6月9日，頁1-3及19-24。
32. 湖北省檔案館，SZ81-4-12，1970年4月25日及6月9日，頁1-3及19-24。
33. 河北省檔案館，1972年9月19日，頁76-82。
34. Naughton, 'The Third Front', pp. 378-82; White, *Policies of Chaos*, p. 184.

第十七章

1. 浙江省檔案館，「關於學大寨的指示」1968年1月13日，J116-25-60，頁20-29。
2. 南京市檔案館（編），《南京文化大革命大事記初稿》（該文稿是依年代列出文化大革命期間發生在南京的主要事件）1966年8月18日條下，南京：南京市檔案館，1985年；也可參見六星期之前發生的攻擊擁有私有牛隻之家的事件，出自南京市檔案館，1966年6月27日，5003-3-1139，頁21-24。
3. Gao, *Born Red*, pp. 126-127.
4. 南京市檔案館，「中央命令」，1966年9月14日，4003-1-298，頁124。周恩來、王任重，「與北京紅衛兵代表團會面」，1966年9月1日，中國中國文化大革命文庫。
5. Liang and Shapiro, *Son of the Revolution*, pp. 98-99.
6. 有關於發生在道縣的大屠殺，可參見Yang Su, *Collective Killings in Rural China during the Cultural Revolution*, Cambridge: Cambridge University Press,

10. PRO, Roger Garside, 'War Preparations: shanghai', 2 Dec. 1969, FCO 21-483; George Walden, 'Preparations against War', 27 Jan. 1970, FCO 21-683.
11. PRO, Roger Garside, 'War Preparations: shanghai', 2 Dec. 1969, FCO 21-483.
12. 河北省檔案館，1969年12月6、26、30日，919-1-295，頁27-8、72、114-115；河北省檔案館，1969年12月26日，919-1-294，頁124。
13. Zhai, *Red Flower of China*, p. 199.
14. PRO, 'Shanghai', 4 Nov. 1969, FCO 21-513; Roger Garside, 'War Preparations: Peking', 30 Dec. 1969, FCO 21-483; George Walden, 'Preparations against War', 27 Jan. 1970, FCO 21-683.
15. 上海市檔案館，「1964至1974年毛澤東關於空襲的語錄」，B105-9-638，頁15-16。
16. PRO, J. N. Allan, 'Air Raid Shelters, Tunnels', November 1970, FCO 21-683.
17. Craig S. Smith, 'Mao's Buried Past: A Strange, Subterranean City', *New York Times*, 26 Nov. 2001.
18. 上海市檔案館，1971年1月25日、9月14日，B120-3-23，頁32、43。
19. 上海市檔案館，1971年5月28日，B120-3-23，頁1-2；上海市檔案館，1970年5月 30日，B120-3-15，頁3-4；關於上海建造防空洞情形的描述，請參照金大陸，《非常與正常》，第2卷，頁357-399。
20. PRO, 'Underground construction in Peking', 25 Aug. 1970, FCO 21-683; 上海市檔案館，1970年8月29日，B120-2-7，頁1-11；1973年3月3 日，B120-3-63，頁3-4。
21. 上海市檔案館，1971年9月14日，B120-3-23，頁32；1975年12月5日，B120-3-63，頁3-4。
22. 鼴鼠比賽（molelike competition）一詞及全中國的數據皆出自Smith, 'Mar's Buried Past'; 關於上海的情況，請見上海市檔案館，1973年3月3日，B120-2-26，頁45-46；河北省檔案館，1969年11月19日，919-1-294，頁11-12。
23. 山東省檔案館，1971年11月25日，A1-8-15，頁47-48；甘肅省檔案館，「張忠，關於防空洞的講話」，1970年9月20日，91-7-50，頁3；Zhai, *Red Flower of China*, pp. 198-200.
24. PRO, J. N. Allan, 'Air Raid Shelters, Tunnels', November.
25. Walter S. Dunn, *The Soviet Economy and the Red Army, 1930-1945*, Westport,

36. Yue, *To the Storm*, pp. 259-260.
37. 甘肅省檔案館，1970年3月，129-4-202，頁73；甘肅省檔案館，1972年3月3日，129-6-83，頁11-12；甘肅省檔案館，1969年，129-4-33，頁38-40；河北省檔案館，1967年10月25日，919-1-147，頁1-3。

第十六章

1. Vitaly Bubenin, *KrovavyĭSneg Damanskogo: Sobytiia 1966-1969 gg.,* Moscow: Granitsa, 2004.
2. Kuisong Yang, 'the Sino-Soviet Border Clash of 1969: From Zhenbao Island to Sino-American Rapprochement', *Cold War History*, 1, no. 1 (Aug. 2000), pp. 21-52; 亦請見Lyle J. Goldstein, 'Return to Zhenbao Island: Who Started Shooting and Why It Matters', *China Quarterly*, no. 168 (Dec. 2001), pp. 985-997.
3. 'Mao Zedong's Speech at the First Plenary Session of the CCP's Ninth Central Committee', 28 April 1969, History and Public Policy Program Digital Archive, Wilson Center.
4. 關於中共九大的詳細分析可參見Macfarquhar and Schoenhals, *Mao's Last Revolution*, pp. 285-301.
5. MacFarquhar and Schoenhals, *Mao's Last Revolution*, p. 301.
6. Christian F. Ostermann, 'East German Documents on the Border Conflict, 1969', *Cold War International History Project Bulletin*, nos 6-7 (Winter 1995), p. 187; Harvey W. Nelsen, *Power and Insecurity: Beijing, Moscow and Washington, 1949-1988*, Boulder: Lynne Rienner, 1989, pp. 72-73: Yang, 'The Sino-Soviet Border Clash of 1969', pp. 32-33; 亦可見Lorenz Lüthi, 'The Vietnam War and China's Third-Line Defense Planning before the Cltural Revolution, 1964-1966', *Journal of Cold War Studies*, 10, no. 1 (winter 2008), pp. 26-51.
7. Dikötter, *Mao's Great Famine*, p. 239.
8. 'The CCP Central Committee's Order for General Mobilization in Border Provinces and Regions', 28 Aug. 1969, *Cold War International History Project Bulletin*, no. 11 (Winter 1998), pp. 168-169.
9. PRO, Roger Garside, 'War Preparations: Peking', 30 Dec. 1969, FCO 21-483; 'China: War Scare', 28 Nov. 1969.

21. 湖南省檔案館，1970年10月23日，182-2-50，頁116-7；湖南省檔案館，1971年2月24日，182-2-50，頁95-97。
22. Yang, *Spider Eaters*, p. 181; 湖南省檔案館，1970年10月23日，182-2-50，頁116-117；侯永祿，《農民日記：一個農民的生存實錄》，北京：中國青年出版社，2006年，頁164。
23. 湖北省檔案館，1973年5月30日，SZ139-6-510，頁187-192；另參見湖北省檔案館，1969年12月15日與1970年4月7日，SZ139-2-94。
24. 湖北省檔案館，1970年5月27日，SZ139-2-303；湖北省檔案館，1973年8月19日，SZ139-6-510，頁199-201。
25. 湖南省檔案館，1971年12月，182-2-50，頁148
26. 李慶霖為此一精彩文章的主角：Elya J. Zhang, 'To Be somebody: Li Qinglin, Run-of-the-Mill Cultural Revolution Showstopper' in Joseph W. Esherick, Paul G. Pickowicz and Andrew Walder {eds}, *The chinese Cultural Revolution as History*, Stanford: Stanford University Press, 2006, pp. 211-239.
27. 湖北省檔案館，「幾分鐘的會議」，1973年8月19日，SZ139-6-510，頁199-201。
28. 湖北省檔案館，1973年6月26日的，SZ139-6-510，頁142-149；福建省檔案館，1973年，C157-1-10，節錄於Zhang, 'To Be Somebody', p. 219; 湖北省檔案館，1974年3月9日，SZ139-6-589，頁62-75。
29. 參見Dikötter, *Mao's Great Famine*, chapter entitled 'Exodus'.
30. 周恩來，「在慶祝全國省市自治區成立革命委員會的大會上的講話」，1968年9月7日，中國文化大革命文庫
31. 上海市檔案館，1975年8月7日，B127-4-77，頁1；湖南省檔案館，1971年3月12日，182-2-50，頁14-19；關於以穀糧重量計算卡路里，請見Jean C. Oi, *State and peasant in contemporary China: The political economy of village government*, Berkeley: University of California Press, 1989, pp. 48-49.
32. 湖南省檔案館，1971年8月27日，182-2-50，頁35-41。
33. 河北省檔案館，1969年11月19日，919-1-294，頁11-12。
34. 上海市檔案館，1970年1月23日，B228-2-240，頁124-126；上海市檔案館，1968年4月1日，B227-2-39，頁1-5。
35. 毛澤東，「對柳河五七幹校的評價」，1968年9月30日，中國文化大革命文庫；《人民日報》，1968年10月5日。

3. Roger Garside訪談，2012年7月19日；Zhai, *Red Flower of China*, p. 156.
4. Gao, *Born Red*, p. 353.
5. Yang, *Spider Eaters*, p.159
6. 徐小棣訪談，2013年3月13日
7. 湖南省檔案館，1968年6月25、30日；1968年7月5、9日，頁2-3、6、9及41-45。
8. Yang, *Spider Eaters*, pp. 174-179.
9. 湖北省檔案館，1973年5月30日，SZ139-6-510，頁187-192；湖南省檔案館，1972年9月7日，182-2-52，頁52-55。
10. Dikötter, *Mao's Great Famine*, pp. 274-275; Liang and Shapiro, *Son of the Revolution*, p. 162; 湖北省檔案館，1973年8月19日，SZ139-6-510, 頁199-201。
11. Liang and Shapiro, *Son of the Revolution*, 頁23；蕭牧，《風雨人生》，頁275-276。
12. 精確地說，賣給當地人的煤炭從一九六六年的八百萬公噸減少為一九六八年的五百五十萬公噸；山東省檔案館，1969年3月19日，A47-2-87，頁157。
13. 南京市檔案館，「關於市場情況的報告」，1966年3月18日，5003-3-1139，頁78-86。
14. Ling, *The Revenge of Heaven*, pp. 149-150; 山東省檔案館，1966年4月17日，A1-2-1356，頁107-109；山東省檔案館，「糧食局報告」，1967年3月11日，A131-2-853，頁16。
15. 文貫中訪談，2012年8月22日。
16. 湖南省檔案館，1971年3月12日，182-2-50，頁14-19。
17. Zhai, *Red Flower of China*, p. 173.
18. Nanchu, *Red Sorrow*, p. 91; 上海市檔案館，1973年3月，B228-2-335，頁65-70。
19. 上海市檔案館，1973年3月，B228-2-335，頁65-70；上海市檔案館，1969年7月5日，B228-2-224，頁77及上海市檔案館，1969年7月1日，B228-2-223，頁160。
20. 湖南省檔案館，1972年9月8日，182-2-52，頁154；劉小萌，《中國知青史》，頁320-321。

1969年1月27日，919-1-288，頁46-47；河北省檔案館，「關於柏各莊國營農場政策實施的報告」，1974年7月10日，925-1-51，頁27-31

13. 河北省檔案館，1969年5月28日，919-1-290，頁42-43；河北省檔案館，1969年12月27日，919-1-295，頁57。

14. 丁抒，〈文革中的「清理階級隊伍」運動〉，《華夏文摘增刊》，第244期，2004年12月14日；Jonathan Unger, ‘The Cultural revolution at the Grass Roots’, *The China Journal*, no. 57 (Jan. 2007), p. 113.

15.「康生謝富治接見昆明軍區和雲南群眾代表時的講話」，1968年1月21日，中國文化大革命文庫；《當代雲南大事紀要》，昆明：當代中國出版社，2007年，頁285-289。

16. 內蒙古檔案館，「華北局會議，1966年6月12、17、18日及7月24日相關文件」，1967年1月23日，11-2-555；　知（編），《內蒙古文革實紀》，香港：天行健出版社，2010年，頁70。

17. 圖們與祝東力，《康生與「內人黨」冤案》，北京：中共中央黨校出版社，1995年，頁202-203。

18. 阿拉騰德力海，《內蒙挖肅災難實錄》，呼和浩特：內蒙古人權信息中心，個人出版；「種族滅絕」一詞的使用可見於楊海英，以「肉體的消滅」實現「民族的消亡」，《民族學報》，第29期（2011年12月），頁1-23；亦請見高樹華，《內蒙文革風雷》；內蒙的分割於1979年撤銷。

第十五章

1. 周恩來，「祝賀革命委員會成立講辭」，1968年9月7日，中國文化大革命文庫。

2. 《人民日報》，1968年12月22日；關於「知青下鄉」，請閱讀Michel Bonnin, *The Lost Generation: The Rustification of China's Educated Youth (1969-1980)*, Hong Kong: Chinese University of Hong Kong Press, 2013; Yihong Pan, *Tempered in the Revolutionary Furnace: China's Youth in the Rustication Movement*, Lanham, MD: Lexington Books, 2009; 定宜莊，《中國知青史：初瀾（1953-1968）》，北京：當代中國出版社，2009年；劉小萌，《中國知青史：大潮（1966-1980）》，北京：中國社會科學出版社，1998年；詳細的個案研究可見於朱政惠與金光耀（編），《知青部落：黃山腳下的10000個上海人》，上海：上海古籍出版社，2004年。

1 (Summer 1994), pp. 48-54; Alfreda Murck, 'Golden Mangoes: The Life Cycle of a Cultural Revolutions Symbol', *Archives of Asian Art*, vol. 57 (2007), pp. 1-21; Alfreda Murck (ed.), *Mao's Golden Mangoes and the Culture Revolution*, Zurich: Scheidegger and Spiess, 2013.

42. 周恩來，「祝賀革命委員會成立的講話」，1968年9月7日，中國文化大革命文庫；「中央專案審查小組關於劉少奇的報告」，1968年10月18日，中國文化大革命文庫；我做了幾處小修改，參照的譯文出自Milton and Milton, *The Wind Will not Subside*, p. 335.

第十四章

1. 甘肅省檔案館，1968年3月2日，129-1-40，頁10-13；「中共中央、國務院、中央軍委、中央文革轉發黑龍江省革命委員會『關於深挖叛徒工作的報告』的批示及附件」，1968年2月5日，中國文化大革命文庫。
2. Milton and Milton, *The Wind Will Not Subside*, p. 315; 原文出自康生，「對浙江省代表團的講話」，1968年3月18日，中國文化大革命文庫。
3. 毛澤東，「對揭穿北京新華印刷廠臥底叛徒報告的批示」，1968年5月15日，中國文化大革命文庫。
4. 卜偉華，《砸爛舊世界》，頁677。
5. Frank Dikötter, *China before Mao: The Age of Openness*, Berkeley: University of California Press, 2008, pp. 78-80; Youqin Wang, 'The Second Wave of Violent Persecution of Teachers: The Revolution of 1968', Presented at the 35th International Congress of Asian and North African Studies, Budapest, 7-12 July 1997.
6. Cheng, *Life and Death in Shanghai*, pp. 254, 260.
7. 卜偉華，《砸爛舊世界》，頁680。
8. Yue, *To the Storm*, pp. 240-241.
9. Yue, *To the Storm*, pp. 161-162; Wang, 'The Second Wave of Violent Persecution of Teachers: the Revolution of 1968'.
10. 卜偉華，《砸爛舊世界》，頁680。
11. 河北省檔案館，1969年4月7日，919-1-288，頁142-143；河北省檔案館，「給謝富治的報告」，1969年，919-1-274。
12. 河北省檔案館，1969年1月7日，919-1-288，頁30-31；河北省檔案館，

28. Gao, *Born Red*, p. 334.
29. Patrick Fuliang Shan, 'Becoming Loyal: General Xu Shiyou and Maoist Regimentation', *American journal of Chinese Studies*, 18, n0. 2 (Fall 2011), pp. 333-350; Dong Guoqiang and Andrew G. Walder, 'From Truce to Dictatorship: Creating a Revolutionary Committee in Jiangsu', *China Journal*, no. 68 (July 2012), pp. 4-5.
30. 申曉雲，〈文革中槍桿子裡面出革委會的典型：廣西武鬥真相〉，《當代中國研究》，第20卷，第1期（2013年），頁141-182。
31. 申曉雲，〈文革中槍桿子裡面出革委會的典型：廣西武鬥真相〉。
32. 《南寧市「文革」大事件》，南寧：中共南寧市委政黨領導小組辦公室，1987年，頁30-32。
33. Yao-hua Kuo, *Free China Review*, 18, n0. 8 (1 Aug. 1968), p. 275.
34. Yong Xu, 'Wei Guoqing extermine la faction du "22 Avril"' in Yongyi Song, *Les massacres de la Révolution Culturelle*, Paris: Gallimard, 2009, pp. 255-256; Zheng Yi, *Scarlet Memorial: Tales of Cannibalism in Modern China*, Boulder: Westview Press, 1996.
35. Zheng, *Scarlet Memorial*, pp. 73-75, 84-86; 亦請見《武宣市「文革」大事件》，1987年，南寧：中共武宣市委政黨領導小組辦公室，頁316。
36. 《清華大學誌》，北京：清華大學出版社，2001年，頁758-759；Milton and Milton, *The Wind Will Not Subside*, p. 319.
37. 周恩來、陳伯達、康生，「中央首長接見廣西來京學習的兩派群眾組織部分同志和軍隊部分幹部時的指示」，1968年7月25日，中國文化大革命文庫。
38. 毛澤東，「與紅衛兵代表的談話」，1968年7月28日，中國文化大革命文庫。
39. Cheng, *Life and Death in Shanghai*, p. 206.
40. Milton and Milton, *The Wind Will Not Subside*, pp. 319, 330.
41. George Y. Tang，《兩代人的選擇》，北京：北京時代弄潮文化發展公司，2011年，頁126；關於芒果熱潮，請見Michael Dutton, 'Mango Mao: Infections of the sacred', *Public Culture*, 16, no. 2 (spring 2004), pp. 161-187; Alice de Jong, 'The Strange Story of Chairman Mao's Wonderful Gift', *Reminiscences and Ruminations: China Information Anniversary Supplement*, 9, no.

13. Liang and Shapiro, *Son of the Revolution*, pp. 153-154.
14. Ling and Shapiro, *Son of the Revolution*, pp. 138-143.
15. Tan, *The Chinese Factor*, p. 131.
16. Gao, *Born Red*, pp. 317-318.
17. PRO, Percy Cradock, 'Letter from Peking', 3 June 1968, FO 21-19.
18. Chang, *Wild Swans*, pp. 520-521.
19. 上海市檔案館，1968年8月1日，B109-4-80，頁31；關於上海的雕像，請見金大陸，《非常與正常：上海「文革」時期的社會變遷》，上海：上海辭書出版社，2011年，第2卷，頁198-228。
20. 上海市檔案館，1968年6月13日，B244-2-110，頁71-72。
21. Pang Laikwan, "The Dialectics of Mao's Images: Monumentalism, Circulation and Power Effects' in Christian Henriot and Yeh Wen-hsin (eds), *Visualising China, 1845-1965: Moving and Still Images in Historical Narratives*, Leiden: Brill, 2013, pp. 419-420.
22. 方子奮訪談，2013年11月5日。
23. 蕭牧，《風雨人生》，紐約：柯捷出版，2004年，頁178-183。
24. Guo Jian, Yongyi Song and Yuan Zhou (eds), *The A to Z of the Chinese Cultural Revolution*, Lanham, MD: Scarecrow Press, 2009, pp. 341-342; Cuo Xuezhi, *China's Security State: Philosophy, Evolution, and Politics*, Cambridge: Cambridge University Press, 2012.
25. Guo, *China's Security State*, pp. 286-287.
26. Milton and Milton, *The Wind Will Not Subside*, pp. 309-311; 楊成武，〈大樹特樹偉大統帥毛主席的絕對權威〉，《人民日報》，1967年11月3日；毛澤東，「對大樹特樹絕對權威的提法等的批語」，1967年12月17日，中國文化大革命文庫；江青，「對四川代表團的講話」，1968年3月15日；「對浙江代表團的講話」，1968年3月18日，兩者皆出自中國文化大革命文庫。
27. 林彪，「在軍隊幹部大會上的講話」，1968年3月24日；周恩來、江青、陳伯達，「中央首長在接見軍隊幹部會上的講話」，1967年3月24日，中國文化大革命文庫；CIA Intelligence Report, 'Mao's "Cultural Revolution" III: The Purge of the P.L.A. and the Stardom of Madame Mao', June 1968, pp. 42-44.

29. 王力，「王力對外交部革命造反聯絡站代表姚登山等同志的談話」，1967年8月7日，中國文化大革命文庫；Milton and Milton, *The Wind Will Not Subside*, pp. 267-268; Fokkema, *Report from Peking*, pp. 136-137.
30. Milton and Milton, *The Wind Will Not Subside*, pp. 271-272.
31. 最常被引用的描述出自霍普森，可見於PRO, 'The Burning of the British Office in Peking', 8 Sept. 1967, FO 21-34；霍普森的說法於1991年公開（可見於Gary Finn, 'Diplomatic "Carry On" in Mob Siege: Public Records 1968', *The Independent*, 1 Jan. 1999等文獻）；這份檔案也包含英國大使館其他成員的說法；亦請見 Percy Cradock, *Experiences of China*, London: John Murray, 1994, pp. 58-71 and James Hoare, *Embassies in the East: The Story of the British Embassies in Japan, China and Korea from 1859 to the Present*, Richmond: Curzon Press, 1999, pp. 82-86；此處部分細節出自Tony Blishen訪談，2012年7月24日。
32. 逄先知與金沖及，《毛澤東傳（1949-1976）》，頁1503。

第十三章

1. MacFarquhar and Schoenhals, *Mao's Last Revolution*, p. 230.
2. 「江青與康生，接見安徽兩派代表時的講話」，1967年9月5日，中國文化大革命文庫；「嚴禁搶奪解放邃武器的命令」，1967年9月5日，中國文化大革命文庫；Milton and Milton, *The Wind Will Not Subside*, pp. 283-285.
3. Milton and Milton, *The Wind Will Not Subside*, pp. 292-293.
4. PRO, Donald C. Hopson, 'Letter from Beijing', 7 Oct. 1967, FCO 21-41; Yue, *To the Storm*, p. 225.
5. PRO, Donald C. Hopson, 'Letter from Beijing', 7 Oct. 1967, FCO 21-41; Milton and Milton, *The Wind Will Not Subside*, pp. 295-299.
6. Milton and Milton, *The Wind Will Not Subside*, p. 305.
7. Ling, *The revenge of Heaven*, pp.383-384.
8. Chang, *Wild Swans*, p.469.
9. Kang, *Confessions*, p. 123.
10. Zhai, *Red Flower of China*, pp. 239-240.
11. 宋永毅訪談，2013年1月8、13日。
12. 方子奮訪談，2013年11月5日。

1967年9月2、8日，129-6-4，頁136-137、148-149。

19. 甘肅省檔案館，「關於文化大革命的報告」，1967年8月2、3日，129-6-1，頁80-85；甘肅省檔案館，1967年8月30日，129-6-1，頁2；George Watt, *China 'Spy'*, London: Johnson, 1972, pp. 115-120.
20. Barbara Barnouin and Yu Changgen, *Ten Years of Turbulence: The Chinese Cultural Revolution*, London: Kegan Paul International, 1993, pp. 185-186.
21. 甘肅省檔案館，「康生及關鋒與紅山寺代表團會面的數分鐘內容」，1967年8月18日，129-2-1，頁51-66；甘肅省檔案館，「張韜（又名沙韜）的平反」，1974年，191-12-73，頁1-4；亦請見魏小蘭，〈我信天總會亮：康生祕書談「沙韜事件」〉，《百年潮》，第9期（2007年9月），頁52-56。
22. Philip Pan, *Out of Mar's Shadow: The Struggle for the Soul of a New China*, Basingstoke: Picador, 2009, p. 97.
23. 《南寧市「文革」大事件》，南寧：中共南寧市委政黨領導小組辦公室，1987年8月，頁11。
24. 'Communists: Closer to a Final Split', *Time*, 17 Feb. 1967.
25. Fokkema, *Report from Peking*, p. 167.
26. 'Hong Kong: Mar-Think v. the Stiff Upper Lip', *Time*, 26 May 1967; 'Hong Kong: As Usual', *Time*, 18 Aug. 1967; John Cooper, *Colony in Conflict: The Hong Kong Disturbances, May 1967-January 1968*, Hong Kong: Swindon, 1970; Christine Loh, *Underground Front: The Chinese Communist Party in Hong Kong*, Hong Kong: Hong Kong Unversity Press, 2010, p. 113; 關於暴動，亦請閱讀 Gary Cheung, *Hong Kong's Watershed: The 1967 Riots*, Hong Kong: Hong Kong University Press, 2009 and Robert Bickers and Ray Yep (eds), *May Days in Hong Kong: Riot and Emergency in 1967*, Hong Kong: Hong Kong University Press, 2009.
27. Frank Welsh, *A History of Hong Kong*, London: HarperCollins, 1993,, pp. 469-470.
28. 高文謙，《晚年周恩來》，頁 169-170；金沖及（編），《周恩來傳（1898-1949）》，北京：中央文獻出版社，1989年，頁1732-1734；Barbara Barnouin and Yu Changgen, *Zhou Enlai: A Political Life*, Hong Kong: Chinese University of Hong Kong Press, 2009, p. 237.

4. 上海市檔案館，1957年6月19日，B168-3-136，頁29-32。
5. Milton and Milton, *The Wind Will Not Subside*, pp. 253-258; Thomas W. Robinson, 'The Wuhan Incident: Local Strife and Provincial Rebellion during the Cultural Revolution', *China Quarterly*, no. 47 (July 1971), pp. 413-438; 張廣華，《真實的回憶》，頁67-69；MacFarquhar and Schoenhals, *Mar's Last Revolution*, pp. 210-213.
6. 〈無產階級必須牢牢掌握槍桿子〉，《紅旗》，1967年8月1日；Milton and Milton, *The Wind Will Not Subside*, p. 257; 另有不同的解讀，請參照Michael Schoenhals, '"Why Don't We Arm the Left?": Mao's Culpability for the Cultural Revolution's "Great Chaos" of 1967', *China Quarterly*, no. 182 (June 2005), pp. 277-300.
7. Fokkema, *Report from Peking*, pp. 122-123.
8. 湖北省檔案館，「林彪在8月9日的重要講話」，1967年8月9日，SZ1-3-567，頁2-8。
9. MacFarquhar and Schoenhals, *Mat's Last Revolution*, pp. 210-213.
10. Perry and Li, *Proletarian Power*, p. 139; Yan and Gao, *Turbulent Decade*, p. 390; Wu, *The Cultural Revolution at the Margins*, p. 139.
11. 河北省檔案館，「上海市革命委員會，關於民兵的報告」，1971年9月，919-3-100，頁2-7。
12. 湖南省檔案館，「中央關於湖南問題的若干決定」，1967年8月10日，182-2-52，頁1-3。
13. Liang and Shapiro, *Son of the Revolution*, pp. 128-137.
14. 湖南省檔案館，1967年9月9日、10月26日，194-1-939，頁62-65、79-82；湖南省檔案館，1967年10月4日，182-2-52，頁135。
15. 湖南省檔案館，1967年6月27日，194-1-939，頁1-3；湖南省檔案館，1967年10月26日，194-1-939，頁62-65。
16. Report on Chief Crimes of Wang Feng and Pei Mengfei, 16 Feb. 1969, 甘肅省檔案館，129-6-33, n.p.; see also Li, *The Private Life of Chairman Mao*, p. 396.
17. 甘肅省檔案館，「中央指令」，1967年5月12日，129-2-1，頁9-12；甘肅省檔案館，「周恩來寫給林彪的便條」，1967年5月14日，129-1-1，頁13-16。
18. 甘肅省檔案館，1967年9月1日，129-6-4，頁133-134；甘肅省檔案館，

25. Zhai, *Red Flower of China*, p. 119.
26. Gao, *Born Red*, pp. 200-202.
27. Fokkema, *Report from Peking*, p. 79.
28. 上海市檔案館，1967年3月4、16與21日，B105-4-58, 頁1-3、36-37、74-76。
29. MacFarquhar and Schoenhals, *Mar's Last Revolution*, pp. 177-178.
30. 〈正確地對待革命小將〉，《人民日報》，1967年4月2日；〈中央軍委十條命令〉，1967年4月6日，中國文化大革命文庫；針對情勢轉向對造反派有利一事所做過最早且最透徹的分析之一，是一份中央情報局的情資報告：RSS 0028/68, 'Mao's "Cultural revolution" in 1967: The Struggle to "Seize Power"', 24 May 1968; Schoenhals, p. 181.
31. Liu, *A Brief Analysis of the Cultural revolution*, pp. 68-69; Ling, *The Revenge of Heaven*, p. 307.
32. 王廣宇，《青史難隱》，頁144-145；Zhai, *Red Flower of China*, p. 126; Ling, *The Revenge of Heaven*, pp. 214-215.
33. Gao, *Born Red*, p. 203.
34. 郭發亮，《故鄉故人故事》，頁352-353。
35. 高文謙，《晚年周恩來》，頁166。
36. Ling, *The Revenge of Heaven*, pp. 324-339.
37. Gao, *Born Red*, p. 251.
38. Dikötter, *Mar's Great Famine*, pp. 52 and 299.
39. Chang, *Wild Swans*, p. 435.
40. 李正安訪談，四川成都，2006年4月。
41. Andrew G. Walder, *Fractured Rebellion: The Beijing Red Guard Movement*, Cambridge, MA: Harvard University Press, 2009, p. 252.

第十二章

1. 廣東省檔案館，「國務院報告」，1967年6月，235-2-261，頁39-41；廣東省檔案館，1967年5月29日，235-2-261，頁24-28。
2. 上海市檔案館，1967年5月20日，B105-4-57，頁25-26；亦請見上海市檔案館，1967年5月29日，B246-2-170，頁14。
3. 上海市檔案館，1967年5月18日，B246-2-177，頁37-38。

6. 高文謙，《晚年周恩來》，頁145-147。
7. 逄先知與金沖及，《毛澤東傳（1949-1976）》，頁1474-1475；Liu, *A Brief Analysis of the Cultural Revolution,* pp. 59-60.
8. PRO, P. M. Hewitt, 'Letter from Shanghai', 31 Jan. 1967, FCO 21-28.
9. Neale Hunter, *Shanghai Journal: An Eyewitness Account of the Cultural Revolution*, New York: Praeger, 1969, pp. 232-243.
10. PRO, P. M. Hewitt, 'Letter from Shanghai', 14 Feb. 1967, FCO 21-8.
11. Wu, *The Cultural Revolution at the Margins*, p. 129.
12. Wu, *The Cultural Revolution at the Moagins*, p. 129-130.
13. PRO, P. J. Weston, 'Letter from Sanghai', 1 March 1967, FCO 21-21.
14. Yongyi Song, 'Chronology of Mass Killings during the Chinese Cultural Revolution (1966-1976)', Online Encyclopedia of Mass Violence, Published on 25 August 2011, accessed 23 March 2015.
15. Wu, *The Cultural revolution at the Margins*, pp. 151-152; 亦請見王廣宇，《青史難隱》，頁142；陳益南，《青春無痕》，頁97-108；余習廣，《文革造反奪權大典》，湖南卷，網路摘錄文字。
16. Ling, *The Revenge of Heaven*, pp. 254-298; 水陸洲，《文革簡論》，第46章。
17. Shu Ding, 'L'événement du 23 février au Qinghai' in Song, *Les massacres de la Révolution Culturelle*, pp. 67-88; Liu, *A Brief Analysis of the Cultural Revolution*, p. 61.
18. 逄先知與金沖及，《毛澤東傳（1949-1976）》，頁1480-1481；卜偉華，《砸爛舊世界：文化大革命的動亂與浩劫》，香港：香港中文大學，2008年，頁448-449。
19. 王廣宇，《青史難隱》，頁121。
20. 高文謙，《晚年周恩來》，頁159。
21. 逄先知與金沖及，《毛澤東傳（1949-1976）》，頁1482-1483；卜偉華，《砸爛舊世界》，頁452-453；高文謙，《晚年周恩來》，頁160。
22. 高文謙，《晚年周恩來》，頁164。
23. Ding, 'L'événement du 23 février au Qinghai', pp. 86-87; 薛廷臣，《無悔人生》，北京：北京時代弄潮文化發展公司，2011年，頁180-193。
24. 該政策以當時的拗口詞彙稱為「三支兩軍」；康生的發言可見於 MacFarquhar and Schonehals, *Mao's Last Revolution*, p. 160.

中國文化大革命文庫；〈迎接工礦企業文化大革命的高潮〉，《人民日報》，1966年12月26日，中國文化大革命文庫；王年一，《大動亂的年代》，頁164；毛澤東舉杯祝酒一事亦可見MacFarquhar and Schoenhals, *Mao's Last Revolution*, p. 155.

24. 李遜，《大崩潰：上海工人造反派興亡史》，台北：時報出版社，1996年，以及Perry and Li, *Proletarian Power*, pp. 32-34; 亦可見Hunter, *shanghai Journal*, pp. 138-144.
25. Jiang, 'The Paris Commune in Shanghai', pp. 255-257; PRO, Letter from Ray W. Whitney, 23 Nov. 1966, FO 371-186984; 王鋭，〈「安亭事件」的再認識和再研究〉，《華夏文摘》，第659期，2008年7月9日。
26. Jiang, 'The Paris Commune in Shanghai', p. 281, as well as Wu, *the Cultural Revolution at the Margins*, p. 110; see also Gerald Tannebaum, 'How the Workers Took over their Wharves', *Eastern Horizon*, 6, no. 6 (July 1967), pp. 6-17; Raymond F. Wylie, 'Shanghai Dockers in the Cultural Revolution: The Interplay of Political and Economic Issues' in Christopher Howe (ed.), *Shanghai: Revolution and Development in an Asian Metropolis*, Cambridge: Cambridge University Press, 1981, pp. 91-124.
27. 上海市檔案館，1966年1月，B250-1-1，頁33-38；上海市檔案館，「人民議會報告」，1967年1月4日，B248-2-4，頁1-3。
28. Nanchu, *Red Sorrow: A Memoir*, New York: Arcade, 2001, p. 29.

第十一章

1. 王成林，《重慶「砸爛公檢法」親歷記》，自費出版，2003年，頁20-40：Fokkema, *Report from Peking*, p. 62.
2. 河北省檔案館，「中央報告」，1967年1月11日，21-5-3，頁41；逄先知與金沖及，《毛澤東傳（1949-1976）》，頁1473。
3. 張廣華，《真實的回憶》，北京時代弄潮文化發展公司，2010年，頁232；劉祖能，《我的故事》，頁351-353；亦請見MacFarquhar and Schoenhals, *Mar's Last Revolution*, pp. 170-171.
4. 逄先知與金沖及，《毛澤東傳（1949-1976）》，頁1474；張廣華，《真實的回憶》，頁232。
5. Tan, *The Chinese Factor*, p. 132.

（2008年12月）。

8.〈以毛主席為代表的無產階級革命路線的勝利〉，《紅旗》，第14期，1966年11月1日。

9. Kang, *Confessions*, p. 108.

10. White, *Policies of Chaos*, p. 180.

11. Tiejun Cheng and Mark Selden, 'The construction of spatial hierarchies: China's *hukou* and *danwei* systems' in Timothy Cheek and Tony Saich (eds), *New perspectives on state socialism in China*, Armonk, NY: M. E. Sharpe, 1997, pp. 23-50.

12. Dikötter, *Mao's Great Famine*, pp. 238-239.

13. White, *Policies of Chaos*, p. 180; Christopher Howe, 'Labour Organisation and Incentives in Industry before and after the Cultural Revolution' in Stuart Schram (ed.), *Authority, Participation and Cultural Change in China*, London: Contemporary China Institute, 1973, p. 235.

14. White, *Policies of Chaos*, p. 185; 關於臨時工人日常生活的描述可見於Ying Hong, *Daughter of the River: An Autobiography*, New York: Grove Press, 1998.

15. 上海市檔案館，1966年7月2、14、17日，A36-2-757，頁7-9、13-14、33；Perry and Li, *Proletarian Power*, p. 31.

16. 上海市檔案館，1966年8月，A36-2-757，頁103-112。

17.〈以毛主席為代表的無產階級革命路線的勝利〉，《紅旗》，第14期，1966年11月1日；周恩來，周恩來在部長會議的報告中關於檔案問題的講話，1966年11月19日，中國文化大革命文庫。

18. Liu Guokai, *A Brief Analysis of the Cultural Revolution*, Armonk, NY: M. E. Sharpe, 1987, pp. 35-36; 陳益南，《青春無痕》，頁42-46。

19. 上海市檔案館，1975年8月7日，B127-4-77，頁1-5。

20. Liu, *A Brief Analysis of the Cultural Revolution*, pp. 74-76.

21. 南京市檔案館，「南京市革命委員會報告」，1966年12月，5020-2-8，頁111-122。

22. Tan, *The Chinese Factor*, p. 131; 江青陳伯達與全國紅色勞動者造反總團代表的談話，1966年12月26日，中國文化大革命文庫；Milton and Milton, *The Wind Will Not Subside*, pp. 186-188; 沈福祥，《崢嶸歲月》，頁330-331。

23. 江青陳伯達與全國紅色勞動者造反總團代表的談話，1966年12月26日，年，頁348；梁曉聲，《一個紅衛兵的自白》，頁272；李世華，《共用的墓碑：一個中國人的家庭記事》，Carle Place, NY: 明鏡出版社，2008年，頁243。

25. 李世華，《共用的墓碑》，頁243-244。
26. Zai, *Red Flower of China*, pp. 113-114.
27. 文貫中訪談，2012年8月22日。
28. 上海檔案館，「江西省黨委會報告」，1967年1月6日，B243-2-754，頁2；目擊者的描述可見於Liang and Shapiro, *Son of the Revolution*, pp. 109-110.
29. Liang and Shapiro, *Son of the Revolution*, p. 104; Wong Siu Kuan, 'Why the Cultural revolution?', *Eastern Horizon*, 6, no. 2 (Feb. 1967), p. 15.
30. 李正安（生於1922年）訪談，四川成都，2006年4月；劉祖能，《我的故事》，頁330。
31. 本段內容根據Ka Wai Fan, 'Epidemic Cerebrospinal Meningitis during the Cultural revolution', *Extréme-Occident*, 37 (Sept. 2014), pp. 197-232.

第十章

1. PRO, Boyd to Wilson, 'Invasion of Peking', 28 Sept. 1966, FCO 371-186982; 王端陽，《一個紅衛兵的日記》，頁62；Wang, 'Student Attacks against Teachers'.
2. Song, 'The Enduring Legacy of blood Lineage Theory', p. 15; see also Andrew G. Walder, 'Tan Lifu: A "Reactionary" Red Gard in Historical Perspective', *China Quarterly*, no. 180 (Dec. 2004), pp. 965-988.
3. Ling, *The Revenge of Heaven*, p. 15.
4. 〈在毛澤東思想的大路上前進〉，《紅旗》，第13期，1966年10月1日；葉青，《「文革」時期福建群眾組織研究》，第1卷，頁63-64。
5. 陳伯達，陳伯達在中央工作會議上的講話，1966年10月16日，中國文化大革命文庫；Song, 'The Enduring Legacy of Blood Lineage Theory', pp. 17-18.
6. Song, 'The Enduring Legacy of Blood Lineage Theory', pp. 13-23; one should also read Wu, *The Cultural Revolution at the Margins*, chapter 3.
7. 水陸洲，《文革簡論》，網路版，第46章；Ling, *the Revenge of Heaven*, p. 135; 王盛澤，〈「文革」風暴中的葉飛上將〉，《黨史博覽》，第12期

織研究》，第1卷，頁56-63。

6. PRO, K. Godwin, 'Letter from Shanghai', 29 Aug. 1966, FCO 371-186982; 王端陽，《一個紅衛兵的日記》，頁63。
7. PRO, Boyd to Wildon, 'Invasion of Peking', 28 Sept. 1966, FCO 371-186982.
8. 文貫中訪談，2012年8月22日。
9. Gao, *Born Red*, p. 146; Ling, *The revenge of Heaven*, pp. 111-115.
10. Gao, *Born Red*, p. 116.
11. Ling, *The Revenge of Heaven*, pp. 159-160; Chang, *Wild Swans*, p. 403.
12. 沈福祥，《崢嶸歲月：首都工人造反派回憶錄》，香港：時代國際出版有限公司，2010年，頁325：MacFarquhar and Schoenhals, *Mao's Last Revolution*, p. 109.
13. 上海市檔案館，「人民代表大會報告」，1966年11月1日與9日，B172-5-1085，頁15及20。
14. 劉祖能，《我的故事》，北京：北京時代弄潮文化發展公司，2011年，頁328；周成豪，《往事回憶》，北京：北京時代弄潮文化發展公司，2011年，頁154-155：Ling, *the Revenge of Heaven*, p. 163.
15. PRO, Theo Peters, 'Red Guard Activity', 9 Sept. 1966, FCO 371-186982; Gao, *Born Red*, p. 119; Ling, *The Revenge of Heaven*, p. 165.
16. 劉祖能，《我的故事》，頁329-330。
17. 梁曉聲，《一個紅衛兵的自白》，香港：天地圖書有限公司，1996年，頁272；Daivd Tsui, interview, 26 July 2012.
18. Chang, *Wild Swans*, p. 413.
19. Howard W. French, 'Hearts Still Scarred 40 Years after China's Upheaval', *New York Times*, 10 June 2006; 余習廣，《位卑未敢忘憂國：「文化大革命」上書集》，長沙：湖南人民出版社，1989年，頁52。
20. 劉文忠，《風雨人生路：一個殘疾苦囚新生記》，澳門：澳門崇適文化，2004年，頁40及65
21. Ling, *The revenge of Heaven*, pp. 178-179.
22. 周成豪，《往事回憶》，頁156；梁曉聲，《一個紅衛兵的自白》，頁272-273。
23. Ling, *The Revenge of Heaven*, pp. 179-180.
24. 郭發亮，《故鄉故人故事》，北京：北京時代弄潮文化發展公司，2011

Publishing, 1968, p. 48.

11. 山東省檔案館，1966年8月27日，A1-1-1010，頁183-184。
12. 山東省檔案館，文化部，1966年7月11日，A1-1-1-10，頁67-9；南京市檔案館，「中央指示」，1967年4月5日、7月12日，5038-2-107，頁2、58-59。
13. 上海市檔案館，1967年12月11日，B167-3-21，頁70-73；南京市檔案館，「中央指示」, 1967年4月5日及7月12日，5038-2-107，頁2、58-59。
14. 貿易部指令，1966年8月30日，河北，999-4-761，頁149。
15. *Chinese Propaganda Posters: From the Collection of Michael Wolf*, Cologne: Taschen,2003, p. 5.
16. 上海市檔案館，1967年5月12日，B244-2-116，頁52-54；1968年4月13日，B244-3-66，頁42-45。
17. 上海市檔案館，1967年8月3日，B167-3-17，頁31。
18. 上海市檔案館，1967年5月2日，B182-2-8，頁5-8；南京市檔案館，1967年2月4日，5020-2-42，頁1-13；河北省檔案館，「中央指示」，1968年2月7日，999-4-765，頁40-41。
19. 上海市檔案館，1967年5月2日，B182-2-8，頁5-8。
20. 上海市檔案館，1967年5月7日及7月16日，B182-2-8，頁2-4、9-11；上海市檔案館，1968年7月10日，B182-3-66，頁30-33。
21. Helen Wang, *Chairman Mao Badges: Symbols and Slogans of the Cultural Revolution*, London: British Museum, 2008; 亦請見 Melissa Schrift, *Biography of a Chairman Mao Badge: The Creation and Mass Consumption of a Personality Cult*, New Brunswick, NJ:Rutgers University Press, 2001.
22. 徐小棣訪談，香港，2013年3月13日；Wang, *Chairman Mao Badges*, p. 19.
23. Wang, *Chairman Mao Badges*, p. 21.

第九章

1. PR. O, K. Godwin, 'Letter from Shanghai', 29 Aug. 1966, FCO 371-186982.
2. PRO, Theo Peters, 'Red Guard Activity', 9 Sept. 1966, FCO 371-186982.
3. 《人民日報》，1966年9月1日；王年一，《大動亂的年代》，頁77。
4. Zhai *Red Flower of China*, p. 110; 王年一，《大動亂的年代》，頁77。
5. Ling, *The Revenge of Heaven*, pp. 86-87; 葉青，《「文革」時期福建群眾組

的報告」，1973年7月23日，A145-38-93；中共中央文獻研究室（編），《三中全會以來重要文獻選編》，北京：人民出版社，1982年，第2卷。

35. 上海市檔案館，1969年1月26日，B105-4-325，頁3；1972年9月5日，B105-4-953，頁107-108；1967年5月29日，B172-3-5，頁20-21。
36. 上海市檔案館，1967年2月17日，B172-3-5。
37. 上海市檔案館，1967年5月29日及10月13日，B172-3-5，頁20-21、31-36。
38. 湖北省檔案館，1968年2月27日，SZ139-6-49，頁54-55。
39. Cheng, *Life and Death in Shanghai*, pp. 86-87.
40. Yang, *Spider Eaters*, pp. 210-211.
41. Daiyun Yue, *To the Storm: The Odyssey of a Revolutionary Chinese Woman*, Berkeley: University of California Press, 1985, p. 176.
42. 上海市檔案館，1969年9月7日，B246-1-269，頁142-147。
43. PRO, 'Report from Shanghai', 29 Aug. 1966, FCO 371-186982; MacFarquhar and Schoenhals, *Mao's Last Revolution*, p. 122.

第八章

1. 江蘇省檔案館，1966年11月25日，4007-3-1287，頁1-11。
2. 廣東省檔案館，1967年6月6日，286-1-93，頁119-122。
3. 上海市檔案館，1966年12月29日，B123-6-1362，頁187-190；1966年11月2日，B134-6-1406，頁4。
4. 上海市檔案館，1968年11月22日，B123-8-117，頁57-58。
5. 上海市檔案館，1968年4月9日，B123-8-117，頁51-55。
6. 上海市檔案館，1966年11月7日，B163-2-2192，頁22。
7. 江蘇省檔案館，1966年8月26日及12月15日，4016-3-119，頁1-19；上海市檔案館，1967年3月24日，B123-8-24，頁24；1967年5月15日，B168-3-132，頁49-50。
8. 上海市檔案館，財貿辦公室報告，1966年9月21日，B6-1-130, pp. 195-6; PRO, Goodwin to Wilson, 19 Sept. 1966, FCO 371-186982.
9. PRO, Leonard Appleyard to John Benson, 'Manifestations of the Mao Cult', 28 Sept. 1966, FCO 371-186983.
10. Louis Barcata, *China in the Throes of the Cultural Revolution*, New York: Hart

館，1966年10月20日，B168-2-89，頁27-32。

16. 上海市檔案館，1966年12月24日，B257-1-4714，頁46-49；1966年9月20日，B109-2-1158， 頁119；1966年10月3日，B109-2-1159頁132-133；江蘇省檔案館，1966年9月4日，4007-3-1308；土葬禁令是在北京發布的，但許多其他城市也通過了類似的禁令；見 PRO, John D. I. Boyd to David Wilson, 31 Aug. 1966, FCO 371-186982. 紅衛兵公布的物品及活動禁止名單，有部分長達數十頁。
17. 山東省檔案館，「外交部報告」，1974年11月16日，A47-2-247，頁144-146。
18. MacFarquhar and Schoenhals, *Mao's Last Revolution*, p. 120.
19. 上海市檔案館，1966年10月13日及17日，B326-5-531，頁1-3、18-23。
20. Dikötter, *The Tragedy of Liberation*, p. 151.
21. Rae, *Spider Eaters*, p. 127; PRO, John D. I. Boyd to David Wilson, 31 Aug. 1966, FCO 371-186982.
22. 上海市檔案館，1966年11月30日，B326-5-531，頁24-26；1968年3月26日，B248-2-41，頁12-13；1968年6月21日及26日，B248-2-54，頁1-22。
23. 文貫中訪談，2012年8月22日
24. Cheng, *Life and Death in Shanghai*, pp. 70-82 and 105-106.
25. Yang, *Spider Eaters*, p. 126; Kang Zhengguo, *Confessions: An Innocent Life in Communist China*, New York: Norton, 2007, p. 105.
26. Liang and Shapiro, *Son of the Revolution*, p. 72.
27. Chang, *Wild Swans*, p. 394.
28. 北京的例子可見於Chen, *Inside the Cultural Revolution*, pp. 227-228; Fokkema, *Report from Peking*, p. 20; 上海的例子可見於Cheng, *Life and Death in Shanghai*, p. 125.
29. David Tsui訪談，2012年7月26日。
30. 湖北省檔案館，1968年2月27日，SZ139-6-49，頁54-55。
31. 上海市檔案館，1980年3月27日，B1-9-228，頁73-76。
32. Ling, *The Revenge of Heaven*, pp. 46-47.
33. Ling, *The Revenge of Heaven*, pp. 52-53; 董勝利，〈關於西安紅色恐怖隊的口述記憶〉。
34. 山東省檔案館，中共中央紀律檢查委員會，「關於遭康生偷竊之藝術品

30. 遇羅文，〈北京大興縣慘案調查〉，見宋永毅，《文革大屠殺》，香港：開放雜誌社，2003年。
31. 王廣宇，《青史難隱》，頁6。
32. MacFarquhar and Schoenhals, *Mao's Last Revolution*, p. 120; Zhai, *Red Flower of China*, p. 92.
33. Wang, 'Student Attacks against Teachers'.

第七章

1. Wang, 'Student Attacks against Teachers'.
2. Wang, 'Student Attacks against Teachers'；陳益南，《青春無痕：一個造反派工人的十年文革》，香港：香港中文大學，2006年，第2章；董勝利，〈關於西安紅色恐怖隊的口述回憶〉，《記憶》，第10期（2004年10月）。
3. Rittenberg, *The Man Who Stayed Behind*, p. 348.
4. PRO, Theo Peters, 'The Cultural Revolution Stage III', 19 Sept. 1966, FCO 371-186982; 黃延敏，〈破四舊運動的發展脈絡〉，《二十一世紀》，第137期（2013年6月），頁71-82。
5. Gao, *Born Red*, p. 92.
6. Ling, *The Revenge of Heaven*, pp. 36-38.
7. PRO, K. Godwin, Letter from Shanghai, 29 Aug. 1966, FCO 371-186982; Nien Cheng, *Life and Death in Shanghai*, New York: Penguin Books, 2008, p. 62.
8. 盧弘，《軍報內部消息》，頁121-4
9. Ling, *The Revenge of Heaven*, pp. 46-47.
10. 上海市檔案館，1966年8月28日，B3-2-198，頁41-44；文貫中訪談，2012年8月22日。
11. 上海市檔案館，1966年8月28日，B3-2-198，頁41-44；1967年5月29日、10月13日，B172-3-5,，頁20-21、31-36。
12. Weili Fan, '"Land Mines" and Other Evils', *China Outlook*, 4 Dec. 2013.
13. 應山紅，《湖南衡陽「文革」史實》，自費出版，2002年，頁155-157。
14. Zehao Zhou, 'The Anti-Confucian Campaign during the Cultural Revolution, August 1966-January 1967', doctoral dissertation, University of Maryland, 2011, pp. 148 , 178.
15. 上海市檔案館，1966年12月24日，B257-1-4714，頁46-49；上海市檔案

S. Major (eds), *China Chic: East Meets West*, New Haven, CT: Yale University Press, 1999, pp. 167–186; Antonia Finnane, *Changing Clothes in China: Fashion, History, Natio*n, New York: Columbia University Press, 2008, pp. 227-256; Chang, *Wild Swans*, p. 390.

17. 引用文句出自 Yiching Wu, *The Cultural Revolution at the Margins: Chinese Socialism in Crisis*, Cambridge, MA: Harvard University Press, 2014, pp. 62 ff；比例數據引自 Youqin Wang, 'Student Attacks against Teachers: The Revolution of 1966', *Issues and Studies*, 37, no. 2 (March 2001), pp. 29-79.

18. 本段與下段所述內容皆出自 Youqin Wang, 'Student Attacks against Teachers', pp. 29-79.

19. 王年一，《大動亂的年代》，鄭州：河南人民出版社，1988年，頁74。

20. 馬波，《血與鐵》，北京：中國社會科學出版社，1998年，頁304；卜偉華，〈北京紅衛兵運動大事記〉，《北京黨史研究》，第84期（1994年），頁57。

21. 見證者對這場大集會的描述，部分可見於 Yang, *Spider Eaters*, pp. 122-123; Zhai, *Red Flower of China*, pp. 84-88; 宋柏林，《紅衛兵興衰錄》，頁117-119。

22. Wang, 'Student Attacks against Teachers'.

23. Yongyi Song, 'The Enduring Legacy of Blood Lineage Theory', *China Rights Forum*, no. 4 (2004), pp. 13-23.

24. Wang, 'Student Attacks against Teachers'.

25. 老舍之死的詳情目前仍不確定，文化大革命的受害者經常有這類案例；見傅光明與鄭實：《太平湖的記憶：老舍之死口述實錄》，深圳：海天出版社，2001年。

26. http://ywang.uchicago.edu/history/big5/Nanbaoshan.htm。王友琴，〈打「小流氓」和南保山父子之死〉，「中國文革浩劫遇難者紀念園」網站。

27. PRO, Letter from John D. I. Boyd to David Wilson, 31 Aug. 1966, FCO 371-186982.

28. Zhai, *Red Flower of China*, pp. 96-97; 溫大勇，《紅衛兵懺悔錄》，香港：明報出版社有限公司，2000年，頁75；馬波，《血與鐵》，頁129。

29. PRO, Letter from John D. I. Boyd to David Wilson, 31 Aug. 1966, FCO 371-186982, MacFarquhar and Schoenhals, *Mao's Last Revolution*, p. 122.

32. Hongsheng Jiang, 'The Paris Commune in Shanghai: The Masses, the State, and Dynamics of "Continuous Revolution"', doctoral dissertation, Duke University, 2010, pp. 217 and 230-231.
33. Chen, *Inside the Cultural Revolution*, pp. 217-218.

第六章

1. PRO, L.V. Appleyard, Letter, 30 July 1966, FO 371-186987.
2. Fokkema, *Report from Peking*, p. 14; PRO, Douglas Brookfield, 'Visit to Shanghai', FO 371-186986;王端陽，《一個紅衛兵的日記》，自費出版，2007年，頁44；Gao, *Born Red*, p. 62; 南京市檔案館，1966年7月26日及8月3日，5003-3- 1155，頁23，34-35。
3. 葉永烈，《陳伯達傳》，第24章指此事發生於7月19日，部分歷史學家則認為是7月24日；此事並未記載於官方出版的毛澤東傳記中，即逄先知與金沖及，《毛澤東傳（1949-1976）》。
4. 南京市檔案館，「江青會見市委書記」，1966年7月19日，4003-1-293，頁77-84。
5. 葉永烈，《陳伯達傳》，第24章。
6. 逄先知與金沖及，《毛澤東傳（1949-1976）》，頁1422-3
7. Zhai, Red Flower of China, p. 68; 高樹華，《內蒙文革風雷：一位造反派領袖的口述史》，香港：明鏡出版社，2007年，頁189。
8. 宋柏林，《紅衛兵興衰錄：清華附中老紅衛兵手記》，香港：德賽出版有限公司，2006年，頁105；Li, *The Private Life of Chairman Mao*, p. 470.
9. 逄先知與金沖及，《毛澤東傳（1949-1976）》，頁1427-1430。
10. Chen, *Inside the Cultural Revolution*, pp. 221-223.
11. MacFarquhar and Schoenhals, *Mao's Last Revolution*, p. 90.
12. Heng Liang and Judith Shapiro, *Son of the Revolution*, New York: Knopf, 1983, pp. 46-47.
13. Elizabeth J. Perry, *Challenging the Mandate of Heaven: Social Protest and State Power in China, Armonk*, NY: M. E. Sharpe, 2002, p. 244.
14. Chen, *Inside the Cultural Revolution*, pp. 231-234.
15. Li, *The Private Life of Chairman Mao*, p. 469.
16. Verity Wilson, 'Dress and the Cultural Revolution' in Valerie Steele and John

10. 王廣宇，《青史難隱：最後一次交代》，自費出版，2011年，頁34-45。
11. 〈橫掃一切牛鬼蛇神〉，《人民日報》，1966年6月1日。
12. MacFarquhar and Schoenhals, *Mao's Last Revolution*, pp. 57-58.
13. PRO, 'Telegram no. 422', 4 June 1966, FCO 371-186980; Douwe W. Fokkema, *Report from Peking: Observations of a Western Diplomat on the Cultural Revolution*, London: Hurst, 1972, pp. 9-10.
14. Fokkema, *Report from Peking*, pp. 9-10.
15. PRO, Donald C. Hopson, 'Some Impressions of Shantung', 7 June 1966, FO 371-186986.
16. PRO, Alan E. Donald, 'A Journey in the Yellow River Valley', 21 June 1966, FO 371-186986.
17. PRO, Alan E. Donald, 'A Journey in the Yellow River Valley', 21 June 1966, FO 371-186986.
18. 毛澤東，關於「進一步搞好部隊農副業生產的報告」的批示，1966年5月7日，《毛澤東選集》，第9卷。
19. Chen, *Inside the Cultural Revolution*, p. xvii.
20. Li, *The Private Life of Chairman Mao*, p. 459.
21. Rae Yang, *Spider Eaters: A Memoir*, Berkeley: University of California Press, 1997, p. 117.
22. Chang, *Wild Swans*, p. 196.
23. Ken Ling, *The Revenge of Heaven*, New York: Ballantine, 1972, pp. 9-10.
24. Gao, *Born Red*, p. 53.
25. Ling, *The Revenge of Heaven*, pp. 9-10.
26. Ling, *The Revenge of Heaven*, pp. 9-10；葉青，《「文革」時期福建群眾組織研究》，福建師範大學，博士論文，2002年，第1卷，頁39。
27. Gao, *Born Red*, p. 56.
28. Zhai, *Red Flower of China*, pp. 63-64.
29. Yan and Gao, *Turbulent Decade*, pp. 47-48.
30. MacFarquhar and Schoenhals, *Mao's Last Revolution*, pp. 72-73; Xiaoxia Goang, 'Repressive Movements and the Politics of Victimization', p. 74; 定額比例與三十萬受害者數字出自宋永毅，〈劉少奇：罪惡歷史的製造者〉。
31. 郝生信，《難忘的歲月》，頁96-97

26，摘錄於Wang Ning, 'The Great Northern Wilderness: Political Exiles in the People's Republic of China', doctoral dissertation, University of British Columbia, 2005.

12. Hao Ping, 'Reassessing the Starting Point of the Cultural Revolution', *China Review International,* 3, no.1（Spring 1996）,pp.66-86.
13. Li, *The Private Life of Chairman Mao*, pp. 295-297.
14. Milton and Milton, *The Wind Will Not Subside*, p. 110.
15. Li, *The Private Life of Chairman Mao*, p. 391.
16. Li, *The Private Life of Chairman Mao*, p. 440-441; MacFarquhar and Schoenhals, *Mao's Last Revolution*, p. 17.
17. MacFarquhar and Schoenhals, *Mao's Last Revolution*, pp. 32-33.
18. 逄先知與金沖及，《毛澤東傳（1949-1976）》，頁1373。
19. Li, *The Private Life of Chairman Mao*, p. 451.
20. 林彪在中央政治局擴大會議的講話全文和秋石客的批注，1966年5月18日；也請見青海八一八革命造反派聯合委員會，《資料選編：中央首長講話專輯》，1967年12 月5日，摘錄於宋永毅，〈文革周恩來：一個被掩蓋了的形象〉，未出版文章，1999年3月。

第五章

1. 南京市檔案館，1966年5月30日，5003-3-1154，頁40。
2. Jiaqi Yan and Gao Gao, *Turbulent Decade: A History of the Cultural Revolution*, Honolulu: University of Hawaii Press, 1996, p. 37.
3. Yuan Gao, *Born Red: A Chronicle of the Cultural Revolution*, Stanford: Stanford University Press, 1987, p. 34.
4. Yuan Gao, *Born Red*, p. 40.
5. 山東省檔案館，1966年5月17日，A1-2-1356，頁185-186及191-192。
6. 中國共產黨中央委員會通知，1966年5月16日。
7. 逄先知與金沖及，《毛澤東傳（1949-1976）》，頁1413。
8. Jack Chen, *Inside the Cultural Revolution*, London: Sheldon, 1976, p. 200.
9. Li, *The Private Life of Chairman Mao*, p. 390; Pamela Tan, *The Chinese Factor: An Australian Chinese Woman's Life in China from 1950 to 1979*, Dural, New South Wales: Roseberg, 2008, p. 130.

第四章

1. Edgar Snow, 'Interview with Mao', *New Republic*, 26 Feb. 1965; Mao Zedong, 'South of the Mountains to North of the Seas', *Selected Works of Mao Zedong*, 9 Jan. 1965, vol. 9; Milton and Milton, *The Wind Will Not Subside*, p. 82.
2. David Halberstam, *The Coldest Winter: America and the Korean War*, London: Macmillan, 2008, p. 372.
3. Radchenko, *Two Suns in the Heavens*, pp. 143-146.
4. Luo Ruiqing, *Commemorate the Victory Over German Fascism! Carry the Struggle Against U. S. Imperialism Through to the End!*, Beijing: Foreign Languages Press, 1965, pp. 28-29；羅瑞卿，《紀念戰勝德國法西斯‧把反對美帝國主義的鬥爭進行到底》，北京，人民出版社，1965。
5. Lin Biao, 3 Sept. 1965, *Long Live the Victory of People's War!*, Beijing: Foreign Languages Press, 1965；林彪，《人民戰爭勝利萬歲》，北京：人民出版社，1965。
6. Milton and Milton, *The Wind Will Not Subside*, pp. 94-95; 最早指出羅瑞卿與林彪採用不同策略的學者包括Donald Zagoria, *Vietnam Triangle: Moscow, Peking, Hanoi*, Cambridge: Pegasus, 1967, pp. 70-83; Byungjoon Ahn, *Chinese Politics and the Cultural Revolution*, Seattle: University of Washington Press, 1976, pp. 186-190 and 203-204.
7. Roderick MacFarquhar, *The Origins of the Cultural Revolution*, vol. 3, pp. 448-450; Roderick MacFarquhar and Michael Schoenhals, *Mao's Last Revolution*, Cambridge, MA: Harvard University Press, 2006, p. 26, 引述字句做了些微更改。
8. Victor Usov, 'The Secrets of Zhongnanhai: Who Wiretapped Mao Zedong, and How?', *Far Eastern Affairs*, no. 5 (May 2012), pp. 129-139.
9. Roderick MacFarquhar, *The Origins of the Cultural Revolution*, vol. 1: *Contradictions among the People, 1956–1957*, London: Oxford University Press, 1974, especially pp. 193-4 and 202-7.
10. Li, *The Private Life of Chairman Mao*, p. 451.
11. 申淵，〈鄧小平彭真的反右角色〉，《開放》，第4期（2007年4月）；殷毅，《回首殘陽已含山》，北京：十月文藝出版社，2003年，頁25-

日。

27. 盧弘，《軍報內部消息》，香港，時代國際出版社，2006年，頁14-17；Daniel Leese, *Mao Cult: Rhetoric and Ritual in China's Cultural Revolution*, Cambridge: Cambridge University Press, 2011, pp. 111-112.
28. Li, *The Private Life of Chairman Mao*, p. 412.
29. Lynn T. White, *Policies of Chaos: The Organizational Causes of Violence in China's Cultural Revolution*, Princeton: Princeton University Press, 1989, pp. 194-195, 206, 214-216.
30. Letter by D. K. Timms, 6 Oct. 1964, FO 371-175973; see also Laszlo Ladany, *The Communist Party of China and Marxism, 1921–1985: A Self-Portrait*, London: Hurst, 1988, p. 272.
31. 毛澤東，「春節談話」，1964年2月13日，《毛澤東文集》，第9卷。
32. Susan L. Shirk, *The Political Logic of Economic Reform in China*, Berkeley: University of California Press, 1993, chapter 3.
33. Hua Linshan, *Les années rouges*, Paris: Seuil, 1987, p. 46; Xiaoxia Goang, 'Repressive Movements and the Politics of Victimization', doctoral dissertation, Harvard University, 1995, p. 69.
34. 毛澤東，《建國以來毛澤東文稿》，第10冊，1963年12月12日，頁436；第11冊，1964年6月27日，頁91。
35. Ross Terrill, *Madame Mao: The White-Boned Demon*, Stanford: Stanford University Press, 1990, pp. 107-135.
36. Li, *The Private Life of Chairman Mao*, pp. ix and 255-256.
37. Li, *The Private Life of Chairman Mao*, pp. 407-408; 'China: The Women', *Time Magazine*, 19 Oct. 1962.
38. Li, *The Private Life of Chairman Mao*, p. 401.
39. Li, *The Private Life of Chairman Mao*, p. 402.
40. MacFarquhar, *The Origins of the Cultural Revolution*, vol. 3, p. 389.
41. 蕭冬連，《求索中國》，第2冊，頁773；也請見郭德宏與林小波（編），《四清運動實錄》，杭州：浙江人民出版社，2005年，頁132。
42. 胡金兆，《文人落難記》，北京，自費出版，2011年，頁18-20。
43. Roderick MacFarquhar, *The Origins of the Cultural Revolution*, vol. 3, pp. 392-398.

西省宣傳廳報告」，1963年6月16日，A1-2-1153，頁74-88。
10.《內部參考》，1963年4月16日，頁8-9。
11.《內部參考》，1963年6月18日，頁5；1963年6月12日，頁14-15；1963年6月4日，頁7-8。
12.山東省檔案館，「中國共產黨山東省委報告」，1963年7月20日，A1-2-1189，頁22。
13.山東省檔案館，「共青團中央書記處報告」，1963年10月1日與18日，A1-2-1154，頁213-20；山東省檔案館，1963年9月26日，A1-2-1190，頁158-9；關於官方出資推廣的歌唱活動，請見Dikötter, The Tragedy of Liberation, pp. 193-194.
14.山東省檔案館，1963年7月23日，A1-2-1154，頁185-188；Dikötter, *Mao's Great Famine*, p. 240.
15.《人民日報》，1963年2月7日，引用於Arthur A. Cohen, *The communism of Mao Tse-tung*, Chicago: University of Chicago Press, 1964, p. 203.
16.David Milton and Nancy D. Milton, *The Wind Will Not Subside: Years in Revolutionary China, 1964-1969*, New York: Pantheon Books, 1976, pp. 63-65; Jacques Marcuse, *The Peking Papers: Leaves from the Notebook of a China Correspondent*, London: Arthur Barker, 1968, pp. 235-246.
17.Mary Sheridan, 'The Emulation of Heroes', *China Quarterly*, no. 33 (March 1968), pp. 47-72.
18.Zhenhua Zhai, *Red Flower of China*, New York: Soho, 1992, p. 41.
19.徐小棣，《顛倒歲月》，北京：生活・讀書・新知三聯書店，2012年；徐小棣訪談，2013年3月13日。
20.Jung Chang, *Wild Swans: Three Daughters of China*, Clearwater, FL: Touchstone, 2003, p. 322.
21.Chang, *Wild Swans*, p. 325.
22.南京市檔案館，1966年10月24日，6001-2-434，頁59-61。
23.Chang, *Wild Swans*, p. 325.
24.李銳，《廬山會議實錄》，鄭州：河南人民出版社，1999年，頁206-207。
25.高文謙，《晚年周恩來》，頁187-188。
26.劉統，〈揭示中南海高層政治的一把鑰匙：林彪筆記的整理與研究〉，發表於20世紀中國戰爭與革命國際研討會，上海交通大學，2008年11月8-9

90。

31. 羅冰，〈毛澤東發動社教運動檔案解密〉，《爭鳴》，2006年2月。
32. MacFarquhar, *The Origins of the Cultural Revolution*, vol. 3, p. 417.
33. MacFarquhar, *The Origins of the Cultural Revolution*, vol. 3, pp. 365, 416-417.
34. 薄一波，《若干重大事件與決策的回顧》，下冊，頁1131；亦請見 MacFarquhar, *The Origins of the Cultural Revolution*, vol. 3, p. 421.
35. 逄先知與金冲及，《毛澤東傳（1949-1976）》，頁1373。
36. 蕭冬連，《求索中國：文革前十年史》，北京：中共黨史出版社，2011年，第2冊，頁787、791。
37. 高華，〈在貴州「四清運動」的背後〉，頁84-85。
38. MacFarquhar, *The Origins of the Cultural Revolution*, vol. 3, p. 428.

第三章

1. Stalin, *History of the All-Union Communist Party*, p. 321.
2. Service, *Stalin*, pp. 299-301; 亦請見 Sheila Fitzpatrick, *Cultural Revolution in Russia, 1928-1931*, Bloomington: Indiana University Press, 1978.
3. Dikötter, *The Tragedy of Liberation*, chapter 9.
4. Dikötter, *The Tragedy of Liberation*, pp. 185-186.
5. 毛澤東，〈在擴大的中央工作會議上的講話〉，1962年1月30日，《毛澤東文集》，第8卷。
6. John Byron and Robert Pack, *The Claws of the Dragon: Kang Sheng, the Evil Genius behind Mao and his Legacy of Terror in People's China*, New York: Simon and Schuster, 1992, pp. 125–126; Roger Faligot and Rémi Kauffer, *The Chinese Secret Service*, New York: Morrow, 1989, pp. 103–104, 115–118.
7. David Holm, 'The Strange Case Of Liu Zhidan', *Australian Journal of Chinese Affairs*, no. 27 (Jan. 1992), pp. 77-96; MacFarquhar, *The Origins of the Cultural Revolution*, vol. 3, pp. 293-296; Li Kwok-sing, *A Glossary of Political Terms of the People's Republic of China*, Hong Kong: Chinese University of Hong Kong Press, 1995, p. 225.
8. 毛澤東，〈第八屆中央委員會第十次全體會議上的講話〉，1962年9月24日，《毛澤東文集》，北京：外文出版社，第8卷。
9. 中發（1963）第504號文件，1963年7月25日；山東省檔案館，「以及陝

17. 中發（1963）第368號文件，1963年5月26日，山東省檔案館, A1-2-1157, 頁 11-14。
18. 訪談曾木（1931-）, 四川省彭州，2006年5月。
19. 南京市檔案館，1959年5月27日，4003-1-279，頁242
20. 金冲及、黃崢（編），《劉少奇傳》，北京：中央文獻出版社，1998年，頁869。
21. 宋永毅，〈被掩藏的歷史：劉少奇對"文革"的獨特貢獻〉，收入宋永毅（編），《文化大革命：歷史真相和集體記憶》，香港：田園書屋，2007年，下冊，頁45-62；Edward Friedman, Paul G. Pickowicz and Mark Selden, *Revolution, Resistance and Reform in Village China*, New Haven, CT: Yale University Press, 2005, p. 62.
22. 湖南省檔案館，1964年5月6日，146-1-743，頁103-108；湖南省檔案館，1964年10月10日，146-1-776，頁163；口號引述自謝承年，〈我親歷的「四清」運動那些事〉，《文史天地》，第6期（2012年6月），頁8-9。
23. 湖南省檔案館，1964年6月15日，146-1-751，頁56-62、75-82。
24. 武宜三，〈白銀「四清」大冤案〉，《爭鳴》，2007年1月。
25. 逄先知與金冲及（編），《毛澤東傳（1949-1976）》，北京：中央文獻出版社，2003年，頁1345；為行文之便，劉少奇所說的話經過刪減。
26. 數名外交官將此視為中蘇分裂的主因；見Michael Stepanovitch Kapitsa, *Na raznykh parallelakh: Zapiski diplomata*, Moscow: Kniga i Biznes, 1996, pp. 61-63; Arkady N. Shevchenko, *Breaking with Moscow*, New York: Alfred Knopf, 1985, p. 122.
27. Sergey Radchenko, *Two Suns in the Heavens: The Sino-Soviet Struggle for Supremacy, 1962-1967,* Stanford: Stanford University Press, 2009, p. 73.
28. 郭德宏與林小波（編），《四清運動實錄》，杭州：浙江人民出版社，2005年，頁132；高華，〈在貴州「四清運動」的背後〉，《二十一世紀》，第93期（2006年2月），頁83。
29. 李新，〈「四清」記〉，收錄於郭德宏與林小波（編），《「四清」運動親歷記》，北京：人民出版社，2008年，頁258-259。
30. 貴州案記載於高華，〈在貴州「四清運動」的背後〉，頁75-89；亦請見晏樂斌，《我所經歷的那個年代》，香港：時代文化出版社，2012年，頁

3. Josef Stalin, *History of the All-Union Communist Party: A Short Course*, New York: International Publishers, 1939, pp. 324-325；聯共（布）中央特設委員會編，《聯共（布）黨史簡明教程》（北京：人民出版社，1975），頁358。
4. Kees Boterbloem, *Life and Times of Andrei Zhdanov, 1896-1948*, Montreal: McGill-Queen's Press, 2004, pp. 176-177.
5. Hua-yu Li, 'Instilling Stalinism in Chinese Party Members: Absorbing Stalin's Short Course in the 1950s', in Thomas P. Bernstein and Li Hua-yu (eds), *China Learns from the Soviet Union, 1949–Present*, Lanham, MD: Lexington Books, 2009, pp. 107–130
6. 甘肅省檔案館，〈毛澤東在中央擴大會議上的講話〉，1962年1月30日，91-18-493，頁3-37。
7. Li, *The Private Life of Chairman Mao*, p. 376.
8. 上海市檔案館，〈西樓會議記錄撮要〉，1967年10月，B104-3-41、頁7-9, 13。
9. 上海市檔案館，〈五月會議和北戴河會議記錄撮要〉，1967年10月，B104-3-41，頁7-10。
10. Yuan Liu, 'Mao Zedong wei shenma yao dadao Liu Shaoqi', quoted in Gao Wenqian, *Zhou Enlai: The Last Perfect Revolutionary*, New York: PublicAffairs, 2007, pp. 97-98；劉源〈毛澤東為什麼要打倒劉少奇〉，轉引自高文謙，《晚年周恩來》，香港：明鏡出版社，2003年，頁52；劉少奇之妻有不同版本的說法，見黃崢，《王光美訪談錄》，北京：中央文獻出版社，2006年，頁288。
11. Jacques Marcuse, *The Peking Papers: Leaves from the Notebook of a China Correspondent,* London: Arthur Barker, 1968, p. 299.
12. Li, *The Private Life of Chairman Mao*, p. 395.
13. 姚錦（編），《姚依林百夕談》，北京：中共黨史出版社，2008年，頁229。
14. 毛澤東，《第八屆中央委員會第十次全體會議上的講話》，1962年9月24日，《毛澤東選集》，北京：外語出版社，第八冊。
15. 《內部參考》，1963年3月1日，頁7-9；1963年4月5日，頁6-9；1963年4月9日，頁2-5
16. 《內部參考》，1963年4月2日，頁2-3

8. 這項估計所根據的確切檔案證據見Frank Dikötter, *Mao's Great Famine: The History of China's Most Devastating Catastrophe, 1958–1962*, London: Bloomsbury, 2010, chapter 37；馮客，《毛澤東的大饑荒：1958–1962年的中國浩劫史》，台北：印刻，2012年，第37章。
9. 甘肅省檔案館，〈李先念關於糧食短缺問題的報告〉，1961年7月30日，中央（61）540，91-18-211，頁136-137。
10. Pitman Potter, *From Leninist Discipline to Socialist Legalism: Peng Zhen on Law and Political Authority in the PRC*, Stanford: Stanford University Press, 2003, pp. 18 and 85-86.
11. Robert Service, *Stalin: A Biography,* Basingstoke: Macmillan, 2004, p. 313; E. A. Rees, *Iron Lazar: A Political Biography of Lazar Kaganovich*, London: Anthem Press, 2012, p. 135.
12. 郝生信，《難忘的歲月》，北京：北京時代弄潮文化發展公司，2011年，頁76。
13. 甘肅省檔案館，〈劉少奇在1962年1月27日的演說〉，91-18-493，頁58-60、62。
14. 甘肅省檔案館，〈林彪的演說〉，1962年1月29日，91-18-493，頁163-164。
15. Roderick MacFarquhar, *The Origins of the Cultural Revolution, vol. 3, The Coming of the Cataclysm, 1961-1966*, New York: Columbia University Press, 1999, p. 169.
16. 張素華，《變局：七千人大會始末》，北京：中國青年出版社，2006年，頁71。
17. Li, *The Private Life of Chairman Mao*, p. 386.
18. 甘肅省檔案館，〈周恩來的演說〉，1962年2月7日，91-18-493，頁87。
19. 張素華，《變局：七千人大會始末》，頁176-183；MacFarquhar, *The Origins of the Cultural Revolution*, vol. 3, p. 172.

第二章

1. 毛澤東，《建國以來毛澤東文稿》，北京：中央文獻出版社，1987-1996年，第9冊，頁349。
2. 甘肅省檔案館，〈毛澤東演說〉，1961年1月18日，91-6-79，頁4。

註釋

序

1. Sidney Rittenberg, *The Man Who Stayed Behind*, New York: Simon and Schuster, 1993, p. 271.
2. 薄一波，《若干重大事件與決策的回顧》，北京：中共中央黨校出版社，1997年，第二冊，頁1129。
3. Kate Zhou, *How the Farmers Changed China: Power of the People*, Boulder, CO: Westview Press, 1996, p. 15.
4. Anne F. Thurston, *Enemies of the People*, New York: Knopf, 1987, pp. 208-209.
5. 十五年前，Tony Chang的精選參考書目就已經有二百多頁；見Tony H. Chang, *China during the Cultural Revolution, 1966-1976: A Selected Bibliography of English Language Works*, Westport, CT: Greenwood, 1999.

第一章

1. Alexander V. Pantsov and Steven I. Levine, *Mao: The Real Story*, New York: Simon and Schuster, 2012, p. 366；亞歷山大・潘佐夫、梁思文，《毛澤東：真實的故事》，台北：聯經出版事業公司，2015年，頁390。
2. Zhisui Li, *The Private Life of Chairman Mao: The Memoirs of Mao's Personal Physician*, New York: Random House, 1994, pp. 182-184.
3. 甘肅省檔案館，〈在中國共產黨第八屆中央委員會第二次全體會議上的講話〉，1956年11月15日，91-18-480，頁74-76。
4. Frank Dikötter, *The Tragedy of Liberation: The History of China's Most Devastating Catastrophe, 1958–1962*, London: Bloomsbury, 2013, pp. 278-280.
5. Elizabeth J. Perry, 'Shanghai's Strike Wave of 1957', *China Quarterly*, no. 137（March 1994）, pp. 1–27.
6. 《內部參考》，1960年11月30日，頁17。
7. 湖南省檔案館，1961年4月8日，146-1-583，頁96。

社，2007年。

董勝利，〈關於西安紅色恐怖隊的口述回憶〉，《記憶》，第10期，（2004年10月）。

楊　健，《中國知青文學史》，北京：中國工人出版社，2002年。

劉　統，〈揭示中南海高層政治的一把鑰匙：林彪筆記的整理與研究〉，發表於二十世紀中國戰爭與革命國際研討會，上海交通大學，2008年11月8-9日。

劉文忠，《風雨人生路：一個殘疾苦囚新生記》，澳門：崇適文化，2004年。

劉小萌，《中國知青史：大潮 1966-1980》，北京：中國社會科學出版社，1998。

劉祖能，《我的故事》，北京：北京時代弄潮文化發展公司，2011年。

盧　弘，《軍報內部消息》，香港：時代國際出版社，2006年。

譚合成，《血的神話：公元1967年湖南道縣文革大屠殺紀實》，香港：天行健出版社，2010年。

魏小蘭，〈我信天總會亮：康生秘書談「沙韜事件」〉，《百年潮》，第9期，（2007年9月），頁52-56。

薄一波，《若干重大事件與決策的回顧》，北京，中共中央黨史出版社，1997年。

金大陸，《非常與正常：上海文革時期的社會變遷》，上海：上海辭書出版社，2011年。

金沖及（編），《周恩來傳 1989-1949》，北京：中央文獻出版社，1989年。

金沖及、黄　崢（編），《劉少奇傳》，北京：中央文獻出版社，1998。

周成豪，《往事回憶》，北京：北京時代弄潮文化發展公司，2011年。

高　華，〈在貴州四清運動的背後〉，《二十一世紀》，第93期，（2006年2月），頁75-89。

高樹華、程鐵軍，《內蒙文革風雷：一位造反派領袖的口述史》，柳約：明鏡出版社，2007年。

郭德宏、林小波（編），《四清運動親歷記》，北京：人民出版社，2008年。

郭德宏、林小波（編），《四清運動實錄》，杭州：浙江人民出版社，2005年。

孫慶和，《生死一條路》，北京：時代弄潮文化發展公司，2012年。

晏樂斌，《我所經歷的那個時代》，北京：時代文化出版社，2012年。

黄　崢，《劉少奇一生》，北京：中央文獻出版社，2003年。

黄　崢，《劉少奇的最後歲月1966-1969》，北京：九州出版社，2012年

黄　崢，《王光美訪談錄》，北京：中央文獻出版社，2006年。

黄延敏，〈破四舊運動的發展脈絡〉，《二十一世紀》，第137期，（2013年6月），頁71-82。

張素華，《變局：七千人大會始末》，北京：中國青年出版社，2006年。

陳東林，《三線建設：備戰時期的西部開發》，北京：中共中央黨校出版社，2003年。

陳益南，《青春無痕：一個造反派工人的十年文革》，香港：香港中文大學出版社，2006年。

傅光明、鄭實，《關於太平湖的記憶：老舍之死》，深圳：海天出版社，2001年。

葉　青，《「文革」時期福建群眾組織研究》，福建師範大學，博士論文，2002年。

當代雲南編輯部（編），《當代雲南大事記要 1949~2006》，昆明：當代中國出版

61。

卜偉華，《砸爛舊世界：文化大革命的動亂與浩劫》，香港：香港中文大學出版社，2008年。

方惠堅、張思敬（編），《清華大學志》，北京：清華大學出版社，2001年。

王光宇，《青史難隱：最後一次交代》，自印出版，2011年。

王年一，《大動亂的年代》，鄭州：河南人民出版社，1988。

王成林，《重慶"砸爛公檢法"親歷記》，重慶：自印出版，2003年。

王端陽，《一個紅衛兵的日記》，自印出版，2007年。

王盛澤，〈文革風暴中的葉飛上將〉，《黨史博覽》，第12期，（2008年12月）。

毛澤東，《建國以來毛澤東文稿》，北京：中央文獻出版社，1987-1996年。

毛澤東，《毛澤東外交文選》，北京：中央文獻出版社，1994年。

江渭清，《七十年征程：江渭清回憶錄》，南京：江蘇人民出版社，1996年。丁群，〈冤獄遍地的江蘇省清查"五一六"運動〉，《文史精華》，第1期，2009年。

江渭清，〈開展四清運動〉，《四清運動親歷記》，北京：人民出版社，2008年，頁36-65。

朱政惠與金光耀（編），《知青部落：黃山腳下的10000個上海人》，上海：上海古籍出版社，2004年。

李　銳，《廬山會議實錄》，鄭州：河南人民出版社，1999。

李世華，《共用的墓碑：一個中國人的家庭紀事》，紐約：明鏡出版社，2008年。

余習廣，《位卑未敢忘憂國：「文化大革命」上書集》，長沙：湖南人民出版社，1989年。

沈福祥，《崢嶸歲月：首都工人造反派回憶錄》，香港：時代國際出版社，2010年。

宋柏林，《紅衛兵興衰錄：清華附中老紅衛兵手記》，香港：德賽出版有限公司，2006年。

定宜莊，《中國知青史：初瀾（1953-1968）》，北京：當代中國出版社。

Ye, Tingxing, *My Name is Number 4: A True Story from the Cultural Revolution*, Basingstoke, NH: St. Martin's Griffin, 2008.

Yue, Daiyun, *To the Storm: The Odyssey of a Revolutionary Chinese Woman*, Berkeley: University of California Press, 1985.

Zagoria, Donald, *Vietnam Triangle: Moscow, Peking, Hanoi*, Cambridge: Pegasus, 1967.

Zang, Xiaowei, *Children of the Cultural Revolution: Family Life and Political Behavior in Mao's China*, Boulder: Westview Press, 2000.

Zhai, Zhenhua, *Red Flower of China*, New York: Soho, 1992.

Zhang, Elya J., 'To Be Somebody: Li Qinglin, Run-of-the-Mill Cultural Revolution Showstopper' in Joseph W. Esherick, Paul G. Pickowicz and Andrew Walder (eds), *The Chinese Cultural Revolution as History*, Stanford: Stanford University Press, 2006, pp. 211-39.

Zhang, Guanghua, *Zhenshi de huiyi* (Real memories), Beijing: Beijing shidai nongchao wenhua fazhan gongsi, 2010.

Zheng, Yi, *Scarlet Memorial: Tales of Cannibalism in Modern China*, Boulder: Westview Press, 1996.

Zhou, Kate, *How the Farmers Changed China: Power of the People*, Boulder, CO: Westview Press, 1996.

Zhou, Zehao, 'The Anti-Confucian Campaign during the Cultural Revolution, August 1966-January 1967', doctoral dissertation, University of Maryland, 2011.

Zweig, David, *Agrarian Radicalism in China, 1968-1981*, Cambridge, MA: Harvard University Press, 1989.

中文出版品

Tang, George Y.，《兩代人的選擇》，北京：北京時代弄潮文化發展公司，2011年。

卜偉華，〈北京紅衛兵運動大事記〉，《北京黨史研究》，84期 (1994年)，頁56-

Cambridge, MA: Harvard University Press, 2014.

Xia, Yafeng, 'China's Elite Politics and Sino-American Rapprochement, January 1968-February 1972', *Journal of Cold War Studies*, 8, no. 2 (Fall 2006), pp. 3-28.

Xiao, Donglian, *Qiusuo Zhongguo: Wenge qian shinian shi* (Exploring China: A history of the decade before the Cultural Revolution), Beijing: Zhonggong dangshi chubanshe, 2011.

Xiao, Mu, *Fengyu rensheng* (A stormy life), New York: Cozy House Publisher, 2004.

Xie, Chengnian, 'Wo qinli de "siqing" yundong naxie shi' (My personal experience of the 'Four Cleans'), *Wenshi tiandi*, no. 6 (June 2012), pp. 8-12.

Xie, Shengxian, *Hei yu bai de jiyi: Cong wenxue qingnian dao 'wenge fan'* (Black and white memories: From literary youth to criminal of the Cultural Revolution), Hong Kong: Sanlian shudian, 2012.

Xu, Xiaodi, *Diandao suiyue* (Tumultuous years), Beijing: Shenghuo, dushu, xinzhi sanlian shudian, 2012.

Xu, Yong, 'Wei Guoqing extermine la faction du "22 Avril"' in Song Yongyi, *Les massacres de la Révolution Culturelle*, Paris: Gallimard, 2009, pp. 249-278.

Xue, Tingchen, Wuhui rensheng (A life without regrets), Beijing: Beijing shidai nongchao wenhua fazhan gongsi, 2011.

Yan, Jiaqi and Gao Gao, *Turbulent Decade: A History of the Cultural Revolution*, Honolulu: University of Hawaii Press, 1996.

Yang, Kuisong, 'The Sino-Soviet border clash of 1969: From Zhenbao Island to Sino-American *Rapprochement*', *Cold War History*, 1, no. 1 (Aug. 2000), pp. 21-52.

Yang Lan, 'Memory and Revisionism: The Cultural Revolution on the Internet' in Ingo Cornils and Sarah Waters (eds), *Memories of 1968: International Perspectives*, Oxford: Peter Lang, 2010, pp. 249-79.

Yang, Rae, *Spider Eaters: A Memoir*, Berkeley: University of California Press, 1997.

Yang Xiaokai, *Captive Spirits: Prisoners of the Cultural Revolution*, New York: Oxford University Press, 1997.

White, Lynn T., *Unstately Power: Local Causes of China's Economic Reforms*, Armonk, NY: M. E. Sharpe, 1998.

Williams, Philip F. and Yenna Wu, *The Great Wall of Confinement: The Chinese Prison Camp through Contemporary Fiction and Reportage*, Berkeley: University of California Press, 2004.

Wilson, Verity, 'Dress and the Cultural Revolution' in Valerie Steele and John S. Major (eds), *China Chic: East Meets West*, New Haven, CT: Yale University Press, 1999, pp. 167–86.

Wylie, Raymond F., 'Shanghai Dockers in the Cultural Revolution: The Interplay of Political and Economic Issues' in Christopher Howe (ed.), *Shanghai: Revolution and Development in an Asian Metropolis*, Cambridge: Cambridge University Press, 1981, pp. 91-124.

Wolin, Richard, *The Wind from the East: French Intellectuals, the Cultural Revolution, and the Legacy of the 1960s*, Princeton: Princeton University Press, 2010.

Wong, Frances, *China Bound and Unbound: History in the Making: An Early Returnee's Account*, Hong Kong: Hong Kong University Press, 2009.

Wong, Jan, *Red China Blues: My Long March From Mao to Now*, New York: Doubleday, 1996.

Woodward, Dennis, 'Rural Campaigns: Continuity and Change in the Chinese Countryside - The Early Post-Cultural Revolution Experience (1969-1972)', *The Australian Journal of Chinese Affairs*, no. 6 (July 1981), pp. 97-124.

Wu, Harry Hongda, *Laogai: The Chinese Gulag*, Boulder: Westview Press, 1992.

Wu, Harry, *Bitter Winds: A Memoir of My Years in China's Gulag*, New York: Wiley, 1993.

Wu, Ningkun and Li Yikai, *A Single Tear: A Family's Persecution, Love, and Endurance in Communist China*, London: *Hodder* & Stoughton, 1993.

Wu, Tommy Jieqin, *A Sparrow's Voice: Living through China's Turmoil in the 20th Century*, Shawnee Mission, KS: M.I.R. House International, 1999.

Wu, Yiching, *The Cultural Revolution at the Margins: Chinese Socialism in Crisis*,

Wang, Aihe, 'Wuming: An Underground Art Group during the Cultural Revolution', *Journal of Modern Chinese History*, 3, no. 2 (Dec. 2009), pp. 183–99.

Wang, Helen, *Chairman Mao Badges: Symbols and Slogans of the Cultural Revolution*, London: British Museum , 2008.

Wang, Rui, '"Anting shijian" de zai renshi he zai yanjiu' (Revisiting the Anting incident), *Huaxia wenzhai*, no. 659, 9 July 2008.

Wang, Shaoguang, *Failure of Charisma: The Cultural Revolution in Wuhan*, Oxford: Oxford University Press, 1995.

Wang, Youqin, 'Finding a Place for the Victims: The Problem in Writing the History of the Cultural Revolution', *China Perspectives*, no. 4, 2007, pp. 65-74.

Wang, Youqin, 'The Second Wave of Violent Persecution of Teachers: The Revolution of 1968', Presented at the 35th International Congress of Asian and North African Studies, Budapest, July 7-12, 1997.

Wang, Youqin, 'Student Attacks against Teachers: The Revolution of 1966', *Issues and Studies*, 37, no. 2 (March 2001), pp. 29-79.

Watt, George, *China 'Spy'*, London: Johnson, 1972.

Welch, Holmes, *Buddhism under Mao*, Cambridge, MA: Harvard University Press, 1972.

Welsh, Frank, *A History of Hong Kong*, London: HarperCollins, 1993.

Wen Dayong, *Hongweibing chanhui lu* (A Red Guard repents), Hong Kong: Mingbao chubanshe youxian gongsi, 2000.

Westad, O. Arne, 'The Great Transformation' in Niall Ferguson, Charles S. Maier, Erez Manela and Daniel J. Sargent (eds), *The Shock of the Global: The 1970s in Perspective*, Cambridge, MA: Harvard University Press, 2010, pp. 65-79.

Westad, O. Arne and Sophie Quinn-Judge (eds), *The Third Indochina War: Conflict Between China, Vietnam and Cambodia, 1972-79*, London: Routledge, 2006.

White, Lynn T., *Policies of Chaos: The Organizational Causes of Violence in China's Cultural Revolution*, Princeton: Princeton University Press, 1989.

Tannebaum, Gerald, 'How the Workers Took over their Wharves', *Eastern Horizon*, 6, no. 6 (July 1967), pp. 6-17.

Taubman, William, *Khrushchev: The Man and his Era*, London, Free Press, 2003.

Terrill, Ross, *Madame Mao: The White-Boned Demon*, Stanford: Stanford University Press, 1990.

Thaxton, Ralph, *Catastrophe and Contention in Rural China: Mao's Great Leap Famine and the Origins of Righteous Resistance in Da Fo Village*, Cambridge: Cambridge University Press, 2008.

Thurston, Anne F., *Enemies of the People*, New York: Knopf, 1987.

Tilt, Bryan, *The Struggle for Sustainability in Rural China Environmental Values and Civil Society*, New York: Columbia University Press, 2009.

Tyler, Christian, *Wild West China: The Taming of Xinjiang*, London: John Murray, 2003.

Unger, Jonathan, 'The Cultural Revolution at the Grass Roots', *The China Journal*, no. 57 (Jan. 2007), pp. 109-137.

Unger, Jonathan, 'Cultural Revolution Conflict in the Villages', *China Quarterly*, no. 153 (March 1998), pp. 82-106.

Usov, Victor, 'The Secrets of Zhongnanhai: Who Wiretapped Mao Zedong, and How?', *Far Eastern Affairs*, no. 5 (May 2012), pp. 129-39.

Walder, Andrew G., *Fractured Rebellion: The Beijing Red Guard Movement*, Cambridge, MA: Harvard University Press, 2009.

Walder, Andrew G., 'Tan Lifu: A "Reactionary" Red Guard in Historical Perspective', *China Quarterly*, no. 180 (Dec. 2004), pp. 965-88.

Walder, Andrew G. and Yang Su, 'The Cultural Revolution in the Countryside: Scope, Timing and Human Impact', *China Quarterly*, no. 173 (March 2003), pp. 74-99.

Wang, Aihe, '*Wuming*: Art and Solidarity in a Peculiar Historical Context' in *Wuming (No Name) Painting Catalogue*, 2010, Hong Kong: Hong Kong University Press, 2010, pp. 5-7.

Service, Robert, *Stalin: A Biography*, Basingstoke: Macmillan, 2004.

Shakya, Tsering, *The Dragon in the Land of Snows*, New York: Columbia University Press, 1999.

Shan, Patrick Fuliang, 'Becoming Loyal: General Xu Shiyou and Maoist Regimentation', *American Journal of Chinese Studies*, 18, no. 2 (Fall 2011), pp. 333–50.

Shapiro, Judith, *Mao's War against Nature: Politics and the Environment in Revolutionary China*, New York: Cambridge University Press, 2001.

Sheng, Michael M., *Battling Western Imperialism: Mao, Stalin, and the United States*, Princeton: Princeton University Press, 1997.

Sheridan, Mary, 'The Emulation of Heroes', *China Quarterly*, no. 33 (March 1968), pp. 47-72.

Shevchenko, Arkady N., *Breaking with Moscow*, New York: Alfred Knopf, 1985.

Shirk, Susan L., *The Political Logic of Economic Reform in China*, Berkeley: University of California Press, 1993.

Smith, Craig S., 'Mao's Buried Past: A Strange, Subterranean City', *New York Times*, 26 Nov. 2001.

Song, Yongyi, 'The Enduring Legacy of Blood Lineage Theory', *China Rights Forum*, no. 4 (2004), pp. 13-23.

Song, Yongyi, *Les massacres de la Révolution Culturelle*, Paris: Gallimard, 2009.

Stalin, Josef, *History of the All-Union Communist Party: A Short Course*, New York: International Publishers, 1939.

Su, Yang, *Collective Killings in Rural China during the Cultural Revolution*, Cambridge: Cambridge University Press, 2011.

Sun, Youli and Ling, Dan, *Engineering Communist China: One Man's Story*, New York: Algora Publishing, 2003.

Tan, Pamela, *The Chinese Factor: An Australian Chinese Woman's Life in China from 1950 to 1979*, Dural, New South Wales: Roseberg, 2008.

Perry, Elizabeth J., *Challenging the Mandate of Heaven: Social Protest and State Power in China*, Armonk, NY: M. E. Sharpe, 2002.

Perry, Elizabeth J. and Li, Xun, *Proletarian Power: Shanghai in the Cultural Revolution*, Boulder: Westview Press: 2000.

Potter, Pitman, *From Leninist Discipline to Socialist Legalism: Peng Zhen on Law and Political Authority in the PRC*, Stanford: Stanford University Press, 2003.

Radchenko, Sergey, *Two Suns in the Heavens: The Sino-Soviet Struggle for Supremacy, 1962-1967*, Stanford: Stanford University Press, 2009.

Rees, E. A., *Iron Lazar: A Political Biography of Lazar Kaganovich*, London: Anthem Press, 2012.

Riskin, Carl, *China's Political Economy: The Quest for Development since 1949*, Oxford: Oxford University Press, 1987.

Rittenberg, Sidney, *The Man Who Stayed Behind*, New York: Simon and Schuster, 1993.

Robinson, Thomas W., 'The Wuhan Incident: Local Strife and Provincial Rebellion during the Cultural Revolution', *China Quarterly*, no. 47 (July 1971), pp. 413-38.

Rosen, Stanley, *Red Guard Factionalism and the Cultural Revolution in Guangzhou*, Boulder: Westview Press, 1982.

Salisbury, Harrison E., *The New Emperors: China in the Era of Mao and Deng*, Boston: Little, Brown, 1992.

Schoenhals, Michael, *China's Cultural Revolution, 1966-1969: Not a Dinner Party*, Armonk, NY: M. E. Sharpe, 1996.

Schoenhals, Michael, '"Why Don't We Arm the Left?" Mao's Culpability for the Cultural Revolution's "Great Chaos" of 1967', *China Quarterly*, no. 182 (June 2005), pp. 277-300.

Schrift, Melissa, *Biography of a Chairman Mao Badge: The Creation and Mass Consumption of a Personality Cult*, New Brunswick, NJ: Rutgers University Press, 2001.

Nanjing shi dang'anguan (eds), *Nanjing wenhua da geming da shiji chugao* (Draft chronology of major events during the Cultural Revolution in Nanjing), Nanjing: Nanjing shi dang'anguan, 1985.

Naughton, Barry, 'The Third Front: Defence Industrialization in the Chinese Interior', *China Quarterly*, no. 115 (Sept. 1988), pp. 351-86.

Nelsen, Harvey W., *Power and Insecurity: Beijing, Moscow and Washington, 1949-1988*, Boulder: Lynne Rienner, 1989.

Oi, Jean C., *State and Peasant in Contemporary China: The Political Economy of Village Government*, Berkeley: University of California Press, 1989.

Ostermann, Christian F., 'East German Documents on the Border Conflict, 1969', *Cold War International History Project Bulletin*, nos 6–7 (Winter 1995), pp. 186–91.

Palmer, James, *The Death of Mao: The Tangshan Earthquake and the Birth of the New China*, London: Faber and Faber, 2012.

Pan, Philip, *Out of Mao's Shadow: The Struggle for the Soul of a New China*, Basingstoke: Picador, 2009.

Pan Yihong, *Tempered in the Revolutionary Furnace: China's Youth in the Rustication Movement*, Lanham, MD: Lexington Books, 2009.

Pang, Laikwan, 'The Dialectics of Mao's Images: Monumentalism, Circulation and Power Effects' in Christian Henriot and Yeh Wen-hsin (eds), *Visualising China, 1845-1965: Moving and Still Images in Historical Narratives*, Leiden: Brill, 2013, pp. 407-438.

Pang Xianzhi, Guo Chaoren and Jin Chongji (eds), *Liu Shaoqi*, Beijing: Xinhua chubanshe, 1998.

Pang Xianzhi and Jin Chongji (eds), *Mao Zedong zhuan, 1949–1976* (A biography of Mao Zedong, 1949–1976), Beijing: Zhongyang wenxian chubanshe, 2003.

Pantsov, Alexander V. and Steven I. Levine, *Mao: The Real Story*, New York: Simon and Schuster, 2012.

Pasqualini, Jean, *Prisoner of Mao*, Harmondsworth: Penguin, 1973.

Liu, Guokai, *A Brief Analysis of the Cultural Revolution*, Armonk, NY: M. E. Sharpe, 1987.

Loh, Christine, *Underground Front: The Chinese Communist Party in Hong Kong*, Hong Kong: Hong Kong University Press, 2010.

Lü Xiuyuan, 'A Step Toward Understanding Popular Violence in China's Cultural Revolution', *Pacific Affairs*, 67, no. 4 (Winter 1994-1995), pp. 533-63.

Lüthi, Lorenz, 'The Vietnam War and China's Third-Line Defense Planning before the Cultural Revolution, 1964-1966', *Journal of Cold War Studies*, 10, no. 1 (winter 2008), pp. 26-51.

MacFarquhar, Roderick, *The Origins of the Cultural Revolution*, vol. 1: *Contradictions among the People, 1956–1957*, London: Oxford University Press, 1974.

MacFarquhar, Roderick, *The Origins of the Cultural Revolution*, vol. 3, *The Coming of the Cataclysm, 1961-1966*, New York: Columbia University Press, 1999.

Roderick MacFarquhar and Michael Schoenhals, *Mao's Last Revolution*, Cambridge, MA: Harvard University Press, 2006.

Macmillan, Margaret, *Nixon and Mao: The Week That Changed the World*, New York: Random House, 2007.

Marcuse, Jacques, *The Peking Papers: Leaves from the Notebook of a China Correspondent*, London: Arthur Barker, 1968.

Mitcham, Chad J., *China's Economic Relations with the West and Japan, 1949-79: Grain, Trade and Diplomacy*, New York: Routledge, 2005.

Milton, David and Nancy D. Milton, *The Wind Will Not Subside: Years in Revolutionary China, 1964-1969*, New York: Pantheon Books, 1976.

Murck, Alfreda, 'Golden Mangoes: The Life Cycle of a Cultural Revolution Symbol', *Archives of Asian Art*, vol. 57 (2007), pp. 1-21.

Murck, Alfreda (ed.), *Mao's Golden Mangoes and the Cultural Revolution*, Zurich: Scheidegger and Spiess, 2013.

Nanchu, *Red Sorrow: A Memoir*, New York: Arcade, 2001.

Laing, Ellen Johnston, *The Winking Owl: Art in the People's Republic of China*, Berkeley: University of California Press, 1988.

Lardy, Nicholas R., *Agriculture in China's Modern Economic Development*, Cambridge: Cambridge University Press, 2008.

Law, Kam-yee (ed.), *The Cultural Revolution Reconsidered: Beyond a Purge and a Holocaust*, London: Macmillan, 2002.

Lee, Hong Yung, 'The Radical Students in Kwangtung during the Cultural Revolution', *China Quarterly*, no. 64 (Dec. 1975), pp. 645-83.

Lee, Joseph Tse-Hei, 'Watchman Nee and the Little Flock Movement in Maoist China', *Church History*, 74, no. 1 (March 2005), pp. 68-96.

Leese, Daniel, *Mao Cult: Rhetoric and Ritual in China's Cultural Revolution*, Cambridge: Cambridge University Press, 2011.

Leys, Simon, *Broken Images: Essays on Chinese Culture and Politics*, New York: St Martin's Press, 1980.

Leys, Simon, *The Chairman's New Clothes: Mao and the Cultural Revolution*, New York: St Martin's Press, 1977.

Li Hua-yu, 'Instilling Stalinism in Chinese Party Members: Absorbing Stalin's Short Course in the 1950s' in Thomas P. Bernstein and Li Hua-yu (eds), *China Learns from the Soviet Union, 1949–Present*, Lanham, MD: Lexington Books, 2009, pp. 107–30.

Li, Jie, 'Virtual Museums of Forbidden Memories: Hu Jie's Documentary Films on the Cultural Revolution', *Public Culture*, 21, no. 3 (Fall 2009), pp. 539-49.

Li, Zhisui, *The Private Life of Chairman Mao: The Memoirs of Mao's Personal Physician*, New York: Random House, 1994.

Liang Heng and Judith Shapiro, *Son of the Revolution*, New York: Knopf, 1983.

Liao Yiwu, *God is Red: The Secret Story of How Christianity Survived and Flourished in* Communist China, New York: HarperCollins, 2011.

Ling, Ken, *The Revenge of Heaven*, New York: Ballantine, 1972.

Huang Shu-min, *The Spiral Road: Change in a Chinese Village through the Eyes of a Communist Party Leader*, Boulder, CO: Westview Press, 1989.

Hunter, Neale, *Shanghai Journal: An Eyewitness Account of the Cultural Revolution*, New York: Praeger, 1969.

Ji, Fengyuan, *Linguistic Engineering: Language and Politics in Mao's China*, Honolulu: University of Hawai'i Press, 2004.

Jiang, Hongsheng, 'The Paris Commune in Shanghai: The Masses, the State, and Dynamics of "Continuous Revolution"', doctoral dissertation, Duke University, 2010.

Jin, Qiu, *The Culture of Power: The Lin Biao Incident in the Cultural Revolution*, Stanford: Stanford University Press, 1999.

Jong, Alice de, 'The Strange Story of Chairman Mao's Wonderful Gift', *China Information*, 9, no. 1 (Summer 1994), pp. 48-54.

Kang, Zhengguo, *Confessions: An Innocent Life in Communist China*, New York: Norton, 2007.

Kao, Chen-yang, 'The Cultural Revolution and the Emergence of Pentecostal-style Protestantism in China', 24, no. 2 (May 2009), *Journal of Contemporary Religion*, pp. 171-188.

Kapitsa, Michael Stepanovitch, *Na raznykh parallelakh: Zapiski diplomata*, Moscow: Kniga i Biznes, 1996.

Kelliher, Daniel, *Peasant Power in China: The Era of Rural Reform, 1979–1989*, New Haven, CT: Yale University Press, 1992.

King, Richard (ed.), *Art in Turmoil: The Chinese Cultural Revolution, 1966-76*, Vancouver: University of British Columbia Press, 2010.

Lacouture, Jean, 'From the Vietnam War to an Indochina War', *Foreign Policy*, July 1970, pp. 617–28.

Ladany, Laszlo, *The Communist Party of China and Marxism, 1921–1985: A Self-Portrait*, London: Hurst, 1988.

Goldstein, Lyle J., 'Return to Zhenbao Island: Who Started Shooting and Why It Matters',

China Quarterly, no. 168 (Dec. 2001), pp. 985-97.

Gong, Xiaoxia, 'Repressive Movements and the Politics of Victimization', doctoral dissertation, Harvard University, 1995.

Griffin, Nicholas, *Ping-Pong Diplomacy: The Secret History behind the Game that Changed the World*, New York: Scribner, 2014.

Guo, Jian, Yongyi Song and Yuan Zhou (eds), *The A to Z of the Chinese Cultural Revolution*, Lanham, MD: Scarecrow Press, 2009.

Guo, Xuezhi, *China's Security State: Philosophy, Evolution, and Politics*, Cambridge: Cambridge University Press, 2012.

Grey, Anthony, *Hostage in Peking*, London: Weidenfeld and Nicholson, 1988.

Halberstam, David, *The Coldest Winter: America and the Korean War*, London: Macmillan, 2008.

Hao, Ping, 'Reassessing the Starting Point of the Cultural Revolution', *China Review International*, 3, no. 1 (Spring 1996), pp. 66-86.

Hao, Shengxin, *Nanwang de suiyue* (Unforgettable years), Beijing: Beijing shidai nongchao wenhua fazhan gongsi, 2011.

Hankiss, Elemér, 'The "Second Society": Is There an Alternative Social Model Emerging in Contemporary Hungary?', *Social Research*, 55, nos 1-2 (Spring 1988), pp. 13-42.

Hoare, James, *Embassies in the East: The Story of the British Embassies in Japan, China and Korea from 1859 to the Present*, Richmond: Curzon Press, 1999.

Holm, David, 'The Strange Case Of Liu Zhidan', *Australian Journal of Chinese Affairs*, no. 27 (Jan. 1992), pp. 77-96.

Honig, Emily, 'Socialist Sex: The Cultural Revolution Revisited', *Modern China*, 29, no. 2 (April 2003), pp. 143-75.

Hua, Linshan, *Les années rouges*, Paris: Seuil, 1987.

Fenby, Jonathan, *Modern China: The Fall and Rise of a Great Power, 1850 to the Present*, New York: Ecco, 2008.

Feng, Jicai, *Ten Years of Madness: Oral Histories of China's Cultural Revolution*, San Francisco: China Books, 1996.

Faligot, Roger and Rémi Kauffer, *The Chinese Secret Service*, New York: Morrow, 1989.

Fang, Xiaoping, *Barefoot Doctors and Western Medicine in China*, New York: University of Rochester Press, 2012.

Figes, Orlando, *The Whisperers: Private Life in Stalin's Russia*, New York: Picador, 2007.

Finnane, Antonia, *Changing Clothes in China: Fashion, History, Nation*, New York: Columbia University Press, 2008.

Fitzpatrick, Sheila, *Cultural Revolution in Russia, 1928-1931*, Bloomington: Indiana University Press, 1978.

Fokkema, Douwe W., *Report from Peking: Observations of a Western Diplomat on the Cultural Revolution*, London: Hurst, 1972.

Forster, Keith, *Rebellion and Factionalism in a Chinese Province: Zhejiang, 1966-1976*, Armonk, NY: M. E. Sharpe, 1990.

Friedman, Edward, Paul G. Pickowicz and Mark Selden, *Revolution, Resistance and Reform in Village China*, New Haven, CT: Yale University Press, 2005.

Gamsa, Mark, *The Chinese Translation of Russian Literature: Three Studies*, Leiden: Brill, 2008.

Gao, Wenqian, *Zhou Enlai: The Last Perfect Revolutionary*, New York: PublicAffairs, 2007.

Gao, Yuan, *Born Red: A Chronicle of the Cultural Revolution*, Stanford: Stanford University Press, 1987.

Gladney, Dru, *Muslim Chinese: Ethnic Nationalism in the People's Republic*, Cambridge, MA: Harvard University Press, 1996.

Dikötter, Frank, *Exotic Commodities: Modern Objects and Everyday Life in China*, New York: Columbia University Press, 2006.

Dikötter, Frank, *Mao's Great Famine: The History of China's Most Devastating Catastrophe, 1958–1962*, London: Bloomsbury, 2010.

Dikötter, Frank, *The Tragedy of Liberation: The History of China's Most Devastating Catastrophe, 1958–1962*, London: Bloomsbury, 2013.

Ding, Shu, 'Fengyu rupan de suiyue: 1970 nian yida sanfan yundong jishi (Turbulent years: The One Strike and Three Antis campaign of 1970), *Huanghuagang zazhi*, no. 5 (March 2003), pp. 69-80.

Domenach, Jean-Luc, *L'archipel oublié*, Paris: Fayard, 1992.

Dong, Guoqiang and Andrew G. Walder, 'Factions in a Bureaucratic Setting: The Origins of Cultural Revolution Conflict in Nanjing', *The China Journal*, 65 (Jan. 2011)

Dong, Guoqiang and Andrew G. Walder, 'From Truce to Dictatorship: Creating a Revolutionary Committee in Jiangsu', *China Journal*, no. 68 (July 2012), pp. 1-31.

Dong, Guoqiang and Andrew G. Walder, 'Local Politics in the Chinese Cultural Revolution: Nanjing Under Military Control', *Journal of Asian Studies*, 70, no. 2 (May 2011), pp. 425-47.

Dong, Guoqiang and Andrew G. Walder, 'Nanjing's "Second Cultural Revolution" of 1974', *China Quarterly*, no. 212 (Dec. 2012), pp. 893-918.

Dunn, Walter S., *The Soviet Economy and the Red Army, 1930-1945*, Westport, CT: Greenwood, 1995.

Michael Dutton, 'Mango Mao: Infections of the sacred', *Public Culture*, 16, no. 2 (spring 2004), pp. 161-187.

Esherick, Joseph W., Paul G. Pickowicz and Andrew G. Walder, *China's Cultural Revolution As History*, Stanford: Stanford University Press, 2006.

Fan, Ka Wai, 'Epidemic Cerebrospinal Meningitis during the Cultural Revolution', *Extrême-Orient, Extrême-Occident*, 37 (Sept. 2014), pp. 197-232.

Press, 2001.

Chen, Jian, 'China, the Vietnam War and the Sino-American Rapprochement, 1968-1973' in Odd Arne Westad and Sophie Quinn-Judge (eds), *The Third Indochina War: Conflict Between China, Vietnam and Cambodia, 1972-79*, London: Routledge, 2006, pp. 33-64.

Chen, Ruoxi, *The Execution of Mayor Yin and Other Stories from the Great Proletarian Cultural Revolution*, revised edn, Bloomington: Indiana University Press, 2004.

Cheng, Nien, *Life and Death in Shanghai*, New York: Penguin Books, 2008.

Cheng, Tiejun and Mark Selden, 'The construction of spatial hierarchies: China's *hukou* and *danwei* systems' in Timothy Cheek and Tony Saich (eds), *New perspectives on state socialism in China*, Armonk, NY: M. E. Sharpe, 1997, pp. 23-50.

Cheng, Yinghong, *Creating the 'New Man': From Enlightenment Ideals to Socialist Realities*, Honolulu: University of Hawai'i Press, 2009.

Cheung, Gary, *Hong Kong's Watershed: The 1967 Riots*, Hong Kong: Hong Kong University Press, 2009.

Chinese Propaganda Posters: From the Collection of Michael Wolf, Cologne: Taschen, 2003.

Cohen, Arthur A., *The communism of Mao Tse-tung*, Chicago: University of Chicago Press, 1964.

Cook, Alexander C. (ed.), *The Little Red Book: A Global History*, Cambridge: Cambridge University Press, 2014.

Cooper, John, *Colony in Conflict: The Hong Kong Disturbances, May 1967-January 1968*, Hong Kong: Swindon, 1970.

Cradock, Percy, *Experiences of China*, London: John Murray, 1994.

Diamant, Neil J., *Embattled Glory: Veterans, Military Families, and the Politics of Patriotism in China, 1949–2007*, Lanham, MD: Rowman & Littlefield, 2009.

Dikötter, Frank, *China before Mao: The Age of Openness*, Berkeley: University of California Press, 2008.

Brown, Jeremy, 'Burning the Grassroots: Chen Boda and the Four Cleanups in Suburban Tianjin', *Copenhagen Journal of Asian Studies*, vol. 26, no. 1 (2008), pp. 50-69.

Bubenin, Vitaly, *Krovavyĭ Sneg Damanskogo: Sobytiia 1966-1969 gg.*, Moscow: Granitsa, 2004.

Burr, William (ed.), *The Kissinger Transcripts: The Top-Secret Talks With Beijing and Moscow*, New York: The New Press, 1999.

Byron, John and Robert Pack, *The Claws of the Dragon: Kang Sheng, the Evil Genius behind Mao and his Legacy of Terror in People's China*, New York: Simon and Schuster, 1992.

Chan, Anita, 'Self-Deception as a Survival Technique: The Case of Yue Daiyun *To the Storm - The Odyssey of a Revolutionary Chinese Woman*', *Australian Journal of Chinese Affairs*, nos 19-20 (Jan. - July 1988), pp. 345-58.

Chan, Anita, Stanley Rosen and Jonathan Unger, 'Students and Class Warfare: The Social Roots of the Red Guard Conflict in Guangzhou (Canton)', *China Quarterly*, no. 83 (Sept. 1980), pp. 397-446.

Chang, Jung and Jon Halliday, *Mao: The Unknown Story*, London: Jonathan Cape, 2005.

Chang, Jung, *Wild Swans: Three Daughters of China*, Clearwater, FL: Touchstone, 2003.

Chang, Tony H., *China during the Cultural Revolution, 1966-1976: A Selected Bibliography of English Language Works*, Westport, CT: Greenwood, 1999.

Cheek, Timothy, *Propaganda and Culture in Mao's China: Deng Tuo and the Intelligentsia*, Oxford: Oxford University Press, 1997.

Chen, Anita, 'Dispelling Misconceptions about the Red Guard Movement: The Necessity to Re-Examine Cultural Revolution Factionalism and Periodization', *Journal of Contemporary China*, 1, no. 1 (Sept. 1992), pp. 61-85.

Chen, Jack, *Inside the Cultural Revolution*, London: Sheldon, 1976.

Chen, Jian, *Mao's China and the Cold War*, Chapel Hill: University of North Carolina

公開出版品

中文以外出版品

Ahn, Byungjoon, *Chinese Politics and the Cultural Revolution*, Seattle: University of Washington Press, 1976.

Andrews, Julia F., *Painters and Politics in the People's Republic of China, 1949-1979*, Berkeley: University of California Press, 1994.

Andrieu, Jacques, 'Mais que se sont donc dit Mao et Malraux? Aux sources du maoïsme occidental', *Perspectives chinoises*, no. 37 (Sept. 1996), pp. 50-63.

Andrieu, Jacques, 'Les gardes rouges: Des rebelles sous influence', *Cultures et Conflits*, no. 18 (summer 1995), pp. 2-25.

Baehr, Peter, 'China the Anomaly: Hannah Arendt, Totalitarianism, and the Maoist Regime', *European Journal of Political Theory*, 9, no. 3 (July 2010), pp. 267-86.

Barcata, Louis, *China in the Throes of the Cultural Revolution,* New York: Hart Publishing, 1968.

Barnouin, Barbara and Yu Changgen, *Ten Years of Turbulence: The Chinese Cultural Revolution*, London: Kegan Paul International, 1993.

Barnouin, Barbara and Yu Changgen, *Zhou Enlai: A Political Life*, Hong Kong: Chinese University of Hong Kong Press, 2009.

Bickers, Robert and Ray Yep (eds), *May Days in Hong Kong: Riot and Emergency in 1967*, Hong Kong: Hong Kong University Press, 2009.

Black, George and Robin Munro, *Black Hands of Beijing: Lives of Defiance in China's Democracy Movement*, London: Wiley, 1993.

Bonnin, Michel, *The Lost Generation: The Rustification of China's Educated Youth (1968-1980)*, Hong Kong: Chinese University of Hong Kong Press, 2013.

Boterbloem, Kees, *Life and Times of Andrei Zhdanov, 1896-1948*, Montreal: McGill-Queen's Press, 2004.

Bramall, Chris, 'Origins of the Agricultural "Miracle": Some Evidence from Sichuan', *China Quaterly*, no. 143 (Sept. 1995), pp. 731-55.

上海市檔案館，上海市
A36　上海市委工業政治部
A38　上海市委工業生產委員會
B1　上海市人民政府
B3　上海市人民委員會文教辦公室
B6　上海市人民委員會財糧貿辦公室
B45　上海市農業廳
B50　上海市人委機關事務管理局
B74　上海市 民兵指揮部
B92　上海市人民廣播電台
B98　上海市 第二商業局
B104　上海市財政局
B105　上海市教育局
B109　上海市物資局
B120　上海市人民防空辦公室
B123　上海市第一商業局
B127　上海市勞動局
B134　上海市紡織工業局
B163　上海市輕工業局
B167　上海市出版局
B168　上海市民政局
B172　上海市文化局
B173　上海市機電工業管理局
B182　上海市工商行管理局
B227　上海市革命委員會勞動工資組
B228　上海市人民政府知識青年上山下鄉辦公室
B244　上海市教育衛生辦公室
B246　上海市人民政府經濟委員會
B248　上海市人民政府財政貿易辦公室
B250　上海市農業委員會

陝西省檔案館，西安
123　中共陝西省委
144　陝西省交通廳
194　陝西省農業廳
215　陝西省商業廳

山東省檔案館，濟南
A1　中共山東省委
A27　山東省文化局
A29　山東省教育廳
A47　山東省革命委員會
A103　山東省統計局
A108　山通省經濟委員會
A131　山東省糧食廳
A147　山東省信訪局

四川省檔案館，成都
JC1　中共四川省委

浙江省檔案館，杭州
J116　浙江省農業廳

市級檔案

南京市檔案館，江蘇省南京市
4003　南京市委
5003　南京市人民政府
5013　南京市勞動局
5020　南京市經濟委員會
5023　南京市統計局
5038　南京市輕工業局
6001　南京市 總工會

925 河北省農業生產委員會
926 河北省財政貿易委員會
940 河北省計畫委員會
942 河北省統計局
979 河北省農業廳
997 河北省糧食廳
999 河北省商業廳

湖北省檔案館，武漢
SZ1 中共湖北省委員會
SZ29 湖北省總工會
SZ34 湖北省人民委員會
SZ75 湖北省糧食廳
SZ81 湖北省商業廳
SZ90 湖北省工業廳
SZ107 湖北省農業廳
SZ115 湖北省衛生廳
SZ139 湖北省革命委員會

湖南省檔案館，長沙
146 中共湖南省委農場工作部
163 湖南省人民委員會
182 湖南省勞動局
194 湖南省糧食局

江蘇省檔案館，南京
4007 江蘇省民政廳
4013 江蘇省教育廳
4016 江蘇省文化廳
4018 江蘇省衛生廳
4028 江蘇省建設廳
4060 江蘇省糧食廳

參考文獻

檔案

中文以外的檔案

PRO, Hong Kong - Public Record Office, Hong Kong
PRO - The National Archives, London

省級檔案

甘肅省檔案館，蘭州
91　中共甘肅省委
93　中共甘肅省委宣傳部
96　中共甘肅省委農場工作部
129　甘肅省革命委員會
144　甘肅省計畫委員會
180　甘肅省糧食廳
192　甘肅省商業廳

廣東省檔案館，廣州
217　廣東省農場部
231　廣東省總工會
235　廣東省人民委員會
253　廣東省計畫委員會
314　廣東省教育廳

河北省檔案館，石家莊
879　中共河北省委農場工作部
919　河北省革命委員會
921　河北省革委生產指揮部

歷史大講堂
文化大革命：人民的歷史1962-1976

2017年1月初版
2019年2月初版第七刷

定價：新臺幣480元

著者 Frank Dikötter
譯者 向淑容
堯嘉寧
叢書主編 陳逸達
封面完稿 兒日
內文排版 極翔

總編輯 胡金倫
總經理 陳芝宇
社長 羅國俊
發行人 林載爵

出版者 聯經出版事業股份有限公司
地址 新北市汐止區大同路一段369號1樓
編輯部地址 新北市汐止區大同路一段369號1樓
叢書主編電話 (02)86925588轉5305
台北聯經書房 台北市新生南路三段94號
電話 (02)23620308
台中分公司 台中市北區崇德路一段198號
暨門市電話 (04)22312023
郵政劃撥帳戶第0100559-3號
郵撥電話 (02)23620308
印刷者 文聯彩色製版印刷有限公司
總經銷 聯合發行股份有限公司
發行所 新北市新店區寶橋路235巷6弄6號2F
電話 (02)29178022

行政院新聞局出版事業登記證局版臺業字第0130號

本書如有缺頁，破損，倒裝請寄回台北聯經書房更換。 ISBN 978-957-08-4865-6 (平裝)
聯經網址 http://www.linkingbooks.com.tw
電子信箱 e-mail:linking@udngroup.com

國家圖書館出版品預行編目資料

文化大革命：人民的歷史1962-1976/ Frank Dikötter著．
向淑容、堯嘉寧譯．初版．新北市．聯經．2017年1月(民106年)．
424面．17×23公分（歷史大講堂）
譯自：The Cultural Revolution: a People's History, 1962-1976
ISBN 978-957-08-4865-6（平裝）
[2019年2月初版第七刷]

1.文化大革命

628.75 105024346